Buch

Mit dieser neuen Sammlung bewegender Geschichten wenden sich die Autoren dem Thema Körper zu, genauer gesagt der Verbindung von Körper und Seele. Ob es nun um die Überwindung einer schweren Krankheit, eine herausragende sportliche Leistung, das Abnehmen oder das wundersame Überleben eines Unfalls geht, die Herausgeber schaffen es, eine inspirierende Sammlung authentischer Geschichten zusammenzustellen, bei denen jeweils der Körper im Mittelpunkt steht. Der Spitzensportler erlebt seinen Körper anders als ein behindertes Kind, das nach einer Operation gerade wieder laufen lernt, oder der Kettenraucher, der sich sein Laster ein für alle Mal abgewöhnt hat. Eines jedoch, so die Autoren, sollten wir nicht vergessen: Es geht um unseren Körper, der uns das Leben in seiner ganzen Fülle erfahren lässt. Er ist unser bester und treuester Freund.

Autoren

Jack Canfield ist einer der führenden Persönlichkeitstrainer Amerikas. Er entwickelt Programme zum Aufbau von Selbstvertrauen sowie zur Leistungssteigerung, berät Firmen und bildet Persönlichkeitstrainer aus.

Mark Victor Hansen ist Karriereberater. Er lehrt Verkaufsstrategien und Persönlichkeitsentwicklung. Seine Seminare befähigen die Teilnehmer, ihre Talente im Berufs- und Privatleben optimal einzusetzen.

Dan Millman war in jungen Jahren einer der besten Kunstturner Amerikas, später Coach von Spitzensportlern. Seit über zwanzig Jahren lehrt er verschiedenste Formen des körperlich-geistigen Trainings. Seine Bücher (z.B. »Der Pfad des friedvollen Kriegers«) sind zu Bestsellern geworden.

Bei Goldmann sind von Jack Canfield und Mark Victor Hansen bereits erschienen:

Hühnersuppe für die Seele (13209)
Mehr Hühnersuppe für die Seele (21588)
Noch mehr Hühnersuppe für die Seele (13239)
Hühnersuppe für die Seele – Für Frauen (21546)
Hühnersuppe für die Seele – Für Mütter (21564)
Hühnersuppe für die Seele – Für Partner (21565)
Hühnersuppe für die Seele – Für Tierfreunde (21563)
Hühnersuppe für die Seele – Für Kinder (21589)
Hühnersuppe für die Seele – Für Jugendliche (21590)
Hühnersuppe für die Seele – In Arbeit und Beruf (21639)
Hühnersuppe für die Seele – Für Christen (21649)
Hühnersuppe für die Seele – Weitere Geschichten, die zu Herzen gehen (21638)
Das große Hühnersuppen-Lesebuch (21707)

JACK CANFIELD
MARK VICTOR HANSEN
DAN MILLMAN
DIANA VON WELANETZ WENTWORTH

Hühnersuppe für Körper & Seele

Inspiration für ein gutes Leben rundum

Aus dem Englischen
von Andrea Panster

GOLDMANN
ARKANA

Die amerikanische Originalausgabe erschien 2003 unter dem Titel
»Chicken Soup to Inspire Body & Soul«
bei Health Communications Inc., Deerfield Beach, Florida, USA

Mix
Produktgruppe aus vorbildlich
bewirtschafteten Wäldern und
anderen kontrollierten Herkünften
Zert.-Nr. SGS-COC-1940
www.fsc.org
© 1996 Forest Stewardship Council

Verlagsgruppe Random House FSC-DEU-0100
Das FSC-zertifizierte Papier *München Super* für Taschenbücher aus dem
Goldmann Verlag liefert Mochenwangen Papier.

1. Auflage
Deutsche Erstausgabe September 2005
© 2005 der deutschsprachigen Ausgabe
Wilhelm Goldmann Verlag, München
in der Verlagsgruppe Random House GmbH
© 2003 der Originalausgabe Jack Canfield, Mark Victor Hansen
Published under agreement with Health Communications Inc.,
Deerfield Beach, Florida, U.S.A.
Umschlaggestaltung: Design Team München
Umschlagabbildung: Design Team München
Redaktion: Ralf Lay
WL · Herstellung: CZ
Satz: Uhl + Massopust, Aalen
Druck: GGP Media GmbH, Pößneck
Printed in Germany
ISBN 3 442 21715 6

www.goldmann-verlag.de

Dieses Buch ist all den Menschen gewidmet,
die immer weiter, immer höher streben,
um ihre Körper zu stärken und ihre Seelen zu weiten.
Den stillen Heldinnen und Helden,
die an ihre Grenzen gehen und sich mutig der Herausforderung
eines gesunden und dynamischen Lebens stellen.
Wir grüßen euch und wünschen euch alles Gute auf eurem Weg.

Körper und Seele sind Zwillinge;
Gott allein kann den einen vom anderen unterscheiden.

CHARLES A. SWINBURNE

Inhalt

Einleitung 12

1. JA, ICH KANN ES SCHAFFEN! 15

Joeys Goldmedaille *Perry P. Perkins* 17

Die Zielgerade *Karen Hayse* 22

Lauf um dein Leben *Dr. Ruth Heidrich* 26

Marathon der Träume *Marcia Horn Noyes* 33

Esmereldas Gesang *Dan Millman* 38

Neujahrsvorsätze *Diana von Welanetz Wentworth* 45

Es geht auch ohne String! *Dee Hakala* 49

Flieg mit den Adlern *Toni Fulco* 57

...und bringt mich gut nach Haus
George Salpietro 62

Es ist nie zu spät *Dan Millman* 70

Wie ich lernte, Golf zu lieben *Patricia Lorenz* 79

Die Woche, in der ich mir mein
Leben zurückholte *Adoley Odunton* 85

Entspannen, atmen und fließen *Nichole Marcillac* 89

2. HEILUNG UND GENESUNG 95

»Rags« schafft es *Woody Woodburn* 97

Die weißen Schühchen *Dr. Catherine Monserrat* 102

Dem Körper helfen,
die Seele heilen *Sanford Drucker* 108

7

Meine Lieblingsverletzung *Leonard Stein* 113

Ein Engel bis ins Mark *Lori Shaw-Cohen* 119

Fenster nach innen *Bobbie Probstein* 125

Der letzte Asthmaanfall *Wayne Allen Levine* 128

Maureens Ängste *Joyce Stark* 131

Wie man hineinruft... *Sheri Borax* 135

3. ABENTEUER 141

Berge zu erklimmen *Jean Deeds* 143

An die Grenzen gehen *Sheila Ascroft* 150

Das Leben auskosten *Cory Richardson* 155

Aus heiterem Himmel *Joanne Reid Rodrigues* 159

Ein neuer Anfang *Diana von Welanetz Wentworth* 165

Ins Ungewisse *Richard Rossiter* 170

Zen in der Kunst des Überlebens *Genvièv Martin* 175

4. ERWORBENE WEISHEIT 181

Würdelos alt werden *Emily Coleman* 183

Spieglein, Spieglein *Joy Margrave* 188

Initiationsritus *Robert Bishop* 193

Vom Wollen und vom Brauchen *Bob Welch* 200

Lachen und weinen *Kimberly Thompson* 205

Tagebuch eines Yoga-Seminars *JoAnn Milivojevic* 211

Eine gewichtige Frage *Mary Desaulniers* 217

Omas letztes Rad *Nancy Harless* 222

Der Preis ist immer gleich *Roberta R. Deen* 226

5. MUT UND BEHARRLICHKEIT 229

Doktortitel statt Gefängniskittel *Kathleen Halloran* 231

Steh auf, klopf dich ab... *Kimberly Ann Shope* 235

Schneller und höher *Mark Grevelding* 241

Den Traum leben *Susan J. Siersma* 246

Im Oberstübchen ist
einiges los *Cheryl M. Kremer* 249

Wie Phönix aus der Asche *Mike Gold* 254

Wie man's sieht *Donna Beales* 261

Die Schluchten meines Herzens *Rose Marie Sand* 265

6. DAS KÖNNEN WEITERGEBEN 271

Jessicas Geschichte *Michale Gabriel* 273

Eine Überraschungshochzeit *Don Flynn* 280

Lektionen fürs Leben *Mark Stroder* 284

Das schöne Mädchen im Spiegel
Mary Marcia Lee Norwood 287

Wenn du denkst, du kannst es,
kannst du es auch *Christine Van Loo* 292

Offene Augen und der
menschliche Geist *Woody Woodburn* 296

7. HINDERNISSE ÜBERWINDEN 301

Engelchen im Himmel *Gail Eynon* 303

Auf mich gestellt *Leigh Hennessy* 307

Eine Gabe des Großen Geistes *Lane Baldwin* 314

»Michigan, du hast einen weiten Weg hinter dir«
Donna St. Jean Conti 320

Gesundheit, neu definiert *Erica Ross-Krieger* 323

Mein erstes Wunder *Dane E. Smith* 327

Das Rehkitz *Kathe Campbell* 330

Höhenkoller *Janet Buck* 334

Das Wunder Dr. Steiners *Joy Millman* 339

8. VERÄNDERUNGEN ... 347

Entscheidung fürs Leben *William Wagner* ... 349

Botschaft des Körpers *Kelly L. Stone* ... 352

Der Fitnesspropagandist *Patricia Bragg* ... 359

Lady Godiva und die Biene *Lynne D. Finney* ... 363

Im Herbst *K. C. Compton* ... 368

Zurück vom Gipfel *Dierdre W. Honnold* ... 372

Startbereit *Dane E. Smith* ... 377

Rückkehr ins Leben *Joanne Reid Rodrigues* ... 380

Wenn du anfangen willst,
fang einfach an *Luisa Gray* ... 387

Meine Visionen mit Suppe *Riane Eisler* ... 392

9. DANKBARKEIT ... 397

Das rote Band *Staci Stallings* ... 399

Alex und seine Magie *Michale Gabriel* ... 402

Pop Pops Versprechen *Leigh B. Singh* ... 407

Alles hat zwei Seiten *Bobbie Probstein* ... 412

Dankbarkeit *Mark Rickerby* ... 415

Dankbares Leben,
freudiger Übergang *Dr. Hal Zina Bennett* ... 416

Sag ja zum Leben! *Dr. Susan Jeffers* ... 421

Der Geist von
Körper und Seele *Theodore Roosevelt* ... 427

Dank ... 429

Mehr Hühnersuppe? ... 434

Anderen helfen ... 435

Wer ist Jack Canfield? ... 437

Wer ist Mark Victor Hansen? ... 439

Wer ist Dan Millman? 441
Wer ist Diana von Welanetz Wentworth? 443
Über die Autorinnen und Autoren 445
Abdruckgenehmigungen 469

Einleitung

Obwohl wir unterschiedlichen Rassen, Kulturen und Religionen angehören und verschiedene Überzeugungen und Werte haben, teilen alle Menschen die Erfahrung des Körpers. Das physische Selbst ist das Bindeglied. Angesichts der Gemeinsamkeiten verblassen die anatomischen und sozialen Unterschiede. Frauen und Männer, Aborigines und Abgeordnete, Kommunisten und Republikaner, Christen und Juden, Moslems und Buddhisten bluten, wenn man sie verletzt, und lachen, wenn man sie kitzelt – kennen Hunger, Freude, Schmerz und Liebe.

Der menschliche Körper vereint uns, wir sind eine Menschheit.

Im Grunde ist unser Körper das Einzige, was wir garantiert ein Leben lang behalten dürfen. Er ist unser einzig wahrer Besitz, der einzige Gefährte, der unsere Seele bis zum Tod begleitet. Nur durch unseren Körper leben, lernen, lachen, lieben, lehren wir, erringen wir Erfolge, erleiden wir Niederlagen und erfüllen unser Schicksal. Er verdient unsere Fürsorge und unser Wohlwollen, denn wo wären wir ohne ihn?

Wir haben unseren Körper nicht gemacht. Unsere Mütter waren die heiligen Häfen, in denen unsere von Engelshand erschaffenen Körper reiften. Von den ersten Schritten des Lebenstanzes an – wachsender Embryo, lernendes Baby, laufendes Kleinkind, rennendes Kind, suchender Erwachsener –

veränderten die Kämpfe, Abenteuer und Schicksale unserer Seele unseren Körper.

Alle menschlichen Fortschritte oder Errungenschaften entspringen der Tat – den Dingen, die wir mit unseren Augen und Ohren, Armen und Beinen, Händen und Füßen, unserem Mund und unserem Kopf tun. Aus der Physik wissen wir, dass unser Körper aus Licht, Energie und Geist besteht. Wie können wir die Seele erfahren, wenn nicht durch den Körper? Wenn wir neuen Mut schöpfen, inspiriert werden, Erneuerung oder Erlösung erfahren – wenn uns Erleuchtung oder eine Erkenntnis zuteil wird –, sind das physische Offenbarungen.

Hühnersuppe für Körper & Seele feiert unseren Körper – unser alltägliches Leben, unsere Träume und Ziele, unsere Kämpfe, unseren Mut und unseren Lebensgeist. Körperliche Herausforderungen sind uns Prüfung und Lehre, wenn wir im Sport, bei der Arbeit und im Alltag unsere Grenzen ausloten, wenn wir schuften und schwitzen, um in Form zu kommen oder zu bleiben, wenn wir nach einer Verletzung oder von einer Krankheit genesen.

Trotz seiner Mängel, seiner Formenvielfalt, seiner Eigenheiten und Bedürfnisse ist und bleibt unser Körper unser bester Freund und zuverlässigster Verbündeter. Er kann treu sein wie ein Hund, geschmeidig wie eine Katze – und uns in Höhen emportragen, die nur der Adler kennt. Wenn wir respektvoll und fürsorglich mit ihm umgehen, wird er uns auch im Herbst des Lebens dienen und uns bis tief in den Winter hinein begleiten – bis es Zeit ist, Abschied zu nehmen.

Hühnersuppe für Körper & Seele feiert die Reise unserer Psyche in unserem Organismus, als Körper und durch den Körper. Die Bandbreite der Geschichten – die vom Sport zum Selbstbild, vom Abnehmen zur Genesung reichen – spiegelt das menschliche Erbe von Kämpfen, Herausforderungen und Träumen wider. Es war uns eine Ehre und eine Freude, diese Denkanstöße und Offenbarungen zu sammeln und zu bearbeiten. Mögen diese Geschichten von Körper und Seele uns daran erinnern, dass wir alle im selben Boot sitzen.

1

Ja, ich kann es schaffen!

Träumen Sie erhabene Träume, und was Sie träumen,
sollen Sie werden.

JAMES ALLEN

Joeys Goldmedaille

Zwei Dinge können wir unseren Kindern geben:
Das eine sind Wurzeln, das andere Flügel.

HODDING CARTER JR.

Es war das Jahr 1988, und ich hatte gerade die Highschool abgeschlossen. Es war mein erster Sommer als Helfer bei den Special Olympics. Im Frühjahr hatte ich mich als ehrenamtlicher Mitarbeiter beworben und war einem jungen Mann namens Joey als Trainer zugeteilt worden. Er war achtzehn Jahre alt, hatte Downsyndrom, und es war eine Freude, mit ihm zusammen zu sein. Er hatte stets ein Lächeln auf den Lippen, lachte gern und war schnell bereit, allen Menschen, denen er begegnete, mit dem Daumen nach oben sein Okay zu geben. In die Welt blinzelte er durch eine dicke Brille mit Gläsern wie Flaschenböden, die er unablässig polierte. Joey war knapp einen Meter fünfzig groß und jedermanns Freund. Er sollte die vierhundert Meter, die volle Stadionrunde, laufen.

Im Training wartete ich immer an der Ziellinie, und wenn Joey in die letzte Kurve ging, rief ich: »Was werden wir tun, Joey?«

»Wir werden gewinnen«, rief er zurück.

In den sechs Wochen vor dem Rennen gingen wir jeden Samstag auf die Bahn, und allmählich verbesserte sich seine

Zeit, bis er in unter drei Minuten ins Ziel kam. Wir beschlossen das Training stets mit einem Abstecher in die örtliche Hamburgerkneipe, wo Joey den Bedienungen jede Woche erklärte, dass er keine Pommes essen dürfe.

»Ich bin im Training«, sagte er stolz – und fügte dann hinzu: »Ich werde eine Goldmedaille gewinnen, und könnte ich bitte einen Salat bekommen?«

Als der Sommer näher rückte, kamen alle Bedienungen in der Kneipe zu ihm herüber, um mit ihm zu plaudern. »Was ist deine Bestzeit?« – »Wie war das Training?« Sie klopften ihm auf die Schulter und wünschten ihm Glück. Joey sonnte sich in ihrer Bewunderung.

Am Wettkampftag holte ich ihn mit meinem Minibus ab. Seine Mutter gab ihm einen Abschiedskuss und sagte, sie würde rechtzeitig zum Rennen da sein. Wir luden Joeys Sporttasche ins Auto und fuhren zu einer der örtlichen Schulen, wo die Special Olympics ausgetragen wurden. Joey war so aufgeregt, dass es ihn kaum auf dem Sitz hielt. Er trommelte unentwegt auf seinen Knien herum und unterbrach das Trommeln nur, um immer wieder seine Brille zu putzen. Am Ziel angekommen, parkten wir den Wagen, meldeten uns an und bekamen Wettkampfunterlagen und Startnummer. Auf dem Weg zur Seitenlinie merkte ich, dass etwas ganz und gar nicht stimmte.

»Wo ist deine Brille?«, fragte ich.

Joey starrte mich an und blinzelte kurzsichtig: »Keine Ahnung…«

Ich bat ihn, schon mal mit den Dehnungsübungen anzufangen, lief zurück und stellte den Wagen auf den Kopf. Die Brille blieb unauffindbar. Ich ging über den Parkplatz zurück und suchte dabei den Boden ab, aber von der Brille fehlte weiter jede Spur.

Als ich auf den Sportplatz zurückkam, war Joey mit dem Dehnen fertig und lief auf der Stelle, damit seine Beine nicht wieder auskühlten. Ich wusste, dass er ohne seine Brille fast blind war, und es brach mir das Herz, als ich mich mit ihm auf die Bank setzte.

»Ich weiß nicht, ob du heute laufen kannst«, setzte ich an, und sein Kinn begann zu zittern. »Ich halte es einfach für zu gefährlich«, fuhr ich fort. »Ohne deine Brille könntest du dir wehtun.«

Seine Augen füllten sich mit Tränen. »Aber wir werden doch gewinnen«, sagte er, und seine Stimme brach: »Ich werde eine Medaille gewinnen!«

Einen Augenblick saß ich reglos da und kämpfte mit Joeys Schmerz und meiner eigenen Enttäuschung. Dann hatte ich eine Idee: »Komm mit.«

Wir gingen zur Tartanbahn, und ich stellte Joey auf seine Bahn. Ich zeigte auf die weiße Linie zu seiner Rechten: »Siehst du diese Linie?«

Er sah auf seine Füße. »Ja.«

Ich zeigte auf die Linie zu seiner Linken. »Und diese?«

»Auch.«

»Gut«, sagte ich. »Dann pass jetzt gut auf, Joey. Wenn du heute läufst, musst du diese beiden Linien im Auge behalten. Du musst immer auf diese beiden Linien schauen und darfst sie nicht übertreten. Schaffst du das?«

»Ja.«

Ich war mir immer noch nicht sicher, ob er es hinkriegen würde, aber da ich keine andere Möglichkeit sah, ging ich mit ihm zum Start zurück. Er lief unsicher, kniff die Augen heftig zusammen und hatte eine Hand vor sich ausgestreckt.

»Ist Mama da?«, fragte er. Ich ließ den Blick über die Zuschauertribüne gleiten, bis ich sie gefunden hatte, und winkte. Sie winkte zurück. »Ja«, sagte ich, »sie sieht von der Tribüne aus zu.«

Er winkte in die falsche Richtung.

Dann stellten die Trainer ihre Läufer am Start auf und machten sich auf den Weg zum Ziel, um sie anzufeuern. Der Startschuss ertönte, und das Rennen hatte begonnen! Joey lief wunderbar und hielt sich bis zur ersten Kurve auf dem zweiten Platz. Ein anderer Junge scherte aus, kreuzte Joeys Bahn, und Joey verlor die weiße Linie aus den Augen. Ich zuckte zusammen, als ich sah, wie er mit dem einen Schuh an der anderen Ferse hängen blieb und auf die Bahn stürzte.

Es war nicht sein erster Sturz, und offenbar hatte er sich nichts getan. Er rappelte sich auf, warf einen Blick auf die Bahn, fand seine Linien und lief weiter, zog nun aber den linken Fuß etwas nach. Die anderen Jungs hatten ihn überholt, und er lag etwa eine Viertelrunde zurück. Mit kräftigen Armbewegungen kämpfte er sich beharrlich vorwärts, umrundete die Gegenkurve und lief auf die Gerade. Als es so aussah, als würde er den letzten Jungen einholen, stolperte er erneut, stürzte, rollte zur Seite und tastete blind umher, um das Gleichgewicht wieder zu finden.

Ich stöhnte und machte Anstalten, zu ihm zu gehen, doch Joey war schon wieder auf den Beinen. Er weinte und wäre fast in die falsche Richtung gelaufen, wenn ihm die Zuschauer nicht zugerufen hätten, er solle umkehren. Er hinkte stark, war völlig am Ende, und seine Arme hingen schlaff herab. Etwa fünf Meter vor dem Ziel fiel er noch einmal hin.

Das war zu viel für ihn, und ich wollte dieser Quälerei ein Ende machen. Als ich auf die Bahn trat, um ihn zur Seitenlinie zurückzuführen, spürte ich eine Hand auf meinem Arm. Neben mir stand Joeys Mutter. Sie hatte Tränen in den Augen.

»Er wird es schaffen«, sagte sie. »Lass ihn das Rennen beenden.« Dann ging sie an mir vorbei und stellte sich neben die Ziellinie.

»Joey«, rief sie über die lärmende Menge hinweg. »Hier ist deine Mami. Kannst du mich hören?«

Sein verschwitztes, tränenüberströmtes Gesicht hob sich und suchte blind in einem Meer verschwommener Gesichter nach seiner Mutter.

»Joey«, rief sie noch einmal. »Schatz, hier geht's lang ...«

Ich sah zu, wie er sich zum dritten Mal auf die Füße rappelte. Seine Hände, Ellbogen und Knie waren aufgeschürft und blutig, aber er stand auf und humpelte Richtung Ziel.

»Hier geht's lang, Joey«, rief seine Mutter noch einmal, und als er die Ziellinie überquerte und ihr in die Arme fiel, erstrahlte sein Gesicht in einem Lächeln, das wie die Sonne durch die Wolken brach.

Als ich unter dem tosenden Applaus der Zuschauer zu ihnen lief, konnte ich hören, wie er immer wieder zu seiner Mutter sagte: »Ich habe gewonnen, Mama, hast du gesehen, ich habe gewonnen ...«

An jenem Tag fuhr Joey mit zwei Goldmedaillen nach Hause: einer für seine Leistung und einer für den besten Kampfgeist. Er hatte sie beide verdient.

Perry P. Perkins

Die Zielgerade

Der Sinn des Lebens ist es, dass man etwas ausmacht,
für etwas steht, damit es einen Unterschied macht,
dass man überhaupt gelebt hat.

LEO ROSTEN

Sechs Kilometer! Ich hatte gerade einmal sechs Kilometer geschafft! Niedergeschlagen stand ich am Straßenrand und wartete darauf, vom Besenwagen aufgelesen zu werden. Ich hatte nicht einmal ein Drittel des Kansas-City-Hospital-Hill-Halbmarathons geschafft. Sechs Monate Training für die Katz – und alles nur wegen eines mikroskopisch kleinen Virus.

Muskelzerrungen, Schlechtwetter… ich dachte, ich sei auf alles vorbereitet. Nur nicht auf eine Halsentzündung.

Dazu kamen Medikamente mit Nebenwirkungen wie erhöhte Herzfrequenz und Kurzatmigkeit. Ich hatte nicht den Hauch einer Chance, bis zum Ende durchzuhalten.

Trotzdem nahmen mich meine Eltern im Ziel mit einem Arm voll rosafarbener Rosen in Empfang. Es war ein bittersüßes Geschenk, da ich die Rosen nach dem Ausstieg aus dem Bus und nicht nach dem Zieleinlauf umklammerte.

Ich schwor mir, es noch einmal zu versuchen. Leider ist es um Halbmarathons in Kansas City schlecht bestellt, und bald war auch in meinem Leben wieder einiges los.

Zum einen wurde ich plötzlich Mutter einer Achtjährigen.

Die niedliche kleine Mandy Porter hatte ihre Sachen gepackt, ihren Pflegeeltern zum Abschied gewinkt und war in unser Gästezimmer gezogen. Wie die meisten Pflegekinder war der rothaarige Kobold von einer Familie zur nächsten weitergereicht worden. Leider war ihre Geschichte noch entmutigender als gewöhnlich. Zweimal hatte man eine Adoptionsfamilie für sie gefunden, und sie fing schon an, zu einem fremden Pärchen »Mama« und »Papa« zu sagen. Zweimal war der Stress den frisch gebackenen Eltern zu viel geworden, und sie hatten Mandy in die Obhut des Jugendamtes zurückgegeben. Sozialarbeiter bezeichnen das als »Abbruch der Adoptionspflege«. In meinen Augen kommt es der Zerstörung einer Seele gleich.

Mein Mann und ich waren für Mandy nur ein weiteres in einer langen Reihe ungewisser Elternpaare. Noch am Tag ihres Einzugs zeigte sich, weshalb es in den vorangegangenen Fällen zum Abbruch der Adoptionspflege gekommen war. Mit Fräulein Mandy war nicht gut Kirschen essen. Sie bekam regelmäßig Wutanfälle, wollte nicht hören, war passiv, aggressiv und zeigte sich alles andere als kooperativ.

Seit dem Desaster bei Kilometer sechs am Hospital Hill waren sieben Jahre vergangen, aber noch all die Jahre später fühlte ich mich leer und war enttäuscht darüber, dass ich es 1994 nicht geschafft hatte, den Halbmarathon zu Ende zu laufen. In den Schaufenstern tauchten allmählich die Plakate für den Halbmarathon 2001 auf, und ich dachte daran, es noch einmal zu versuchen. Meine Hüfte schmerzte so sehr, dass ich kaum schlafen konnte, und ich war seit Jahren nicht mehr gelaufen.

Ich schwankte zwischen einer Anmeldung und einer realistischen Sicht der Dinge. Für die Vorbereitung blieb mir nur wenig Zeit. Außerdem hatte ich eine Tochter, die inzwischen ein Teenager war und mich noch immer sehr viel Zeit und Energie kostete.

»Ich gebe nicht auf. Ich stehe zu meinem Wort« – ich konnte den Widerhall meiner Worte in mir hören. Ich dachte: »Das ist die perfekte Gelegenheit, es Mandy zu zeigen – ihr zu beweisen, dass ich es ernst meine und es nicht nur so dahersage.«

Ich schickte die Anmeldung los und kaufte mir neue Laufschuhe. Ich suchte mir Laufstrecken mit langen Anstiegen wie beim Hospital-Hill-Halbmarathon und lief, wann immer ich es irgendwie einrichten konnte.

Viel zu schnell war der bewusste Sonntagmorgen da. Mandy und ich suchten uns einen Parkplatz in der Innenstadt und liefen zum Start. Ich sagte: »Ich möchte es in zweieinhalb Stunden schaffen. Sei um halb elf am Ziel.«

Sie nickte.

Ich legte die Hand unter ihr Kinn und sah ihr in die Augen. »Mandy«, sagte ich, »ich werde nicht aufgeben. Weder diesen Wettkampf noch dich. Diesen Halbmarathon laufe ich für *dich*.«

Als ich die Startnummer gut befestigt hatte, suchte ich mir einen Platz im Pulk der Läufer und verlor meine geliebte Tochter aus den Augen.

Ob ich es schaffen würde? Ich musste!

»Ich bin stark und gebe nicht auf! Ich bin stark und gebe nicht auf!« Diese Worte waren mein Mantra, gaben mir beim Laufen den Rhythmus vor.

O nein! War das ein Tropfen? Der graue Himmel öffnete sich, und der Regen ging in Strömen auf uns nieder. Bald waren meine Schuhe durchnässt und doppelt so schwer wie sonst. Die nassen Socken rieben an meinen Füßen, und sofort bildeten sich Blasen.

»Ich gebe nicht auf!« Inzwischen schrie ich die Worte im Geiste und stellte mir vor, wie meine Tochter im Ziel auf mich wartete. Meine Hüfte brannte, und die Tropfen verwandelten sich in sintflutartige Regenfälle.

An den nicht enden wollenden Anstiegen wiederholte ich mein Mantra immer lauter und immer schneller. Trotz der Schmerzen durchströmte mich ein Hochgefühl. *Ich würde es schaffen. Ich würde es tatsächlich schaffen!*

Früher als gedacht bog ich um eine Ecke und erblickte die Zeitabnahme im Zieleinlauf. Sie zeigte zwei Stunden und dreizehn Minuten. Ein Teil von mir war außer sich vor Freude. Trotz der Hindernisse war ich fünfzehn Minuten schneller gewesen als erwartet! Der andere dachte an Mandy, die sicher noch im »Crown-Center«-Einkaufszentrum im Trockenen saß und darauf wartete, dass die Uhr die von mir genannte Zeit anzeigte.

Ich sprintete die letzten Meter und überlegte, wie ich Mandy bei all den Menschen im Crown Center wohl am besten finden konnte.

Doch das war gar nicht nötig. Da stand sie, ihr Haar war vom Regen durchnässt und tropfte auf ihr ebenfalls pitschnasses T-Shirt. Trotz des dichten Regens – und der Tränen – konnte ich ihr strahlendes Lächeln sehen, und ich sah, wie sie die Arme ausbreitete, um mich zu umarmen.

»Ich hab's geschafft, Mandy. Ich gebe nicht auf!«

»Ich wusste, dass du es schaffen würdest, Mama«, sagte sie und drückte mich fest. Die Pfütze, in der wir standen, wurde immer größer. »Ich bin so froh, dass du niemals aufgegeben hast.«

Karen Hayse

Lauf um dein Leben

Verwirrung ist der erste Schritt auf dem Weg zur Heilung.
Sodann verwandelt sich der schmerzliche Widerspruch
in das Rätsel des Paradoxons. Die Fähigkeit zum Paradoxon
ist das Maß spiritueller Stärke.

ROBERT JOHNSON

Brustkrebs. Dieses Wort, diese kalte medizinische Diagnose sollte mein Leben erst in Stücke reißen und dann verwandeln. Es brachte eine wilde Mischung überwältigender Gefühle in mir zum Brodeln: Wut, Angst, Hass. Inzwischen kommt es mir vor, als lägen die Worte des Arztes lange zurück, als hätte ich sie – 1982, im wahrsten Sinne des Wortes – in einem anderen Jahrhundert gehört. An den Tag und den Augenblick der gefürchteten Diagnose kann ich mich so deutlich erinnern, als wäre es gestern gewesen. Die Erinnerung an die Angst spukt noch immer in meinem Hinterkopf.

Wir schreiben das Jahr 1982, und ich bin siebenundvierzig Jahre alt. Ich laufe regelmäßig Marathons, rauche schon lange nicht mehr, trinke keinen Alkohol und esse kein rotes Fleisch. Wie kann ich Brustkrebs haben? Hier muss ein Fehler vorliegen. Das passierte anderen, die nicht auf sich achten, aber doch nicht mir, nicht jetzt. Das ist nicht fair!

Ich hasse Selbstmitleid. Ich bin eine starke, unabhängige Frau – mein Rang entspricht in etwa dem eines Korvettenkapitäns der U.S. Air Force. Die unsichtbare Barriere, die viele Frauen am beruflichen Aufstieg hindert, hatte ich bereits durchbrochen, ehe die meisten Menschen überhaupt davon gehört hatten. Ich habe zwei dynamische, kluge und erfolgreiche Kinder großgezogen – nach dem Ende zweier schwieriger Ehen größtenteils allein. Ich habe mein Studium einschließlich Doktorat selbst finanziert: »Ich bin eine Frau. Ich bin stark. Hört mein Gebrüll!« Umgangssprachlich ausgedrückt: »Ich bin eine taffe Braut.« Weshalb habe ich solche Angst? Wieso weine ich? Heulen ist nur was für Waschlappen. Diese schreckliche Mitteilung erschüttert mein Wertsystem, meine Identität, meine ganze Weltanschauung, stellt alles auf den Kopf. Und ich habe fürchterliche Angst. Wie viel Zeit bleibt mir noch? Seit dem vierzehnten Lebensjahr bin ich auf mich allein gestellt. Noch nie habe ich jemanden um Hilfe gebeten. Es war nicht nötig. Jetzt ist es so weit. Aber an wen soll ich mich wenden? Und wie?

Wut, Groll und Selbstmitleid – die Skalpelle der Seele – zerfetzen mein Innerstes mit tiefen, bösartigen Schnitten. Eine chaotische Mischung verwirrter und zwiespältiger Gefühle steigt wie Galle in mir auf – erste Anzeichen einer emotionalen Achterbahnfahrt, die außer Kontrolle geraten ist. Um diesem emotionalen Holocaust Einhalt zu gebieten, wende ich mich an die Wissenschaftlerin in mir. Um mich der Wahrheit zu verschließen, sie zu unterdrücken und zu leugnen, klammere ich mich an alles, was den Strudel aus Kummer und Schmerz für ein paar Augenblicke zum Stillstand bringt.

Invasiv duktales Karzinom – eine Krebsart, die mäßig schnell Metastasen bildet. Seit ich den verdächtigen Knoten in meiner rechten Brust entdeckt hatte, hatten die Ärzte seine Entwicklung drei Jahre lang beobachtet. Inzwischen war er so groß wie ein Golfball. Das weiß ich, weil ich ihn gesehen habe. Ich hatte darauf bestanden, die Operation mit ansehen zu dürfen, bei der die große, rote, hässliche Masse tödlichen Gewebes entfernt worden war. Da der Krebs inzwischen die gesamte Brust befallen hatte, erklärten mir die Chirurgen, dass eine eingeschränkte radikale Mastektomie nötig sei. Sobald ich mich von *dieser* Operation erholt hätte, würde man mir wegen des hohen Krebsrisikos auch die andere Brust abnehmen. Noch schlimmer aber war, dass der Krebs in den drei Jahren, in denen die Ärzte ihn »beobachtet« hatten, auch meine Knochen und den linken Lungenflügel befallen hatte.

Ich war am Boden zerstört, fühlte mich von der Medizin und meinem Körper verraten und meldete mich zur Teilnahme an einer Brustkrebsstudie des Autors und Arztes John McDougall. Im Rahmen der Studie musste ich mich vegan (das heißt rein vegetarisch, ohne tierische Produkte) ernähren. Ich hätte alles getan, um mein Leben zu retten. Der einzige Haken war, dass ich mich weder einer Chemo- noch einer Strahlentherapie unterziehen durfte, da man mit der Studie herausfinden wollte, ob eine vegane Ernährung allein das Krebswachstum aufhalten konnte.

Ich sprach mit meinem damaligen Mann. Er dachte, es sei verrückt, an einen Zusammenhang zwischen Brustkrebs und Ernährung zu glauben, und meinte, ich sei einem Quacksalber auf den Leim gegangen. Außerdem, sagte er, sei er überrascht, dass ich auf »einen solchen Schwachsinn« hereinfiel. In meiner Familie und meinem Freundeskreis wusste niemand, was mir zu raten sei. Also beschloss ich, den Kurs selbst zu bestimmen und zu gehen, wohin mein Weg mich führte.

Ungefähr zu der Zeit, als ich mit der Diagnose konfrontiert wurde, sah ich im Fernsehen den Bericht über einen Wettkampf namens »Ironman«. Ich war gefesselt von diesen jungen Spitzensportlern, die 3,8 Kilometer schwammen, sofort aufs Rad stiegen, hundertachtzig Kilometer fuhren und anschließend noch einen vollen Marathon von 42,195 Kilometern liefen. »Das will ich machen«, sagte ich – dann fiel es mir wieder ein: »Einen Augenblick, meine Liebe. Du hast Krebs und bist siebenundvierzig Jahre alt – viel zu alt für einen solchen Wettkampf.« Das war nicht der innere Kritiker. Das war die Stimme der Vernunft. Schließlich hatte sich noch keine Frau meines Alters am Ironman versucht. Dennoch ging mir dieser Wettkampf nicht mehr aus dem Kopf. Ich hätte schwören können, dass ich mich dank der Ernährungsumstellung stärker, leichter, energiegeladener, schneller und gesünder fühlte, und ich schwor, bei Gott, ich würde es tun! Ich erhöhte das Laufpensum und erweiterte mein Training um Schwimm- und Radeinheiten. Ich fing sogar mit dem Krafttraining an.

Die Ärzte hielten mich natürlich für völlig verrückt. »Sie sollten sich ausruhen«, sagten sie. »Der ganze Stress ist nicht gut für Ihren Körper! Die Marathonläufe (vom Langstreckenschwimmen und von Hundertsechzig-Kilometer-Radtouren ganz zu schweigen) schwächen Ihr Immunsystem.«

Damals hörte ich auf, mich nur auf den Rat von Ärzten zu verlassen.

Seinerzeit wussten die meisten Menschen noch nicht einmal, was ein Triathlon war, und es gab nur wenige Tipps für die Vorbereitung auf diese mörderischen Ausdauerwettkämpfe. Also habe ich einfach angefangen. Ich bin geschwommen, bis ich die Arme nicht mehr heben konnte, bin Rad gefahren, bis ich nicht mehr treten konnte, gelaufen, bis ich keinen Schritt mehr machen konnte, und habe so viele Gewichte gestemmt, wie ich schaffte, ohne mich zu verletzen. Um die

Bedingungen während des Ironman zu simulieren, nahm ich an allen Wettkämpfen teil, die ich finden konnte. Wenn zwei davon am gleichen Tag stattfanden, war das umso besser. Das würde mich zwingen, weiterzumachen, obwohl ich müde war – ein Zustand, der mich, wie ich wusste, während des Ironman ereilen würde. Ich nahm am »Run to the Sun« (»Lauf zur Sonne«) teil, einem sechzig Kilometer langen Berglauf zum Gipfel des Haleakala, eines dreitausend Meter hohen Berges auf der Insel Maui, Hawaii. Ich weiß noch, wie ich bei Kilometer zweiundvierzig aufs Meer hinunterblickte, das tief unter mir lag, und nicht glauben konnte, dass ich mit meinen beiden Beinen bereits eine Strecke zurückgelegt hatte, die einem Marathon entsprach – und das bergauf. Dann wandte ich mich wieder dem Gipfel zu, der immer noch über sechzehn Kilometer entfernt war.

Ich jammerte still vor mich hin: »Ich kann das nicht. Das schaffe ich nie«, aber mein nächster Gedanke war: »Jetzt hör mal gut zu! Wenn du das hier schon schlimm findest, na dann viel Spaß beim Ironman!«

Das hielt mich bei der Stange. Wenn ich hier aufgab, wie konnte ich dann am Ironman teilnehmen? In den kommenden Monaten leistete mir diese Taktik gute Dienste. Und dass ich bei vielen Wettkämpfen antrat und den ersten Platz in meiner Altersklasse belegte, steigerte die Euphorie nach dem Wettkampf noch.

Ich wurde stärker und baute Muskeln auf, von deren Existenz ich nie etwas geahnt hatte. Auch die Nachkontrollen bestand ich: Die so genannten Hot Spots in meinen Knochen – früher ein Grund zur Verzweiflung, weil sie ein Anzeichen für Krebs waren – verschwanden, das Wachstum des Tumors in meiner Lunge war gestoppt, weshalb ich weiterhin auf Chemo- und/oder Strahlentherapie verzichten und an der Ernährungsstudie teilnehmen konnte.

An den Krebs erinnerten mich nur noch die beiden wütend roten Operationsnarben, die meine Brust wie die eines präpubertären Jungen aussehen ließen. Wegen des Trainings musste ich mich mehrmals täglich duschen und umziehen und wurde dabei ständig an den Krebs erinnert. Ich sehnte mich sehr danach, wieder einen normalen Körper zu haben. Hier kamen die plastischen Chirurgen ins Spiel, die mich vor die sagenhafte Wahl stellten, mir meine Körbchengröße selbst auszusuchen.

»Möchten Sie ein C-Körbchen?«, fragten sie. »Kein Problem!«

Ich sagte ihnen, dass ich es nicht übertreiben wollte. »Macht es einfach wieder so, wie's vorher war. Gebt mir ein nettes, durchschnittliches B-Körbchen.«

Sie gaben mir noch etwas, was ich niemals für möglich gehalten hätte: Brüste, denen die Schwerkraft nichts anhaben konnte. Ich glaube fest daran, dass man nur die guten Seiten des Lebens sehen sollte, und mit achtundsechzig Jahren weiß ich diesen Bonus sehr wohl zu schätzen.

Heute findet sich in meinem Körper keine Spur von Krebs. Seit zwanzig Jahren ernähre ich mich fettarm und vegan, und noch nie war ich so gesund oder so fit wie heute. Bis jetzt habe ich sechsmal am Ironman teilgenommen, über einhundert Kurztriathlons, insgesamt siebenundsechzig Marathons sowie mehrere hundert kürzere Wettkämpfe absolviert. 1999 ernannte mich die Zeitschrift *Living Fit* zu einer der zehn sportlichsten Frauen Amerikas. Im Februar 2000 ergab ein Fitnesstest, dass mein biologisches Alter dem einer sportlichen Zweiunddreißigjährigen entspricht. Meine aerobe Kapazität war mit der einer Sechzehnjährigen vergleichbar. Meine Knochendichte ist seit dem fünfzigsten Lebensjahr noch gestiegen, was angeblich »unmöglich« ist. Die meisten Menschen bekommen gesagt, die Abnahme der Knochendichte sei Teil des »natürlichen« Alterungsprozesses. Mein Blutdruck liegt bei neunzig zu sechzig, das Cholesterin unter hundertfünfzig. Ich habe einen Körperfettanteil von fünfzehn Prozent, und mein Hämoglobin – hier geht es um das Eisen im Blut – liegt ganz an der Spitze der Tabelle.

All das erzähle ich nicht, um damit anzugeben (obwohl ich schon zugeben muss, dass ich stolz darauf bin), sondern um zu zeigen, was man mit Hingabe und Disziplin erreichen kann.

Da ich mich vegan ernähre – ich esse weder Fleisch noch Milchprodukte –, sollte ich unter Protein-, Kalzium- und Eisenmangel leiden. Mag sein, dass ich eine medizinische Ausnahme bin. Eine vegane Ernährung kombiniert mit Ausdauertraining ist vielleicht nicht jedermanns Sache, aber ich bin das lebende Beispiel dafür, dass es sich durchaus lohnen kann, den eigenen Lebensstil zu ändern. Und ich bin nicht allein. Die meisten Menschen wissen, dass auch Tour-de-France-Gewinner Lance Armstrong nach seinem Kampf mit dem Krebs bewies, wie wirkungsvoll es sein kann, um sein Leben zu laufen.

Wann wird diese wunderbare Reise zu Ende gehen? Werde ich allmählich kürzer treten, loslassen, mich auf Spaziergänge rund ums Altenheim beschränken müssen? Ich weiß es nicht. Aber eines weiß ich: Ich hatte Krebs, und er hatte sich bereits ausgebreitet. Damals hätte ich aufgeben können, aber ich entschied mich fürs Leben, und ich werde so lange leben, wie ich kann. Und ich werde es genießen. Mag sein, dass nur wenige den Weg gehen, den ich gewählt habe. Aber wenn meine Geschichte nur ein paar Menschen dazu bewegt, vorzutreten und um ihr Leben zu laufen, dann war das alles gleich doppelt der Mühe wert.

Dr. Ruth Heidrich

Marathon der Träume

Wir haben unsere Träume von ihren Grenzen befreit.
JESSE JACKSON

Im Jahr 1996 schien mir die Verwirklichung meiner Träume unmöglich: Ich brachte hundert Kilo auf die Waage, mein Leben wurde von Heißhungerattacken bestimmt, und von dem Drang nach körperlicher Bewegung war nur noch eine schwache Ahnung geblieben. Doch als ich das Buch *Ich hab's geschafft* von Oprah Winfrey und Bob Greene, ihrem Trainer und Koautor, las, nisteten sich zwei bizarre Ideen in meinem Kopf ein: Ich wollte erstens mein Traumgewicht erreichen und zweitens mit Bob einen Marathon laufen. Diese Träume waren so utopisch, dass sie geradezu lächerlich schienen.

Ich hatte seit Jahren Übergewicht, und mein Selbstwertgefühl steckte in einem Sumpf der Verzweiflung. Aber ich erinnere mich an das Aufflackern eines Hoffnungsschimmers, als ich einen Eintrag in meinem Hausaufgabenheft las, den ich in der achten Klasse für meine Lehrerin geschrieben hatte: »Die Leute halten mich für undiszipliniert, aber tief in meinem Herzen weiß ich, dass ich von Nome nach China (zwei kleine Städte in Texas, die knapp sechseinhalb Kilometer voneinander entfernt sind) laufen könnte, wenn ich wollte.« Da ich als Zwölfjährige neunzig Kilo wog, dürfte meine Lehrerin bei diesen Worten wohl insgeheim in sich hineingelacht haben.

In den vergangenen sechsunddreißig Jahren hatte ich mich dreimal auf ein vorzeigbares Gewicht heruntergehungert, es aber nie gehalten. Inzwischen hatte ich drei Kinder unter sieben Jahren, und es schien unvorstellbar, dass es mir gelingen sollte, mich vernünftig zu ernähren oder weiter als bis zu unserem Briefkasten zu gehen.

Doch nachdem ich das Buch von Bob Greene und Oprah Winfrey gelesen hatte, nahm ich mir fest vor, *nicht* bereits am Briefkasten kehrtzumachen. Jeden Morgen um fünf Uhr schlüpfte ich in meine Shorts Größe zweiundfünfzig und drehte im Dunkeln meine Runde. Ich schämte mich zu sehr und wollte nicht, dass mich irgendjemand sah. Ich stellte mir vor, dass Bob neben mir ging und mich anspornte. In meiner Vorstellung erinnerte er mich daran, den Armeinsatz nicht zu vergessen und fest an meine Träume zu glauben – und er versprach mir, dass ich einen Marathon laufen konnte, wenn ich es nur stark genug wollte.

Und wie ich es wollte! Auf der Highschool war ich vom Marathonlaufen und den Spitzenleistungen von Bill Rodgers und Frank Shorter fasziniert gewesen und hatte eine Arbeit mit dem Titel »Langstreckenlauf für Frauen« geschrieben. Von meinen Erkenntnissen inspiriert, fing ich an, Runden um das Footballfeld zu drehen, bis ich schließlich knappe fünf Kilometer am Tag schaffte.

In der ersten Woche, in der ich mich mehr bewegte und vernünftiger ernährte, erinnerte ich mich auch daran, dass man seine Träume nicht für sich behalten sollte – dass man sie »in die Wirklichkeit hinaustragen« sollte, indem man sie niederschrieb. Aus einer Laune heraus schickte ich einen Brief an die »Oprah-Show« zu Händen von Bob Greene und bat ihn, einen Marathon mit mir zu laufen, wenn ich mein Wunschgewicht erreicht hatte.

Es fühlte sich gut an, diesen Brief zu schreiben, doch dann vergaß ich ihn wieder.

Fünf Tage später erinnerte mich ein Anruf der »Oprah-Show« wieder daran. Die Produzentin konnte zwar nicht versprechen, dass Greene den Brief lesen würde, wollte aber wegen eines künftigen Fernsehauftritts in Kontakt mit mir bleiben. Nichts spornt mehr zum Abnehmen an als die Befürchtung, dass das ganze Land in Kürze den eigenen Hintern – Größe zweiundfünfzig – im Fernsehen bewundern könnte. Ich schnürte sofort die Laufschuhe und konnte an diesem Tag eine Strecke von acht Kilometern in mein Trainingstagebuch eintragen.

Jeden Monat schickte ich den Produzenten aktuelle Informationen und ein Foto, adressierte die Briefe aber weiterhin an Bob, in der Hoffnung, er würde sich die Bilder irgendwann ansehen und meiner Bitte nachkommen. Die Monate vergingen, und die Pfunde purzelten.

Der heftigste Rückschlag auf meinem Weg zum Normalgewicht traf mich wie ein texanischer Wirbelsturm. Meine Familie musste aus beruflichen Gründen von Houston nach Denver umziehen. Unmittelbar nach meiner Ankunft fiel ich von der Leiter und bekam einen Gips. Mit dem Wunsch, einen Marathon zu laufen, musste ich mich bis Ende des Jahres gedulden.

Dann hörte ich eines Tages im Radio, dass Bob Greene in der Stadt war, um einen Vortrag über Fitness zu halten. Ich polierte meinen Traum wieder auf, bat eine neue Bekannte, mitzukommen, und steckte die Fotos und Briefe ein, die meine Trainingsfortschritte dokumentierten. Als Bob Bücher signierte, gelang es mir, mit ihm zu sprechen. Die Bilder von meinem Gewichtsverlust während des Marathontrainings waren recht dramatisch, und er sagte, er würde sie Oprahs Produktionsgesellschaft vorlegen. Freilich fügte er hinzu, dass die Entscheidung, ob etwas dabei herauskäme, bei ihnen und nicht bei ihm läge. Ich hoffte, er würde meiner Bitte nachkommen und einen Marathon mit mir laufen. Außerdem überredete ich meine Freundin Terri, mit mir für einen Marathon im Frühling zu trainieren. Das würde mir helfen, auch dann weiter auf mein Ziel hinzuarbeiten, wenn Bob nicht zusagte. Bereitwillig erklärte sich Terri mit Morgenläufen, Blasen an den Füßen und langen Trainingseinheiten einverstanden.

Am nächsten Tag fingen wir an zu laufen, und während des achtmonatigen Trainings entstand eine enge Freundschaft. Mein Traum veränderte sich: Jetzt war es nicht mehr nur mein Traum, sondern unser Traum, das Ziel gemeinsam zu erreichen. Wir stöhnten vor Schmerz, lachten beim Laufen (meist über uns selbst) und freuten uns über jeden noch so kleinen Erfolg.

Bob hatte mir seine Adresse gegeben, und ich schickte ihm weiterhin jeden Monat ein Foto und einen Brief mit meiner Bitte.

Ein paar Monate später standen Terri und ich am Start des

Grandma's Marathon in Duluth, Minnesota. Die Hoffnung, dass Bob diesen Marathon mit uns laufen würde, hatten wir schon lange aufgegeben, aber das spielte auch keine Rolle mehr. Ich stand kurz davor, einen Traum zu verwirklichen, den ich seit sechsundzwanzig Jahren träumte, und Terri war bei mir. Zweiundvierzig Kilometer später liefen wir Hand in Hand ins Ziel. Wir hatten Tränen in den Augen und reckten die Hände hoch über den Kopf.

Dass ich es geschafft hatte, linderte den Schmerz, den ich in den ersten Tagen nach dem Wettkampf empfand: Terri musste wieder ganztags arbeiten und konnte nicht mehr mit mir trainieren. Ich selbst dachte bereits über den nächsten Wettkampf nach und holte mir Unterstützung bei meinen neuen Lauffreunden, die ich übers Internet kennen gelernt hatte. Wir wollten gemeinsam einen Marathon laufen und uns endlich persönlich kennen lernen.

Vier Monate später stand ich am Start des Portland Marathon Arm in Arm mit meinen neuen Freunden. Eine der Frauen hatte die Zeitschrift *Runner's World* gebeten, etwas über unsere Gruppe zu schreiben, und bei der »Oprah-Show« angefragt, ob sie nicht Bob Greene mit einem Kamerateam vorbeischicken könnten.

Es kommt nicht oft vor, dass die »Nachzügler« bei einem Marathon von einem Kamerateam begleitet werden, doch an jenem Tag wurden die Mitglieder unserer Gruppe zu Fernsehstars.

Nachdem ich anfangs mit den jüngeren Frauen mitgelaufen und das Rennen zu schnell angegangen war, fing ich etwa bei Kilometer fünfzehn an zu kämpfen. Bei Kilometer siebenundzwanzig war der Kampf vorbei. Nicht, weil ich zusammengebrochen wäre, sondern weil neue Energie mich durchströmte. Als viele Läufer am Ende ihrer Kräfte waren, legte ich noch einmal richtig los, denn als ich die St.-Johns-Brücke hinauftrottete, war plötzlich Bob Greene an meiner Seite und erklärte, er würde mit mir ins Ziel laufen. Tränen stiegen mir in die Augen.

Auf den nächsten fünfzehn Kilometern unterhielten wir uns über unsere Träume. Bob erklärte mir, woran er glaubte und was seine Erfahrungen bestätigt hatten: Wenn wir uns etwas ganz fest vornehmen, ziehen wir Ereignisse und Menschen an, die unser Leben verändern und unsere Träume Wirklichkeit werden lassen. Inzwischen glaube ich das auch!

Marcia Horn Noyes

Esmereldas Gesang

*Ich lernte zu sprechen,
so wie ich Schlittschuhlaufen und Fahrradfahren lernte:
Indem ich mich hartnäckig so lange lächerlich machte,
bis ich mich daran gewöhnt hatte.*

GEORGE BERNARD SHAW

In meiner langen Karriere als Kunstturner habe ich mit den Besten trainiert. An der Universität Stanford trainierte ich die Olympioniken und ein Team amerikanischer Spitzenturner. Am liebsten aber waren mir die Anfänger – ganz besonders die erwachsenen, die zwar erhebliche Zweifel an ihren Fähigkeiten hegten, aber dennoch bereit waren, es auf einen Versuch ankommen zu lassen.

Marcia Horn Noyes

Abdruck mit freundlicher Genehmigung von Marcia Horn Noyes und Bob Greene.

In meine Turnstunden kamen Schüler aller Altersgruppen und mit unterschiedlich viel Talent – kleine Buben in zu großen Hosen und mit zwei verschiedenen Socken, Mädchen mit roten Zöpfen und ebensolchen Sommersprossen, Heranwachsende und Erwachsene, die misstrauisch die Geräte beäugten und in deren Angst sich freudige Erregung mischte. Im Laufe der Jahre unterrichtete ich in einem Dachzimmer des YMCA Berkeley, in einem noblen Fitnessstudio in Atlanta und in einem kleinen Studio in San Francisco, an den Universitäten Stanford und Berkeley und schließlich am Oberlin College.

Dort begegnete ich einem erstaunlichen jungen Mann namens Darwin. Darwin war untersetzt, von Geburt an blind und erklärte, sein Herz hänge daran, den Salto vorwärts auf dem Trampolin zu lernen. Da es ihm an Gleichgewichtsgefühl mangelte und er sich nicht an optischen Anhaltspunkten orientieren konnte, bezweifelte ich, dass er überhaupt die Grundlagen des Trampolinspringens, geschweige denn den Salto lernen würde. Aber ich hieß ihn im Kurs willkommen und sagte ihm, wir würden einen Schritt – oder vielmehr einen Sprung – nach dem anderen machen. Nach monatelangem Training und vielen Fehlversuchen sprang Darwin am letzten Kurstag unter dem Jubel und den Tränen aller Kursteilnehmer den Salto. Ich erinnere mich noch gut an die Mischung aus Überraschung und Freude auf Darwins Gesicht. Ich erinnere mich daran, als wäre es gestern gewesen.

Natürlich kann ich mich auch an andere Schüler erinnern – einer davon ist inzwischen ein berühmter Broadwaystar. Im Laufe der Jahre haben mir viele Schülerinnen und Schüler gezeigt, welch große Kraft in der Beharrlichkeit steckt, indem sie es mir immer und immer wieder bewiesen.

Vor allem aber erinnere ich mich an Esme.

Ihr voller Name war Esmerelda Esperanza Garcia, doch an jenem ersten Tag des zehnwöchigen Kunstturneinführungskurses am Oberlin College bat sie mich, sie Esme zu nennen. Esme hatte keine körperlichen Behinderungen. Sie konnte sehen und hören und war allem Anschein nach in guter körperlicher Verfassung – wenn auch etwas dünn und zerbrechlich für das harte Training am Stufenbarren. Wie sich herausstellte, war ich als Lehrer noch von keinem Schüler so gefordert worden wie von Esme. Irgendetwas hatte sie zu mir und in eines der anspruchsvolleren Sportseminare am Oberlin College geführt. Im psychologischen Gepäck hatte sie ein Selbstbild, wonach sie ein fürchterlicher Tollpatsch war – und sie schien entschlossen, das auch jeden Tag unter Beweis zu stellen. Nicht nur, dass Esme hinter allen anderen zurückblieb. Sie war wie ein Golfer, der nur im Rough spielte und die Fairways nicht einmal berührte.

Damit Sie voll und ganz verstehen können, vor was für einer Herausforderung Esme stand, müssen Sie Folgendes wissen: Jedes Semester trommelte ich die neuen Schülerinnen und Schüler zusammen, nachdem sie in die Turnhalle spaziert waren und sich umgesehen hatten, und führte alle Boden- und Geräteübungen vor. Dazu gehörten Schwünge, Griffwechsel, der Handstand, das Rad, die Rollen vor- und rückwärts sowie Tanzelemente, für die Beweglichkeit, Stärke, Koordination, Gleichgewicht, Ausdauer und schnelle Reflexe vonnöten waren. Während ich den Ausdruck von Ungläubigkeit, Zweifel oder völligem Unverständnis auf den Gesichtern meiner Schüler betrachtete, prophezeite ich ihnen, dass sie all diese Übungen am Ende des Semesters beherrschen würden.

Am meisten Freude bereitete es mir als Lehrer, meinen Schülern dabei zu helfen, die eigenen Erwartungen weit zu übertreffen. In meinen Kursen vermittelte ich mehr als bloßes Können. Indem meine Schüler ihre einschränkenden Überzeugungen in diesem Bereich überwanden, erhöhte sich die Wahrscheinlichkeit, dass sie auch in anderen Bereichen Hervorragendes leisteten. Ich glaube, die meisten Schüler trieb nur das Vertrauen in meine Worte in die zweite Übungsstunde – der blinde Glaube, dass »der Kerl tatsächlich hält, was er verspricht«. Und so begannen sie – ohne die sprichwörtliche Aussicht auf Erfolg, mit Hoffnung und Träumen und der Herausforderung, vor die ich sie gestellt hatte.

Auch Esme hatte vollstes Vertrauen – in ihr eigenes Unvermögen. Sie war sich sicher, dass sie meine Prophezeiung nicht einmal andeutungsweise würde erfüllen können, aber zumindest würde sie etwas lernen. Offenbar wollte sie mich unbedingt von ihrer Unbeholfenheit überzeugen, denn sie erzählte von umgestoßenen Milchgläsern beim Abendessen, Ausrutschern und Stürzen und davon, dass man sie in jeder Schule und bei jeder Sportart stets als Letzte in eine Mannschaft gewählt hatte. Aber sie wollte es noch einmal versuchen, weil sie gehört hatte, dass ich »Wunder wirken« könne – und sie im Moment ein Wunder brauchen könne, wie sie sagte.

Ich würde gern erzählen, dass dieses Wunder geschah – dass Esme sich zum Star des Kurses mauserte und an den Olympischen Spielen teilnahm oder etwas in der Art, aber das wäre völlig aus der Luft gegriffen. Esme blieb bis zum Ende des Kurses hinter den anderen zurück und bekam eine Zwei für Ausdauer, Fleiß und, ja, eine erkennbare Verbesserung ihrer Leistungen.

Dann tat sie etwas, was zuvor noch keiner meiner Schüler getan hatte: Esme fragte, ob sie den Kurs noch einmal wiederholen könne. Normalerweise hätte ich eine solche Bitte abgelehnt, denn die Warteliste war lang, und ich wollte, dass auch neue Schülerinnen und Schüler eine Chance bekamen. Dieses Mal machte ich eine Ausnahme.

Trotz ihres Vorsprungs lag Esme in der dritten Seminarwoche erneut hinter dem halben Kurs zurück. Doch das bedeutete auch, dass sie genauso gut oder sogar besser war als die übrigen Teilnehmer! Für Esme war das eine völlig neue Erfahrung, und es entging ihr nicht. Sie ähnelte einer Läuferin, die einen Blick über die Schulter wirft und zum ersten Mal andere Läufer hinter sich sieht. Die Erkenntnis traf sie wie ein Blitz, und etwas Wundervolles geschah: Esme schaffte den Handstand. Natürlich war er nicht von Dauer, aber ein paar wundervolle Sekunden lang hielt sie sich so gerade und war so gut ausbalanciert, dass sie einfach dastand – zu meiner Überraschung und ihrem eigenen Erstaunen. Als sie wieder mit beiden Beinen auf dem Boden stand, strahlte sie, und der ganze Kurs klatschte.

An jenem Tag, in jenem Augenblick ging ein Licht in Esmerelda Garcia an.

Danach fing sie an, mich zu bitten, mir nach der Stunde ein bisschen Zeit für sie zu nehmen – um ihr mit dem Rad, dem Abgang vom Schwebebalken, dem Hüftumschwung am Stufenbarren zu helfen. Sie stellte Fragen, probierte es aus, fiel hin, stellte noch mehr Fragen, probierte es nochmal. Ihr Gesicht zeigte eine Konzentration, wie ich sie nur von Weltklasseturnern und Kindern kannte. Esmerelda Esperanza Garcia ging aufs Ganze.

Am Ende des Semesters turnte Esme alle Übungen mit lediglich einem kleinen Sturz und ein paar Unsicherheiten. Die Kursteilnehmer, die miteinander vertraut geworden waren und einander in ihrem gemeinsamen Bemühen beigestanden hatten, kannten auch Esmerelda und respektierten ihre Hingabe. Als sie ihre letzte Übung beendet hatte, bekam sie Standing Ovations. Sie lachte. Dann brach sie in Tränen aus.

Wer hätte gedacht, dass ein Kunstturnseminar zweimal die Woche das Leben eines Menschen verändern konnte?

Der einzige Wermutstropfen bei meiner Lehrtätigkeit war, dass ich nicht mehr über meine Schülerinnen und Schüler – über ihr Leben außerhalb der Turnhalle – wusste. Sie kamen zu mir und wurden zehn Wochen lang zweimal die Woche eineinhalb Stunden lang zu Turnern. Dann verließen sie die Turnhalle, belegten andere Kurse, und ihr Leben ging weiter.

Wie der Zufall es will, gehört zum Oberlin College eines der besten Musikkonservatorien der Vereinigten Staaten. Ich hatte nicht gewusst, dass Esme am Konservatorium studierte und das Singen ihr Spezialgebiet war.

Mitte April, nachdem der letzte Schnee gefallen war und der erste Hauch von Frühling die Luft erwärmte – etwa vier Monate nach Esmes triumphalem Abschluss meines Kurses –, durchquerte ich Tappan Square, einen Park direkt gegenüber des Konservatoriums. Ich bemerkte ein Plakat: »Abschlusskonzert: Gesang…« – ein Plakat, das ich im Vorübergehen normalerweise kaum eines Blickes gewürdigt hätte, hätte ich nicht den Namen der Sängerin erkannt: »Esmerelda Garcia.«

An jenem Abend lauschte ich dem Konzert im kleinen Kreis von Studenten, Dozenten und Esmes Freunden. Ich war bezaubert von ihrer Stimme, ihrem Können, ihrem Charisma und ihrem ausdrucksvollen Gesang. Wieder wurde ihre Darbietung mit wohlverdientem Applaus belohnt, in den ich begeistert einfiel.

Irgendjemand musste ihr erzählt haben, dass ich ihr Konzert besucht hatte, denn als ich an jenem Abend nach Hause kam, fand ich folgende Nachricht an meiner Tür:

»Lieber Dan, ich steckte in meinem Leben und mit meinem Gesang in einer Sackgasse und hätte beinahe aufgegeben. Dann traf ich Sie, und mir wurde klar, wozu ich fähig bin.« Die Nachricht war unterzeichnet mit: »In Liebe und Dankbarkeit, Esme.«

Ich blickte in die Nacht hinaus, die Esme mit ihrem Gesang verschönert hatte. Die Erinnerung an ihre Stimme verwob sich mit Bildern aus der Turnhalle, und sie spielten miteinander wie der Frühlingswind in den blühenden Apfelbäumen. Es war schön, Lehrer zu sein. Es war schön, zu leben.

Dan Millman

Neujahrsvorsätze

Wir können die Zeit nicht zurückdrehen und völlig neu anfangen, aber wir können jederzeit anfangen, auf ein neues Ende hinzuarbeiten.

MARIA ROBINSON

»Hallo, Körper«, schrieb ich in mein Tagebuch und lauschte in mich hinein. »Wird auch langsam Zeit, dass du dich mal für mich interessierst!«, knurrte mein Bauch zurück.

Sie möchten wissen, wie ich den Kontakt zu meinem Körper verlieren konnte? Nun, alles nahm in jenem schrecklichen ersten Jahr auf der Highschool seinen Anfang, in dem ich zwanzig Zentimeter wuchs und nicht wusste, welche Schuhgröße ich haben würde, wenn ich meinen schlaksigen Körper morgens aus dem Bett hievte. »Dieser Körper«, dachte ich, »ist *völlig* außer Rand und Band.« Also tat ich, als gäbe es ihn nicht. Ich fütterte und kleidete ihn, hoffte aber, er würde verschwinden, wenn ich ihn des Weiteren ignorierte.

Entschlossen, die Kluft zwischen meinem Geist und meinem Körper zu überbrücken, nahm ich all meinen Mut zusammen und marschierte auf der Suche nach einem Privattrainer in ein Fitnessstudio nicht weit von zu Hause. Ich hatte nie vorsätzlich Sport getrieben, außer spazieren zu gehen, und für mich war das ein *gewaltiger* Schritt.

Die sonnengebräunte und gestählte Dame an der Anmeldung wäre glatt als Model eines Muskelmagazins durchgegangen. Ich nahm meinen Mut zusammen, atmete tief ein und sagte beim Ausatmen: »Ich würde gern ein Probetraining machen.« Die Aussicht auf eine Kundin mittleren Alters langweilte die Dame sichtlich, und sie ließ mich jede Menge Übungen machen, die ein Ding der Unmöglichkeit für mich waren. Dabei spitzte sie in einem fort die Lippen und warf ihrem Spiegelbild verführerische Blicke zu.

Den Spiegel konnte sie haben. Ich fühlte mich alt und unansehnlich und hasste jede einzelne Sekunde an diesen Foltergeräten. Nur mein Stolz hinderte mich am Aufgeben. Ich murmelte den Satz »Es tut mir gut« wie ein Mantra vor mich hin, meldete mich für zwölf Trainingsstunden an und zahlte im Voraus.

Zu Hause angekommen, bereute ich es bereits, aber ich schwor, einen Monat durchzuhalten – was auch geschah. Am nächsten Tag konnte ich mich kaum bewegen. Jeder Muskel in meinem Körper schmerzte. Ich sagte meinen Termin ab. Zwei Tage später hatte ich immer noch Muskelkater, telefonierte mit dem Studio und verlangte mein Geld zurück. Niemand rief zurück. Im Kleingedruckten des Vertrages stand, dass Geld nicht zurückerstattet wurde. Ich hatte mir diese Suppe eingebrockt, nun musste ich sie auch auslöffeln.

In den nächsten Wochen machte ich meinem Ärger dadurch Luft, dass ich zu Hause nach Fitnessvideos trainierte. »Es ist einfach zu umständlich, ins Studio zu fahren«, sagte ich mir. »Ich trainiere lieber allein.« Allerdings trainierte ich zu Hause nur unregelmäßig, und ich wusste, wenn ich Erfolge sehen wollte, musste ich Krafttraining machen.

Eines Tages erzählte mir meine Tochter Lexi – sie ist Psychologin – beim Mittagessen, sie habe angefangen, in einem Fitnessstudio zu trainieren. Begeistert schwärmte sie, wie sehr sich ihr Muskeltonus, ihr Energieniveau und ihre Ausdauer verbessert hätten. Ich erzählte ihr unterdessen die traurige Geschichte meines eigenen Fitnessstudiobesuchs, und allmählich hatte ich mein Gejammer satt.

Lexi bot an, zu mir ans andere Ende der Stadt zu fahren und in meinem Fitnessstudio zu trainieren, also biss ich in den sauren Apfel und vereinbarte einen Termin mit einem anderen Trainer. Er und Lexi sorgten dafür, dass ich während des Trainings ununterbrochen lachte. Wir fanden heraus, welche Ziele ich hatte, und stellten einen Trainingsplan mit drei Trainingseinheiten pro Woche zusammen.

Ich ließ keine Einheit ausfallen, trainierte mit mäßiger Geschwindigkeit und hatte nie wieder einen solchen Muskelkater wie beim ersten Mal. Und allmählich lernte ich tatsächlich, diese Welle von Energie und Befriedigung zu schätzen, die mich nach jedem Training durchflutete. Als der Monat um war, verlängerte ich um drei weitere und hängte dann noch einmal drei Monate dran. Inzwischen hatte ich einen Trainer namens Mike Krpan ausfindig gemacht, der ins Haus kam und auch nicht mehr kostete als das Fitnessstudio. Ich trainiere jetzt seit fast fünf Jahren zweimal die Woche mit ihm. Mir ist klar, dass sich nicht jeder einen Privattrainer leisten kann und auch nicht jeder einen Privattrainer braucht, aber für mich ist es einfach ideal.

Es ist erstaunlich, wie sehr sich der Körper verändert hat, den ich früher ignorierte. Ich wiege zwar nur eineinhalb Kilo weniger als zu der Zeit, als ich mit dem Training anfing, aber mein Gewicht ist kein Thema mehr. Wenn ich jetzt in den Spiegel schaue, schürze ich die Lippen und lächle, wenn ich die straffen Arme und Schultern, die schlankere Taille, den flacheren Bauch, die knackigen, muskulösen Oberschenkel und die gerade Haltung sehe. Vor allem aber fühle ich mich um Jahre jünger.

Kürzlich war ich mit Lexi beim Einkaufen und schlüpfte in ein ziemlich gewagtes Kleid. »Wow«, sagte sie. »Ich schätze, ich muss jetzt wohl ›Mucki-Mama‹ zu dir sagen.«

Die Zeit und die Mühe, die ich seit einigen Jahren in mein Training stecke, gehören zu den besten Investitionen meines Lebens. Wenn ich meinen Körper jetzt frage, was er sich wünscht, signalisiert er mir, dass alles in bester Ordnung ist. Statt Wut und Frustration herrscht nun ein neues Gefühl von Kooperation und Partnerschaft zwischen meinem Körper und meiner Seele.

Diana von Welanetz Wentworth

Es geht auch ohne String!

Wer sich wandelt, erhellt die ganze Welt.
RAMANA MAHARISHI

Im Winter 1989 war ich einunddreißig Jahre alt und wog fast hundertvierzig Kilo. Ich verbrachte meine Tage auf dem Sofa vor dem Fernseher, und jede einzelne Minute meines Lebens war eine Qual. Ich konnte mich kaum bewegen, und sogar das Atmen fiel mir schwer. Ich hatte so viel zu geben – als Mutter, als Frau, als Mensch –, aber ich fühlte mich in meiner erbärmlichen Hülle gefangen. Mehr als alles auf der Welt wünschte ich mir einen Menschen, der mir half. Einen Menschen, an den ich glauben konnte und der an mich glaubte – einen Freund, der mich bei der Hand nahm.

In jenem Winter lernte ich Ellen Langley kennen, und mein Leben begann, sich zu verändern. Sie war zehn Jahre älter und beinahe so schwer wie ich, aber im Gegensatz zu mir war sie gelassen und selbstsicher. Ich war fasziniert von ihr, und es entstand eine Beziehung wie zwischen einer älteren und einer jüngeren Schwester – das Geschenk einer wunderbaren Freundschaft.

Unsere Freundschaft war der Auslöser dafür, dass ich endlich anfing, etwas für meinen Körper zu tun. Alles begann mit Ellens Weihnachtsgeschenk, einer einmonatigen Mitgliedschaft in einem der angesagtesten Fitnessstudios von Lake Charles.

»Mach dir keine Sorgen«, sagte Ellen, als sie mich auf die Glastüren zuschob. »Es wird dir gefallen.«

Ohne Ellen hätte ich mich dort niemals hingetraut. An je-

nem Morgen waren meine beiden kleinen Jungs ziemlich erschrocken, als ihre Mutter tatsächlich den Fernseher ausge-
schaltet hatte und in elefantösen Jogginghosen sowie dem
größten lila T-Shirt, das sie hatte finden können, zur Tür hi-
nausmarschiert war. Nun erschrak ich, als wir einen Raum
voller perfekter Körper in Stringtangas betraten. Ellen fegte
hinein, als ob sie hier zu Hause wäre. Sprachlos starrte ich
sie an. Sie sah aus, als fühlte sie sich hier wohl, und plauderte
angeregt mit allen Anwesenden. Ich dagegen fühlte mich
scheußlich.

Ich hatte mich schon einmal in die Fitnessszene gewagt.
Vor meinem Umzug nach Lake Charles hatte ich mich so einsam gefühlt und mich so verzweifelt nach einem freundlichen
Gesicht gesehnt, dass ich mich tatsächlich in ein Aerobicstudio geschleppt und zu einem Kurs angemeldet hatte. Ich glaubte damals, das Studio sei der perfekte Ort, um Freunde zu finden. Doch sowie ich in den Aerobicraum geschlichen kam,
gingen sowohl die Teilnehmerinnen als auch die Lehrerin
auf Abstand und sahen weg. Ich schämte mich sehr dafür, dass
ich so dick war. Ich mühte mich redlich, mitzuhalten, trat ein
wenig auf der Stelle und betete um eine Pause, in der Hoffnung, irgendjemand würde wenigstens »Hallo« zu mir sagen.

Über ein Jahr lang gab ich mein Bestes, nahm dabei nur ein
paar Pfund ab, war immer noch einsam und wurde ignoriert.
Also aß ich – das Essen schenkte mir Trost, Liebe und Sicherheit. Ich durchbrach wieder die magische Hundertfünfund-
dreißig-Kilo-Marke. Mein Gewicht fesselte mich zwölf Stunden am Tag ans Sofa. Ich hatte das Lungenvolumen eines Ba-
ckenhörnchens. Ich konnte nicht einmal mehr aufstehen und
mit meinen Buben spielen, und inzwischen baten sie mich

auch nicht mehr darum. Meine Nerven lagen so blank, dass ich sogar meinen Mann Keith und die Kleinen anfuhr.

Und trotzdem stand ich in einem Aerobicstudio, um es noch einmal zu versuchen. Als die Stunde begann, wurde alles nur noch schlimmer. Meine Unsicherheit wich tiefer Verzweiflung. Schon die Aufwärmübungen brachten mich fast um. Die anderen streckten ihre Hände zur Decke und dehnten sich, ich konnte sie nicht einmal bis zur Schulter heben. Die anderen beugten sich nach vorn und berührten ihre Zehenspitzen, ich konnte meine Zehen nicht einmal sehen. Dann ging es richtig los – und ich schaffte es einfach nicht. Nachdem ich zwei oder drei Minuten lang mit den Zehen getippt oder anderweitig so getan hatte, als ob, musste ich aufhören. Ich fühlte mich wie eine Missgeburt. Warum tat ich mir das an?

Ich sah zu Ellen hinüber, sah ihre Kraft und sagte mir: »Nein, du gibst jetzt nicht auf. Du bleibst hier, und wenn es dich umbringt.« Und genau so fühlte es sich auch an. Es fühlte sich ziemlich lange so an. Ich lernte, das süffisante Grinsen, die Seitenblicke und das Mitleid zu ignorieren. Im ersten halben Jahr hielten mich nur Ellens Gegenwart und ihre positive Einstellung bei der Stange. Wir mussten hin und zurück knapp hundert Kilometer zur Aerobicstunde fahren, und manchmal saßen wir vor der Stunde einfach im Auto und hatten »Minitherapiesitzungen«, wie ich es nannte.

Eines Tages begrüßte die Studiobesitzerin mich mit meinem Namen: »Hallo, Dee!« Es war, als hätte sich der Himmel aufgetan. Es lässt sich nicht in Worte fassen, wie sehr diese Begrüßung mein Selbstwertgefühl steigerte. Diese Frau war groß, dünn wie eine Bohnenstange, hatte null Prozent Körperfett und einen Ruhepuls von zweiundvierzig. Und sie wusste, wie ich hieß!

Ich verwandelte dieses klitzekleine »Hallo« in einen Berg von Selbstbewusstsein, der mich stützte, bis wieder einmal ein Krümelchen für mich abfiel. Und diese Krümelchen wurden immer mehr. Nachdem ich bewiesen hatte, dass ich so schnell nicht wieder aufhören würde, gaben mir immer mehr Kursteilnehmerinnen das Gefühl, dass ich dazugehörte. Die Aerobiclehrerinnen passten die Übungen für mich an die Grenzen an, die mein Körper mir setzte, und auf meine Weise blühte ich auf.

Am Ende des Jahres 1990 war ich enttäuscht, dass ich nur vierzehn Kilo abgenommen hatte – einen bloßen Bruchteil meines Anfangsgewichts von über hundertfünfunddreißig Kilo. Das erschien mir nicht viel, aber inzwischen konnte ich Dinge tun, die ich seit Jahren nicht mehr getan hatte. Meine Stimmung und mein Energieniveau stiegen, und ich saß nicht mehr auf dem Sofa herum. Ich wagte mich sogar nach draußen, um mit den Jungs zu spielen. Ich reagierte nicht mehr ständig gereizt auf meinen Mann und konnte Freunde besuchen, einkaufen gehen, trainieren und einfach leben.

Meine Essgewohnheiten veränderten sich. Ich konnte aufhören, wenn ich satt war, und auch die nächtlichen Überfälle auf den Kühlschrank hatten ein Ende. Nun, da ich das Essen nicht mehr nur in mich hineinstopfte, lernte ich, den Geschmack zu genießen. Und wenn es darum ging, wie viele Kekse ich gegessen hatte, musste ich nicht mehr schwindeln, weil ich nicht mehr die ganze Packung futterte. Die Veränderung vollzog sich langsam, natürlich. Ich war nicht besonders gewissenhaft. Nur im Aerobicraum strengte ich mich an. Um den Rest machte ich mir keine Gedanken.

Dieser Aerobicraum! Schon die schiere Anwesenheit dort rettete mir das Leben. Die Musik, die Energie und Ellen – meine Oase, mein Lichtblick. Manchmal ging mir die Puste aus. Dann hörte ich einfach auf, pausierte etwas, und wenn ich mich erholt hatte, klinkte ich mich wieder ein. Natürlich war ich manchmal frustriert, unsicher und verängstigt. Natürlich wurde ich manchmal wütend. Aber ich machte weiter ... und das machte den Unterschied.

Dann ließ ich das Training in der hektischen Vorweihnachtszeit drei Wochen ausfallen, und all die positiven Wirkungen lösten sich in Luft auf. Ich fiel in meine alten Gewohnheiten zurück, schlug mir den Bauch voll, wurde missmutig und fing an zu jammern. Schließlich meinte sogar mein Mann, ich möge ihn bloß in Ruhe lassen. Er hatte Recht. Ich war nachlässig geworden. Mir wurde klar, dass ich nicht meines Körpers oder meines Aussehens wegen trainierte oder wegen der Meinung, die andere von mir hatten. Bei meinem Training ging es darum, was *ich* von mir hielt, wie glücklich *ich* war und wie glücklich das die Menschen in meiner unmittelbaren Umgebung machte – die Menschen, die ich liebte.

Im Januar stürzte ich mich wieder voller Elan ins Training. Jeden Tag dachte ich darüber nach, was für eine große Veränderung sich gerade in meinem Leben vollzog und wie man auch das Leben anderer verändern konnte.

Ich dachte mir: »Wie viele von uns Schwergewichten würden gern in einer richtigen Muckibude trainieren, wenn sie wüssten, dass man sie dort akzeptieren und nicht allzu kritisch mit den anderen Anwesenden vergliche, die trainieren wie die Stiere?« Wie viel es mir bedeutet hätte, wenn die Leute mit mir geplaudert oder die Lehrer mir das Gefühl gegeben hätten, dass sie sich um mich bemühten! Und dann dachte ich: »Wieso eigentlich nicht?«

Am nächsten Tag fuhr ich ins Studio und sagte zur Inhaberin: »Ich würde gern Aerobicunterricht geben.« Sie reagierte wie erwartet: teils wohlwollend, teils ungläubig.

Sie sagte: »Spitzenidee, Dee.« Zwischen den Zeilen hörte ich: »Himmel, vielleicht bist du ja tatsächlich einem Trend auf der Spur.« Ein paar Mitarbeiter fanden die Idee freilich mehr als lächerlich.

Egal. Ich meldete mich zu einem Seminar der National Dance-Exercise Instructor's Training Association (einer amerikanischen Fitnesslehrer-Vereinigung) an, das ich mit einer schriftlichen Prüfung abschloss. Am Prüfungstag stand ich mit rund dreißig Männern und Frauen im YMCA-Heim von Lake Charles.

Keiner der Teilnehmer war auch nur annähernd so füllig wie ich, und natürlich warf man mir die üblichen ungläubig-mitleidigen Blicke zu. Die Prüfung dauerte einen Tag und war ein Kinderspiel. Am nächsten Morgen stand ich mit einem hervorragenden Diplom im Büro der Inhaberin meines Fitnessstudios.

»Okay«, sagte ich. »Legen wir los!«

Sie wollte ihren Augen nicht trauen und gab den Ball an mich zurück. Sie erklärte, sie würde mir einen Raum und eine Stunde zur Verfügung stellen, wenn ich zehn Leute dazu brächte, einen Monat lang Mitglied zu werden.

Ich bastelte Flugblätter und hängte sie bei jeder Weight-Watchers-Zusammenkunft, in jedem Laden für Übergrößen und in jedem Lebensmittelgeschäft der Stadt auf. Auf meinen Plakaten stellte ich ein brandneues, ausgesprochen schonendes Training vor, das auf die spätere Teilnahme an Aerobic-stunden vorbereiten sollte, speziell für Übergewichtige ge-macht war und von einer übergewichtigen Lehrerin geleitet wurde.

Es kamen zwölf Anmeldungen – ausschließlich von Frauen. Und so marschierte ich an einem Montag im April 1991 ins Studio und trat zum ersten Mal vor eine Gruppe.

Die Inhaberin des Studios und die anderen Lehrer sahen zu. Sie wollten sich den Anblick dieser Außenseiterparade nicht entgehen lassen. Ich schickte ein stummes Stoßgebet zum Himmel, steckte meine Kassette in den Rekorder, drück-te auf »Play« …und …mischte die Aerobicszene auf!

Es war wie ein Zauber. Ich fühlte mich so gut vor dieser Gruppe. Es war so schön, sie zu motivieren, dafür zu sor-gen, dass sie sich akzeptiert, dass sie sich wohl fühlten, dass sie das Gefühl hatten, dazuzugehören – weil es so war. Ich sah, wie ihre Gesichter aufleuchteten und sie lachten, während sie sich bewegten. Meine erste Gruppe bescherte mir die denk-würdigste Stunde meines Lebens – die wie eine Minute ver-ging. Es war unglaublich.

Ich diente den Teilnehmerinnen nicht nur zur Inspiration und Identifikation. Sobald sie zur Tür hereinkamen, widmete ich ihnen auch meine volle Aufmerksamkeit, sah mir an, wo ihre Grenzen lagen, und passte die Übungen an ihre ganz per-sönlichen Gegebenheiten an. In meiner Stunde musste nie-mand aufhören und zuschauen.

Drei Jahre nach meiner ersten Stunde wurde mein Pro-gramm mit dem Nike Fitness Innovation Award ausgezeich-net. Mit finanzieller Unterstützung der Firma Nike wurde »The New Face of Fitness« landesweit in über dreißig YMCA-

Heimen eingeführt. Es verbreitete sich in Krankenhäusern, Unternehmen und Fitnessstudios im ganzen Land.

Inzwischen habe ich fünfundvierzig Kilo abgenommen, wiege ungefähr hundert Kilo und halte mein Gewicht seit Jahren. Regelmäßige Kontrolluntersuchungen zeigen, dass gesundheitliche Probleme einschließlich Bluthochdrucks, eines hohen Cholesterinspiegels und Diabetes der Vergangenheit angehören.

Nachdem mir so viel neue Energie zur Verfügung stand, schrieb ich sogar ein Buch − *Thin Is Just a Four-Letter Word: Living Fit for All Shapes and Sizes* −, dessen Verkaufszahlen die kühnsten Träume übertreffen.

Als Ellen mir vor vierzehn Jahren half, den Mut aufzubringen, um durch jene Tür zu gehen, hätte ich niemals gedacht, dass ich eines Tages Aerobicstunden geben, geschweige denn, ein Buch schreiben, meine eigenen Fitnessvideos drehen und einen Agenten finden würde, der bereits drei Ausrüstungssponsoringverträge für mich ausgehandelt hat.

Die Wahrheit ist: Ich wäre nicht hier, wenn meine Teilnehmerinnen vor jener Spiegelwand nicht eine Frau erblickt hätten, die ebenso füllig war wie sie selbst. Das haben sie mir auch gesagt. Und wenn ich es schaffen konnte, dann − bei Gott − konnten sie es auch.

Dee Hakala

Flieg mit den Adlern

Dein Leben fühlt sich anders an, wenn du den Tod einmal gegrüßt hast
und die Stellung deines eigenen Herzens verstehst.
Von da an trägst du dein Leben wie ein Kleidungsstück aus dem
Missionsbasar – leicht, weil dir klar wird, dass du praktisch nichts
dafür bezahlt hast, liebevoller, weil du weißt,
so ein gutes Geschäft wirst du nie wieder machen.

LOUISE ERDRICH

John und ich lehnten uns nach vorn, als wollten wir seinem alten, aus
Armeebeständen stammenden Jeep die langsame Fahrt den steilen,
mit losem Geröll überzogenen Hügel hinauf erleichtern. Einen Herz-
schlag später wurde ich zu Boden geschleudert. Die Räder des Jeeps
ragten in die Luft und drehten sich nutzlos. Ich rief Johns Namen.
Dann rief ich noch einmal. Die Antwort war Schweigen.

Wir hatten uns über eine Brieffreundschaft kennen gelernt.
Ich bewunderte unendlich, wie er, ohne an seinen persönlichen Vorteil zu denken, darum kämpfte, Arzt zu werden und
seinem Volk zu helfen. Für John war es nicht nur ein Beruf,
es war eine Berufung. Als er mich einlud, den Sommer mit
ihm zu verbringen und ihn in den Schulferien, wenn mir das
geregelte Lehrerdasein etwas Freiheit gönnte, als Hilfslehrer
auf seinen Touren zu begleiten, war ich außer mir vor Freude. Viele der Familien, die er behandelte, lebten an abgelege-
nen Orten. Oft führte nicht einmal eine Straße dorthin, und
Schulen für die Kleinen gab es auch nicht.

Unsere erste Begegnung am Flughafen war völlig unkom-
pliziert – John umarmte mich herzlich, so als seien wir schon

seit einer Ewigkeit befreundet. Früh am nächsten Morgen machten wir uns auf den Weg. Der Jeep wirbelte weiße Staubwolken auf. Plötzlich rief ich aus: »Halt an, John! *Halt an!*«

Erschrocken trat er auf die Bremse. »Was ist los?«

»Sieh doch nur, dort!«, rief ich. »Ein Adler! Mein erster Adler!« Von so viel Schönheit und Anmut überwältigt, brach ich in Tränen aus.

John beugte sich zu mir und wischte sanft meine Tränen fort. »Mein Stadtmädchen hat zum ersten Mal den Ruf der Wildnis vernommen«, sagte er leise. »Von nun an sollst du ›Kleiner Adler‹ heißen.«

In diesem Augenblick verliebten wir uns ineinander.

Jeden Morgen weckte mich John mit den Worten: »Komm, ›Kleiner Adler‹, es ist Zeit, dich in die Lüfte zu schwingen. Die Kinder brauchen dich.«

Sobald wir bei einer Gruppe kleiner Häuschen anhielten, kamen uns die Kinder entgegengelaufen und schlossen uns in die Arme. Ihre Rufe »Dr. John und ›Kleiner Adler‹ sind da!« waren Musik für meine Ohren. Wie sehr ich diese Arbeit liebte! John behandelte seine Patienten mit Respekt und Mitgefühl. Er hörte ihnen zu, bevor er sprach, und in ihren lachenden Augen lag ein Vertrauen, das er sich verdient hatte.

Oft assistierte ich John, bis die Kinder an meinen Jeans zupften und ihren Unterricht forderten, den ich als Spiel tarnte. Als ich Orangen mitbrachte und sie aufschnitt, um ihnen das Bruchrechnen beizubringen, machten sie große Augen. Am Ende der Stunde bildeten wir einen Kreis, sangen ein Zahlenlied und aßen alle Orangenstücke ratzeputz auf.

John und ich kümmerten uns um ihren Körper, ihren Geist und ihre Seele. Unser Lohn war ein gemeinsames Essen, eine aufrichtige Umarmung oder ein Handschlag. Dankbare Mütter boten uns an, unsere abgetragenen Jeans mit bunten Stofffetzen zu flicken. Mit dem geringen Gehalt, das wir von der Regierung bekamen, besserten wir die medizinische Versorgung auf und kauften nahrhafte Leckerbissen für die Kinder.

In wenigen kurzen Wochen erblühte unsere Freundschaft zu einem spirituellen Band, das aus dem gemeinsamen Dienst am Nächsten geboren war. Unsere Herzen verschmolzen. Wenn unvorhersehbare medizinische Notfälle unsere Abfahrt verzögerten, schlugen wir irgendwo unser Lager auf. Nach Einbruch der Dunkelheit wurden die behelfsmäßigen Straßen unbefahrbar. Wenn ich unter dem Sternenhimmel von South Dakota in Johns Armen einschlief, war ich dem Himmel am nächsten.

Mitte August rief ich zu Hause an, um meinen Eltern zu sagen, dass ich bleiben würde.

»Wenn es dich glücklich macht«, sagte Vater und räusperte sich, »dann bin auch ich glücklich.«

Mama flüsterte ins Telefon: »Ich weiß, du bist jung und verliebt, aber es schmerzt mich, zu wissen, dass du dein Leben lang arm sein wirst wie eine Kirchenmaus.«

»O nein, Mama, nein. Wir werden niemals arm sein. Du kannst dir gar nicht vorstellen, wie reich wir sind.«

Diese Erinnerungen hielten mich am Leben und quälten mich, nachdem meine Träume geplatzt waren. John war tot, und meine berufliche Laufbahn war zu Ende, weil keine der städtischen Schulen behindertengerecht ausgebaut war. Der Leiter meiner Schule hatte zwar angeboten, eine Rampe bauen zu lassen, doch sein Antrag auf Wiedereinstellung wurde abgelehnt.

Im Krankenhaus weinte ich mich in den Schlaf.

Eines Nachts wachte ich auf und sah John an meinem Bett sitzen. Ich hörte seine sanfte Stimme, als flüsterte er mir ins Ohr: »Der ›Kleine Adler‹, den ich kenne und liebe, würde nicht so schnell aufgeben«, schalt er. »Du musst dir selbst helfen, damit du wieder fliegen kannst – die Kinder brauchen dich.«

»Ach, John, ich schaffe das nicht. Es ist einfach zu viel für mich. Bitte, nimm mich mit!«

»Das soll nicht sein«, sagte er. »Die Stadtkinder brauchen dich. Sie sind eingesperrt in einer Welt aus Beton und wissen nichts von den Freuden der Natur. Teile deine Begeisterung mit ihnen. Hol die Natur ins Klassenzimmer. Das ist deine Gabe, ›Kleiner Adler‹. Wirf sie nicht weg.«

Dann war er verschwunden.

In den nächsten beiden Monaten stürzte ich mich in die Krankengymnastik. Jeder Muskel, jeder Knochen in meinem Oberkörper schrie vor Schmerz, aber ich gab nicht auf. Ich kämpfte, um mich an den parallelen Barren aufrecht zu halten, schwang meine Beine nach vorn oder schleifte sie hinter mir her. Ich weigerte mich, zu glauben, dass sie gelähmt waren.

Mein Arzt betrat den Gymnastikraum, setzte sich und sagte: »Sie haben getan, was Sie konnten, Toni, aber die Situation ist unverändert. Ich werde Sie morgen entlassen.«

»Ich *werde* wieder laufen. Ich weiß es.«

Er nahm mein Gesicht in beide Hände und sagte: »Meine Liebe, Sie weigern sich, der Wahrheit ins Gesicht zu sehen. Irgendwann kommt der Punkt, an dem es besser ist, die Tatsachen zu akzeptieren.«

Die Tatsachen, dachte ich, als ich an jenem Abend einschlief.

Gegen drei Uhr morgens wurde ich von einer Stimme geweckt. »Komm, ›Kleiner Adler‹, es ist Zeit, dich in die Lüfte zu schwingen.« John stand lächelnd neben meinem Bett. »Heb die Beine über den Rand und steh auf.« Johns sanft leuchtende Gestalt kniete vor mir nieder und rieb meine Beine, bis sie anfingen zu kribbeln. Ich schwöre, ich konnte seine Hände spüren. Dann stand er auf, streckte die Arme nach mir aus und trat ein paar Schritte zurück. »Geh ein Stück mit mir.«

Mit zögernden, schlurfenden Schritten folgte ich ihm aus dem Zimmer in den Korridor hinaus. Ich hatte den Blick fest auf John gerichtet, der mich Schritt für Schritt weiter den Gang entlanglockte. Plötzlich ragte eine Treppe vor mir auf.

»Einen Schritt nach dem anderen, ›Kleiner Adler‹. Du kannst das.«

Die Empfindungen in meinen Beinen waren nahezu unerträglich, als ich erst eine, dann die nächste Stufe erklomm. Plötzlich hörte ich die aufgeregten Stimmen des Assistenzarztes und der Oberschwester, die von der Tür im Treppenhaus zu mir heraufdrangen.

»Ich werde immer bei dir sein«, flüsterte John. Dann küsste er mich auf die Wange und war verschwunden.

Die nächsten beiden Stunden lang piekten und kneteten die Ärzte an mir herum. Schließlich murmelten sie etwas von »spontanem Irgendwas« und ließen mich allein. Als alles ruhig war, kam eine Schwester ins Zimmer und setzte sich auf mein Bett.

»Ich habe den jungen Mann gesehen, der Sie die Treppe hinaufgeführt hat«, sagte sie leise. »War das Ihr Schutzengel?«

»Ja, das war er.«

»Ich habe die Patienten oft von Begegnungen mit Engeln reden hören. Hat er Ihnen gesagt, wie er heißt?«

»Ja«, ich nickte. »Er heißt John.«

Zwei Monate später war ich wieder in der Schule. Mein Gang ließ an weiblicher Anmut und Grazie zu wünschen übrig, aber er erfüllte seinen Zweck. Heute beherbergt mein Klassenzimmer die Wunder der Natur, und es platzt aus allen Nähten. Die Wände sind von oben bis unten mit bunten Bildern von der Wildnis zugepflastert.

Viele Lehrer bringen Kinder zu mir, damit sie einmal lebende Tiere mit eigenen Augen sehen können. In den großen, staunenden Augen jedes dieser Kinder sehe ich das Lächeln meines geliebten John.

Und in der Stille der Nacht, wenn meine Arbeit getan ist, schwebt mein Geist auf den Schwingen der Adler mit ihm durch die samtene Dunkelheit.

Toni Fulco

... und bringt mich gut nach Haus

Ein muntrer Plauderer ist ein Reisewagen.
PUBLILIUS SYRUS

Ich zog mich an einen Ort zurück, an dem ich mich sicher fühlte und Herr der Lage war – in mein Haus, in den bequemen Sessel in der Ecke meines Wohnzimmers. Dort saß ich dann und hatte Angst, mich in eine Welt hinauszuwagen, in der es dunkel geworden war. In eine Welt, die ich mir nicht ausgesucht hatte.

Wenige Monate zuvor hatte ich mich gefühlt wie ein König: Meine Tochter stand kurz davor, ihr Studium aufzunehmen, ich mochte meine Arbeit, und Marie und ich freuten uns schon auf unsere zweiten Flitterwochen. Dann, bei einer Überraschungsparty zu meinem vierzigsten Geburtstag, öffnete ich all diese Glückwunschkarten, die mich mit meinem »Vierzigsten« aufzogen, und musste feststellen, dass ich die Sprüche nicht lesen konnte. Ich musste meine Frau um Hilfe bitten. »Erste Anzeichen des fortschreitenden Alterungsprozesses«, witzelten meine Freunde. Wenige Wochen später war mein Augenlicht so gut wie erloschen, und mein Arzt hatte mich offiziell für blind erklärt.

Glücklicherweise standen mir meine Familie und viele gute Freunde bei. Einige von ihnen waren im Lions Club, der sich unter anderem für Sehbehinderte einsetzt. Der Lions Club unterstützte auch eine Organisation namens Fidelco Guide Dog Foundation (Fidelco Blindenführhundstiftung). Meine Freunde drängten mich, einen Hund zu beantragen, aber ich war kein »Hundefreund«. Was sollte ich mit einem Hund, wenn ich kaum für mich selbst sorgen konnte?

Eines Tages erzählte mir meine Frau, wie schwer es ihr fiel, mit ansehen zu müssen, wie sehr der Verlust meines Sehvermögens mich verändert hatte: wie sehr sie es hasste, mich jeden Tag allein lassen zu müssen und zur Arbeit zu gehen. Wie verängstigt und hilflos und schuldig sie sich fühlte, weil sie sehen konnte und ich nicht. Damals wurde mir klar, dass der Verlust meines Sehvermögens nicht nur mich betraf, sondern auch meine Frau, meine Tochter, meine Familie und meine Freunde. Ich war zwar noch nicht hundertprozentig überzeugt, aber ich beantragte einen Hund.

In der Zwischenzeit gab mir ein Freund eine Kassette mit dem Vortrag eines blinden Mannes namens Tom Sullivan, der auf einer Versammlung des Lions Club gesprochen hatte. Er hatte dem Publikum erklärt, mit seinem Führhund könne er tun und lassen, was er wollte, und nichts könne ihn aufhalten. »In diesem Leben«, sagte er, »müssen wir das Negative in etwas Positives verwandeln, müssen wir an den menschlichen Geist glauben und ständig daran arbeiten, dass wir stolz auf uns sein können.« Das Wort »Stolz« (englisch *pride*) definierte er so: »*personal responsibility for individual daily effort*« (Eigenverantwortung für tägliches Bemühen), und er berichtete, inwiefern sein Hund sein Leben verändert hatte. Seine Worte sollten auch mein Leben verändern. Nachdem ich die Kassette zum vierten Mal gehört hatte, legte sich mein Selbstmitleid.

Zwei Tage vor Weihnachten kam der Anruf der Fidelco-Stiftung. Sie hatten einen Hund für mich, und er hieß »Karl«. Meine Tochter, die über die Weihnachtsferien zu Hause war, und meine Frau Marie, die sich für dieses monumentale Ereignis ein paar Tage freigenommen hatte, standen am Fenster, als Dave klingelte. Dave sollte mich im Umgang mit Karl unterweisen. Ich hörte, wie der Hund ins Zimmer sprang. Er lief geradewegs auf mich zu, als wüsste er, wer seine Hilfe am nötigsten hatte. Ich saß reglos da, während der riesige Deutsche Schäferhund mich beschnupperte. Als er fertig war, legte Karl seinen Kopf in meine Hände. Ich fragte ihn: »Bist du der Richtige?«, und er leckte mir übers Gesicht.

Ich streichelte ihn und »betrachtete« ihn mit meinen Händen. Er hatte einen großen Kopf und weiche, spitze Ohren. Wir saßen zusammen auf dem Boden, und ich kratzte ihm den Rücken. Anschließend drehte er sich um, damit ich ihm den Bauch kraulen konnte. Als er sich an mich schmiegte, wusste ich, dass dieser Hund ein liebevoller, sanfter Riese war.

Das Training war weder für Karl noch für mich ein Zuckerschlecken. An manchen Tagen lief es gut, an anderen machten wir keinerlei Fortschritte. In der zweiten Ausbildungswoche stolperten wir über Randsteine und waren nicht in der Lage, gerade den Gehweg entlangzugehen. Ich hatte das Gefühl, dass Karl meine Anweisungen nicht befolgte. Ich war schrecklich frustriert und spürte, dass auch Dave allmählich die Geduld verlor. Der arme Karl wusste einfach nicht, was er tun sollte.

Plötzlich rief Dave: »Jetzt reißt euch gefälligst zusammen, ihr beiden!«

Ich befahl Karl, stehen zu bleiben, und dachte: »O weh, Karl. Jetzt bist du in Schwierigkeiten.«

»Ihr zwei seid das unkoordinierteste Führgespann, das ich in meinem Leben je gesehen habe«, schimpfte Dave. »Karl läuft nach links, und du, George, zerrst nach rechts. Karl versucht, dich um irgendwelche Hindernisse zu führen, und du läufst geradewegs hinein. Karl bleibt am Randstein stehen, und du läufst weiter.«

Damit hatte ich nicht gerechnet. Es klang fast so, als sei ich in Schwierigkeiten, nicht Karl.

»George, du musst lernen, deinem Hund zu vertrauen«, fuhr Dave fort. »Lass dich von ihm führen! Hör auf ihn! Karl kann sehen, du nicht. Du bist blind, George.«

Schockiert stand ich da, als Dave weitersprach: »Lass Karl einfach seinen Job machen. Seine Aufgabe ist es, dich zu führen und dafür zu sorgen, dass dir nichts passiert. Wenn du ihm vertraust, wird er dich niemals im Stich lassen.«

Dieser Augenblick war ein weiterer Wendepunkt in meinem Leben. »Ich werd's versuchen«, sagte ich und griff nach dem Führgeschirr. Ich legte all mein Vertrauen in Karl und ließ zu, dass er für mich sah. Zum ersten Mal waren wir ein echtes Team. Ich konnte das Selbstvertrauen in seinem Gang spüren, und zum ersten Mal fanden wir unseren eigenen Rhythmus. Ich wusste, dass wir noch einen weiten Weg vor uns hatten, aber nach diesem Sieg des Vertrauens über die Angst fühlte ich mich wie neugeboren.

Wir setzten unsere Ausbildung fort, und mit Karl an meiner Seite fuhr ich nach Boston und New York. Wir fuhren Taxi, Bus und U-Bahn. Wir gingen in Einkaufszentren, aßen in Restaurants und machten Spaziergänge auf dem Land. Dann kam der letzte Tag meiner Ausbildung und brachte die schlimmsten Regenfälle, die ich je erlebt hatte. Uns aber störte das nicht – wir hatten es geschafft. Jetzt war es offiziell: Karl und ich waren ein Team.

Bevor wir an jenem Abend zu Bett gingen, erzählte ich meiner Frau, was ich mir ausgedacht hatte, um meine neu erworbenen Fähigkeiten zu testen. Marie arbeitete in der Stadt, in der ich aufgewachsen war. Am nächsten Morgen wollte ich mit ihr zur Arbeit fahren, zum Haus meiner Eltern (knapp drei Kilometer entfernt) laufen, den Tag mit ihnen verbringen und sie dann wieder im Büro abholen. Sie hielt mich für völlig verrückt. Großspurig sagte ich ihr, dass ich diesen Weg, nun ja, blind zurücklegen könne. »Ich bin hier aufgewachsen. Ich kenne jede Ecke. Außerdem habe ich Karl, also mach dir mal keine Sorgen.« Widerstrebend willigte sie ein.

Wie ich bald erfahren sollte, war es weit mehr als ein einfacher Spaziergang.

Als ich mich mit Karl auf den Weg machte, stand uns gleich die schwierigste Aufgabe bevor, die es für Blinde überhaupt gibt: sicher eine stark befahrene Straße zu überqueren. Ich griff nach dem Führgeschirr und lauschte, bis es auf der Straße still wurde. Als ich keine Autos mehr kommen hörte, gab ich Karl das Kommando »Vorwärts«, und wir machten uns auf den Weg. Im Zuge unserer Ausbildung hatten wir schon viele Straßen überquert, doch nun taten wir es zum ersten Mal allein. Ich konnte Karls Konzentration spüren. Möglichen Gefahren gegenüber war er noch wachsamer als sonst. Als wir auf der anderen Straßenseite angekommen waren, blieb er stehen und wartete auf das nächste Kommando. An jedem Straßenrand blieb er stehen, und er führte mich um jedes Hindernis.

Alles klappte wunderbar, bis wir etwa die Hälfte der Strecke zurückgelegt hatten. Auf einer stark befahrenen, schmalen Straße wurde ich unsicher; und was noch schlimmer war, ich zweifelte an Karl. Ein großer Wagen fuhr an uns vorbei, und es klang, als sei er viel zu nah, als befände er sich direkt vor uns auf dem Gehweg. Ich gab Karl den Befehl, anzuhalten, ließ das Geschirr los und stand voller Panik da, die Leine in der Hand. Ich weiß noch, dass ich dachte: »Was tust du hier überhaupt? Du hast kein Recht, dich hier draußen herumzutreiben!«

Ich stand da, bis mich ein Mann ansprach: »Sie machen einen etwas verlorenen Eindruck. Kann ich Ihnen helfen?«

Statt seine Hilfe anzunehmen, fielen mir Daves Worte wieder ein: »Vertraue dem Hund. Er wird dich nie im Stich lassen.«

Ich beugte mich vor, nahm Karls Kopf in beide Hände und fragte ihn: »Was denkst du, Karl, brauchen wir Hilfe oder schaffen wir's allein?« Er leckte mir das Gesicht, und damit beruhigte er mich. Diese einfache, liebevolle Geste erinnerte mich daran, dass ich nichts zu befürchten hatte, solange er an meiner Seite war.

Ich dankte dem Passanten für sein Angebot und erklärte ihm: »Ich komme schon zurecht. Ich habe diesen Hund, und ich vertraue ihm. Ich weiß, er wird dafür sorgen, dass mir nichts passiert. Nun, wir müssen los, denn heute beginnt ein neues Leben.«

Ich dachte daran, dass mein Hund ebenso ein Sinnbild für meinen eigenen Körper war und ich lernen musste, auch ihm zu vertrauen.

In diesem Augenblick ging mein Traum von der Unabhängigkeit in Erfüllung. Karl und ich überquerten alle Straßen und kamen an all den Wahrzeichen vorbei, die ich kannte: an der Kirche, in die ich als Kind gegangen war, an meiner alten Schule und dem Spielplatz, auf dem ich das Basketballspielen gelernt hatte.

Wir überquerten die letzte Straße, bevor wir zum Haus meiner Eltern kamen, und ich wusste, dass sich das vordere Gartentürchen etwa siebzig Meter vor mir auf der linken Seite befand. Nach, wie ich meinte, etwa vierzig Metern sagte ich zu Karl: »Links Türe anzeigen.« Nun würde er nach einem Zugang zu dem Grundstück auf der linken Seite suchen. Ich wiederholte das Kommando mehrmals und machte mir schon langsam Sorgen, dass wir zu weit gegangen waren. Was, wenn er das Tor übersehen hatte? Das wäre kein allzu großes Problem – wir müssten dann nur ein kleines Stück zurückgehen.

Aber was, wenn ich irgendwo falsch abgebogen war oder mich bei den Straßen verzählt hatte? In diesem Fall hatte ich keine Ahnung, wo ich war. Was sollte ich jetzt tun? Ich dachte: »Vertrau dem Hund, mit dem Hund kannst du es schaffen.«

Plötzlich schwenkte Karl abrupt nach links, hob den Kopf und stupste mit der Nase an das Gartentor meiner Eltern. Wir hatten es geschafft! Ich fiel auf die Knie, schlang meine Arme um Karl, weinte und dankte Gott für das unglaubliche Geschenk, das er mir mit diesem Hund gemacht hatte.

Inzwischen bin ich der geschäftsführende Direktor der Fidelco Guide Dog Foundation. Früher hatte ich Angst gehabt, das Haus zu verlassen, und nun reise ich durch ganz Amerika und spreche zu Gruppen und Organisationen. Ich helfe den Menschen, ihre innere Kraft zu finden, und erinnere sie daran, dass wir alle hier sind, um Negatives in Positives zu verwandeln und zu lernen, wie man mit Situationen umgeht, die das eigene Leben verändern. Ich helfe anderen begreifen, so wie ich begriffen habe, welchen unglaublichen Unterschied diese Hunde im Leben eines Menschen machen können. Ich liebe diese Aufgabe!

In mancherlei Hinsicht ist mein Leben jetzt besser als damals, als ich noch sehen konnte. Und es fällt mir schwer, mir ein Leben ohne Karl vorzustellen. Er ist ein so großer Teil von mir. Wenn man mich vor die Wahl stellte, mir das Augenlicht zurückzugeben, ich dafür aber ohne Karl auskommen müsste – nun ja, sagen wir einfach, ich müsste sehr lange darüber nachdenken. Denn ein Leben ohne ihn kann ich mir nicht vorstellen.

George Salpietro

Es ist nie zu spät

Der Charakter zeigt sich darin,
wie man sich beim dritten und vierten Anlauf verhält.

JAMES MICHENER

Alle kennen das Sprichwort »Hinter jedem erfolgreichen Mann steht eine starke Frau«. Doch manchmal verhält es sich auch andersherum – wie im Fall des liebenden Ehemanns Norman Klein. »Norm« ist ein sehr guter Langstreckenläufer. Das war nicht immer so, doch eines Tages forderte ihn ein Freund zu einem Sechzehn-Kilometer-Lauf heraus. Norman nahm die Herausforderung an, aber er tat noch mehr: Er ermutigte seine Frau Helen, mit ihm für den Wettkampf zu trainieren.

Der Rest ist Sportgeschichte.

Diese Geschichte handelt von Helen – sie steht im Rampenlicht, und Norm ist das nur recht. Doch denken Sie beim Lesen auch an den stillen Helden, den starken Ehemann, Helens Fels (kochen kann er auch noch!) – einen Traummann, einen Kieferchirurgen, der von vielen jüngeren Menschen um seine körperliche Fitness beneidet wird –, den starken Mann hinter der erstaunlichen Erfolgsgeschichte von Helen Klein.

Kehren wir in die Gegenwart zurück: Vor kurzem brach Helen den Marathon-Weltrekord in ihrer Altersklasse – *achtzig bis fünfundachtzig* – und lief die 42,195 Kilometer in vier Stunden und einunddreißig Minuten. Vielleicht verlieh ihr deshalb eine Zeitschrift den Spitznamen »Grambo«. Womöglich ist das auch der Grund, weshalb Dr. Kenneth Cooper, der dafür sorgte, dass das Wort »Aerobic« in aller Munde war, sie als »legendär« und ihre Taten als »unglaubliche menschliche Leistungen« bezeichnet.

Sie selbst hält sich für einen »normalen Menschen mit einer außergewöhnlich großen Leidenschaft«.

Es folgen ein paar Höhepunkte in Helen Kleins bemerkenswerter Sportlerkarriere: Mit sechsundsechzig Jahren absolvierte Helen innerhalb von sechzehn Wochen fünf Bergläufe über je hundertsechzig Kilometer. 1991 durchquerte sie in fünf Tagen und zehn Stunden den US-Staat Colorado und stellte dabei den Weltrekord über fünfhundert Kilometer auf. Sie hält den Weltrekord über hundertsechzig Kilometer und ist über sechzig Marathons und beinahe hundertvierzig Ultramarathons gelaufen. Auch 1995 schien Helen immer jünger zu werden und lief zweihundertdreiunddreißig Kilometer durch die Sahara. Außerdem bewältigte sie die Eco Challenge, einen Wettkampf über sechshundert Kilometer, im Team »Operation Smile«, das für eine Wohltätigkeitsorganisation antrat, die bedürftigen Kindern die notwendigen wiederherstellenden Operationen bezahlt.

Wenn Sie diese Geschichte lesen, läuft Helen gerade durch das achte Jahrzehnt ihres Lebens – mit Marathons, Ultramarathons und mörderischen Vierundzwanzig-Stunden-, Achtundvierzig-Stunden- und Sechs-Tage-Wettkämpfen über hundertsechzig Kilometer oder mehr. Dabei lehrt einen das Leben so manches über einen selbst. Bei der legendären Eco Challenge zum Beispiel kämpfen Ausdauersportler aus aller Welt darum, den strapaziösen zehntägigen und aus diversen Sportarten bestehenden Wettkampf durchzustehen. Folgendes Pensum musste Helen bei der Eco Challenge absolvieren: Sie ritt sechzig Kilometer auf dem Pferd, wanderte hundertfünfundvierzig Kilometer bei glühender Hitze durch die Wüste, überwand knapp dreißig Kilometer in eiskalten, wasserdurchfluteten Canyons, fuhr fünfzig Kilometer mit dem Mountainbike, seilte sich von einer hundertfünfunddreißig Meter hohen Klippe ab, kletterte dreihundertsechsundfünfzig Meter steil nach oben, fuhr hundertfünfundvierzig Kilometer mit einem Floß, marschierte noch einmal gute dreißig Kilometer zu Fuß und paddelte schließlich mit dem Kanu die letzten achtzig Kilometer bis ins Ziel. »Allein hätte ich die Eco Challenge nie geschafft – so etwas geht nur im Team«, meinte Helen dazu.

»Nun«, sagen Sie jetzt vielleicht, »diese Frau ist eine genetische Anomalie. Einer jener begnadeten Menschen, die vom Schicksal besonders begünstigt sind – die beim genetischen Roulette einfach Glück hatten. Was hat das mit mir zu tun?«

Eine ganze Menge, wie Sie sehen werden.

Helen war nicht immer so sportlich. Ganz im Gegenteil. »Meine Mutter«, sagt Helen, »hatte eine tiefe Abneigung gegen Schweiß und glaubte, kleine Mädchen hätten allzeit damenhaft und häuslich zu sein. Es war mir vorherbestimmt, eine alte Dame zu werden, die nicht einmal eineinhalb Kilometer laufen konnte, Bridge als Sport bezeichnete und jeden Mittag zum Essen ging. Also machte ich eine Ausbildung zur Krankenschwester, heiratete, bekam vier Kinder und sah von jedweder Anstrengung ab, um nur ja nicht ins Schwitzen zu geraten.« Das heißt, bis sie fünfundfünfzig wurde.

Helen war Krankenschwester, hatte fünfundzwanzig Jahre lang geraucht und war noch nie auch nur einen einzigen Kilometer gelaufen. Doch in dem Jahr, in dem sie fünfundfünfzig wurde, forderte ihr Mann Norm sie auf, mit ihm für einen Sechzehn-Kilometer-Lauf zu trainieren. Auf einen Versuch wollte sie es gern ankommen lassen, aber nach ein paar hundert Metern war sie sich nicht mehr so sicher. Nachdem sie zwei Runden auf der Bahn gedreht hatte, die sie in ihrem Garten abgesteckt hatten, war sie vollkommen erschöpft und schnappte nach Luft. »Ich dachte, ich würde sterben«, sagte sie. Doch am nächsten Tag war es etwas einfacher, und sie lief eine Runde mehr. Jeden Tag lief sie eine Runde mehr, und zehn Wochen später schaffte sie den Sechzehn-Kilometer-Lauf. Sie kam als Letzte ins Ziel, aber sie fand es »cool«. Dieser Erfolg spornte Helen zur Teilnahme an anderen »kurzen« Wettkämpfen an, aber ihr war bald klar, dass sie nicht mit rasender Schnelligkeit gesegnet war. So beschloss sie, es mit längeren, langsameren Wettkämpfen zu versuchen.

Seit jener Zeit ist Helen mit dem Mountainbike gestürzt, bei einem Lauf durch die Nacht auf den Füßen eingeschlafen, von einem Hundertsechzig-Kilometer-Lauf zweiundvierzig Kilometer durch Schnee gelaufen, hat strömenden Regen und achtunddreißig Grad Hitze überstanden. Helens Mantra lautet: »Entspannen und bewegen. Entspannen und bewegen.« Sie fügt hinzu: »Als ich meinen ersten Versuch, den ›Western States 100‹, also hundertsechzig Kilometer zu laufen, abbrechen musste, habe ich gesagt, dass ich es nie wieder versuchen würde. Aber dann habe ich das Wort ›nie‹ aus meinem Wortschatz gestrichen – ich verwende es nur noch, um andere an eine der wichtigsten Lektionen zu erinnern, die mich das Leben gelehrt hat: ›Es ist nie zu spät.‹«

Bei einem Sechstagerennen legte Helen sechshundert Kilometer zurück. Sie hätte oft die Gelegenheit gehabt aufzugeben und viele Entschuldigungen für eine solche Entscheidung finden können. Aber sie dachte sich: »Wenn ich mein Ziel erreichen will, dann höre ich besser auf, mir Gründe auszudenken, die eine Kapitulation rechtfertigen, und denke nur noch darüber nach, wie wunderbar es sich anfühlen wird, wenn ich es geschafft habe.« Helen sagt häufig, wenn man ihr vor Jahren gesagt hätte, was sie einmal erreichen würde, hätte sie gelacht.

Seit sie läuft, lacht Helen oft. Zum Beispiel damals, als sie mit einer Freundin einen Bergpfad hinauflief und ihnen innerhalb weniger Minuten zwei Läufer begegneten. Der erste rief: »Helen, du hast die Beine einer Zwanzigjährigen!« Kurze Zeit später rief der zweite: »Helen, du hast die Beine einer Dreißigjährigen!« Daraufhin wandte sich Helen ihrer Laufpartnerin zu und meinte: »Ich werde wohl mit dem Laufen aufhören müssen. Wie's aussieht, bin ich auf dem letzten Kilometer um zehn Jahre gealtert.«

Aber es ist keineswegs immer alles zum Lachen. »Ich habe oft Angst«, sagt sie. »Ich habe Angst vorm Radfahren und davor, auf einem Pferd zu sitzen. Aber ich stelle mich meiner Angst… ich gebe der Panik nicht nach. Ich bin felsenfest davon überzeugt, dass jeder Mensch ohne körperliche Behinderungen tun kann, was ich tue. Die meisten brauchen nur einen kleinen Schubs – eine Herausforderung. Ich bin unkoordiniert und habe keinerlei Talent zum Laufen. Ich mache das alles nur mit Leidenschaft und Entschlossenheit.«

Im Jahr 1982 schaffte Helen mit neunundfünfzig Jahren als älteste Frau der Welt den Ironman. Der Ironman besteht aus 3,8 Kilometern Schwimmen im Meer und hundertachtzig Kilometern Radfahren, die dann sofort von einem

Marathon über mehr als zweiundvierzig Kilometer gefolgt werden. »Ich hatte schon vorher ein bisschen im Wasser herumgeplanscht – geschnorchelt, getaucht und Muscheln gesammelt –, aber ernsthaft geschwommen war ich noch nie. Bis ich im vergangenen Frühjahr das Kraulen lernte, bin ich herumgepaddelt wie ein kleiner Hund. Ich lieh mir das Rad meiner Tochter, um das Fahrradfahren zu lernen. Meine erste Lektion bestand aus dem Auf- und Absteigen. Wenn ich etwas wirklich will, probiere ich es so lange, bis ich zusammenbreche. Diese Uroma ist nicht so leicht zu bremsen.«

Im Jahr 1980 fuhren Norman und Helen nach Nepal, um mit einem Sherpa von Kathmandu aus zum fünfeinhalbtausend Meter hoch gelegenen Basislager des Mount Everest aufzusteigen. Bei fünftausendzweihundert Metern zeigte Norm erste Anzeichen von Höhenkrankheit, und das Paar stieg wieder auf viertausendneunhundert Meter ab. Am nächsten Tag schlug der Sherpa vor, Norman zum Basislager zu bringen, Helen aber zurückzulassen. Er sagte, er sei überzeugt davon, dass sie in ihrem Alter den Aufstieg nicht schaffen würde und er nicht beide zurücktragen könne. Aber Norman und Helen blieben hart: Sie würden entweder zusammen gehen oder gar nicht – und sie erreichten gemeinsam das Ziel ihrer Wanderung. »Ich habe dem Sherpa bewiesen, dass man nicht einfach sagen kann: ›Sie sind zu alt für so was‹«, sagte Helen.

Drei Jahre später erklärte Helen ihrem Reiseführer bei einer Tour durch Israel, sie wolle zur Bergfestung Masada hinaufjoggen. Der Reiseführer aber sagte immer wieder, dass sie zu alt dafür sei und die Gruppe nur aufhalten würde. Später forderte Helen ihn zu einem Wettlauf über fünf Kilometer auf und war zehn Minuten vor ihm am Ziel. Am Ende fuhr

er mit ihr zurück, um im Sonnenaufgang nach Masada hinauf-
zulaufen. »Ich hatte keine Ahnung, dass Sie das schaffen würden«, sagte er und räumte ein, aus dieser Erfahrung gelernt zu
haben, Menschen nicht nach ihrem Alter zu beurteilen.

»Heute«, sagt Helen, »bin ich so gesund, dass ich machen
kann, was ich will. Ich habe fest vor, all meine Jahre voller Vita-
lität zu leben. Der Schlüssel dazu ist einfach: richtige Ernährung und Bewegung. Am liebsten esse ich Äpfel und frisches
Obst, Gemüse und Körner aller Art. Vor einem Wettkampf
verschlinge ich riesige Mengen Pasta, Obst und Gemüse, aber
nur kleine Portionen Fleisch, Hühnchen und Fisch.«

Worin liegt das Geheimnis, wenn man die Knochendichte
einer Dreißigjährigen und eine schlanke Figur haben möchte?
Helen läuft jeden Tag zwischen fünfzehn und dreißig Kilometer. Sie geht gegen halb zehn Uhr zu Bett und steht um
halb fünf Uhr auf, trinkt eine Tasse Kaffee, macht ein paar
Dehnungsübungen in der Badewanne, isst ihr Frühstück, liest
die Zeitung und geht zum Laufen.

»Einmal die Woche lege ich einen Ruhetag ein«, sagt sie.
»Ich hüte mich vor Übertraining und höre auf meinen Körper. Deshalb habe ich auch keine Probleme. Ich glaube nicht
an dieses ›Ohne-Fleiß-kein-Preis‹-Gerede.«

Was die Ultramarathons und andere Ausdauerläufe angeht,
so sagt sie: »Es ist vielleicht etwas ungewöhnlich, aber mit
dem richtigen Training und wenn sie auf ihren Körper hören,
können es die meisten ernsthaften Läufer schaffen. Unmöglich wird es erst, wenn man es sich einredet.«

Hier sind noch ein paar Erkenntnisse, zu denen Helen
Klein im Laufe der Jahre und Kilometer gelangt ist: »Mag sein,
dass ich über achtzig bin, aber mein Geist und meine Seele

werden niemals altern... Es macht mir einfach Spaß, zu zeigen, was diese Oma so alles draufhat. Wenn ich enttäuscht bin, schaue ich auf die Uhr und erlaube mir genau zehn Minuten Selbstmitleid – in denen ich jammern, weinen und klagen darf. Und wenn die zehn Minuten um sind, lasse ich die ganze Sache hinter mir und mache weiter. Ich habe zwar weder den Körper noch das Talent zum Laufen, wohl aber die natürliche Fähigkeit, Belastungen auszuhalten. Jeder kann diese Fähigkeit entwickeln... wir sind stärker, als wir glauben. Diese Stärke entsteht dadurch, dass wir Dinge tun, von denen wir niemals gedacht hätten, dass wir sie tun könnten. Ich hasse das Autofahren. Wenn ich irgendwo hinmuss und mein Ziel weniger als hundertsechzig Kilometer entfernt ist, laufe ich. Und wenn Sie glauben, Sie seien zu alt, um über irgendwelche Berge zu laufen, in Canyons herumzuklettern oder das Tauchen zu lernen, denken Sie daran: Es ist nie zu spät – unsere Muskeln verlieren nie ihre Fähigkeit zu wachsen, egal, wie alt wir sind. Wir wurden in dem Glauben erzogen, dass man sich mit fünfzig entspannen und das Leben locker angehen sollte. Ich halte das für einen Fehler. Je mehr Energie man verbraucht, desto mehr bekommt man zurück. Wenn ich den ganzen Tag herumsitze, ermüdet mich das mehr, als achtzig Kilometer zu laufen.

Mein Können bringt mich an den Start, aber mein Herz bringt mich ins Ziel. Wenn unsere Herzen voller Dankbarkeit für die Dinge sind, die wir haben, statt voller Bitterkeit wegen der Dinge, die uns fehlen, wird die Welt zu einem Ort des Lächelns statt des Stirnrunzelns. Und wenn ich meine Laufschuhe schnüre, setze ich auch mein Lächeln auf. Ich möchte, dass die Menschen beides sehen. Es ist großartig, im Leben aus dem Vollen schöpfen zu können. Aber die schönste Belohnung für mich ist, wenn ich jemanden sagen höre: ›Mit fünfundsechzig ging es mit mir bergab, aber Sie haben mir den Mut gegeben, ins Leben zurückzukehren.‹

Wenn man anfängt zu laufen (oder eine andere Sportart lernt), verhält es sich wie mit allen anderen Zielen. Fangen Sie langsam an. Schaffen Sie zuerst eine Basis, mit der Sie sich wohl fühlen, bevor Sie anfangen, sich zu steigern. Manchmal werde ich bei einem langen Lauf plötzlich hundemüde, und wenn das passiert, denke ich nicht daran, wie weit es noch ist. In diesem Augenblick wäre das einfach zu viel für mich. Stattdessen konzentriere ich mich auf den nächsten Schritt, weil ich weiß, dass ich den nächsten Schritt immer schaffen kann. Und schon bald werden aus all diesen kleinen Schritten hundertsechzig Kilometer.«

Für Helen Klein bedeutet das Wörtchen »Erfolg« nicht nur, wie sie in einem Wettkampf abschneidet. Sie bezieht es auf das ganze Leben: wie wir es leben und was wir daraus machen. Ziele geben unserem Leben Bedeutung und Sinn. »Leicht erreichbare Ziele«, sagt sie, »sind nicht besonders motivierend, und wenn man sie erreicht hat, bedeutet einem das nur wenig. Große Ziele sind alles im Leben, und sie können es allein dadurch verändern, dass man sie verfolgt. Was Sie auch erreichen wollen, verlieren Sie Ihr Ziel niemals aus den Augen. Geben Sie Ihren Gedanken keine Chance, Ihnen auszureden, was Sie eigentlich tun wollen.

Es macht mir Spaß, andere Menschen zu inspirieren. Das Wort ›versagen‹ mag ich gar nicht. Ich glaube nicht, dass es so etwas gibt. Wenn man nach etwas strebt, es aber nicht erreicht, dann hat man nicht versagt, sondern lediglich die Nachricht bekommen, dass man dranbleiben muss. Das größte Geschenk, das ich anderen Menschen machen kann, ist, ihnen Mut zu machen. Ich hoffe, andere Menschen mit meinen Worten, noch mehr aber durch mein Vorbild zu ermutigen.«

Das Laufen ist Helen Kleins Leidenschaft, aber nicht jeder Mensch ist gleich. Alle ihre vier Kinder sind sportlich aktiv, aber sie laufen nur mit ihrer Mutter. Keines ist je einen Marathon gelaufen, aber wie Helen stets zu sagen pflegt: »Es ist nie zu spät.«

Dan Millman

Wie ich lernte, Golf zu lieben

Ein vollkommener Mangel an Humor macht das Leben unmöglich.
COLETTE

Ich spiele nicht Golf. Ich habe es nie gelernt. Ich kann mich noch nicht einmal für das Ziel dieses Spiels erwärmen – einen kleinen Ball mit einem dünnen Stöckchen blind in die Richtung eines Lochs zu schlagen, das man nicht sehen kann –, und ich habe nicht vor, jemals mit dem Golfspielen anzufangen. Meiner Ansicht nach verdirbt man sich mit Golf für viel Geld einen wunderbaren Spaziergang. Trotz meiner negativen Einstellung zu diesem Sport muss ich gestehen, dass ich meine Freunde seit Jahren bitte, im Grunde seit der Veränderung meines Familienstandes zur allein erziehenden Mutter im Jahr 1985, mir bei der Suche nach einem Mann behilflich zu sein, der Golf spielt. Nach so vielen Jahren des Singledaseins wünsche ich mir, dass mein dritter Ehemann viel Zeit außer Haus verbringt. Bei geschätzten vier Stunden für achtzehn Löcher plus ein oder zwei Stunden zum Feiern am neunzehnten Loch – so nennen Golfer das Clubhaus – sowie einem anschließenden Abendessen unter Freunden bedeutet das für mich: Wenn er eine Partie Golf spielt, habe ich fast einen ganzen Tag für mich allein. Wenn ich jetzt noch einen Golf spielenden Piloten fände, wäre ich im Ehehimmel.

Ich verfüge zwar über keine genetische Disposition für Golf, doch soll mir bezüglich dieses merkwürdigen Sports niemand kleinliches Denken vorwerfen. Ich bestärke meine Lieben mit all der Begeisterung, zu der ich fähig bin, sich am Golfspiel zu erfreuen. Als mein ältester Sohn dreißig wurde, machte ich zum ersten Mal allein mit ihm Urlaub in Florida. Ich entführte ihn seiner wunderbar verständnisvollen Frau und seinen drei hübschen Kindern, und wir verbrachten fünf herrliche Tage zusammen, gingen auf Erkundungstour, fuhren Rad, wanderten am Strand entlang, schlugen uns den Bauch mit Meeresfrüchten voll und – Sie haben's erraten – spielten Golf.

Da ich den Eindruck hatte, dass ihm das Golfspielen mit einem richtigen Partner mehr Spaß machen würde als mit seiner völlig durchgeknallten Mutter, die eigentlich nur das Wägelchen fahren wollte, bat ich meine geschätzte Freundin Shirley (achtundsechzig), mit Michael zu spielen. Die beiden waren das perfekte Paar. Wie sich herausstellte, befanden sich Shirleys Golfkünste in etwa auf dem gleichen Niveau wie die meines Sohnes. Es war nicht leicht, den Mann hinter der Theke des Clubhauses so weit zu kriegen, dass er mich auf den Golfplatz ließ, ohne eine Gebühr von mir zu verlangen.

»Guter Mann, ich spiele *nicht* Golf. Ich habe *noch nie* Golf gespielt und habe *nicht* vor, *jemals* damit anzufangen. Ich habe für Golf nichts übrig. Ich möchte nur den Wagen fahren. Ich werde den Wagen auch bezahlen, nur fürs Golfspielen zahle ich nicht. Ich verspreche Ihnen, ich werde keinen dieser dürren Schläger auch nur anrühren. Ich zähle nur die Schläge.«

Der Mann wischte sich die Stirn und gewährte mir widerwillig Zutritt zum Gelände.

Ausgelassen schnappte ich mir meinen Wagen, lernte in zehn Sekunden, das Ding zu fahren, und verstaute Handtasche, Wasserflasche, Sonnenkäppi und Buch in den diversen Ecken und Nischen des Armaturenbretts. Ich hatte ein Buch mitgenommen, da ich glaubte, reichlich Zeit zum Lesen zu haben, während Michael und Shirley ihrem Sport frönten.

Lassen Sie mich zuerst einmal sagen, wie sehr ich dieses Wägelchen *liebte*. Vorwärts, rückwärts, rechts, links, volle Drehung. Ich brachte den kleinen Motor auf Formel-eins-Niveau und hatte auf diesem Golfkurs mehr Spaß als beim Autoscooterfahren in Disneyworld.

»Mama! Fahr nicht so nah ans Grün!«

»Mach langsam! Sonst krieg ich hier noch ein Schleudertrauma«, brüllte Shirley, als ich mit dämonischem Kichern das Gaspedal durchdrückte.

Nachdem ich mit meinem neuen Sportwagen rauf und runter, vor und zurück und um jeden Tümpel gefahren war, den ich finden konnte, während sich die beiden echten Golfer mit Bunkern, Wasserhindernissen, Wäldern und den Ecken und Kanten des Golfkurses herumschlugen, entdeckte ich, dass ich noch eine andere Aufgabe hatte.

»Komm schon, Mama, du musst die Fahne halten.«

Ja! *Noch mehr Spaß.* Noch mehr sportliche Betätigung. Ich sprang von meinem motorisierten Thron, lief übers Grün, schnappte mir die Fahne, packte sie, schwenkte sie ein wenig, marschierte umher, brach spontan in Gesang aus (»I'm a Yankee Doodle Dandy«) und amüsierte mich nach Kräften, während die beiden Möchtegern-Arnold-Palmers versuchten, den kleinen Ball in dem kleinen Loch zu versenken. Ich hörte ein paar gemäßigte Schimpfwörter, weil der kleine Ball das kleine Loch immer wieder um wenige Zentimeterchen verfehlte, steckte die Fahne wieder an ihren Platz und lief zum Wagen zurück, damit ich Golfer und Schläger zum nächsten Abschlag fahren konnte.

Sobald sich meine Fahrgäste am Wägelchen festgeklammert hatten, drückte ich mit einem Juchzer das Gaspedal durch. »Wow! Golf macht Spaß!«, rief ich den Vögeln in den Bäumen zu.

»Himmel, mit dir krieg ich noch ein Schleudertrauma«, zischte Shirley.

Dann merkte ich, dass wir Michael vergessen hatten. Mit einer ausholenden Mario-Andretti-Bewegung setzte ich zur Punktdrehung an, um Michael aufzulesen. Doch der sagte nur: »Nein, fahr nur. *Bitte*, fahr weiter, Mama. Ist schon gut, wirklich, ich gehe gern zu Fuß.«

»Spitze«, dachte ich. »Da kann ich gleich noch eine Hundertachtzig-Grad-Drehung machen. Bin mal gespannt, ob ich's noch schaffe, bevor ich gegen diesen Baum rase.«

»Zum Donnerwetter, Patricia, reiß dich gefälligst zusammen!«

»Tschuldigung, Shirley. Ich kann einfach nicht anders... ich liebe diesen Wagen! Guck mal, da drüben bei den Bäumen liegt ein Ball.« Ich sprang aus dem Wagen, lief zu den Bäumen hinüber, schnappte mir den Ball und warf ihn hinten in den

Wagen. »Macht mehr Spaß, als Ostereier zu suchen«, dachte ich.

»Ich glaube, das war Michaels Ball … der, mit dem er gerade spielt.«

»Oh, tut mir Leid.« Ich warf den Ball in die Baumgruppe zurück und hoffte, er hatte nichts bemerkt.

»Wow, Shirley, sieh doch nur! Grapefruits! Ausgerechnet hier auf dem Golfplatz! Ich hole uns ein paar. Hey, das ist ein echter Knüller! Oben im Norden bekommt man keine Gratis-Grapefruits beim Golfspielen.«

Ruckartig nahm ich den Fuß vom Gas, sodass Shirleys Kopf zur Abwechslung einmal nach vorn fiel, und lief ins Grapefruitparadies. »Hätte ich doch nur ein paar Plastiktüten mitgenommen«, sagte ich und kletterte den Stamm eines der Bäume hinauf, dessen Früchte ein kleines bisschen zu hoch hingen. Ich schnappte mir so viele große, gelbe Grapefruits, wie ich tragen konnte, und watschelte zum Wagen zurück. »Schau mal, Michael: Gratis-Grapefruits! Ist das zu fassen? Ich hab ungefähr ein Dutzend davon! Ehrlich, ich liebe Golf!«

Am nächsten Loch diskutierten mein Sohn und meine Freundin über irgendeine alberne Entfernungsberechnung und darüber, welchen Schläger sie nehmen sollten. Mir dagegen fiel auf, dass ich auf diesem Golfplatz von wunderschönen Kreaturen umgeben war – von Shirley und Michael einmal abgesehen, die ihre dürren Schläger schwangen und über das Grün stolzierten. Ich beobachtete anmutige Reiher, Silberreiher und merkwürdige, sprechende, quakende, hühnerähnliche Vogelwesen, die ich noch nie gesehen hatte. Selbst die Schilder mit der Aufschrift »Vorsicht, Alligatoren!« waren interessant anzusehen. Golf war genauso lustig wie ein Besuch im Zoo.

Abdruck mit freundlicher Genehmigung von Harley Schwadron.

Alles in allem war es ein denkwürdiger Tag. Michael und Shirley gedenken der Anzahl ihrer Schläge. Ich glaube, sie war schön hoch.

Ich denke daran, wie viel Spaß ich hatte. Es war, als hätte man aus Disneyland, dem Zoo, einer Zitrusfruchtplantage und einer Parade mit Fahnenschwenkern ein einziges großes Abenteuer mit achtzehn Löchern gemacht. Wenn ich heute jemanden über Golf sprechen höre, schnellen meine Augenbrauen in die Höhe, und ich stelle mich sofort als Fahrer zur Verfügung.

Golf... was für ein schöner Sport!

Patricia Lorenz

Die Woche, in der ich mir mein Leben zurückholte

*Es bildet ein Talent sich in der Stille,
sich ein Charakter in dem Strom der Welt.*

JOHANN WOLFGANG VON GOETHE

Wir kamen früh an einem kühlen Sonntagmorgen des Jahres 1998 in San Francisco an. Kameras blitzten, und die Menge jubelte, als Tausende von Teilnehmern die Anmeldung stürmten, um beim Aids-Benefizradrennen über siebenhundertfünfundsechzig Kilometer nach Los Angeles dabei zu sein.

Ein paar Monate zuvor war ich mit dem Rad nie weiter als achtzehn Kilometer die Uferpromenade entlanggefahren. Ich hatte panische Angst vor dem Straßenverkehr. Gleich bei der ersten Trainingsfahrt stürzte ich und musste zwei Monate pausieren, ehe ich wieder aufs Rad steigen durfte. Als ich das

Abdruck mit freuundlicher Genehmigung von George Crenshaw, Masters Agency.

Training wieder aufnahm, war ich der Nachzügler unserer Trainingsgruppe. Wenn die anderen die Fünfzehn-Kilometer-Marke hinter sich ließen, war ich gerade mal bei Kilometer drei. Mir blieben vier Monate, um mich auf den Aids-Benefizradmarathon vorzubereiten, und ich fragte mich, ob ich es wohl schaffen würde. Ich entschied, in die richtige Ausrüstung – einschließlich Rennrad – zu investieren. Mein Freund Jim versuchte, mir beizubringen, wie man sich mit den Schuhen ein- und ausklinkte, aber am ersten Tag kam ich nicht über den Parkplatz hinaus.

Jedes Wochenende standen wir im Morgengrauen auf, um zu trainieren, ganz egal, wie das Wetter war oder wie wir uns fühlten. Ich stellte mich immer wieder meiner Angst, überwand sie, radelte stets steilere Hügel hinauf und hielt immer länger durch. Mein Lupus, der sich seit längerem nicht gemeldet hatte, flammte wieder auf, und ich fragte mich, ob es verrückt war, überhaupt an einem so anstrengenden Rennen teilzunehmen. Fast hätte ich aufgegeben, doch dann stürzte Jim schwer, verletzte sich am Knie und konnte nicht mitfahren. Ich dachte an seinen Bruder und meine Freunde, deren wir mit diesem Rennen gedenken wollten, und an das Geld, das wir für Aidsopfer und die Aidsforschung sammeln wollten, und in mir regte sich Entschlossenheit. Als ich an Lupus erkrankte, wurde ich wütend, weil mir die Krankheit so viel nahm: mein Aussehen, meine Energie, meine Karriere und meine Gesundheit. Aber diese Freunde hatten *alles* verloren, und ich hoffte, im Laufe dieses Rennens eine neue Adoley zu entdecken.

Am ersten Tag fuhren wir hundertfünfzig Kilometer nach Half Moon Bay. Die Landschaft war atemberaubend, der

Verkehr entsetzlich. An jenem Abend war ich zu müde zum Essen und schlief sofort ein. Am zweiten Tag trug ich einen breitkrempigen Hut unter dem Helm, da die Haut bei Lupus äußerst empfindlich auf Sonne reagiert. Wir fuhren ins Landesinnere und legten erneut über hundertfünfzig Kilometer zurück.

Am dritten Tag war Schluss mit der Begeisterung. Das Leben war ein einziger langer, schweißtreibender Berg. Ich hatte mich noch nie so allein gefühlt, da Jim an dem Rennen nicht teilnehmen konnte. Am vierten Tag, als die Fahrer vor mir abstiegen, um einen Monsterberg hinaufzuschieben, machte es irgendwo tief in meinem Inneren »Klick«: »Du wirst jeden einzelnen Kilometer fahren.« Mein Trainer Gregg hatte gesagt: »Radfahren ist gut für die Seele.«

Am fünften Tag war ich am Ende meiner Kräfte – ich war völlig erschöpft. Ich wollte schon aufgeben, da sah ich plötzlich meinen Freund David vor mir. Er hatte beide Beine verloren, aber er hatte sich ein eigenes Rad gebaut und radelte mit den Armen. Er war mein Held. Wenn er es schaffen konnte, dann konnte ich es auch. Unter Schmerzen und Qualen, unter Strömen von Schweiß, die mir übers Gesicht liefen, und unter der glühenden Sonne entdeckte ich zu meinem Erstaunen, dass dieser Kampf das Beste in mir zum Vorschein brachte.

Am letzten Tag wollte Jim trotz seines kaputten Knies mit uns ins Ziel fahren. Wir hatten die Rollen getauscht: Jetzt war ich die Starke, die Schnelle, und musste ihn unterstützen. Gegen Mittag fuhren wir in Malibu ein, und als wir uns dem Ziel näherten, drängte er mich, noch einmal Vollgas zu geben. Ich trat in die Pedale. Autos hupten, Menschen jubelten uns zu, und ich hatte das Gefühl, der Pacific Coast Highway gehörte mir allein. Noch vor vier Monaten hatte ich panische Angst vor dieser Straße gehabt.

Zweitausendsechshundert Fahrer radelten den »Walk of Fame« in Los Angeles zur Abschlussfeier entlang. Wir weinten still, als ein Rad über eine Tribüne geschoben wurde – der fehlende Fahrer war ein weiteres Aidsopfer.

Wir fuhren 9,5 Millionen Dollar ein. Ich war von San Francisco nach Los Angeles geradelt und hatte mir unterwegs mein Leben zurückgeholt.

Adoley Odunton

Entspannen, atmen und fließen

*Der Sport entkleidet den Menschen seiner Persönlichkeit
und legt die weißen Knochen seines Charakters bloß.*

RITA MAE BROWN

Es heißt, wir erinnern uns nicht an Tage, sondern an Augenblicke. Einen dieser Augenblicke werde ich nie vergessen. Es war auf dem Gipfel eines Berges. Es war auf einem Rad. Monatelang hatte ich für den Downieville Classic trainiert – ein Mountainbike-Downhill-Rennen über siebenundzwanzig Kilometer. Vor dem Wettkampf hatte ich mir große Hoffnungen gemacht, doch in den letzten Wochen vor dem Rennen geriet ich körperlich und geistig aus dem Gleichgewicht. Ich verlor meine Konzentration, meinen Biss und die Hoffnung auf einen Platz auf dem Treppchen. Ich stürzte auf Streckenabschnitten, die ich früher gemeistert hatte. Jede Trainingseinheit war mühsam und langweilig – Schwerstarbeit. Ich war ausgebrannt.

Dennoch wollte ich mein Bestes geben. Als ich meine Sachen für den Wettkampf packte, warf ich einen Blick auf mein überfülltes Bücherregal. Ich wollte ein Buch mitnehmen, damit ich vor dem Wettkampf etwas zu lesen hatte. Ich schnappte mir eines der Bücher, die ich schon immer einmal hatte lesen wollen – *Die Kraft des friedvollen Kriegers*. Mit dem Autor Dan Millman war ich befreundet. Ich packte das Buch zwischen Radshorts und Downhill-Hosen und hoffte, es würde mir einen kleinen Einblick in meine Krise verschaffen.

Der Wettkampf sollte am Sonntag stattfinden, und wie jeder ernsthafte Sportler wollte ich die Strecke am Freitag schon einmal abfahren, um mich mit dem Gelände vertraut zu machen. Ich war sie im Frühsommer schon einmal gefahren, aber man hatte mir gesagt, dass im Sommer einiges los gewesen und der Kurs inzwischen holprig und steinig sei.

Als ich mich für den Testlauf bereit machte, war ich nervös. Ich erwartete viel von mir und wusste, dass diese Fahrt in etwa meine Leistung vom Sonntag vorwegnehmen würde. Mit diesem Gedanken im Hinterkopf trat ich am Gipfel an und fuhr los. Meine Beine und Lungen brannten wegen der großen Höhe, und jeder Tritt in die Pedale war eine Qual. Als der anspruchsvollste Teil – die Technikpassage – begann, fühlte ich mich mit einem Mal wie ein Gummiball. Ich entschied mich für den falschen Kurs, hüpfte wild hin und her und musste ein paar Mal sogar mit dem Fuß bremsen, um nicht zu stürzen. Ich fühlte mich wie ein Anfänger, als hätte sich all mein Können in Luft aufgelöst, und je wütender ich wurde, desto schlechter fuhr ich. Ich stürzte zweimal und fluchte mehr als im gesamten letzten Jahr. Ich hatte meinen Rhythmus, meine Atmung und meine Konzentration verloren. Ich brauchte weit über eine Stunde, und als ich unten ankam, war ich sowohl von meinem Körper als auch von meiner Psyche enttäuscht...

Ich kehrte ins Camp zurück, badete im Fluss und setzte mich, den Kopf voll trüber Gedanken. Mir blieben noch ein paar Stunden Tageslicht, um zu lesen, also packte ich mein Buch aus und legte los. Auf den ersten fünfundzwanzig Seiten stand genau das, was ich brauchte. Wie war das möglich? Es war, als hätte Dan dieses Buch ganz allein für mich geschrieben, für diesen Augenblick, für dieses Downhill-Rennen.

Sätze tauchten auf wie alte Freunde, die ich schon lange nicht mehr gesehen hatte: »Fließe wie Wasser über Steine... wenn du geschoben wirst, dann ziehe, wenn du gezogen wirst, dann schiebe... mach dir die Kräfte des Lebens zunutze... Entspannung, Atmung und Bewusstheit sind der Schlüssel...« Nach jedem Abschnitt machte ich eine Pause, schloss die Augen und stellte mir ein entspanntes Zusammenspiel von Rad und Fahrer, Körper und Seele vor. Ein Team, das wie Wasser über Stock und Stein floss. Ich murmelte Passagen aus dem Buch vor mich hin, während ich sie auf meine aktuelle Situation übertrug – Konzentration und Fluss.

Am nächsten Morgen wachte ich mit einem neuen Gefühl von Klarheit auf. Ich musste ziemlich lange warten, bis ich an der Reihe war, und plauderte mit anderen Teilnehmern, um mich in der Zeit bis zum Start nicht von dem Schmetterlingskongress in meinem Bauch ablenken zu lassen. Dann: »Drei... zwei... eins... *Start!*«

Lachenden Herzens stürzte ich mich ins Rennen. Entspannt wie eine gekochte Nudel, leicht wie eine Feder, gedankenlos wie ein Säugling schwebte ich bergab. Mein Geist war entspannt, aber aufmerksam, und die Arbeit überließ ich meinem Rad. Ich sah meinen Kurs klar und folgte ihm. Ehe ich mich's versah, kam die Technikpassage, und mal stellte ich mir vor, fließendes Wasser zu sein, mal, eine geschmeidige Weide, die sich im Winde wiegt.

Als es dann bergauf ging, stieg ich ab. Beim Laufen löste sich ein Teil aus der Sohle meines Schuhs. Für einen kurzen Augenblick verfiel ich in flaches, panisches Atmen – ich war kurz davor, auszurasten, und das in jeder Beziehung.

Dann hörte ich Dans Stimme in meinem Kopf und erinnerte mich daran, tief durchzuatmen und mich zu entspannen. Ich schlüpfte wieder in den Schuh, kletterte auf mein Rad und trat in die Pedale. Ich flog über die restliche Strecke und passierte die Ziellinie drei Minuten unter einer Stunde.

In diesem Augenblick wusste ich, was mit der »Kraft des friedvollen Kriegers« gemeint war. Ich spürte eine freudige, friedliche Verbindung zwischen Körper und Geist – nennen Sie es, wie Sie wollen: Flow, Harmonie, Zone. Es fühlte sich an wie reine Freude. Wenn ich an jenem Tag die schlechteste Zeit gefahren hätte, wäre es mir wohl auch egal gewesen. Ich hatte einen persönlichen Sieg errungen.

Wie sich herausstellte, wurde ich Dritte – ich hatte nur eine Minute länger gebraucht als der Sieger. Als ich auf dem Treppchen stand, fühlte ich mich wie ein Champion. Ich hatte einen Lenkervorbau gewonnen, das Stück, das den Lenker mit dem Rahmen verbindet. Es hätte auch eine Gummiente

Nichole Marcillac

Abdruck der Fotos mit freundlicher Genehmigung von Nichole Marcillac.

oder ein Kaugummiautomat sein können – auf den Preis kam es nicht an.

Jedes Mal, wenn mein Blick auf diesen Lenkervorbau fällt, erinnere ich mich an jenes Rennen und bin wieder voll konzentriert: *entspannen, atmen und fließen.* Und ich erinnere mich an das Gefühl, als ich ins Ziel fuhr. An jenem Tag stellte ich nicht nur den Kontakt zwischen meinem Geist und meinem Körper her. Ich berührte meine Seele, ich berührte den Himmel.

Nichole Marcillac

2

Heilung und Genesung

Unser Körper besitzt eine Weisheit, die uns,
die wir darin wohnen, fehlt.

HENRY MILLER

»Rags« schafft es

Nichts ist schwerer zu stoppen als ein Mensch,
der an ein Wunder glauben möchte.

LESLIE FORD

Ragnar Arnesen hat den Spitznamen »Rags« (das heißt auf
Deutsch »Lumpen«). Sein Vater Erik nennt ihn so. Er nennt
seinen Sohn aber auch einen Helden.

Ragnar ist nach seinem norwegischen Großvater benannt,
wurde in San Francisco geboren und mit den Wellen am Manhattan Beach groß. Mit elf Jahren lernte er das Surfen. Aber
die Brandung, die ein Surfbrett entzweizubrechen vermochte,
konnte Rags längst nicht so viel anhaben wie sein eigener Blutzuckerspiegel. Als er noch ein Baby war, stellte sich heraus, dass
er zuckerkrank war. Sein Blutzuckerspiegel konnte mit sehr
viel größerer Wucht zusammenbrechen als jede Welle und ihn
hilflos auf dem Meer zurücklassen.

Vor fast zwei Jahrzehnten nahm Erik Arnesen – selbst ein
leidenschaftlicher Surfer Mitte sechzig – seinen Sohn zum ersten Mal mit an den San Onofre Beach. Nachdem er mit Rags
auf dem Trockenen geübt hatte, schwamm Erik aufs Meer hinaus, um auf ein paar Wellen zu reiten. Allein.

»Ich schaffte es einfach nicht aufs Meer hinaus«, erzählt
Rags, inzwischen dreißig Jahre alt. »Ich bin gepaddelt und
gepaddelt, aber an jenem ersten Tag bin ich einfach nicht über

die Brandungszone hinausgekommen, in der die Wellen brechen.«

Ein weniger scharfsinniger Vater hätte den Grund für den mangelnden Erfolg seines Sohnes in fehlendem Talent gesucht, aber Erik bemerkte etwas anderes.

»Ich sah, dass er eine Kämpfernatur war«, erinnert sich Erik. »Ich bot ihm meine Hilfe an, aber er wollte es unbedingt allein schaffen. Er wollte sich nicht unterkriegen lassen. Und diese Einstellung wurde zu unserem Motto: ›Wenn du etwas vom Leben willst, musst du hinauspaddeln und es dir holen.‹«

Seither hat sich Rags durch Sturmwellen und Tsunamis (!) gekämpft.

Die richtig großen Probleme begannen, als er dreizehn Jahre alt war und die Ärzte Nierenprobleme bei ihm feststellten. Sie sagten, er bräuchte innerhalb eines halben Jahres eine neue Niere. Rags hielt weitere sechseinhalb Jahre durch.

»Ich weigerte mich, mich von meinen gesundheitlichen Problemen vom Leben abhalten zu lassen«, sagt er. Er surfte, radelte und lief Querfeldeinrennen mit dem Team der Mira Cost High School – all das mit Nieren, die kurz vor dem Versagen standen, und einer von schwerem Diabetes zerstörten Bauchspeicheldrüse.

Der Tag seiner ersten Surfversuche ist nichts im Vergleich zu der Zeit ein paar Jahre später, als Rags mit seinem Vater für den Zehnkilometerlauf am Manhattan Beach trainierte. Am Vorabend des Wettkampfs fiel sein Blutzuckerspiegel ins Bodenlose. Der Rettungswagen brachte ihn in die Notaufnahme. »Es stand auf Messers Schneide«, erinnert sich Erik.

Um fünf Uhr dreißig am nächsten Morgen war der Spuk vorbei. Rags bestand darauf, das Krankenhaus zu verlassen und die zehn Kilometer zu laufen. Die Ärzte waren strikt dagegen, aber Erik kannte seinen Sohn.

»Ich wusste, wenn er sich von seiner Zuckerkrankheit von diesem Wettkampf abhalten ließe, würde ihn das den Rest seines Lebens verfolgen«, erklärt Erik, der den Marathon in vier Stunden läuft, Rad fährt und wandert. »Wir nahmen Würfelzucker mit, damit Rags unterwegs was zum Lutschen hatte, wenn er einen schnellen Energieschub brauchte, bis er nach dem Wettkampf wieder eine Insulinspritze bekommen konnte.«

»Wenn du etwas vom Leben willst, musst du hinauspaddeln und es dir holen.«

Sein Gesundheitszustand verschlechterte sich. Rags paddelte. »Selbst in den allerschlimmsten Zeiten«, sagt er, »war alles in Ordnung, wenn ich mit meinem Vater zum Surfen gehen konnte. Und obwohl es schwierig für mich war, half mir der Sport, mein Leben mehr zu schätzen ... sehr viel mehr. Beim Radfahren, Laufen oder Surfen – ganz besonders beim Surfen – fühle ich mich vollkommen lebendig.«

Schließlich erklärten die Ärzte Rags, dass sich die Transplantation nicht mehr hinausschieben ließe. Rags und Erik fuhren an den Strand, an dem sie am liebsten surften. Dort draußen auf dem schwellenden Meer legten sie den Operationstermin fest, während sie auf die nächsten Brecher warteten. Am 19. Dezember 1990 ging der einundzwanzigjährige Ragnar in die Klinik der Universität von Kalifornien in Los Angeles (UCLA), um eine neue Niere zu bekommen. Eine einundfünfzig Jahre alte Niere seines Vaters.

Manchmal schaffen wir es nicht allein. Manchmal brauchen wir jemanden, der uns hilft, die Brandungszone zu überwinden.

»Es war gar keine Frage«, meint Erik zu seiner Entscheidung.

Fünf Tage später wurden Vater und Sohn entlassen. Es war Weihnachten, und Rags hatte mehr Energie, als er seit Jahren gehabt hatte, nur Erik litt unter ziemlichen Beschwerden. »Trotzdem habe ich mich nie besser gefühlt«, sagt er.

Rags kehrte an die California State University in Chico zurück, wo er Biologie studierte. Sechs Wochen später trainierte er wieder mit dem Radteam der Universität. Er musste weiterhin sechs- bis zehnmal am Tag Insulin spritzen, um seine Zuckerkrankheit unter Kontrolle zu haben.

Dann zogen erneut Wolken auf – und wieder einmal wurde Rags mit voller Wucht von einem Tsunami getroffen.

Als er 1995 an den World Transplant Games in Manchester, England, teilnahm, gab es erste Anzeichen dafür, dass sein Körper die Spenderniere seines Vaters abstoßen würde. Fünf Jahre lang hatten Vater und Sohn die Nieren geteilt. Nun teilten sie ihr Leid.

»Ich litt seinetwegen«, sagt Erik, »aber auch meinetwegen. Ich hatte mir so sehr gewünscht, ihm mit meiner Niere zu helfen – und nun konnte ich nichts mehr für ihn tun.«

Auch Rags' Kampfgeist war erloschen. Zum ersten Mal im Leben hatte er keine Lust zu paddeln.

»Ich hatte das Gefühl, als stünde mein Leben Kopf. Ich war immer ein guter Sportler gewesen, und auf einmal hing ich an der Dialyse.«

Die ersten drei Monate waren besonders hart.

»Schließlich kam ich zu dem Schluss«, erinnert sich Rags, »dass ich mich entweder selbst bemitleiden oder die Situation akzeptieren konnte.«

»Wenn du etwas vom Leben willst, musst du hinauspaddeln und es dir holen.«

Rags »paddelte«. Mithilfe seiner Mutter Xenia informierte er sich umfassend über Dialyse und Ernährung, um die Situation meistern zu können. Und er »paddelte«: Er legte die Prüfung zum Rettungssanitäter ab und fing an, Zwölf-Stunden-Schichten zwischen seinem »Teilzeitjob« am Montag, Mittwoch und Freitag zu schieben, wie er die vierstündigen Dialysebehandlungen nannte.

Er surfte, fuhr Rad und trainierte für einen Triathlon, was angesichts der Dialyse einer Mount-Everest-Besteigung mit einem hundert Kilo schweren Rucksack gleichkam.

Doch Rags ging niemals an den Start – allerdings aus einem anderen Grund, als Sie nun vielleicht befürchten. Er ließ den Triathlon ausfallen, weil sich am Tag vor dem Wettkampf eine Spenderniere fand. Für Ragnar Arnesen fiel Weihnachten 1997 auf den 11. Juli.

Ein Jahr zuvor war es wie eine grausame Kapriole des Schicksals erschienen, dass Rags' Körper die Niere seines Vaters abstieß, doch nun erwies es sich als großer Segen. Denn dieses Mal bekam Rags nicht nur eine neue Niere, sondern auch noch eine neue Bauchspeicheldrüse, was die Funktion seiner Nieren wiederherstellte, darüber hinaus aber auch der Zuckerkrankheit ein Ende bereitete.

»Als ich aufwachte, war ich kein Diabetiker mehr!«, sagte Ragnar, und noch drei Jahre später schwingt Begeisterung in seiner Stimme mit. »Es war ein Wunder.«

Im September 1999 nahm Ragnar, der Wunderbare, zusammen mit Sportlern aus aller Welt, die ebenfalls Spenderorgane besitzen, an den XII. World Transplant Games in Budapest teil.

Für Rags, der in den Disziplinen Radfahren, Leichtathletik und Volleyball antrat, war es der achtzehnte landesweite oder internationale Wettkampf. Er hat über ein Dutzend Silber- und Bronzemedaillen zu Hause.

»Ich warte immer noch auf die erste Goldmedaille«, sagt der ein Meter siebzig große und sechzig Kilo schwere Sportler. »Ich würde sie gern meinem Vater schenken.«

Aber Erik sagt, dass er bereits ein viel schöneres Geschenk besitzt – eine Collage aus Bildern von Rags bei den diversen Transplant Games, die sein Sohn nach dem Titel eines bekannten Bette-Midler-Songs benannt hatte: »The Wind beneath my Wings« (»Der Wind unter meinen Flügeln«).

Auch Erik Arnesen sind große Mühen und Abenteuer nicht fremd. Aber sein größter Held und größter Schatz ist sein Sohn.

In der Tat eine Erfolgsgeschichte.

Woody Woodburn

Die weißen Schühchen

Nur wer an Wunder glaubt, wird sie auch erleben.
Bernard Berenson

Meine zehn Monate alte Tochter schlang ihre Ärmchen um meinen Hals und barg ihre tränennasse Wange an meiner Brust. Sie wollte weg von dem Arzt, der gerade eine schmerzhafte Untersuchung abgeschlossen hatte. Er war ein liebenswürdiger Mann mit warmer, beruhigender Stimme, aber seine Worte waren alles andere als beruhigend, und als ich meiner

Rags Arnesen

Abdruck mit freundlicher Genehmigung von Erik Arnesen.

Tochter über die feinen blonden Haare strich, konnte ich die Tränen kaum zurückhalten. Sie war ohne Hüftgelenk zur Welt gekommen, und es erwies sich als großes Problem, dass dies erst so spät entdeckt worden war.

»Ich empfehle zwei Jahre im Gipskorsett und mindestens eine Operation«, sagte der Arzt. »Anschließend werden wir sagen können, ob sie je normal laufen wird. Das Laufen wird ihr vermutlich immer Schmerzen bereiten, und ihr Gang wird wohl unstet bleiben.«

Der entscheidende Faktor war die Zeit. Wir mussten sofort mit der Behandlung beginnen, damit sich ihr Zustand nicht noch weiter verschlechterte. Doch die Lage war ernster, als der Arzt wissen konnte: Die Behandlungskosten überstiegen alles, was mein Mann und ich uns leisten konnten. Es war klar, dass ich diesen Arzt nie wiedersehen würde.

Ich setzte mich ins Auto und hielt mein geliebtes Kind in den Armen. Sie war glücklich, dass wir die Praxis verlassen hatten, erholte sich schnell und fing an, mit ihren kleinen Schühchen fröhlich auf meinem Bauch herumzutippeln. Ihr ungeborener Bruder, der in wenigen Wochen zur Welt kommen sollte, trat von innen dagegen. Der süße Stepptanz meiner Kinder lenkte mich ab, und mein Blick fiel auf die neuen weißen »Laufschuhe«, die ich voller Optimismus gekauft hatte, als sie angefangen hatte, sich hochzuziehen. Sie würde niemals darin laufen. Ich hatte schreckliche Angst, dass sie überhaupt gehen könne.

In den nächsten Tagen schwankte ich zwischen Verzweiflung und Wut. Monatelang hatte ich unserem Kinderarzt gesagt, dass mit ihren Beinen etwas nicht stimmte. Er war ein langjähriger Freund und hatte mir geduldig zugehört, aber nichts feststellen können. Und nun sah es so aus, als würde mein Kind aufgrund dieser Verzögerung dauerhafte Schäden davontragen. Ich betete um die Hilfe, die sie brauchte, und schwor, alles Menschenmögliche zu tun, um das nötige Geld aufzutreiben – ein trostloses Unterfangen, wie sich herausstellte. Eine Tür nach der anderen schien sich uns zu verschließen. Die Banken weigerten sich, uns das Geld für ihre Behandlung zu geben. Die Shrine Hospitals – ein Netz von Kliniken, in denen Kinder unter achtzehn Jahren kostenlos behandelt werden – hatten lange Wartelisten. Viel zu oft wollte ich einfach aufgeben. Doch dann sah mich mein geliebtes Kind voller Freude und Vertrauen an, und mir wurde klar, dass sie sich den Luxus einer mutlosen Mutter nicht leisten konnte.

Schließlich kam ein Anruf des Arztes, der die Erstdiagnose gestellt hatte. Er habe sich Sorgen um uns gemacht. Wie es uns gehe? Ob wir mit der Behandlung beginnen könnten? Ich schämte mich, ihm sagen zu müssen, dass all unsere Versuche, Gelder zu beschaffen, gescheitert waren. Nach einer kurzen Pause sagte er: »Als ich nichts mehr von Ihnen gehört habe, habe ich mir schon so etwas gedacht. Ich habe mir die Freiheit genommen, etwas herumzutelefonieren. Dabei fand ich heraus, dass junge Familien wie die Ihre oft Anspruch auf finanzielle Unterstützung durch den staatlichen Crippled Children's Service haben. Ich denke, Sie sollten sofort dort anrufen.« Zum ersten Mal stieg Optimismus in mir auf.

Die folgenden Wochen waren anstrengend, aber wir schwammen auf einer neuen Welle der Hoffnung. Ich brachte einen wundervollen Jungen zur Welt und zähmte scharenweise Amtsschimmel, um einen Untersuchungstermin in der Kinderklinik genehmigt zu bekommen.

Der Aufenthalt im Wartezimmer der Klinik für »behinderte« Kinder entpuppte sich als außerordentlich lehrreich. Die kleinen Kinder, die alle möglichen körperlichen Behinderungen hatten – die Schienen oder Gipsverbände trugen, an Krücken gingen oder in Rollstühlen saßen –, schienen der Optimismus selbst zu sein, was für ihre Heilung ja auch nötig war. Sie spielten, lachten und plauderten miteinander. Die Eltern dagegen sahen besorgt und müde drein. Wir trugen schwer an der Last »der Tatsachen« und mussten sehr viel härter daran arbeiten, uns unseren Glauben zu bewahren.

Als wir an der Reihe waren, nahm ich meine beiden Kinder und ging ins Behandlungszimmer. Zuerst dachte ich, der Mann mit dem strahlenden Lächeln musste verrückt sein. »Junge Frau«, sprach er voller Begeisterung, »ich habe herrliche Neuigkeiten für Sie. Gerade habe ich mir die Röntgenaufnahmen Ihrer Tochter noch einmal angesehen. Wir werden sie nach den allerneuesten Methoden behandeln können. Ein junger Arzt aus einer Stadt nicht weit von hier hat eine neue Behandlungsmethode für Probleme wie das Ihrer Tochter entwickelt. Er hat gerade zugesagt, für ein Jahr an unsere Klinik zu kommen und für uns zu arbeiten.« Die »Tür« hatte sich noch weiter geöffnet, und die Zukunft sah noch vielversprechender aus, als ich gedacht hatte.

Die Behandlungsmethode des Arztes, der vorübergehend an der Klinik arbeiten sollte, war in der Tat revolutionär: Er setzte einen Knochensplitter an der Stelle ein, an der sich das Hüftgelenk hätte befinden sollen. Nach der Operation bekam meine Tochter ein Gipskorsett, und wir durften sie mit nach Hause nehmen. Und unbemerkt geschah unter dicken Gipsschichten ein Wunder. Bei jeder Röntgenaufnahme konnte ich sehen, wie der kleine Knochensplitter wuchs und sich von ganz allein in ein perfektes Hüftgelenk verwandelte.

Die Operation war zu hundert Prozent erfolgreich. Als der Gips fort war, konnte meine kleine Tochter laufen – ohne Schmerzen und ohne zu hinken.

Ich weiß noch, dass die Krankenschwester uns ein Jahr später zu Hause besuchte, um das Kind mit der angeborenen Hüftluxation zu sehen. Ich deutete auf unsere Tochter, die kreischend hinter ihrem Bruder herlief. »Nein«, wiederholte die Schwester geduldig. »Ich möchte das Kind sehen, das wegen des fehlenden Hüftgelenks operiert wurde.« Dann dämmerte es ihr, und sie sagte: »Wie erstaunlich! Ich habe noch nie ein Kind gesehen, das sich in so kurzer Zeit so gut erholt hat.«

Inzwischen ist meine Tochter erwachsen und hat selbst eine Familie. Wir sprechen nur selten von dieser Geschichte. Nur eine kleine Narbe vorn an der Hüfte erinnert sie daran, doch diese Narbe ist so unbedeutend, dass sie einer erfolgreichen Modelkarriere nicht im Wege stand. Kürzlich war ich mit ihr und ihrer kleinen Tochter beim Rollerskaten. Meine Enkelin stürzte sich sofort selbstbewusst in die Bahn, während meine Tochter und ich zuerst etwas wackelig auf den Beinen standen, uns aber redlich bemühten, mit den anderen Rollerskatern mitzuhalten. Dann wurden wir zum »Paarskaten« aufgefordert und hielten uns an den Händen, wie wir es früher oft getan hatten. Als ich ihre Füße dahingleiten sah, musste ich beim Anblick ihrer Rollerskates plötzlich an die weißen Schühchen des Kindes denken, das nicht laufen konnte. Im Hintergrund lief das Lied »Just the two of us« (»Nur wir beide«).

Auch ich wurde ein völlig neuer Mensch. In meiner Verzweiflung, in der ich nicht wusste, wohin ich mich wenden sollte, lernte ich, zu vertrauen. Ich weiß, wie wichtig es ist, dem eigenen Instinkt zu folgen. Als ich nicht aufgab, obwohl es schien, als habe sich alles gegen uns verschworen, wurde mir klar, dass das Leben viele verborgene Möglichkeiten bereithält, die im nächsten Augenblick Wirklichkeit werden können. Obwohl es manchmal nicht den Anschein hat, trägt unser Körper große Weisheit und die Fähigkeit in sich, auf wunderbare Art und Weise zu heilen, und es gibt immer irgendwo liebevolle, kompetente und hilfsbereite Menschen. Die Last, die zu schwer für die Schultern dieser einundzwanzigjährigen Mutter schien, verwandelte sich in eine Lektion, die mich schon mein ganzes Leben lang begleitet.

Dr. Catherine Monserrat

Dem Körper helfen, die Seele heilen

Der Körper ist ein heiliges Kleid.
MARTHA GRAHAM

Noch herrschte Frieden, als mich die U.S. Army 1941 für ein Jahr zum Wehrdienst einzog. Nach einer Wüstenausbildung in Kalifornien schickte man mich zur Infanterie nach Alaska. Bei Kriegsausbruch am 7. Dezember 1941 hatten die Japaner die Aleuten, das Sprungbrett nach Alaska, bereits besetzt.

Unsere Truppe war so knapp an Männern, dass jeder von uns allein einen zwischen sieben bis fünfzehn Kilometer langen Abschnitt von Cook Inlet patrouillieren musste. An einem eiskalten Tag wollte ich eine, wie ich dachte, Abkürzung nehmen und sprang in den Schnee zwei Meter unter mir. Dass sich direkt unter der dünnen Schneedecke ein gefrorener Fluss befand, hatte ich nicht gesehen. Es zerfetzte mir das linke Bein.

Die untere Hälfte meines Beins hing im rechten Winkel weg, meine Kniescheibe hatte sich fast bis zur Leiste hochgeschoben. Ich hatte fürchterliche Schmerzen, zitterte vor Schock und Angst und versuchte, mein Bein mit den Händen zusammenzuhalten, als der Schmerz unerträglich wurde. Die Stunden vergingen, und die Hoffnung auf Rettung schwand. Ich beschloss, mich zu erschießen, und kroch Zentimeter um Zentimeter auf mein Gewehr zu, das ein paar Meter weiter im Schnee lag. Als mein Finger den Abzug berührte, wurde ich ohnmächtig.

Als ich das Bewusstsein kurz wiedererlangte, befand ich mich in einem Krankenzelt irgendwo im Wald und war auf einem Feldbett festgeschnallt. Mein Bein war mit zwei Ästen geschient. Als ich die Augen zum zweiten Mal öffnete, sah ich, dass mein Bein von den Zehen bis zur Hüfte eingegipst war.

Ich wurde noch ein paar Mal operiert und verbrachte zwei Monate in diversen Militärkrankenhäusern. Dann brauchte die Armee so dringend Männer, dass man mich für diensttauglich erklärte – obwohl ich stark hinkte –, um drei weitere Jahre auf den Aleuten gegen die Japaner zu kämpfen.

Auf den Aleuten, wo der Nebel oft so dicht war, dass man den Kameraden nicht sehen konnte, obwohl man nur wenige Meter voneinander entfernt war, kämpften wir Mann gegen Mann mit japanischen Soldaten. Ich weiß nicht, wie ich diese schreckliche Zeit überstand, aber ich überlebte. Gleichwohl trug ich viele Narben davon: solche, die man sehen konnte, und andere, die verborgen waren.

Mein Knie heilte nie ganz. Trotz weiterer Operationen hatte ich zehn Jahre nach dem Unfall immer noch ständig Schmerzen in meinem verkürzten Bein. Jahrelang versprach ich mir Unterstützung von Kliniken und Spezialisten, doch niemand konnte mir helfen. Dann hörte ich vierzig Jahre nach meiner Verletzung von einem begnadeten Chirurgen – einem Dr. Robert Watanabe –, der für seine Arbeit mit Sportverletzungen, besonders am Knie, bekannt war. Er war bereits bei den Olympischen Spielen 1984, als die Sportmedizin noch in den Kinderschuhen steckte, zum Arzt der US-Leichtathleten ernannt worden.

Im Laufe der Zeit sollte ich viel über ihn erfahren: Seine Eltern waren amerikanische Staatsbürger, doch bei Kriegsausbruch hatte man den neunjährigen Robert samt seiner Familie in ein Internierungslager gesteckt, wo sie viele Jahre lang bleiben mussten. Der kleine Robert empfand großen Schmerz, tiefe Verzweiflung und schließlich Wut über diese Ungerechtigkeit. Die Zeit verging, und er machte seiner Unzufriedenheit dadurch Luft, dass er so lange am Lagerzaun entlanglief, bis er erschöpft zusammenbrach. Als seine Familie nach Kriegsende endlich freikam, war er ein Spitzenläufer und wurde von einem explosiven und gefährlichen Treibstoff getrieben.

Zu Hause in Los Angeles lernte Robert einen Allgemeinarzt kennen, der ihn dazu ermutigte, seine Wut konstruktiv zu nutzen. Robert folgte seinem Mentor in die Welt der Medizin.

Als wir uns kennen lernten, war Robert Watanabe Sportarzt und für seine innovativen Forschungen und Operationsmethoden bekannt. Doch vor dem Hintergrund meiner schrecklichen Kriegserfahrungen kam es mir wie bittere Ironie vor, dass ausgerechnet ein japanischstämmiger Amerikaner mir helfen sollte. Zögernd gestand ich ihm meine Vorbehalte. Er verstand. Ich spürte, dass er seine eigene Vergangenheit und seine eigenen Vorbehalte hatte, aber er sagte: »Sanford, ich bin Arzt, und Ihr Fall ist eine große Herausforderung. Ich werde mein Bestes für Sie tun.« Im Laufe mehrerer Jahre operierte er mich dreimal. Seine hervorragenden wiederherstellenden Operationen begradigten mein Bein und ließen es wachsen, und über meine Fortschritte war er ebenso erfreut wie ich. Bei einem der Untersuchungstermine las ein britischer Arzt meine Krankenakte und beobachtete ungläubig, wie ich aufrecht, auf zwei gleich langen Beinen, offensichtlich schmerzfrei und ohne zu hinken den Gang entlanglief. Dr. Watanabe umarmte mich, wie ein Trainer einen siegreichen Athleten umarmt. Wir einigten uns darauf, dass wir es mit einer Wunderheilung zu tun hatten – der größere Genesungsprozess aber sollte erst noch kommen.

Im Laufe meiner medizinischen Odyssee hatten Robert und ich uns einander geöffnet und über unsere Kriegserlebnisse gesprochen – über die Geschichte seiner Internierung und die Schrecken meiner Kampfeinsätze. Das Verhältnis zwischen Arzt und Patient hatte sich so sehr vertieft, dass wir inzwischen gute Freunde waren. Allmählich verstanden wir, welche Qualen der andere im Krieg erlitten hatte, und vertrauten einander an, dass wir uns in unserer Jugend geschworen hatten, die Welt zu verbessern. Und in den darauf folgenden Jahren hatten wir unser Bestes dafür getan.

Als ich meinen letzten Untersuchungstermin bei ihm hatte, tat Robert etwas Erstaunliches. Er nahm seinen größten

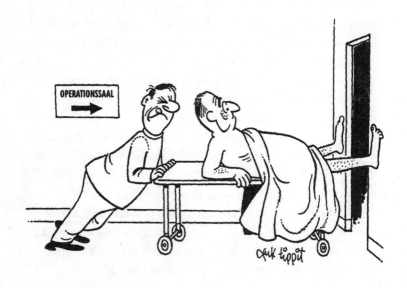

Abdruck mit freundlicher Genehmigung der Masters Agency.

Schatz, die olympische Goldmedaille, die er als Mannschafts-
arzt bekommen hatte, von ihrem Ehrenplatz an der Wand
zwischen seinen Diplomen und Auszeichnungen. Dann legte
er sie mir um den Hals, und seine Worte brannten sich in mein
Herz und meine Seele: »Wir sind beide Sieger, weil wir Frieden mit uns selbst geschlossen und einander geholfen haben
zu heilen.«

Wir verbeugten uns respektvoll voreinander, umarmten uns
in lebenslanger Freundschaft, saßen beieinander und tauschten
stumme Segenswünsche aus.

Sanford Drucker

Meine Lieblingsverletzung

Wer einem anderen Menschen das Leben rettet, rettet die eigene Seele.
ARTHUR HERTZBERG

Ich glaube, das Leben hält viele Erfahrungen für uns bereit,
die unser Wachstum und unsere Einsicht fördern und unsere
Weisheit vertiefen sollen. 1979, ich war gerade sechsundzwanzig Jahre alt, wurde diese Philosophie von einer Reihe über-
raschender und schwieriger Ereignisse auf die Probe gestellt –
und schließlich bestätigt.

Im Jahr zuvor war ich den Marathon zum ersten Mal in unter drei Stunden gelaufen. Ich wollte diese Zeit noch verbessern und intensivierte das Training. Im Hochsommer lief ich
über hundertzehn Kilometer in der Woche, und zum ersten
Mal in meiner Wettkampfkarriere konnte ich mit schnelleren
Läufern mithalten. Ich trainierte mit Spitzenathleten, deren

Kameradschaft und Zuspruch zu meinen Fortschritten beitrugen. Sie sagten mir, in Anbetracht meiner Trainingsfortschritte könnte ich den Marathon in zwei Stunden vierzig laufen und hätte das Potenzial für eine Zeit von zwei Stunden zwanzig. Das Laufen war sowohl zu einer körperlichen als auch zu einer spirituellen Leidenschaft geworden, und ich schwamm auf einer Welle wachsender Erregung und Glückseligkeit.

All das nahm ein jähes Ende, als mein Knie zu schmerzen begann. Statt mühelos dreißig flotte Kilometerchen in den Bergen zu laufen, schaffte ich nun kaum einen einzigen. Die Beschwerden verschlimmerten sich, bis ich keinen Meter mehr ohne stechende Schmerzen laufen konnte. Ich entschied, ein paar Wochen Pause zu machen, und ging davon aus, dass ich mein Training danach würde fortsetzen können. Die Wochen vergingen, die Schmerzen wurden nicht besser, und meine Zuversicht schwand. Die Ärzte konnten nicht sagen, wie lange der Genesungsprozess dauern würde. Tag für Tag konnte ich zusehen, wie die Erfolge des harten, progressiven Trainings der letzten sechs Monate dahinschwanden, und ich wurde immer mutloser.

Ich musste eine Möglichkeit finden, mir meine körperliche Leistungsfähigkeit zu bewahren, während mein Knie heilte. Mein Körper war daran gewöhnt, zwei oder mehr Stunden täglich hart zu trainieren. Ich hatte das Gefühl, unbedingt dafür sorgen zu müssen, dass mein Herz-Kreislauf-System nicht abbaute und mir die im letzten halben Jahr erreichten Fortschritte nicht durch die Finger glitten. Ich kaufte mir eine Schwimmbrille, trat dem örtlichen YMCA bei und machte mich daran, meine Trainingseinheiten zu verdoppeln – in der

Annahme, bald mehrere Stunden täglich schwimmen zu können. In Kürze sollte ich die zweite schwierige Lektion im Umgang mit Widerständen und Rückschlägen lernen.

Ich hatte als Kind ein paar Schwimmstunden gehabt und glaubte, als Marathonläufer keinerlei Schwierigkeiten mit dem Umstieg auf das Schwimmtraining zu haben. Doch als ich am ersten Tag ins Wasser sprang, wurde mir schmerzlich bewusst, dass meine Erwartungen meine Fähigkeiten weit übertrafen. Nachdem ich eine Bahn geschwommen war, hing ich atemlos am Beckenrand und rang nach Luft. Genau wie nach der zweiten Bahn. Das ging etwa zwanzig Minuten so weiter. Ich schwamm eine Bahn nach der anderen, dann war ich völlig am Ende.

Ich erinnerte mich daran, dass ich in New York aufgewachsen und nie viel geschwommen war. Ich war nicht einmal gern im Wasser. Das Meer machte mir Angst. Ich musste daran denken, dass einer der Betreuer im Ferienlager uns gezwungen hatte, trotz niedriger Wassertemperaturen »eine volle halbe Stunde« im Meer zu bleiben. Ich war kein besonders guter Schwimmer, und die Wellen hatten mir Angst gemacht. Sogar als Erwachsener wagte ich mich nur selten ins Meer.

Entschlossen, eine Lösung für mein Dilemma zu finden, freundete ich mich Anfang Juli mit dem Bademeister an, der viele Stunden am Tag in dem schwach beleuchteten Schwimmbad im Keller des YMCA-Heims zubrachte. Geduldig leitete er mich sieben Tage die Woche an. Ich arbeitete hart, wild entschlossen, besser zu werden, machte aber nur langsam Fortschritte. Jeden Tag schwamm ich bis zur Erschöpfung, wartete ein paar Minuten und versuchte dann, noch ein paar Bahnen dranzuhängen. Nach einigen Wochen zahlten sich mein Fleiß, seine Hilfe und seine Unterstützung langsam aus.

Im August schwamm ich beinahe vierzig Bahnen am Tag. Im September schwamm ich tausendfünfhundert Meter am Tag, lernte Brust-, Rückenschwimmen und Kraulen und fing sogar mit dem Rettungsschwimmen an. Ich fühlte mich leistungsfähiger, mein Selbstvertrauen wuchs, und ich machte weiter. Im Dezember schwamm ich dreitausend Meter am Tag und fühlte mich im Wasser so wohl wie beim Laufen auf dem Land.

Bis zu den Weihnachtsferien hatte sich mein Knie etwas erholt, aber laufen konnte ich immer noch nicht. Also beschloss ich, nach Hawaii zu fliegen, die Inseln per Anhalter zu erkunden und am Strand zu campen. Ich hielt diesen Urlaub für eine schöne Abwechslung zu meiner üblichen Routine – und viel mehr gab mein Budget auch nicht her.

Bald nach meiner Ankunft musste ich allerdings feststellen, dass die Spannungen zwischen Touristen und Einheimischen auf den Inseln ihren Höhepunkt erreicht hatten. Vor kurzem hatten die Zeitungen und Radiosender von mehreren Fällen berichtet, in denen Campern die Zelte über dem Kopf angezündet und Besucher nachts von Einheimischen angegriffen worden waren. Während ich Maui erkundete, sagte man mir immer wieder, ich solle beim Trampen aufpassen und beim Schlafen am Strand besondere Vorsicht walten lassen.

Ich weiß noch, dass ich an jenem späten Nachmittag am Makena Beach stand und mich aufgrund dieser Neuigkeiten verletzt, deprimiert und allein fühlte, als mich schwache Rufe aus meinen düsteren Gedanken rissen. Draußen auf dem Meer rief irgendjemand um Hilfe. Ich blickte hinaus und sah jenseits der riesigen, sich brechenden Wellen Menschen im Meer schwimmen. Ohne nachzudenken, zog ich Hemd und Schuhe aus und lief ins Wasser. Ich schwamm durch die starke Brandung hinaus, wo zwei Männer Mitte zwanzig einen völlig verängstigten älteren Herrn über Wasser hielten. Sie sagten, sie seien von der Strömung völlig erschöpft und hätten nicht mehr die Kraft, den Mann an Land zu bringen. Sie baten mich, zu übernehmen, damit sie selbst zum Strand schwimmen und Hilfe holen konnten.

Der ältere Herr geriet in Panik, packte mich am Hals und zog mich unter Wasser, als riesige Wellen über uns hinwegschwappten. Ich packte ihn fest, sah direkt in sein verängstigtes Gesicht und sagte: »Wenn Sie tun, was ich sage, lasse ich Sie nicht sterben. Versprochen.« Er nickte und hörte auf, sich zu wehren. Ich drehte ihn auf den Rücken, hielt ihn mit dem linken Arm und fing an, mit dem rechten Arm gegen die Strömung anzuschwimmen. Die Brandung war fürchterlich. Zwei Tage zuvor hatte ein schwerer Sturm den Sand aufgewühlt und riesige Wellen und einen noch stärkeren Sog zurückgelassen. Scharfe Korallenriffe im Osten verhinderten, dass ich schräg auf den Strand zuschwimmen konnte. Ich würde durch die Wellen direkt auf den Strand zuhalten und mit dem Gewicht eines erschöpften älteren Mannes im Schlepptau gegen die Unterströmung anschwimmen müssen.

Zuerst schwamm ich mit voller Kraft. Ich glaubte, fit genug zu sein. Doch in der starken Brandung und angesichts des heftigen Sogs, der uns immer wieder aufs Meer hinauszog, als seien wir schwerelose Korken, ermüdete ich schnell. Mir wurde klar, dass ich meine Kräfte schonen musste – nicht nur, um diesen Mann an Land zu bringen, sondern auch, um mein eigenes Leben zu retten.

Stück für Stück näherten wir uns dem Strand und versuchten, immer dann auf den Wellen zu reiten und zu schwimmen, wenn sie uns vorwärts trugen. Eine Gruppe von Rettern hatte im flachen Wasser eine Menschenkette gebildet. Sie hatten sich an den Armen eingehängt und streckten den anrollenden Wellen die Hände entgegen. Eine Ewigkeit später hatte ich den Mann bis auf zehn Meter an den Strand herangebracht und legte ihn in die Arme eines der anderen Retter.

Ich wankte aus dem Wasser und fiel schwer atmend in den Sand. Dann stolperte ich von der Gruppe der Retter und dem älteren Herrn fort, um mit meinen Gedanken allein zu sein, die wie die Flut hereinbrachen. Nur wenige Minuten zuvor war ich am Strand gestanden und in meine eigenen Probleme versunken gewesen. Nun lag wenige Schritte weiter ein Mann im Sand, dessen Leben ich gerettet hatte. Meine Probleme verschwanden. Sein Hilferuf hatte mich aus meinen trüben Gedanken und persönlichen Nöten gerissen – hatte meine Angst vor dem Meer beiseite gedrängt und mich zu einer mutigen, starken Tat veranlasst.

Ich sprach nicht mehr mit dem Mann, den ich gerettet habe. Ich habe nie erfahren, wie er heißt. Das war auch nicht nötig. Im Kreise der Gruppe war er sicher. Ich war erfüllt von Erkenntnis… fühlte mich frei und befreit. Wieder einmal hatte das Leben mit seinen unglaublichen Möglichkeiten und Lehren seine Zauberkraft entfaltet.

Die Knieverletzung, die – wie es schien – meine Marathonträume zunichte gemacht hatte, führte zu Ereignissen und stellte mich vor Entscheidungen, die eine umwälzende Wirkung auf mein Leben hatten und das Leben eines anderen Menschen retten sollten. Damals wurde mir klar, wie stark die

Fäden des Schicksals miteinander verwoben sind. Früher hatte ich mich oft gefragt, ob Dinge aus einem bestimmten Grund geschehen. Inzwischen glaube ich, verstanden zu haben: Wenn etwas geschieht, müssen wir das Beste daraus machen. Alles, was passiert, bietet uns die Chance, zu wachsen. Die Möglichkeit, etwas Negatives in etwas Positives zu verwandeln. Wenn eine Tür sich schließt, öffnet sich stets eine andere. Unsere Aufgabe ist es, die Augen offen zu halten.

Heute arbeite ich als Chiropraktiker mit Sportlern, und wenn meine Patienten an einer Verletzung laborieren, erzähle ich ihnen manchmal die Geschichte von meiner Lieblingsverletzung – der Verletzung, die eines oder vielleicht sogar zwei Leben rettete.

Leonard Stein

Ein Engel bis ins Mark

Menschen sind Engel mit nur einem Flügel.
Wir können nur fliegen, wenn wir einander umarmen.
LUCIANO DE CRESCENZO

Als ich Cindy kennen lernte, sah sie genauso aus wie all die anderen Frauen, die ihre Kinder zur Schule brachten: Sie war Mitte dreißig, verheiratet und Mutter zweier Kinder, fuhr einen Minivan, hatte einen Hund und wohnte in einem Haus am Rande der Stadt – sie war eine ganz normale mittelständische Frau und lebte ein ganz normales mittelständisches Leben. Doch nicht immer sind die Dinge so, wie sie scheinen.

Bald nachdem ich Cindy kennen gelernt hatte, erfuhr ich,

dass sie Leukämie hatte. Das verriet weder ihr Aussehen noch ihr Verhalten. Wäre sie nicht im National Bone Marrow Registry (dem Zentralen Knochenmarkspenderregister der Vereinigten Staaten) eingetragen gewesen, ich hätte es nicht geglaubt.

Für die anderen Mütter vergingen die Tage in relativer Normalität – mit Kindern mit laufenden Nasen, Abstechern zum Tierarzt, in den Supermarkt und zur Reinigung –, und auch bei Cindy lief alles wie gehabt. Nur dass ihr junges Leben ihr mit jedem Tag, an dem keine Nachricht von einem passenden Spender kam, ein Stückchen weiter entglitt. Sie ging auf den Markt, beteiligte sich an der Fahrgemeinschaft, backte Kekse für die Vorschulgruppe ihrer jüngsten Tochter und jubelte ihrer Siebenjährigen bei der Turnvorführung zu. Sie ging sogar jeden Tag mit ihren Freundinnen eine Stunde zum Powerwalking, traf sich gelegentlich mit uns Mädels zum Essen, und bei den vielen albernen Kaffeekränzchen lachte sie mit uns. Wenn ich jetzt daran zurückdenke, frage ich mich, woher sie die Kraft nahm. Cindy war uns allen ein Vorbild.

Soweit ich weiß, erwähnte Cindy ihre Krankheit nur ein einziges Mal, als eine ihrer Töchter sie fragte, ob sie tatsächlich sterben müsse oder ob das alles nur ein böser Traum sei.

Am schlimmsten waren die Tage, an denen sie über ihre Kinder nachdachte. Cindy war in erster Linie Ehefrau und Mutter und erst dann Krebspatientin.

Cindy besaß auch ein ganz besonderes Talent, Schwierigkeiten zu überwinden, und in den nächsten Monaten wurde unter zwanzigtausend möglichen Spendern der richtige für sie gefunden. Der Spender hatte Gewebe- und Bestätigungstypisierung bestanden, und nun konnte es losgehen. Cindys

Mann atmete auf, ihre Kinder hatten weniger Albträume, Familie und Freunde jubelten.

Doch dies war das echte Leben, kein Ärztefilm im Fernsehen.

Nach sieben Monaten der Unentschlossenheit machte der Spender einen Rückzieher. So einfach war das. Und so niederschmetternd. (Die Namen der Spender sind vertraulich und werden erst ein Jahr nach der Transplantation bekannt gegeben.)

Das quälende Wissen, wie schlecht die Chancen standen, einen weiteren passenden Spender zu finden, war nahezu unerträglich. Sosehr Cindy es auch zu verbergen versuchte, allmählich spiegelte sich die Belastung in ihren wunderschönen Augen wider. Wenn sie einmal lachte, klang ihr Lachen nicht mehr so voll und nicht mehr so gelöst. Die Tage kamen uns nun wie Wochen vor. Wir wussten, dass die Zeit unser Feind war und dass der Feind immer näher rückte.

Der Blitz schlägt nur selten zweimal an der gleichen Stelle ein, doch an einem Winternachmittag geschah in Woodlands Hill, Kalifornien, ein zweites Wunder in Form eines Telefonanrufs. Ein weiterer Spender war gefunden. Wegen des Desasters mit dem ersten Spender hatte man beim zentralen Knochenmarkspenderregister abgewartet, bis feststand, dass der neue Spender seine Meinung nicht mehr ändern würde.

An ihren zarten Flügeln und dem strahlenden Heiligenschein sind Engel meist leicht zu erkennen. Doch manchmal wandeln sie auch hier auf Erden – zum Beispiel in Gestalt einer achtundzwanzigjährigen Frau aus New Hampshire mit einer zweijährigen Tochter. Obwohl Cindy nichts über den Spender – ihren Engel – wusste, erhielt sie eine Nachricht, als sie im Krankenhaus in ihrem Zimmer auf die Knochenmarkspende eines völlig fremden Menschen wartete.

Auf dem Zettel stand: »Ich weiß, dass dieses Knochenmark Ihnen helfen wird. Meine Mutter wird Sie beschützen. Patty.«

Am nächsten Tag, dem Tag nach der Knochenmarkentnahme, wurde Patty entlassen. Cindy musste noch sechs Wochen im Krankenhaus bleiben. Nach einem Fieberschub, der ihr eine weitere Woche im Krankenhaus bescherte, und der medikamentösen Neueinstellung verlief das erste Jahr ihrer Genesung gut. Die Ärzte hatten erklärt, die größte Hürde seien die ersten hundert Tage – und falls sich im ersten Jahr keine weiteren Krankheitssymptome zeigten, verbessere sich ihre Prognose gewaltig.

Anfangs wurde Cindy von ihren Freunden behandelt, als sei sie aus Glas. Wir standen untereinander telefonisch in Kontakt und versicherten uns gegenseitig, dass sie stärker zu werden, besser auszusehen, wieder sie selbst zu sein schien. Ehe wir's uns versahen, hatte uns der Alltag eingeholt, und Cindys Krankheit verblasste und wurde Vergangenheit.

Dann, auf den Tag genau ein Jahr nach der Transplantation, klingelte erneut das Telefon, dieser Bote lebensverändernder Neuigkeiten. Cindys Mann hob ab und reichte ihr den Hörer.

»Deine Schwester«, sagte er.

Cindy hielt den Hörer ans Ohr, aber mit der Stimme am anderen Ende der Leitung konnte sie nichts anfangen. »Das ist nicht meine Schwester.« Lautlos formten Cindys Lippen diese Worte.

»O doch, das ist sie«, beharrte ihr Mann mit zitternder Stimme.

Mit einem Mal wurde Cindy klar, das Patty am Apparat war.

Tränen liefen ihr über die Wangen, und auch Patty am anderen Ende der Leitung weinte. Sie telefonierten eine Stunde lang und tauschten via Telefon Informationen zwischen New Hampshire und Kalifornien aus. Cindy erfuhr, dass Pattys Mutter an Krebs gestorben war, und obwohl Patty ihr nicht hatte helfen können, war sie entschlossen gewesen, einem anderen Menschen zu helfen. Ursprünglich hatte sie sich im medizinischen Forschungszentrum »City of Hope« als Knochenmarkspenderin registrieren lassen, um einem kleinen Jungen zu helfen. Jede zweite Woche hatte sie angerufen, um nachzufragen, ob sie mit ihm kompatibel sei. Schließlich hatte sich herausgestellt, dass ihr Mark zwar nicht ihm, aber einer Frau in Kalifornien helfen konnte: einer Frau und Mutter namens Cindy.

Patty war vor kurzem zum zweiten Mal Mutter eines kleinen Mädchens geworden, hatte mit ihrer zweiten Schwangerschaft aber so lange gewartet, bis sie einem Menschen in Not ihr Knochenmark hatte geben können. Cindy berichtete von ihrem Kampf gegen die lebensbedrohliche Krankheit und wie sie dank Pattys großzügigen und liebevollen Handelns schließlich siegreich daraus hervorgegangen war.

Cindy flog mit ihrer Familie nach Boston, anschließend fuhren sie nach Portsmouth, New Hampshire. Patty brachte ihre winzige Tochter mit ins Hotel. Als die Tür aufging, fielen sich die beiden Frauen in die Arme wie Schwestern, die sie nun ja auch waren und die einander seit einer Ewigkeit nicht mehr gesehen hatten. Unter Tränen und Gelächter schmiedeten diese beiden Frauen, die einander einst völlig fremd gewesen waren und nun ihr Knochenmark miteinander teilten, eine enge Freundschaft.

Fünf Monate später fuhr Patty mit ihrer Familie nach Kalifornien, um Cindys Familie und Freunde kennen zu lernen, die der Frau, die Cindy das Leben gerettet hatte, persönlich danken wollten. Man traf sich in einem Restaurant, einem bescheidenen Rahmen für die dreißig Leute, die sich versammelt hatten, um die Güte von Fremden zu feiern und ihr Vertrauen in das Gute im Menschen zu bekräftigen.

Als Patty vorgestellt wurde, erhoben einige Gäste das Glas, andere brachen in spontanen Applaus aus. Wieder andere weinten offen, als sie das Gesicht dieses Engels auf Erden, dieser ganz gewöhnlichen Heiligen sahen.

Jedes Jahr am 14. Oktober – dem Jahrestag der Transplantation – ruft Cindy bei Patty an und spricht dieselben, von Herzen kommenden Worte: »Ich danke dir für ein weiteres Jahr, mein Engel.« Inzwischen sind acht unschätzbare Jahre voller Erinnerungen und wunderbarer Erlebnisse vergangen, seit sich die Wege dieser beiden bemerkenswerten Frauen kreuzten: Sie erzählen eine Geschichte von Liebe, Charakterstärke und Mut. Sie sind ein Geschenk der Heilung und der Hoffnung.

Lori Shaw-Cohen

Fenster nach innen

Wenn du nicht sehen kannst, was vor sich geht,
starre nicht angestrengt hin.
Entspann dich und schau sanft mit deinem inneren Auge.

LAOTSE

Eines Morgens kurz nach Sonnenaufgang saß ich still da und versuchte zu meditieren. Oft ist es schwierig, dem Geschwätz des eigenen Denkens Einhalt zu gebieten und Frieden zu finden, darum beschloss ich in der grauen Stille des Zimmers, es mit ein paar Bildern zu versuchen. Ich visualisiere gern meinen »Zufluchtsort« – einen imaginären Raum mit einer kleinen Bühne, auf die ich jeden Teil meines Körpers bitten kann, wenn ich eine Frage an ihn habe. Am häufigsten bitte ich mein Immunsystem, eine drohende Erkältung zu bekämpfen. Ich stelle mir mein Immunsystem als seltsames kleines Persönchen vor, das ganz in Silber gekleidet und mit Sternen geschmückt ist und mit einer Laserpistole Krankheitserreger vernichtet. Ich denke: »Du hast meine Erlaubnis, dafür zu sorgen, dass mein Körper vollkommen gesund ist!« Es ist mir egal, ob sich das verrückt anhört. Ich bekomme nur noch selten eine Erkältung.

An jenem Morgen hatte etwas anderes Vorrang. Tags zuvor hatte ich einen kleinen dunkelgrauen Fleck am unteren Rand meines Sichtfeldes bemerkt, der sich nicht wie die »schwebenden Fusseln« mit den Augen mitbewegte … jene Punkte, die kurzsichtige Menschen wie ich oft sehen. Diese Fusseln sind für gewöhnlich harmlos.

Ich hatte keinerlei Schmerz verspürt und den kleinen Punkt für seltsam, aber unbedeutend befunden. Ich war zu Bett gegangen, ohne weiter daran zu denken, doch als ich aufwachte, war er immer noch da. Ich beschloss, meinen inneren Zufluchtsort aufzusuchen und mein Auge zu fragen, was los war.

Mit der Antwort hatte ich nicht gerechnet: »Das ist eine ernste Angelegenheit. Geh sofort zum Arzt.« Das war alles. Ich höre keine »Stimmen«. Ich bekomme einfach Informationen – Wissen. Wie, das kann ich nicht sagen. Es fühlt sich auch überhaupt nicht unheimlich an, und ich vertraue diesem intuitiven Wissen auf einer sehr viel tieferen Ebene als nur mit dem Kopf.

Ich war ziemlich erschüttert und rief beim Augenarzt an, sobald die Praxis aufmachte. »Kommen Sie morgen vorbei«, sagte die Helferin, »aber machen Sie sich auf lange Wartezeiten gefasst. Der Herr Doktor hat dreimal so viele Termine wie sonst. Die meisten seiner Kollegen hier in der Augenklinik fahren nämlich übermorgen zu ihrem großen alljährlichen Symposium.«

Als ich mich am nächsten Morgen auf einen Termin vorbereitete, der meinem Elf-Uhr-Termin beim Augenarzt vorangehen sollte, stellte ich fest, dass ich eine kleine Tasche mit dem Allernötigsten für eine Übernachtung packte. Merkwürdig. Ich konnte mir nicht vorstellen, wozu das gut sein sollte, warf die Tasche aber trotzdem ins Auto.

Im Anschluss an meinen morgendlichen Termin fuhr ich rund hundertzehn Kilometer zur Augenklinik und wartete dann stundenlang in Dr. Millers Wartezimmer. Ich war erleichtert, dass sich der graue Punkt weder bewegt noch vergrößert oder verdunkelt hatte.

Als der Augenarzt die Pupille erweitert und hineingesehen hatte, stellte er mir eine höchst überraschende Frage: »Woher haben Sie gewusst, dass Sie mit diesem kleinen Punkt zum Arzt müssen?«

Ich erzählte ihm vom inneren Dialog mit meinem Auge und den friedlichen Augenblicken, in denen ich derartige Fragen stellen kann und Antworten darauf erhalte. Er schien etwas verwirrt und sagte nichts darauf. Mir war klar, dass so etwas nicht zu dem von der Schulmedizin vermittelten Weltbild passte.

»Bobbie, es ist ein Wunder, dass Sie hier sind«, sagte er. »Sie haben ein Loch in der Netzhaut, außerdem hat sich die Netzhaut abgelöst. Wenn Sie nicht sofort reagiert hätten, hätten Sie in kürzester Zeit, binnen weniger Tage, blind sein können. Ich werde sofort einen Netzhautspezialisten anrufen. Er wird Sie sicher noch heute operieren, sobald er Zeit für Sie hat. Ich verstehe nicht ganz, woher Sie wussten, dass diese Sache keinen Aufschub duldet; aber ich bin froh, dass es so war und wir die Angelegenheit wieder in Ordnung bringen können.«

In den Stunden vor der Operation schwankte ich zwischen der Angst, zu erblinden, und der Dankbarkeit dafür, dass ich auf die Stimme meiner inneren Weisheit gehört und es noch rechtzeitig in eine Augenklinik von weltweitem Ruf geschafft hatte.

Die Operation selbst war zum Glück kurz. Die Augenhöhle wurde örtlich betäubt, und ich war bei vollem Bewusstsein, wünschte mir aber, ich wäre es nicht gewesen.

Der Chirurg sagte: »Ich weiß, Sie haben nicht mit dieser Operation gerechnet, aber Sie müssen heute in einem Hotel im Ort übernachten, damit ich Sie mir gleich morgen früh noch einmal ansehen kann. Mein Flieger geht um zehn, aber bevor ich fliege, möchte ich sicher sein, dass es Ihnen gut geht.«

Es ging mir sogar hervorragend, und noch heute bin ich meinem Auge für die frühe Warnung dankbar, sodass das Problem behoben werden konnte, als es noch lösbar war.

Ich ziehe mich noch immer an meinen geheimen Zufluchtsort zurück und weiß zu schätzen, wie weit mich mein Körper im Leben gebracht hat. Am dankbarsten aber bin ich der Stimme meiner inneren Weisheit, auf die ich mich inzwischen hundertprozentig verlasse.

Bobbie Probstein

Der letzte Asthmaanfall

Das menschliche Leben wäre um einiges ärmer,
wenn es keine Hindernisse zu überwinden gäbe.
Die Stunde auf dem Gipfel wäre lange nicht so wunderbar,
wenn wir keine dunklen Täler durchqueren müssten.

HELEN KELLER

Als Kind litt ich sehr stark unter Allergien und Asthma und konnte viele Lebensmittel, die meisten Pflanzen, Blätter, Gräser und Blumen weder in die Hand nehmen noch halten, kosten, berühren oder daran riechen. Ein Haustier – speziell ein Hund oder eine Katze – kam nicht infrage. All meine Kinderärzte waren sich einig gewesen: Ich hatte alles zu meiden, wogegen ich allergisch war, durfte mich nicht viel bewegen und musste mir jeden Samstagmorgen meine wöchentliche Allergiespritze abholen.

»Du darfst dich *auf gar keinen Fall* anstrengen«, sagte mein Arzt. »Wenn du dich anstrengst, bekommst du höchstwahrscheinlich einen Asthmaanfall.«

Oft missachtete ich seinen Rat, verausgabte mich beim Sport, lief überallhin, radelte wie besessen, schwamm jeden Sommer und trainierte das ganze Jahr über in der Turnhalle. Ich war der beste Turner an unserer Schule und hielt den Rekord im Fünfzig-, Sechzig- und Hundertmeterlauf. Mit elf sagte ich meinen Eltern, dass mit den wöchentlichen Allergiespritzen nun Schluss sei. Es war eine gänzlich subjektive Entscheidung. Sie beruhte weder auf Informationen, die ich irgendwo gelesen hatte, noch auf dem Rat irgendeines Experten.

Vielmehr sagte mir mein Körper, dass er die Spritzen nicht mehr brauchte.

Meine Eltern waren zwar skeptisch, stimmten einer Probezeit jedoch zu. »Wir werden sehen, wie du ohne die Spritzen zurechtkommst«, sagten sie.

Aber ich war noch nicht fertig. Ich bat und bettelte und hatte sie schließlich so weit, dass ein Hund ins Haus kam – ein kuscheliger kleiner Pekinese, den wir bald allesamt ins Herz geschlossen hatten –, und ich fing an, in all den Dingen zu schwelgen, die mich früher krank gemacht hatten (oder von denen das zumindest behauptet worden war). Ich mähte den Rasen der Nachbarn, die keine Ahnung hatten, dass ich mich von Gras fern halten sollte. Ich roch an Blumen und kletterte auf Bäume. Ich fing sogar an, Erdbeeren zu essen, obwohl die Ärzte gesagt hatten, das »könnte tödlich enden«.

An meinen ersten Asthmaanfall kann ich mich nicht mehr erinnern, dafür ist mir der letzte umso besser im Gedächtnis geblieben. Ich war elf Jahre alt. Es war ein warmer, schwüler

Sommertag in Chicago, und ich rannte durch den afrikanischen Dschungel – die Gassen hinter unserem Haus. Dort gab es jede Menge Tiere, sogar Raubtiere, und ich musste schneller sein als sie. An stickigen Tagen schwollen meine Lungen beim Laufen manchmal an, und ich bekam keine Luft mehr. Das war auch an diesem Tag nicht anders. Widerwillig beschloss ich, dem Dschungel den Rücken zu kehren und mich zu Hause etwas auszuruhen.

Das Haus war leer, ein wahrer Segen, denn so konnte ich mich ungestört und in aller Stille konzentrieren. In dieser Stille wurde mir etwas klar, und ich fand mein Heilmittel.

Ich lag auf dem Bett meiner Eltern, starrte zum Deckenventilator hinauf und fixierte den glänzenden silbernen Bolzen, der die scharfen Flügel zusammenhielt. Ich konzentrierte mich auf das scheinbar ruhige Zentrum inmitten des großen Ventilatorwirbels und ließ mich nicht davon ablenken, während ich dem Konzert unterschiedlicher Geräusche lauschte, die meiner Brust entwichen. Ich hörte das schnelle, rhythmische Rasseln blockierter Lungen, begleitet von einem hohen Pfeifen, das von den schwachen Atemstößen kam, die sich einen Weg durch die schmalen Kanäle bahnten. Ich blieb ruhig und gab mich damit zufrieden, meinem Körper zu lauschen.

Und plötzlich machte ich eine Entdeckung, die mein Leben für immer veränderte. Ein einfacher Gedanke drang in mein Innerstes: »Ich habe alles, was ich brauche.« Zum ersten Mal verstand ich, dass mir die wenige Luft, die ich bekam, reichte. Dass es genug war. Und als mir klar wurde, *dass ich keine Angst haben musste, dass ich immer genügend Luft haben würde*, öffneten sich meine Lungen vollständig.

Wayne Allen Levine

Maureens Ängste

Das Einzige, wovor wir Angst haben müssen, ist die Angst selbst.
FRANKLIN DELANO ROOSEVELT

Meine Nichte Maureen war vom Augenblick ihrer Geburt an ein nervöses Kind. Sie sah aus wie ein Püppchen: Sie war hübsch, hatte lange blonde Locken und einen zierlichen Körper. Als sie klein war, wirkten ihre Schüchternheit und ihre ängstlichen großen Augen reizend, mit denen sie alles Unbekannte betrachtete. Doch als sie größer wurde, hielt ihre Angst sie zurück. Auch als Jugendliche blieb sie ängstlich und schüchtern, und auf dem College war es anfangs eine Qual für sie, sich vorsichtig unter die Leute zu mischen.

Am Abend vor ihrem ersten Arbeitstag kam sie in Tränen aufgelöst zu mir: »O Joyce, ich habe solche Angst, dass ich das, was man von mir verlangt, nicht schaffe und die Leute enttäusche.«

Zum Glück war Maureen blitzgescheit und gewöhnte sich gut ein. Uns allen war klar: Sobald Maureen einen Arbeitsplatz gefunden hätte, an dem sie sich wohl fühlte, könnten keine zehn Pferde sie dort wieder wegbekommen. Wir hatten Recht! Sie schloss ein paar Freundschaften, und ihre Mutter und ich waren glücklich.

Eines Tages lernte Maureen Douglas kennen, und er mochte sie auf Anhieb. Er war ein sanftmütiger junger Mann, half ihr Schritt für Schritt über ihre Schüchternheit hinweg, und sie fingen an, miteinander auszugehen. Ein Jahr später waren sie verlobt. Maureen war überglücklich, aber der Gedanke an die bevorstehende Hochzeit machte sie auch sehr nervös, obwohl es noch ein paar Jahre hin waren. So war sie eben.

Eines Morgens sah sie in den Spiegel und entdeckte einen Knoten in ihrer Brust. Sie sagte es ihrer Mutter, und die beiden gingen zum Arzt.

Der meinte beruhigend: »Wir werden natürlich eine Biopsie machen, doch derartige Knoten sind meist kein Grund zur Besorgnis.«

Aber natürlich machte Maureen sich Sorgen. Die Untersuchung ergab, dass der Knoten *tatsächlich* bösartig war. Maureen würde eine Brust verlieren.

Es war unbeschreiblich, was dieses Wissen in ihr anrichtete. Sie war schon so voller Angst, dass sie nicht das geringste Restchen Mut mehr besaß, auf das sie hätte zurückgreifen können. Sie war sich sicher, dass sie während der Operation stürbe oder – sollte sie die Operation wie durch ein Wunder überleben – diese erfolglos bliebe und sie eben etwas später das Zeitliche segnete. Sie überlebte die Operation, fürchtete sich nun aber vor der weiteren Behandlung. Es ging ihr ziemlich oft schlecht, und sie war immer noch überzeugt davon, dass sie sterben musste. Ich kannte einen ihrer Ärzte, und als ich eines Nachmittags aus ihrem Zimmer kam, nahm er mich beiseite.

»Ich mache mir Sorgen um Ihre Nichte. Nicht wegen ihres körperlichen Zustandes, denn die Behandlung schlägt gut an. Wir haben den Krebs sehr früh entdeckt, und die Wahrscheinlichkeit ist hoch, dass sie nach ihrer Genesung ein normales, gesundes Leben führen wird. Ich mache mir Sorgen um ihre Psyche. Sie hat die Hoffnung aufgegeben und reagiert sehr negativ auf die Behandlung, weil sie glaubt, sie würde sie umbringen. Als Arzt kann ich die Kraft des Lebenswillens nicht außer Acht lassen, aber bei Maureen scheint es fast so, als wollte sie sterben.«

Ich betete fast die ganze Nacht für meine Nichte. Ich bat Gott, ihr die Kraft zu geben, diese Prüfung zu überstehen, ihr Glauben zu schenken und Hilfe zu schicken.

Ich tippe Manuskripte für Autoren und hatte deshalb viel Zeit, ihr Gesellschaft zu leisten. Ich war gerade nebenan bei ihr, als es an der Tür klingelte. Ich öffnete und sah Robert Adam draußen stehen. Sein großer, kräftiger Körper füllte den Türrahmen fast völlig aus. »Es tut mir Leid, Sie zu belästigen, aber ich dachte mir schon, dass Sie hier sein würden.«

»Kommen Sie herein«, bat ich, und Maureen machte ein ängstliches Gesicht, als er ihr Wohnzimmer betrat. Robert ist Mitte fünfzig, ein stattlicher, breitschultriger Mann von eins siebenundachtzig. Er lächelte sie an und fragte mit seiner wunderbar tiefen Stimme: »Wie geht es Ihnen heute?«

»Nicht besonders gut«, gab sie kaum hörbar zurück.

»Entschuldigung, Maureen, das ist Dr. Robert Adam«, sagte ich.

Sie sah zu ihm auf: »Sie sind ein Doktor?«

»O ja, darum erklären Sie mir doch gleich, was Sie damit meinen, wenn Sie sagen, es geht Ihnen nicht besonders gut.«

Er setzte sich neben sie, und als sie sprach, nahm er eines ihrer winzigen, blassen Händchen und legte seine großen Hände darum. Sie erzählte ihm, wie schlecht es ihr nach der Behandlung ging, und zu ihrer Überraschung nickte er. »Gut, gut!«, sagte er. Sie sprach davon, wie schwach sie sich fühlte, und wieder nickte und lächelte er, als sei das ganz wunderbar.

Schließlich fiel ihr nichts mehr ein, und er sagte: »Nun, jun-

133

ge Dame, das klingt doch alles recht ordentlich. Alles deutet darauf hin, dass Sie wieder vollständig genesen werden – nun ja, beinahe vollständig.«

Bei diesen Worten blieb mir das Herz stehen, und Maureen machte ein entsetztes Gesicht, als sie wiederholte: »Beinah vollständig?«

»Nun ja, ich wäre etwas glücklicher, wenn Ihnen hie und da etwas schwindelig wäre, als ob nur noch Ihr Geist im Zimmer wäre, als ob Sie nicht mehr wirklich Teil dieses Lebens wären.«

»Oh, aber genau so ist es doch«, protestierte sie. »Dieses Gefühl habe ich sogar ziemlich oft.«

»Tatsächlich? Sehr gut, dann kann ich mir nicht vorstellen, dass Sie irgendwelche Probleme haben werden«, sagte Robert Adam. »Jeden Tag wird sich ein kleiner Teil Ihres Körpers entspannen. Es wird Ihnen nicht mehr so oft schlecht sein, Sie werden nicht mehr so sehr unter Schwindelgefühlen leiden, und allmählich wird Ihr Appetit zurückkehren. Und eines Tages werden Sie in den Spiegel sehen und sagen: ›Das war's. Ich bin wieder da! Ich komme, Welt!‹«

Maureen sah lachend zu dem großen Mann auf, der auf sie herablächelte.

Von da an stattete er ihr jede Woche ein paar Mal einen Besuch ab, und genau wie er vorhergesagt hatte, ging es mit Maureen allmählich bergauf. Was er gesagt hatte, traf genau so ein, weil Maureen an ihn glaubte. Ihr Geist glaubte ihm, und ihr Körper ließ nicht lange auf sich warten.

Ich dankte Gott, dass er mir den richtigen Weg gewiesen hatte, und bat um Vergebung, dass ich Maureen getäuscht hatte. Robert Adam hatte zwar tatsächlich einen Doktortitel, aber ich hatte ihr nicht gesagt, dass er Doktor der Theologie und nicht Arzt war!

Heute, zwei Jahre später, geht es Maureen gut. Sie ist mit Douglas verheiratet, und die beiden erwarten ihr erstes Kind. Sie haben Robert Adam bereits gebeten, die Patenschaft für das Neugeborene zu übernehmen. Als er Maureen endlich gestand, dass er kein Arzt, sondern ein Mann Gottes war, umarmte sie ihn einfach und sagte: »Nun, Sie sind Gottes Arzt. Kein Wunder, dass es mir besser ging, sobald ich Ihnen begegnet war!«

Joyce Stark

Wie man hineinruft ...

Ich habe gelernt, mich des Wortes »unmöglich«
nur mit äußerster Vorsicht zu bedienen.
WERNHER VON BRAUN

Ich hatte Angst, schreckliche Angst. Wer hätte die nicht an meiner Stelle? Als ich mich das letzte Mal unters Messer begeben hatte, wäre ich fast verblutet. Nun war es wieder so weit. Dieses Mal würden die Ärzte mir den Bauch aufschneiden, um festzustellen, ob ich Krebs hatte.

Seit der ersten schrecklichen Operation hatte ich sehr viel gelesen. Dieses Mal würde ich nicht die passive Patientin spielen, die hilflos auf dem Operationstisch lag. Dieses Mal hatte ich einen Plan.

Die Operation sollte in einem großen Krankenhaus in Los Angeles stattfinden und war für Dienstag, acht Uhr morgens, angesetzt. Man hatte mich gebeten, bereits am Montagnachmittag zu kommen. Am Abend kam der Anästhesist zu mir ins Zimmer, um sich vor dem Eingriff kurz mit mir zu unterhalten. Die übliche Routine. Ich konnte die Anspannung in meiner Stimme hören, als ich ihn fragte: »Herr Doktor, nach der letzten Operation war mir fürchterlich übel. Könnten Sie mir dieses Mal eine andere Narkose geben?« Er bejahte und sagte, sofern das möglich sei, würde er das gern tun.

Ich fügte hinzu: »Ich habe das Buch *Healing Now* von Bobbie Probstein gelesen. Darin stellt sie die These auf, dass auch bei einem völlig ruhig gestellten Menschen das Unterbewusstsein das Gesagte aufzeichnet und diese Worte wie hypnotische Suggestionen wirken. Das glaube ich ebenfalls, und ich möchte Sie bei allem Respekt darum bitten, mir die folgenden Sätze vorzulesen: ›Sheri, Sie lassen zu, dass die Operation problemlos verläuft ... Sie machen das sehr gut! ... Weiter so! ... Sie werden vollständig genesen ... Sie geben uns klare Sicht (so wenig Blut wie möglich während der Operation) ... Ihr Heilungsprozess beginnt jetzt!‹ Würden Sie mir diese Sätze bitte vorlesen?«

Er schrieb etwas in mein Krankenblatt, warf mir einen sonderbaren Blick zu und fragte: »Ist das Ihr Ernst?«

»Mein voller Ernst. Und ich werde nur einen Anästhesisten akzeptieren, der in diesem Punkt mit mir zusammenarbeitet. Werden Sie es tun?«

Er wandte den Blick ab und spielte mit seinem Stift. Dann öffnete er den Mund, als wolle er etwas sagen, änderte aber offenbar seine Meinung und sah mich nur stumm an.

»Herr Doktor, ob Sie nun zufällig meiner Meinung sind oder nicht: Ich bin diejenige, die unters Messer muss. Und ich bin fest davon überzeugt, dass diese Sätze mir helfen werden. Schaden können sie sicher nicht. Es geht um meinen Körper und meine Gesundheit. Ich brauche Ihre Einwilligung, Ihr Wort, dass Sie tun werden, worum ich Sie gebeten habe, selbst wenn Sie es nur mir zuliebe tun. Ich weiß, dass der Operateur keine Zeit dafür hat, und Sie stehen neben meinem Kopf und behalten meine Lebensfunktionen im Auge.«

»In Ordnung«, sagte er. »Ich werde es tun. Ich habe noch nie während einer Operation etwas Ähnliches gesagt, und ich bin auch nicht der Ansicht, dass ein Patient unter Narkose irgendetwas hören kann. Aber wenn Ihnen das so viel bedeutet«, sagte er mit einem Grinsen, »werde ich es für Sie tun. Versprochen.«

»Vielen Dank! Oh, und noch etwas, bitte. Ich möchte nicht, dass irgendjemand etwas Negatives sagt, solange ich nicht bei Bewusstsein bin. Ganz egal, was Sie finden. In Ordnung?«

»In Ordnung.«

Er bat mich, noch einmal zu wiederholen, was er sagen sollte, schrieb sich die Sätze auf und ging. Ein paar Minuten später kam die Schwester.

»Sie haben Glück, dass er sich morgen um Sie kümmert«, sagte sie. »Er ist der leitende Anästhesist an dieser Klinik. Er ist sehr gut.«

Als ich aus der Narkose erwachte, hatte ich keine Ahnung, welcher Tag oder wie spät es war. Ich wollte aufstehen und mich bewegen, natürlich unter den wachsamen Augen der Schwester. Ich fühlte mich überraschend gut.

Plötzlich dämmerte mir, dass mir überhaupt nicht übel war, und ich erinnerte mich lebhaft an die unkontrollierbare Übel-

137

keit nach der letzten Operation und an meine Angst, dass die Nähte platzen könnten.

Später schaute der Chirurg vorbei. »Die Operation ist sehr gut verlaufen!«, sagte er. »Sie haben meine Erwartungen weit übertroffen. In Anbetracht des Operationsumfangs sind Sie in einer sehr viel besseren Verfassung als alle anderen Patienten, an die ich mich erinnern kann. Das Pflegepersonal ist ebenfalls begeistert. Sie waren sehr viel schneller wieder auf den Beinen als die meisten anderen, und leichter gefallen ist es ihnen auch. Die beste Nachricht aber habe ich mir für zuletzt aufgespart: Die Ergebnisse der Untersuchung waren allesamt negativ. In diesem Fall«, fügte er schnell hinzu, »ist negativ etwas Gutes – es gibt keinerlei Hinweise auf eine Krebserkrankung.«

Am nächsten Tag kam der Anästhesist vorbei, ein breites Grinsen auf dem Gesicht. »Nun, ich bin beeindruckt. Ihre Operation ist so gut verlaufen, und die Blutung war so gering, dass ich diese positiven Suggestionen jetzt allen meinen Patienten ins Ohr flüstern werde.«

»Das freut mich, Herr Doktor. Vielen Dank, dass Sie meiner Bitte nachgekommen sind.« Ich war außer mir vor Freude. »Was für eine Narkose haben Sie mir denn dieses Mal gegeben? Ich hatte keinerlei Probleme.«

»Ehrlich gesagt, ich habe dasselbe Mittel verwendet wie beim letzten Mal, weil es einfach das beste ist, Sheri.« Er lachte laut. »Ich habe Ihnen auch nichts gegen die Übelkeit gegeben, weil ich nicht wollte, dass Ihr Körper noch ein weiteres Mittel abbauen muss. Ich habe einfach immer wieder gesagt: ›Ihnen wird nicht übel werden.‹«

Unsere Zusammenarbeit war zweifellos ein Erfolg.

Inzwischen weiß ich zu schätzen, dass ich auch bei meiner medizinischen Versorgung die Wahl habe – selbst wenn ich scheinbar bewusstlos bin. Ich habe irgendwo gelesen, dass die stillsten und gefügigsten Patienten nicht so gute Genesungsfortschritte machen wie diejenigen, die sich etwas stärker durchsetzen. Deshalb glaube ich, dass man die Dinge selbst in die Hand nehmen und mit dem Ärzteteam zusammenarbeiten sollte, statt sie lediglich *an* sich arbeiten zu lassen. Warum nicht nach dem bestmöglichen Ergebnis streben? Das klingt jetzt vielleicht etwas merkwürdig, aber wen kümmert es schon, was die anderen denken? Es ist mein Körper, meine Gesundheit und mein Leben.

Nach dieser zweiten Operation habe ich neue Hochachtung vor den vereinten Kräften meines Körpers, meines Geistes und meiner Seele. Was für ein Team!

Sheri Borax

3

Abenteuer

Selbsterkenntnis ist die geheime Quelle,
aus der der Mut sich speist.

GRACE LIECHTENSTEIN

Berge zu erklimmen

Nicht den Berg bezwingen wir, sondern uns selbst.
SIR EDMUND HILLARY

Der Tag beginnt wie jeder andere. Ein Vogel durchbricht das Schweigen des Waldes und zwitschert seinem Gefährten einen Gutenmorgengruß zu. Ein Eichhörnchen huscht durch die nahen Blätter. Langsam strecke ich die Beine aus und dehne meinen verspannten Rücken, der wie immer heftig protestiert, weil er eine weitere Nacht auf dem Boden verbringen musste. All meine Habseligkeiten befinden sich in Reichweite – Rucksack und Anziehsachen links, Gürteltasche und Ausrüstung rechts von mir, Taschenlampe und Kerze griffbereit in Kopfnähe: meine Grundausstattung, die mir helfen wird, einen weiteren Tag zu überstehen.

Als ich mich in meinem winzigen Zelt aus dem Schlafsack winde, ist die Luft bereits warm und schwül. Es verspricht ein dampfiger Julitag zu werden. Ich tausche Schlafshorts und T-Shirt gegen die Tageskombination. Die Frage, was ich heute – oder an den anderen Tagen – anziehen soll, stellt sich nicht. Minuten später habe ich alles im Rucksack verstaut, öffne den Reißverschluss des Zelts, stecke meinen Kopf hinaus und begrüße den neuen Tag.

Vor einem Jahr hätte ich mir nicht vorstellen können, auch nur eine einzige Nacht allein auf dem Gipfel eines Berges zu verbringen – von sechs Monaten ganz zu schweigen. Ich führte das für Großstadt-Karrierefrauen im Mittelwesten typische Leben. Ich war fünfzig Jahre alt und hatte weder für Camping noch für Rucksacktouren viel übrig. Ich hatte es gern, wenn meine Freiluftaktivitäten vor Sonnenuntergang endeten, damit ich mich gemütlich in ein Bett kuscheln und ungestört die Nacht durchschlafen konnte. Die Herausforderungen, denen ich mich stellte, waren stets geistiger, nicht körperlicher Art. Meine beiden Söhne waren erwachsen, lebten erfolgreich ihr eigenes Leben, und ich gewöhnte mich gut daran, dass sie flügge waren und das Nest nun leer war.

Dann, eines Tages, geriet meine Welt ins Wanken.

Ich las einen Artikel über eine junge Frau, die den Appalachian Trail – die ganzen dreitausendvierhundertachtundsechzig Kilometer – von Georgia nach Maine gewandert war. Sie war mit dem Rucksack unterwegs gewesen, hatte auf der Erde geschlafen, war durch Flüsse gewatet und über vierhundert Berge hinaufgewandert. Regen, Schnee, Ungeziefer, Hitze, Luftfeuchtigkeit, Muskelkater und Blasen an den Füßen hatten sie nicht aufhalten können. Ich fragte mich: »Was treibt einen Menschen dazu, so etwas zu tun? Sind die Zeiten, als man auszog, um das Abenteuer zu suchen, in unserer modernen Welt nicht längst vorüber?«

Offenbar nicht. Der Appalachian Trail ging mir nicht mehr aus dem Sinn. Mein Entschluss, den längsten Wanderweg der Vereinigten Staaten zu gehen, überraschte mich noch mehr als meine Freunde. Ein Jahr später war ich unterwegs nach Norden.

Ich bin jetzt seit vier Monaten auf dem Trail. Es fühlt sich an wie eine Ewigkeit. Die Luft ist ruhig und klar, und bis auf das eine oder andere Tier stört kein Geräusch den Zauber eines perfekten Morgens. Ich gehe zu einem Baum etwa fünfzig Meter vom Zelt entfernt, löse das Seil, das ich darumgebunden habe, und lasse den Lebensmittelbeutel langsam herunter, den ich in schwindelnder Höhe außerhalb der Reichweite umherstreifender Bären und anderer Waldbewohner in Sicherheit gebracht hatte. Zeit fürs Frühstück: zwei Wochen alte, kalte Törtchen. Immerhin besser als das Knuspermüsli mit Milchpulver aus der Plastiktüte, das es gestern gegeben hatte. Hm, Zimtglasur!

Ich hole die Landkarte heraus, um das Tagespensum festzulegen. Die Tage werden in Schritten gemessen: Wie immer bestehen sie aus bergauf und bergab und daraus, den nächsten Bach zum Wasserholen zu finden und eine ebene Fläche, auf der ich mein Zelt aufschlagen kann.

Bald wird es heiß, und ich trinke vorsorglich einen knappen Liter Wasser. Bevor ich aufbreche, filtere ich noch zwei Liter aus einer klaren Stelle im Bach in Plastikflaschen. Ich schlucke zwei Tabletten, um den ständigen Schmerz in meinen Knien auf einem erträglichen Niveau zu halten, hieve den Rucksack auf meine Schultern und greife zum Wanderstab und wirble die Blätter auf dem Boden etwas durcheinander. Im Wald soll keine Spur von mir zurückbleiben. Ich beginne mein Tageswerk – einen Dreißig-Kilometer-Marsch.

Der Wald erstreckt sich in alle Richtungen. Kämme und Täler schimmern in der Morgensonne. Alles sieht immer wieder anders aus: Auf jedem Baum, jeder Pflanze, jeder Blume und jedem Felsen spielt das Licht, und sie alle werfen Schatten von ganz eigener Form und Farbe auf den Waldboden. Ich schlängle mich auf gewundenen Pfaden die Berge hinauf und hinunter, achte auf die allgegenwärtigen Steine und Wurzeln – der Stoff, aus dem die Albträume der Wanderer sind – und umrunde eine Weide mit mehreren Kühen, die mich ausdruckslos anstarren, als ich vorübergehe. Von Zeit zu Zeit halte ich an, um all das in mich aufzunehmen, um den Anblick, die Geräusche und Gerüche ins Bewusstsein dringen zu lassen.

Mittags mache ich Rast und lege mich unter einen Baum in den Schatten. Ich schwitze seit dem frühen Morgen, und die Temperaturen steigen noch immer. Ich lehne mich an meinen Rucksack, ziehe die schweren Stiefel aus und massiere meine ständig schmerzenden Füße. Das Mittagessen ist das gleiche wie gestern: Erdnussbutter, Kräcker, Müsliriegel.

Auf dem Appalachian Trail verbrennt ein Wanderer zwischen fünf- und sechstausend Kalorien am Tag, und ich befinde mich ständig im Kampf mit dem unersättlichen Hunger meines Körpers. Ironie des Schicksals: Da könnte ich mich einmal hemmungslos über alle Kalorienbomben hermachen, aber die einzigen Lebensmittel, die ich bekommen kann, schleppe ich seit Tagen zusammengepresst im Rucksack herum und habe sie außerdem nicht ihres Geschmacks, sondern ihres geringen Gewichts wegen ausgewählt.

Unaufhörlich schwirren Fliegen um meinen Kopf. Ich befeuchte ein Halstuch und lege es übers Gesicht, um Fliegen und Hitze fern zu halten. Als auch noch Stechmücken dazukommen, weiß ich, dass es mit der Entspannung vorbei ist, und setze meinen Weg fort. Die Insekten kommen mit.

Ich hoffe, am Nachmittag ein paar meiner Wanderfreunde zu treffen. Eine der unerwarteten Freuden dieser Wanderung ist die immer enger werdende Freundschaft zu den anderen

Leuten, die ebenfalls versuchen, den Appalachian Trail zu bewältigen. Meist sind das junge Männer irgendwo zwischen zwanzig und vierzig. Ein paar sind auch schon in den mittleren Jahren oder älter. Die gemeinsame Erfahrung hält unsere Gemeinschaft zusammen.

Die meisten Wanderer auf dem Appalachian Trail geben sich einen Wandernamen, und oft kenne ich die richtigen Namen meiner Wanderfreunde nicht einmal. Aber wenn man jemanden kennen lernt, der sich Bad DNA, Shelter Boy, Scrap Iron oder Model-T nennt, vergisst man den Namen nicht so schnell.

Jedes Jahr machen sich zweitausend Wanderer auf den Weg vom einen Ende des Appalachian Trail zum anderen. Zehn bis fünfzehn Prozent davon halten bis zum Ende durch. Der Weg stellt die Wanderer gnadenlos auf die Probe. Zwei unterschiedliche Herausforderungen müssen wir bewältigen: Zum einen müssen wir der körperlichen Anstrengung gewachsen sein. Während der steilsten, härtesten Anstiege gehört unsere volle Konzentration dem Weg, anderenfalls laufen wir Gefahr, uns zu verletzen. Adrenalinstöße helfen über die schwierigsten Stellen hinweg. Im Laufe der Monate wird dann auch noch unsere Ausdauer geprüft. Tag für Tag, Woche für Woche, Monat für Monat müssen wir die geistige und spirituelle Kraft aufbringen, unsere Stiefel bei jedem Schritt wieder zu heben, Kilometer um Kilometer. Diese tägliche Plackerei zwingt mehr Menschen zum Aufgeben als der schwierigste Berg.

Der Tag zieht sich dahin. Mein Rucksack wird immer schwerer, die Schmerzen im Knie werden immer schlimmer, und das Ungeziefer attackiert mich nach wie vor gnadenlos. Die Aussicht ist weiterhin unvergleichlich, aber ich blicke zu Boden und marschiere weiter. Das Wasser geht zur Neige. Bei dieser Hitze besteht ständig das Risiko, auszutrocknen. An einer Stelle, an der ein Wasserlauf eingezeichnet war, kroch lediglich ein dünnes Rinnsal über den fast trockenen Fels. Es war nicht einmal genug, um mein Tuch zu tränken, geschweige denn, um davon zu trinken. Entmutigt gehe ich langsam weiter. Ich weiß, dass ich mit dem restlichen Wasser haushalten muss, wenn ich mein Tagespensum schaffen will.

Um sechs Uhr quäle ich mich einen weiteren steilen Berg hinauf. Ich bin immer noch pitschnass und habe das Tuch über das Gesicht gelegt, damit mir die Mücken nicht in die Augen fliegen. Der Bach, den mir die Karte verspricht und an dem ich die Nacht verbringen möchte, müsste gleich nach der nächsten Kurve oder der Kurve danach kommen, aber der letzte Kilometer des Tages ist immer der längste. Ich beiße die Zähne zusammen, kämpfe mit den Tränen und mache mich mit knirschenden Knien an einen steilen Abstieg.

Es gibt Tage, an denen ich diese seltsame Odyssee beenden und nach Hause gehen möchte. Doch das kann ich nicht, da mich zu Hause alle anspornen und in meinem Abenteuer bestärken. Manchmal geht mir diese Unterstützung auf die Nerven, und ich denke: »Na schön, und wieso kommt ihr dann nicht und stürzt euch an meiner Stelle in dieses große Abenteuer? Ich tausche meinen Platz gern gegen einen in der Fraktion der Stubenhocker!« Doch das ist *mein* Abenteuer, nicht ihres, und ich kann sie ebenso wenig enttäuschen, wie ich hinter meinen eigenen Erwartungen zurückbleiben kann. Zum Glück ist immer dann, wenn ich gerade aufgeben will, weit und breit keine Straße in der Nähe.

Endlich höre ich das sanfte Plätschern eines Bächleins über

Felsen und sehe das Ufer mit ebenem Gelände daneben. Ein weiterer Tagesmarsch ist geschafft.

Sofort macht sich Erleichterung breit. Innerhalb von Sekunden schüttelt mein Körper Erschöpfung und Schmerz ab. Es ist ein guter Platz zum Campen mit genügend Kiefernnadeln, die mein Bett sanft polstern, einem hübsch fließenden Bächlein und Bäumen, die mein Nachtlager beruhigend behaglich umschließen. Ich verteile meine Ausrüstung auf dem Boden, schlage mein Zelt auf, rolle Schlafsack und Isomatte aus, hänge eine Wäscheleine zwischen zwei Bäume und gehe mit dem Filter zum Bach, um Wasser fürs Abendessen zu holen. Mein Halstuch wird zum Waschlappen, und ich wasche den Schmutz und den Schweiß eines Tages auf dem Appalachian Trail fort.

Ich stelle den Kocher auf und erhitze Wasser fürs Abendessen: ein weiterer Abend mit japanischen Ramen-Nudeln und Kartoffelbrei aus der Tüte. Zum Nachtisch gibt es ein Snickers. Die typische Mahlzeit eines Rucksacktouristen.

Es dämmert. Ich genieße die Einsamkeit des Waldes und sehe zu, wie die Schatten länger werden und mit der Dunkelheit verschmelzen. Die abendlichen Geräusche klingen vertraut: das penetrante Zirpen der Grillen, das leise Rascheln des Windes über den Baumwipfeln. Und von Zeit zu Zeit ertönt der ferne Ruf einer Eule. Allmählich zeigt der Zauber der Berge Wirkung. Ein Gefühl des Friedens überkommt mich, und ich bin glücklich und dankbar, bei Mutter Natur in die Schule gehen zu dürfen.

Dieser Marsch ist die größte Herausforderung, der ich mich bisher gestellt habe, aber er lehrt mich mehr über das Leben, als ich mir je hätte träumen lassen. Jeder Tag bringt von neuem eine Mischung aus Mühen und Belohnungen, und mir wird klar, wie oft das eine zum anderen führt. Ich habe erkannt, dass wir die wichtigsten Lektionen unseres Lebens nicht in der Behaglichkeit eines sicheren Kokons lernen können. Manche Tage sind mehr, andere weniger schwer. Wichtig ist, dass man weitermacht, dass man die Würde schlichter Beharrlichkeit entdeckt. Und ob ich nun in einem warmen, bequemen Bett zu Hause liege oder versuche, es mir in einem Schlafsack auf dem harten, kalten Boden bequem zu machen, es hilft, wenn ich mir ein paar Minuten Zeit nehme, um die Freuden und Mühen des Tages Revue passieren zu lassen und die gelernten Lektionen zu würdigen.

Ich liege in meinem Schlafsack, und stille Nachtluft füllt das Zelt. Ich blase meine Kerze aus. Ihr sanftes Licht ist das Letzte, was ich sehe, bevor mich die Dunkelheit umfängt und ich einschlafe. Morgen ist ein neuer Tag, und es sind Berge zu erklimmen.

Jean Deeds

An die Grenzen gehen

Prüfungen sind etwas Gutes.
Wenn das eigene Leben infrage gestellt wird,
ist das manchmal die beste Therapie.

GAIL SHEEHY

»Kann ich es tatsächlich schaffen? Was ist, wenn…?« Ich zwang mich, nur an das zu denken, was ich zu tun hatte: Reifen aufpumpen, Wasserflaschen füllen, Proviant einpacken. Heute würde ich zum allerersten Mal versuchen, hundert

Meilen – hundertsechzig Kilometer – zu radeln, und zwar allein. Eine Jahrhundertfahrt (»Radmarathon«). Seit der Blütezeit des Radfahrens in den achtziger Jahren des 19. Jahrhunderts besteht ein »Jahrhundert« in den angelsächsischen Ländern aus hundert Meilen, und jeder, der es schafft, kann stolz auf sich sein. Brach ich mit siebenundvierzig Jahren zu neuen Horizonten auf oder verleugnete ich mein Alter? »Betrachte es einfach als eine ganz normale Trainingseinheit«, sagte ich mir. Dann schaltete sich mein innerer Kritiker ein: »Aber du hast noch nie mehr als fünfzig Meilen geschafft. Bist du verrückt geworden?«

Um fünf Uhr morgens war es hell genug, um loszufahren. Die Stadt schlief noch, die Luft war kühl. »Vielleicht hätte ich etwas anderes anziehen sollen. Ein Fettwanst sollte weder Fahrrad fahren noch knallenge Radlerhosen tragen. Aber später wird es warm. Vielleicht hätte ich … könnte ich … würde ich …« Mein innerer Kritiker war offenbar sehr viel wacher als ich. Es war mir zwar peinlich, meine gewaltigen Oberschenkel in gepolsterte Radlerhosen zu zwängen, aber die Hosen waren bequem, deshalb trug ich sie trotzdem. Da meldete sich eine andere innere Stimme zu Wort: »Fahr zur Hölle, dämlicher Kritiker!« Ich stieg aufs Rad.

Wie sehr ich mir wünschte, dünner zu sein! Ich dachte, nichts, was ich tat, besäße wahren Wert, weil ich so dick war: weder meine Arbeit noch meine vierundzwanzigjährige Beziehung. Noch nicht einmal meine Freunde. Ich fühlte mich unzulänglich, weil ich dachte, die anderen hielten mich für unzulänglich.

»Vielleicht ist das alles eine ganz dämliche Idee – eine fette Kuh wie ich, neunzig schwabbelige Kilos, und dann diese

dünnen Reifchen.« Ich warf einen Blick auf meinen Fahrrad-
computer. Eine Meile. »Es hat angefangen! Wenn ich hundert
Meilen schaffe, werde ich das Gefühl haben, es wert zu sein.
Aber was wert zu sein?« Ich wusste es nicht. »Vielleicht, mir
zu erlauben, einfach ich selbst zu sein.«

Ein paar Meilen später verfiel ich in einen vertrauten, an-
genehmen Rhythmus. Nach jeder Stunde machte ich Pause,
um etwas zu trinken, einen Früchteriegel zu essen und ein
paar Dehnübungen zu machen. »Bloß nicht daran denken,
dass du erst zwanzig Meilen hinter und noch achtzig Meilen
vor dir hast – sonst verlierst du den Mut.« Nach dreißig Meilen hatte die Sonne das Land erwärmt. Rotschulterstärlinge
und Wiesenlerchen huschten anmutig über die Felder, und
von einem nahe gelegenen Bauernhof zog der Duft von ge-
bratenem Speck zu mir herüber.

Ich wusste von früheren Touren, dass die erste Hälfte der
Strecke größtenteils flach und leicht war. Ich radelte vor mich
hin und versuchte, das Maulen des inneren Kritikers zu über-
hören, der wieder einmal klagte: »Wenn du dünner wärest,
könntest du viel schneller fahren und wärst jetzt schon viel
weiter. Wenn du besser in Form wärest, könntest du in der
Gruppe radeln und bräuchtest nicht allein hier rumzugur-
ken.« Nicht immer gelang es mir, gegen diese Stimme anzukämpfen, die mich an meinen Fähigkeiten, meinem Durch-
haltevermögen und meinem Wert zweifeln ließ. Ich hatte
mich körperlich und mental auf diese Herausforderung vorbereitet. In zwölf Wochen hatte ich neunhundert Trainings-
meilen zurückgelegt. »Hey, bald ist Halbzeit!« Ich war seit vier
Stunden unterwegs.

Bei Meile zweiundsechzig – dem metrischen Jahrhun-

dert – legte ich eine richtige Pause ein, füllte meine Wasserflaschen auf, aß ein Bagel und eine Banane. Erfrischt machte
ich mich wieder auf den Weg und konzentrierte mich darauf,
einen gleichmäßigen, fließenden Rhythmus zu halten. Langsam veränderte sich die Landschaft, Getreidefelder gingen in
sanfte Hügel über, auf denen Vieh weidete.

Nach knapp sechs Stunden hatte ich fünfundsiebzig Meilen geschafft. Ich hielt an und dehnte mich. »Wow, ein drei-
viertel Jahrhundert, und es ist noch nicht einmal Mittag!« Ich
saß am staubigen Straßenrand, und meine geschwollenen
Füße und mein schmerzender Nacken machten sich bemerk-
bar. Die Hügel forderten ganz klar ihren Tribut, obwohl ich
noch immer Rückenwind hatte. »Ich bin schon weiter gefahren als je zuvor!«

Ich sah die Straße entlang: Hügel, so weit das Auge reichte.
Ich stieg wieder auf und trat kräftig in die Pedale, um in Fahrt
zu kommen. Mein Elan war verflogen. »Warum tue ich mir
das überhaupt an? Radfahren ist Freiheit: eine Möglichkeit,
meine Grenzen auszuloten. Das ist mein Abenteuer – ich weiß
zwar nicht, wohin die Reise geht, aber ich werde mir einen
Weg dorthin bahnen. Wieso habe ich mich bisher von meinem
Gewicht davon abhalten lassen, bestimmte Dinge zu tun?«

Noch mehr Hügel. Hitze. Ich näherte mich meiner körperlichen Leistungsgrenze, meine Beine waren schwer wie
Blei und mein Gesicht rot von der Anstrengung, die es mich
kostete, einfach weiterzuradeln. Ich goss Wasser über den
Helm, um den Kopf zu kühlen. Als ich um die Kurve bog, sah
ich einen weiteren Hügel vor mir aufragen – lang und steil.
»Das schaffe ich nie!« Erschöpfung hallte durch meinen Körper, Stimmen in meinem Kopf: »Ich steige ab und schiebe.

Nein! Das wäre geschummelt! Lass es einfach gut sein! Dreiundachtzig Meilen sind keine Schande!«

Ich stieg ab, stand da und fing an zu weinen. Ich war erschöpft, unsicher, bestürzt. »Warum tue ich mir so etwas an?« Dann dämmerte es mir: Dies war meine Prüfung. Meine ganz persönliche Variante des berühmten Heartbreak Hill des Boston Marathon – an dem manche Leute aufgaben. »Verdammt nochmal, ich gebe nicht auf. Ich werde nicht aufgeben. Niemals. Ich bin es leid, mich wie ein Versager zu fühlen.«

Ich stieg wieder aufs Rad, schaltete in einen leichten Gang und machte mich auf den Weg. Auf halber Höhe gingen mir die leichten Gänge und der Sauerstoff für meine Lungen aus. Ich stemmte mich gegen die Pedale und fuhr im Stehen weiter, während ich meinem schweren – stoßweisen – Atem lauschte und mir der Schweiß in die Augen rann. Ich konnte die Pedale kaum bewegen. Mein Quadrizeps brannte.

Vor dem letzten steilen Stück wurde es etwas flacher. Ich stieg ab und setzte mich einen Augenblick hin, um meinen Muskeln eine Pause zu gönnen. Dann stand ich wieder auf. »Ich werde nicht aufgeben!« Ich fuhr weiter. »Ich werde nicht aufgeben! Ahhhhh! Ja! Ich bin oben!«

Blitzartig verwandelte sich meine Begeisterung in Erschöpfung, als mir klar wurde, dass ich noch lange nicht oben war. Hügel, so weit das Auge reichte. Meine Beine fühlten sich an wie Wackelpudding und sagten: »Stopp!« Mein ganzer Körper sagte: »Stopp!« Aber ich wusste, ich konnte nicht aufhören. Mein Kampfgeist regte sich wieder. Ich spürte die Kraft meines Geistes – frisch und klar. Ich trat in die Pedale. Ohne Finesse, ohne Kraft, mit purer Entschlossenheit.

Meile einundneunzig: sieben Stunden, fünfunddreißig Minuten. »Nun, unter acht Stunden werde ich wohl nicht bleiben, aber ich werde es schaffen.« Ich fuhr langsam, damit diese Erkenntnis Zeit hatte, sich zu setzen. »Ich werde es schaffen! Wow!« Adrenalin schoss mir in die Beine.

Meile dreiundneunzig: »Jetzt reicht's! Ich werde nie wieder auf meinen inneren Kritiker hören!«

Meile fünfundneunzig: Ich grinste von einem Ohr zum anderen, boxte mit der Faust in die Luft.

Meile siebenundneunzig: »Ich habe mein Leben damit vergeudet, darauf zu warten, endlich ›dünn‹ zu sein.«

Meile neunundneunzig: »Was macht das schon, wenn unter meiner Haut etwas Fett ist? Noch tiefer drinnen steckt ein Sieger.«

Meile hundert: Selbstakzeptanz. *Sheila Ascroft*

Das Leben auskosten

Es ist nie zu spät, der Mensch zu werden, der man hätte sein können.
GEORGE ELIOT

An einem Herbstabend um sieben Uhr ließ ich mein Kajak zu Wasser. Ich wusste, dass ich ziemlich spät zu dieser Etappe meiner Traumreise aufgebrochen war. Ich war neunzehn Jahre alt und seit einem Monat unterwegs, um mit dem Kajak die südliche Hälfte Nordamerikas von Vancouver bis zu meiner Heimatstadt Saint John an der Ostküste Kanadas zu umrunden. Meine Route führte über den Nicaraguasee und den San Juan entlang. Heute war mein Ziel die Stadt Westport, Washington, acht Kilometer westwärts.

Der Westwind blies mir ins Gesicht und trieb mir riesige Wellen entgegen, als wollte er sagen: »Kehr um.« Eine halbe Stunde später begann die Sonne ihren Abstieg ins Meer, und ich war noch eineinhalb Kilometer vom Festland entfernt – ich war erschöpft, nass, durchgefroren, und alles tat mir weh. Ich ärgerte mich, weil ich den wasserdichten Anzug nicht übergezogen hatte. »Wenn ich noch einen Fehler mache, wird das mein letzter sein«, dachte ich. Wind und Wellen schlugen mir ins Gesicht, und ich musste mit ganzer Kraft paddeln, um überhaupt von der Stelle zu kommen. In Abständen von einhundert Metern markieren Pfosten den Kanal. Alle paar Sekunden blickte ich zum letzten Pfosten zurück, um zu sehen, ob ich irgendwelche Fortschritte gemacht hatte.

Ich bekam einen Energiestoß, der mich mit Kräften weiterpaddeln ließ, die weit über das normale Maß hinausgingen. Die Angst gab mir Kraft – und die Angst sowie die Gefahr waren echt. Meine Erschöpfung kam mir seltsam unwichtig vor. Es stand völlig außer Frage, dass ich aufhören würde zu paddeln. Ich sang, um mich von meinem schmerzenden Körper und den brennenden Armen abzulenken, aber Lieder konnten die Dämmerung nicht aufhalten.

Etwa achthundert Meter vor Westport blockierte ein Stück Watt meinen Weg. Hier konnte ich nicht bleiben – wenn die Flut kam, würde dieses Land untergehen. Doch der einzige Weg, der um das Watt herumführte, kostete mich gut drei Kilometer, und dafür hatte ich keine Zeit. Bald würde es dunkel, und dann wäre ich zu weit draußen, um es ans Ufer zu schaffen. Ich musste dringend an Land.

Ich zog mein Kajak auf den Schlammhaufen, um mich umzusehen. Überrascht stellte ich fest, dass es sich nicht um Wattland handelte, wie ich in der Dämmerung gedacht hatte, sondern um eine Insel. Ich schöpfte neue Hoffnung, schlüpfte in meinen wasserdichten Anzug und machte mich sofort wieder auf. Nun war mir warm, und ich kannte den Weg. Meine Erschöpfung verwandelte sich in Euphorie.

Als ich die Leeseite der kleinen Insel umrundete, stiegen Hunderte von Pelikanen vor mir in den Himmel. Mit ihren großen Flügeln und langen Schnäbeln ähneln diese Vögel den Pterodactylen, den Flugsauriern, die vor Jahrtausenden auf der Erde lebten. Ihre schiere Zahl erfüllte mich mit Ehrfurcht. Als die Pelikane emporstiegen, zeichneten sich ihre Silhouetten vor dem in Pink- und Orangetönen leuchtenden Sonnenuntergang ab. Sie schienen zu schweben.

Bald hatte ich einen Yachthafen erreicht und machte mich auf die Suche nach einem großen Boot, an dem ich anlegen konnte. Ich suchte nach einer freundlichen Seele – jemandem, der mich an Deck seines Schiffes schlafen lassen würde. Ich näherte mich einer großen Yacht mit der Aufschrift »Mystic Rose – Vancouver« am Heck. Ich sah durch ein Bullauge und entdeckte einen Mann, der über einer Seekarte saß. Nachdem ich angelegt hatte, ging ich an Bord und trug meine Bitte vor. Der Mann – Mitte dreißig, allein unterwegs und kein Kanadier, wie ich angenommen hatte – lebte in Vancouver, Washington.

Während ich das Abendessen zubereitete, unterbreitete mir Kerry einen Vorschlag, der meine ganze Reise verändern sollte: »Wieso holst du dein Kajak nicht an Bord und segelst mit mir runter nach Astoria? Es ist nicht ganz einfach, allein zu segeln. Ich könnte Hilfe brauchen.«

»Ich würde furchtbar gern mitkommen«, erwiderte ich,

»aber ich kann nicht. Ich habe mir vorgenommen, die ganze Strecke zu paddeln.« In Wirklichkeit wollte ich Segeln lernen und mit ihm fahren. Dagegen standen mein Stolz, mein Streben nach Unabhängigkeit und der Drang, zu beweisen, dass ich einen Kurs setzen und einhalten konnte. Ich war nicht der Typ, der den Weg des geringsten Widerstands ging. Ich wollte ein Mensch sein, der für seinen Mut und seine Entschlossenheit bewundert und respektiert wurde.

»Ich muss das allein schaffen«, wiederholte ich. Als ich mich so reden hörte, wurde mir klar, dass ich wie jemand klang, der andere – und vielleicht auch sich selbst – davon überzeugen wollte, dass er cool war.

Ich fragte mich, weshalb ich diese Reise unternommen hatte und wieso ich die ganze Strecke paddeln musste, und mir wurde klar, dass es dabei nicht nur ums Kajakfahren ging. Dass es niemals nur ums Kajakfahren gegangen war. Sondern darum, Menschen kennen zu lernen, Erfahrungen zu machen und aus beidem zu lernen. Es ging darum, das Leben voll auszukosten und nicht so lange zu warten, bis ich zu alt für ein großes Abenteuer war. Darum, zu schätzen, dass jeder Tag, an dem ich gesund und frei war, wertvoll war.

Aus Stolz hatte ich mir geschworen, die gesamte Strecke mit dem Kajak zurückzulegen – um sagen zu können: »Ich habe es allein geschafft.« Aber um welchen Preis? Was half mir mein Stolz, wenn ich allein durch die Wellen paddelte, meilenweit von der nächsten Seele entfernt? Wenn ich nur noch um Sicherheit betete? War mein Selbstbild wichtiger, als Freundschaften zu schließen, etwas Neues zu lernen und Spaß dabei zu haben?

Die meiste Zeit über stand ich am Ruder der Yacht. Sogar

als wir die Columbia River Bar (eine Art Riff und eine der gefährlichsten Stellen für Segler in ganz Nordamerika) umrundeten, an der schon viele Schiffe gesunken sind, überließ Kerry mir das Steuer.

An jenem Nachmittag kamen wir um vier Uhr in Astoria an. Kerry lud mich zum Abendessen in ein chinesisches Restaurant ein. Nach dem Essen öffnete ich meinen Glückskeks.

Auf dem Zettelchen stand: »Es ist an der Zeit, etwas Neues auszuprobieren.«
Cory Richardson

Aus heiterem Himmel

Wenn Sie auf den Schmerz,
das Leid und die Traumata in Ihrem Leben zurückblicken,
werden Sie sehen, dass dies die Phasen größten Wachstums waren...
Viele Jahre später werden Sie zurückblicken und das
Positive sehen – den Zusammenhalt innerhalb der Familie
und den Glauben, die der Schmerz hervorbrachte.

ELISABETH KÜBLER-ROSS

Vor ein paar Jahren kamen meine Freundin Beverley und ich eines Tages auf die Idee, dass wir den Nervenkitzel eines Tandemsprungs erleben wollten – wenn ein Anfänger ohne eigenen Fallschirm, aber im Tandem mit einem erfahrenen Sprunglehrer (der für den Notfall gleich zwei Fallschirme dabeihat) aus dem Flugzeug springt. Der Sprunglehrer sorgt für einen sicheren und stabilen Fall, sodass auch Ungeübte – in diesem Fall Beverley und ich – dreißig Sekunden oder mehr schwerelosen Freifall erleben können.

Wir hatten schon von Kevin McIlwees Sprungschule gehört – sie ist nach seinen Kriegshelden benannt, den Flying
Tigers – und wussten von seinem hervorragenden Ruf. Ja, sogar auf einer kleinen Insel namens Jersey vor der Nordküste
Frankreichs kann man aus Flugzeugen springen. Wie es der
Zufall wollte, hielt Kevin ein Fallschirmsprung-Einführungs-
seminar in einem örtlichen Hotel, und wir nahmen mit großer Begeisterung daran teil. Er war ein höchst beeindrucken-
der Mann – er sprang seit zwanzig Jahren professionell Fallschirm, hatte über viertausend Sprünge hinter sich und war
der erste geprüfte Tandemmaster Großbritanniens.

Bei dieser Begegnung gewann Kevin unser Vertrauen, und
Beverley und ich meldeten uns zu unserem ersten Tandem-
sprung an. Im Laufe der Zeit gewann Kevin mehr als nur Beverleys Vertrauen. Er gewann ihr Herz.

Im Frühjahr 2001 heirateten Kevin und Beverley, und Mr.
und Mrs. McIlwee bereiteten sich auf ihre Flitterwochen vor.
Sie packten ihre Koffer – natürlich auch ihre Fallschirme –
und machten sich auf den Weg. Kevin flog sie mit dem
Leichtflugzeug von Jersey zum Sprungzentrum in Vannes an
der Südküste der Bretagne.

Bis dahin hatten Kevin und Beverley bereits über fünfzig
gemeinsame Tandemsprünge absolviert und freuten sich auf
ihr verlängertes Wochenende in Vannes. Die französischen
Fallschirmspringer hießen sie herzlich willkommen und fragten Kevin, ob er mit ihnen ein paar Formationen springen
wollte. Die ersten beiden Tage ihrer Flitterwochen verbrachten sie mit Tandemsprüngen und damit, neue Freundschaften
zu schließen.

An ihrem letzten Tag in Vannes – es war Sonntag, der

3. Juni –, wollten sie vor dem Rückflug nach Jersey ein letztes Mal zusammen springen.

Noch einmal bewunderten sie im freien Fall die spektakuläre Aussicht auf die Bretagne. Dann, bei siebzehnhundert Metern, war es Zeit, die Reißleine zu ziehen und den Fallschirm zu öffnen. Kevin sah nach oben. Der Fallschirm hatte sich nicht geöffnet. Nun war schnelles Handeln geboten. Kevins Fallschirm verfügte über einen Öffnungsautomaten, der den Reserveschirm aktivieren würde. Falls er nicht schnell genug handelte, würde sich die Reserve automatisch öffnen und sich mit sehr großer Wahrscheinlichkeit im Hauptschirm verfangen. Die Folgen wären tödlich.

Kevin rief Beverley zu, erneut Freifallposition einzunehmen, während er eine Kappentrennung versuchte, was ihm trotz mehrmaliger Versuche nicht gelang. Unterdessen rasten die beiden mit über hundertachtzig Stundenkilometern auf den Boden zu. Kevin fällte eine Entscheidung über Leben und Tod. Er öffnete den Reserveschirm, obwohl die Hauptkappe noch am Gurtzeug hing. Es war ein außerordentlich riskantes Manöver, aber die einzige Chance, ihren Sturz abzufangen.

Die beiden Schirme kamen sich zwar nicht ins Gehege, aber der Reserveschirm fing an, sich zu drehen, und wäre beinah mit dem Hauptschirm zusammengestoßen. Kevin bemühte sich fieberhaft, die beiden Schirme auseinander zu halten. Er wusste, dass sie sich nicht verheddern durften, denn dann würde der Fall außer Kontrolle geraten – und das wäre das Ende.

Beverley blieb ruhig. In diesem Augenblick war das die einzige Möglichkeit, ihrem Mann zu helfen. Sie vertraute darauf, dass er tun würde, was in seiner Macht stand, um sie zu schützen. Kevin hatte unterdessen alle Hände voll zu tun: Mal stießen die Fallschirme fast zusammen, dann drifteten sie wieder auseinander, um erneut beinah zusammenzustoßen. Die Fallgeschwindigkeit der beiden schwankte gewaltig: Mal stürzten, mal schwebten sie zu Boden. Ihre Überlebenschancen waren nicht besonders groß. Kevin beschloss, es Beverley zu sagen, falls sie ein letztes Gebet sprechen wollte.

»Beverley, ich glaube, wir werden es nicht schaffen. Ich liebe dich.«

»Ich liebe dich auch, Kevin«, erwiderte sie. »Ich liebe dich sehr.«

Beverley fügte sich in ihr Schicksal, wie es auch aussehen würde, und entspannte sich. Sie empfand keine Panik, obwohl sie ein Stoßgebet zum Himmel schickte. Kevin bereitete sie auf eine Bruchlandung vor. Der Boden raste ihnen entgegen, und mit Entsetzen sah er, dass sie zwischen Bäumen, Gebäuden und arbeitenden Mähdreschern landen würden. Es war reines Glück, oder die Gnade Gottes, dass sie ein freies Fleckchen fanden, aber sie schlugen mit großer Wucht auf dem Boden auf.

Sie kamen in einem nahe gelegenen Krankenhaus zu sich, wo sich sofort ein Expertenteam an die Arbeit machte. Beverley hatte sich beide Beine und Füße gebrochen. Kevins linker Unterschenkel war gebrochen, seine Kniescheibe zertrümmert. Das Ärzteteam in Frankreich ergriff lebensrettende Maßnahmen und leistete die medizinische Erstversorgung. Des Weiteren wurde beschlossen, die beiden nach Jersey zurückzufliegen, da eine umfangreiche Langzeitbehandlung erforderlich war. Der dortige Chirurg sagte, Beverleys Füße seien so oft gebrochen, dass sie vielleicht nie mehr würde laufen können. Kevins Kniescheibe war an so vielen Stellen zertrümmert, dass sie nicht mehr zu retten war. Der Chirurg sagte Kevin, er würde zwar wieder gehen, aber nicht mehr sehr lange laufen und sportlich keine großen Sprünge mehr machen können. Damit begann ein langer Weg der Operationen und der Genesung.

Ein Jahr nach dem Unfall feierte Beverley ihren Geburtstag mit ein paar Freunden in einem Restaurant am Ort. Ihre Knöchel waren nicht mehr so beweglich wie früher, und sie hatte Schrauben in den Füßen, aber sie sah umwerfend aus. An jenem Abend sah ich etwas, was ich nie vergessen werde und mich daran erinnerte, was wahre Charakterstärke ist. Als sie mir entgegenkam, trat sie mit der Ferse auf eine der Schrauben, und ich sah, wie der schreckliche Schmerz sie zusammenfahren ließ. Dann lächelte sie, straffte die Schultern und sagte: »Ist nicht weiter schlimm. Habt ihr alle genug zu essen?«

Kevin zeigt eine ganz eigene Art von Mut. Seit er aus dem Krankenhaus entlassen wurde, trainiert er jeden Tag – ohne Ausnahme – im Fitnessstudio. Er geht zum Spinning und arbeitet an der Beinpresse, um die Muskulatur rund ums Knie zu stärken. Jeden Tag fährt er mit dem Rad zur Arbeit und wieder zurück. Die Mühe lohnt sich: Er hat die medizinische Untersuchung erfolgreich überstanden und seine Fluglizenz zurückbekommen.

Laut Aussage der Ärzte in Frankreich und Jersey lassen die Verletzungen darauf schließen, dass Kevin und Beverley mit einer Geschwindigkeit von ungefähr hundert Stundenkilometern auf dem Boden aufgeschlagen waren. Es war ein Wunder, dass sie überhaupt überlebt haben – ein Flitterwochenwunder. Gott muss gewusst haben, dass ihre gemeinsame Zeit noch lange nicht abgelaufen war. Die Sanitäter, die zuerst an der Unfallstelle waren, sagten, Kevin habe »großes Glück« gehabt, dass Beverley auf ihm gelandet war und ihn dadurch daran gehindert hatte, sich zu bewegen. Bei der kleinsten Bewegung hätte die noch intakte Hauptarterie im Bein abreißen können, und er wäre wohl gestorben.

Als Beverley und Kevin an jenem Tag in Vannes vom Himmel fielen, hätten sie das Leben verlieren können – stattdessen veränderte es sich grundlegend. Beverleys strahlend blaue Augen leuchten noch immer, wenn sie laut darüber nachdenkt, welche Erkenntnisse ihr der Unfall beschert hat. »Ich kann weder Stöckelschuhe tragen noch laufen wie früher – und ich werde wohl nie wieder Ski fahren können. Aber ich habe Geduld und Akzeptanz gelernt und eine neue Perspektive gewonnen. An unserem Hochzeitstag hätte ich es nie für möglich gehalten, dass wir uns eines Tages noch näher sein würden, aber wir sind es. Mein tapferer Mann hat mir das Leben gerettet, und diese Erfahrung wird uns für immer verbinden.«

Joanne Reid Rodrigues

Ein neuer Anfang

Lass die Angst zu... und handle trotzdem.
SUSAN JEFFERS

Der Mann, mit dem ich fünfundzwanzig Jahre lang eine Ehe führte, war erst vor drei Wochen gestorben, und ich war allein – ich musste mich um unsere Firma kümmern und fragte mich, wie ich Haus und Hof zusammenhalten sollte. Ich wirkte gefasst, und es tröstete mich, wie überzeugend ich meine Rolle spielte. Doch gerade dann, wenn ich am wenigsten damit rechnete, tauchten beängstigende Fragen auf. Würde ich mit unserer Firma meine Tochter Lexi und mich ernähren können, obwohl Paul nicht mehr da war, um uns zu helfen? Wohin würden wir gehen, wenn wir das Haus verkaufen mussten? Am meisten Angst aber hatte ich davor, von einem dunklen, bodenlosen Strudel in die Tiefe gerissen zu werden und nie mehr zu Verstand zu kommen, wenn ich meiner Trauer nachgab. Wenn ich mir erlaubte, sie wirklich zu fühlen. Ich wusste, dass ich etwas unternehmen musste.

Vor ein paar Jahren hatte ein Mann namens Tim Piering einen tiefen Eindruck bei Paul und mir hinterlassen. Er half Menschen, ihre schlimmsten Ängste zu überwinden, indem er sie durch die Situationen begleitete, die sie am meisten fürchteten. Ich beschloss, einen Termin mit ihm zu vereinbaren.

Am folgenden Samstag fuhr ich zu Tims Büro in Sierra Madre in den Ausläufern der San-Gabriel-Berge in Südkalifornien. Tim, ein stattlicher Ex-Marine mit einem großen Herzen, fragte mich ein wenig aus und hörte mir zu. Dann erkundigte er sich, ob Paul wohl wollte, dass ich um ihn trauerte. Ich dachte darüber nach.

»Nein, das kann ich mir nicht vorstellen. Im Gegenteil, ich denke, das wäre ihm ganz und gar nicht recht.«

»Es ist ihm sicher nicht recht, Diana, und ich glaube wirklich, dass ich Ihnen helfen kann. Ich denke, wir können Ihre Trauer zum Teil verarbeiten und auf diese Weise verringern. Wollen Sie's versuchen?«

»J-ja«, stammelte ich. Es war, als wollte ich insgeheim aus Loyalität zu Paul an meiner Trauer festhalten, obwohl ich wusste, er würde sich wünschen, dass ich alles in meiner Macht Stehende tat, um loszulassen.

»Achten Sie auf das, was Ihnen so durch den Kopf geht«, sagte Tim. »All Ihre Ängste, Ihre Überlegungen klingen wie die Stimmen im Radio, nicht wahr? Von all Ihren Gedanken schwächt die Angst Sie am meisten. Sie raubt Ihnen nicht nur Ihre Energie, sondern bringt Sie auch um viele Chancen. Denken Sie nur daran, wie oft die Angst Sie von etwas abgehalten hat. Wenn Sie möchten, zeige ich Ihnen in einem Crashkurs, wie es Ihnen leichter fällt, das zu tun, was Sie möchten. Im Grunde bekommen Sie ein völlig neues Selbstbild, und Sie werden sehen, dass Sie Ihre Vorhaben – egal, welche – umsetzen können, unabhängig davon, was Sie denken. Sie machen Ihr Ding, obwohl Ihr Geist vor sich hin quasselt, ja sogar, wenn er schreit – ganz egal, wie er sich aufführt.«

Im Jeep fuhr Tim mit mir in die Berge. Es war nicht weit. Er hielt am Straßenrand und parkte. Dann nahm er Seile und andere Ausrüstungsgegenstände aus dem Kofferraum und ging mit mir zu einer Brücke, die sich über ein ausgetrocknetes Flusstal spannte, das über hundert Meter unter uns lag. Ich sah zu, wie Tim einen Flaschenzug am Brückengeländer und an seinem Körper befestigte und ein Seil hindurchzog. Plötzlich schwang er sich über das Geländer und seilte sich langsam ab, bis er den Boden der Schlucht erreicht hatte. Als er die Böschung heraufgeklettert kam, rief er: »Wollen Sie's auch mal versuchen?«

»Nie im Leben!«

Tim kletterte noch einmal über das Geländer und zeigte mir, wie er sich mit dem Flaschenzug nach oben ziehen und nach unten abseilen konnte und dass es eine Sicherheitsleine für den Notfall gab. Die ganze Konstruktion machte mir einen sehr soliden Eindruck, und allmählich bekam ich das Gefühl, dass ich es vielleicht doch schaffen könnte. Ich sagte, eines Tages würde ich es vielleicht einmal ausprobieren.

Tim entdeckte den kleinen Riss in der Mauer meiner Angst und verschwendete keine Zeit. Er schnallte mir das Gurtzeug um und machte das Seil daran fest. Dann zeigte er mir, wie man langsam am Flaschenzug kurbelte und während des Abseilens völlig zum Stillstand kam. Anschließend sicherte er mich mit der Sicherheitsleine.

»Gut, und jetzt klettern Sie über das Geländer.«

»Ha! Sie haben leicht reden!«

»Das ist eine Metapher, Diana. Eine Metapher dafür, wie groß Ihre Bereitschaft ist, sich das Beste im Leben auch tatsächlich zu holen.«

Ich hatte noch nie im Leben so viel Angst gehabt. Ich hatte schon als Kind unter Höhenangst gelitten und immer wieder Albträume, in denen ich am Rande eines Abgrundes oder auf einem Fenstersims stand. Der bloße Gedanke daran, auf der anderen Seite des Geländers zu stehen, ließ mich erzittern.

Im Schneckentempo schob ich ein Bein über das Geländer und sagte: »O mein Gott, ich habe solche Angst!«

Als ich das zweite Bein nachzog, hielt mich Tim mit beiden Händen am Geländer fest, und ich lehnte mich Schutz suchend an ihn, soweit es ging. Mein Herz klopfte, und ich fing an zu wimmern.

»Wieso lassen wir das nicht einfach?«

»Die Entscheidung liegt bei Ihnen, Diana. Sie müssen das nicht tun.«

Mir wurde klar, dass mich niemand zu irgendetwas zwang. Ich hatte Tim um Hilfe gebeten. Ich hatte das Gefühl, wenn ich das hier schaffen würde, wäre alles anders. Noch einmal nahm ich mir vor, es zu versuchen.

»Okay, ich tu's. Ich werde es tun.«

»Lassen Sie das Geländer mit einer Hand los, und halten Sie sich gut am Seil fest, damit es erst losgeht, wenn Sie bereit sind.«

Ich hatte solche Angst, ich blökte wie ein verängstigtes Schaf. Aber ich tat, was Tim sagte – ich löste eine Hand vom Geländer. Dann kam der entscheidende Moment: Ich ließ auch mit der anderen Hand los – und schwang in sanften Bögen über der Schlucht.

So weit, so gut.

»Nun seilen Sie sich ganz langsam Zentimeter für Zentimeter einen halben Meter ab.«

Ich tat, was er sagte, und in diesem Augenblick verwandelte sich meine Angst in Begeisterung. Der Flaschenzug war kinderleicht zu bedienen. Ich brauchte lange, bis ich am Boden der Schlucht angekommen war, genoss die Aussicht und meinen Sieg über die Stimme der Angst in meinem Kopf. Tim lief hinunter, um mich abzuholen.

»Diana, sehen Sie sich an, was Sie geleistet haben! Sie haben es geschafft!«

Stimmt. Klein Diana, ganz genauso wie ein U.S. Marine! Wow! »Wenn ich das geschafft habe, kann ich alles schaffen!«, dachte ich mir. Ich war in Hochstimmung und fühlte mich stärker als je zuvor.

Dann fuhr Tim mit mir an einen Schießstand, und ich musste mehrere Schüsse mit einer Automatikpistole abgeben. Auch das hätte ich mir niemals träumen lassen. Inzwischen weiß ich, dass Tim mich eine andere Art von Angst spüren lassen wollte, als sie eine Frau – die plötzlich allein dastand – normalerweise fühlte. Die Angst ums Überleben im körperlichen, nicht im emotionalen Sinne. Ich konnte spüren, wie mein Leben neu begann.

»Diana, Sie haben die Bandbreite der Dinge erweitert, die Sie sich zutrauen. Dieser Bezugspunkt wird Ihnen helfen, neue Ebenen des Handelns zu erreichen, obwohl Sie sich fürchten. Immer, wenn Ihnen das, was Sie tun müssen, unangenehm ist, können Sie sich an diese Erfahrung erinnern. Im Vergleich dazu wird Ihnen alles andere leicht vorkommen. Dieser kurze Augenblick – in dem Sie sich entschlossen, die Brücke loszulassen – wird Sie hinsichtlich Ihres Verhaltens in Furcht erregenden Situationen um Jahre nach vorn werfen. Sie haben die Voraussetzung dafür geschaffen, all Ihre Träume wahr werden zu lassen.

Am Anfang werden Sie vielleicht die meiste Zeit damit verbringen, gegen die negativen Kommentare der Stimmen in Ihrem Radio anzukämpfen, die Ihnen all die Gründe aufzählen, etwas nicht zu tun. Und wenn Sie sich dann an das erinnern, was Sie heute hier geleistet haben, dann denken Sie daran, Diana: Die Welt schuldet Ihnen nichts. Sie stehen auf dem Spielfeld des Lebens. Die Frage ist nur: Werden sie spielen?«

Diana von Welanetz Wentworth

Ins Ungewisse

Ich glaube an Gott, nur nenne ich es Natur.
FRANK LLOYD WRIGHT

Ich bin mit Motorrädern auf Rennbahnen gestürzt, in stockfinsterer Nacht über dicht bewaldeten Dschungelgebieten aus dem Flugzeug gesprungen, und in meiner unmittelbaren Nähe haben Blitze eingeschlagen. Doch am nächsten kam mir der Tod an einem sonnigen Oktobernachmittag hoch in den Rocky Mountains von Colorado. An jenem Herbsttag starrte ich ihm in vollem Bewusstsein um seine Nähe ins Gesicht. Ich wusste, dass mein Überleben nicht von meinem Glück, sondern von meinem Können, meinem Urteilsvermögen und meinem Glauben abhing.

Um acht Uhr morgens verließ ich Boulder auf meiner getunten Ninja und fuhr Richtung Rocky-Mountain-Nationalpark. Mein Ziel: die Granitsäulen oberhalb der Stadt Estes Park. Ich wollte Informationen für ein Kletterhandbuch sammeln, für das Fotos, Standortzeichnungen und ausgedehnte Klettertouren nötig waren. Ich hatte vor, die Karten für die Kletterrouten fertig zu machen, und wollte ein paar der leichteren Routen allein und ohne jegliche Sicherung klettern, um ihren Schwierigkeitsgrad und die optimale Aufstiegslinie zu bestimmen. (Beim so genannten Free-Solo-Klettern klettert man ohne Partner, Seil oder anderes Zubehör: Man trägt lediglich Kletterschuhe, einen Beutel mit Magnesium, damit die Finger trocken bleiben, und seine Kleider. Das war's. Nur du und der Berg.)

Als ich so auf dem Motorrad dahinraste, wanderten meine Gedanken zu einer Figur namens Knulp, und ich erinnerte mich an die letzten Seiten des gleichnamigen Buches von Hermann Hesse. Knulp stirbt allein im Schnee vor den Toren der Stadt. Er klagt zu Gott, er habe sein Leben vergeudet, habe alle Menschen verletzt, die ihn liebten, und nichts von Bedeutung geschaffen. In diesem Augenblick hört er eine sanfte, liebevolle Stimme, die ihm sagt, dass sein Leben nicht misslungen sei und dass Gott jeden Augenblick, jede Freude und jeden Kummer, den er verspürt, jedes Lied, das er gesungen, und jede Frau, die er geliebt hatte, durch ihn erlebt habe. Durch Knulp lernte Gott eine andere Facette dieser Welt kennen: »Gott ist hier«, dachte ich – nicht nur in Kirchen, Tempeln oder Klöstern, sondern in der Erde und in allen Lebewesen.

Als ich am Parkplatz bei den Twin Owls ankam, wirbelte ein warmer Wind helles Espenlaub hoch in die Luft, und die steil aufragenden Säulen der Lumpy Ridge bohrten sich in den tiefblauen Himmel. Nicht ein einziger Wagen stand auf dem Parkplatz. Weit und breit war keine Menschenseele. Höchst ungewöhnlich. Es war ein strahlend heller, warmer Tag. Dennoch fuhr mir ein unheimliches, frostiges Gefühl von Einsamkeit in die Glieder.

Als ich den Blick über das Felsenmassiv über mir wandern ließ, fiel er auf eine namenlose Säule, für die es noch keine aufgezeichneten Kletterrouten gab. Ich entdeckte einen langen Spalt im unteren rechten Teil des Pfeilers und entschied, diese Felssäule zu klettern. Ich war zuversichtlich, dass ich den Spalt problemlos bewältigen würde und dann immer noch entscheiden konnte, ob ich die Arete (den abgerundeten Steinkamm) hinaufklettern wollte.

Die meisten Kletterer halten nichts vom Free-Solo-Klettern und versuchen es nicht einmal bei Routen, die sie gut kennen, weil es keinerlei Spielraum für Fehler gibt. Das Free-Solo-Klettern ähnelt einer Trapeznummer ohne Netz – kein Seil fängt den Kletterer auf, falls er einen Fehler macht. Wenn man erst einmal anfängt zu klettern und drei, sechs, zwölf Meter und weiter oben ist, kann jeder Sturz den Tod bedeuten. Aber ich bin einer von den Kletterern, die die unbeschwerte Freiheit eines Aufstiegs ohne Seil genießen. Das soll nicht heißen, dass ich mich nach dem Tod sehne – im Gegenteil. Ich trete jede Klettertour in der klaren Absicht an, es zu schaffen. Ja, ich gehe ein Risiko ein, aber dieses Risiko ist kalkuliert und geplant.

Die meisten Free-Solo-Kletterer halten sich an ein paar einfache Faustregeln. Erstens: Klettere nirgends hinauf, von wo du nicht auch wieder runterkommst. Anders ausgedrückt, tu keinen Schritt nach oben, den du nicht auch wieder rückgängig machen kannst. Sogar große Klettersportler haben diese Regel gebrochen, weil sie zu sehr darauf fixiert waren, einen Aufstieg zu schaffen, und sind eines frühen Todes gestorben. Zweite Regel: Klettere niemals an der Grenze deiner Leistungsfähigkeit. Das heißt, bewahre dir einen vernünftigen Sicherheitsspielraum. Dritte Regel: Klettere niemals eine Route, die du nicht schon einmal mit dem Seil geklettert bist. Aber vor allem: Klettere niemals eine Route, die noch nicht schon einmal irgendjemand geklettert ist.

An jenem Tag brach ich die letzte Regel, weil ich grundsätzlich nicht viel für Regeln übrig habe – und weil ich die Route problemlos schaffen konnte. Der Spalt war kein Problem, obwohl es weiter oben etwas schwieriger wurde. Bald befand ich mich sechzig Meter über dem Boden, und die glatte, unversehrte Arete ragte über mir auf. Ich machte eine Pause, um die Lage zu sondieren und zu entscheiden, ob ich weiterklettern oder umkehren sollte. Ich wusste, dass ich das Stück, das ich bis jetzt geklettert war, auch wieder hinunterklettern konnte.

Plötzlich rüttelten Windböen an meinem Gleichgewicht, und es kostete zusätzlich Energie, mich mit den Fingern an den winzigen Vorsprüngen festzuhalten. Ich entdeckte einen kleinen, schrägen Vorsprung etwa neunzig Zentimeter weiter oben, auf dem mein Fuß Halt finden würde. Er sah erreichbar und verführerisch aus. Meine Erfahrung sagte mir, sobald ich dort oben Fuß gefasst hätte, fänden auch meine Hände Halt.

Aber ich wusste, wenn ich diesen Schritt machte, war ich gezwungen weiterzuklettern – denn zurück konnte ich dann nicht mehr. Eine unerklärliche Stimme tief in meinem Inneren gab das Kommando, und mein Körper gehorchte: »Los!« Ich presste beide Hände flach an die glatte Wand und balancierte vorsichtig auf den winzigen Vorsprung hinauf, gerade groß genug für den großen Zeh eines Fußes. Zu meinem Entsetzen war die Einkerbung für die Finger, auf die ich gezählt hatte, zu flach, um mir eine große Hilfe zu sein, und mein Mund wurde trocken. Ich spürte, wie Adrenalin durch meine Adern schoss und mein Herz klopfte. Wie ein kalter Wasserguss überkam mich das Gefühl, das man beim Free-Solo-Klettern niemals haben sollte: Angst.

Ich kämpfte mit der Panik, kämpfte darum, die roten Warnlampen und die Sirenen in meinem Kopf abzuschalten, während meine Finger nach dem kleinsten Halt, nach jedem Halt tasteten, der verhindern würde, dass ich beim nächsten Windstoß rückwärts ins Vergessen stürzte.

Ein weiterer Windstoß bedrohte meinen unsicheren Halt, und mir wurde klar, dass mir ungefähr sechzig Sekunden blieben, bis die paar Muskeln, die meinen Körper hielten, nachgäben und das Leben, wie ich es kannte, vorbei wäre.

Ich ging in mich – tiefer als je zuvor. Ich wusste, wenn ich meiner Angst nachgab, würde ich sterben. Ich sagte dem Großen Geist, dass ich leben, dass ich es schaffen wollte. Ich weiß noch, dass ich dachte: »Möge die Macht mit mir sein«, als ich mich auf den Weg nach oben machte.

Bis heute weiß ich nicht, was ich damals tat oder wie ich die winzigen Vorsprünge fand, aber ich blieb immer in Bewegung und hörte nicht auf, zu glauben. Ich richtete meine Aufmerksamkeit nach oben, kehrte der Vorstellung, dass ich abstürzen könnte, den Rücken, und nach einer – wie mir schien – Ewigkeit legten sich meine Finger um einen Vorsprung, der sich wie die Sprosse einer Leiter anfühlte. Als ich diesen Halt gefunden hatte, hing ich einfach nur da, an einem Arm, und wusste, dass ich gerettet war – dass ich aus einer scheinbar ausweglosen Situation siegreich hervorgegangen war. An jenem Tag war die »Macht« tatsächlich mit mir gewesen – die »Macht« und ein paar Schutzengel. »Hesse hatte Recht«, dachte ich: »Gott ist hier, in der Erde und in allen Lebewesen.«

Richard Rossiter

Zen in der Kunst des Überlebens

Menschen, die »das Schlimmste« erlebt haben,
strahlen oft eine nahezu transzendente Freiheit aus,
denn sie haben es überlebt.

CAROL PEARSON

Als ich mich vor sieben Jahren aus rein praktischen Überlegungen für die Teilnahme an einem Selbstverteidigungskurs für Frauen entschied, hatte ich nicht die geringste Ahnung, welch große Rolle der Kampfsport in meinem Leben einmal spielen würde. Die Menschen finden aus unterschiedlichen Gründen zum Kampfsport. Ich reiste seit zehn Jahren allein durch die Welt, geriet häufiger in heikle Situationen, als mir lieb war, und hielt es für die einzig clevere Lösung, mir ein paar, wie ich dachte, nützliche Tricks anzueignen. Damals interessierte ich mich nicht besonders für Kampfsport, für Karatefilme hatte ich nichts übrig, und mein tägliches Training bestand überwiegend aus intensivem Ausdauertraining. Überraschenderweise verwandelte sich das, was als Selbstverteidigungsprogramm begonnen hatte, bald in ein lebenslanges Engagement. Die Entdeckung des Kampfsports war wie eine Offenbarung für mich. Er veränderte meine Überzeugungen, meine Ziele und meine Art, zu leben, und rettete mir letzten Endes sogar auf höchst ungewöhnliche Weise das Leben.

Als ich an jenem herrlichen Herbstmorgen erwachte, wusste ich nicht, dass dies der Beginn eines der intensivsten und faszinierendsten Tage meines Lebens werden sollte. Ungewöhnlich war nur, dass ich ausnahmsweise einmal nichts vorhatte. Ich hatte mir vor kurzem eine neue Rennmaschine gekauft, musste aber noch auf die Anmeldung warten und konnte deshalb nicht legal mit meinem neuen Motorrad fahren. Ich beschloss, den Tag dazu zu nutzen, mich zu entspannen und liegen gebliebene Arbeiten zu erledigen. Das änderte sich schnell, als das Telefon klingelte und mein Freund Mike anbot, mich auf eine Tour in die Santa-Monica-Canyons mitzunehmen. Es war schon recht warm, und ich überlegte kurz, ob ich meinen Motorradanzug anziehen sollte (eine Frage, die sich inzwischen nicht mehr stellt). Zum Glück entschied ich mich zugunsten der Sicherheit. Bald darauf flog ich als Sozia auf Mikes Suzuki GSX-R1000 den herrlichen Pacific Coast Highway entlang.

Die Straße führte ein langes Stück am Meer vorbei, dann fuhren wir in die vertrauten Canyons mit ihren engen Kurven hinein. In der Luft lag der Duft der von der Sonne bestrahlten Kiefern und vertrieb allmählich die salzige Meeresbrise. In unserem Lieblingscafé auf dem Mullholland Drive trafen wir uns mit zwei Freunden: Kate auf ihrer Honda CBR 600 und Rob auf seiner Yamaha YZF. Nach einem leichten, fröhlichen Brunch brachen wir vier mit unseren Motorrädern auf und fuhren in gerader Linie hintereinander. Nur Augenblicke später sahen wir auf einem geraden Stück im Topanga-Canyon dem Tod ins Auge. Kate fuhr vorneweg, Mike und ich waren knapp hinter ihr, Rob hatte uns soeben vorbeigewinkt und bildete das Schlusslicht. Die Straße war frei. Auf diesem Abschnitt des Topanga-Canyons befanden sich keine Fahrzeuge vor uns, es gab nicht einmal Kreuzungen oder Einmündungen, auf die man hätte achten müssen.

Wie hätten wir ahnen können, dass ein Wagen rückwärts in das dichte Gebüsch hinter einem großen Baum auf der rechten Straßenseite gestoßen war? Wie hätten wir vorhersehen können, dass der Fahrer betrunken war und genau in dem Augenblick, in dem wir den Baum passierten, aus dem Gebüsch schießen und die Straße blockieren würde? Niemand hatte die Gefahr vorhersehen können, und als der Wagen mit einem Mal auf der Straße stand, war es zum Ausweichen zu spät. Der Gedanke, dass ich gleich würde mit ansehen müssen, wie meine Freundin Kate vor meinen Augen mit Vollgas in den Tod fuhr, erfüllte mich mit dem größten Schrecken, den ich je empfunden hatte. Ich schrie auf, als ich sah, wie ihr Motorrad in den Wagen knallte, als ich das schreckliche Knirschen berstenden Blechs hörte und ihr Körper über das Auto flog. Ich schrie noch, als unser Vorderrad den Wagen rammte und mir – erst dann – bewusst wurde, dass es uns ebenso ergehen würde. In meiner überwältigenden Angst um Kates Leben war mir entgangen, dass Mike und ich zu dem gleichen Schicksal verdammt waren.

Die Zeit zwischen dem Aufprall und dem Augenblick, in dem mein Körper schließlich etwa dreißig Meter von der Unfallstelle entfernt mitten auf der Straße zum Liegen kam, kam mir wie eine Ewigkeit vor. Sie wird mir unvergesslich bleiben. Ich hatte mich immer gefragt, wie ich in einer lebensbedrohlichen Situation reagieren würde. Sosehr man sich auch darauf vorbereitet, man weiß es erst, wenn der Augenblick – ohne Warnung – plötzlich gekommen ist. Ich dachte oft, dass die Panik mich erstarren lassen oder mich meine Gefühle überwältigen würden. Stattdessen überraschte mich, wie einwandfrei das menschliche Gehirn funktionierte, wenn es darum ging, sein Leben zu retten. In dem Augenblick, als sich unser Vorderrad in die Seite des Wagens bohrte, schwanden all meine Ängste und Gefühle und wurden durch kaltes, distanziertes, Daten verarbeitendes Denken ersetzt. Als die unglaubliche Wucht des Aufpralls unsere Körper durch die Luft und an den ebenfalls umherfliegenden Fahrzeugen vorbeischleuderte, verwandelte sich mein Schrei in den Kampfsportruf »Kihai«, der ebenso lang dauerte wie der Unfall selbst.

Als ich durch die Luft flog, hatte ich die Augen weit geöffnet und durchlebte einen Augenblick voller Bilder, der ewig zu dauern schien. Inmitten des Chaos wurde ich zum ruhigen Zuschauer einer Diashow, die in Zeitlupe und überall um mich herum mit unerreichter Klarheit ablief. Von unserem frontalen Aufprall auf die Seite des Wagens bis hin zum Aufschlag auf der Straße – mit einer Wucht, wie ich sie noch nie erlebt hatte – tauchten alle nötigen Informationen in Form von Schnappschüssen vor mir auf: wie ich ungebremst nach vorn über das Motorrad fliege. Das Rot des Wagens überall um mich herum. Meine Schulter, die das Dach des Wagens streift. Mein Körper, der zurückprallt und über die Fahrzeuge geschleudert wird. Mein Helm, der gegen Mikes Helm prallt. Bunte Bilder von Metalltrümmern, die überall um uns herum durch die Luft wirbeln. In diesem lebensgroßen Kaleidoskop, in dem ich durch Metall, Glas und Plastik flog, in dem ich zwischen Leben und Tod dahinflog und den Augenblick gänzlich emotionslos betrachtete, erlebte ich einen unvergesslichen Augenblick Ewigkeit.

Als mir klar wurde, dass ich mit dem Kopf voraus auf der Straße aufschlagen würde, zögerte ich keine Sekunde. Ich wusste, was zu tun war. Ich nahm den linken Arm nach vorne, presste das Kinn auf die Brust und landete mit einer Rolle vorwärts auf dem Asphalt. Die ganze Zeit über konnte ich

deutlich die monotonen Kommandos meiner Kampfsportlehrer hören: »Sei wie ein Beachball...« – »Entspann dich...«
– »Lass dich sanft abrollen...« – »Sei wie das Wasser: flüssig,
fließend...« Auch die Ratschläge all der Motorradfahrer, die
mir beigebracht hatten, wie ich mich im Falle eines Unfalls zu
verhalten hatte, gingen mir durch den Kopf – Dinge, von
denen ich nie gedacht hätte, dass ich sie noch wusste: »Wenn
du auf dem Boden aufschlägst, darfst du nicht sofort versuchen, aufzustehen. Irgendwann kommt es dir so vor, als hättest du aufgehört, dich zu bewegen, doch wenn du dann auf-
stehst, brichst du dir beide Knöchel und Knie...« – »Lass dich
so entspannt wie möglich abrollen, und warte so lange, bis du
sicher weißt, dass dein Körper sich nicht mehr bewegt.«

Ich rollte noch knappe hundert Meter weiter. Erst Stunden
später stellte sich heraus, dass meine linke Hand (mit der ich
zuerst auf der Straße aufgekommen war) mehrfach gebrochen
war. Mehrere Mittelhandknochen waren zertrümmert, und
ich musste mich drei Monate lang immer wieder neuen Operationen unterziehen. Abgesehen davon waren alle anderen
Knochen in meinem Körper unversehrt. Die Sanitäter vor
Ort gaben zu, dass sie nicht verstehen konnten, wie ich so weit
durch die Luft fliegen, aus so großer Höhe auf die Straße pral-
len und anschließend noch so weit über den Asphalt rollen
konnte, ohne mir irgendwelche Rücken- oder Rückgrat-
verletzungen zuzuziehen. Wie durch ein Wunder überlebten
wir alle. Mit Ausnahme von Rob, der einen Sturz verhindern
konnte, weil er der Letzte in der Schlange war, musste jeder
von uns mehrere Operationen sowie Rehabilitationsbehand-
lungen über sich ergehen lassen.

Ich glaube, ich hätte damals, genau dreißig Tage vor mei-

nem dreißigsten Geburtstag, sterben sollen. Doch aus irgend-
einem Grund machte der Tod gerade Pause, als ich in einen
Wagen donnerte und auf die Straße stürzte. Vielleicht war
ich auch einfach so gut im Abrollen, dass ich durch mein
Schicksal hindurch und direkt in ein neues Leben hinein-
rollte. In ein Leben, das ich ohne meine große Leidenschaft
für den Kampfsport niemals kennen gelernt hätte.

Jedes Jahr, wenn ich einen weiteren Jahrestag meines neu-
en Lebens feiere, danke ich im Geiste all meinen talentierten
Kampfsportlehrern für dieses unglaubliche Geschenk.

Genvièv Martin

4

Erworbene Weisheit

Eine Offenbarung ist die Verbindung
von Wissen und Fühlen.

MARYA MANNES

Würdelos alt werden

Alt sein bedeutet für mich stets,
fünfzehn Jahre älter zu sein, als ich bin.
BERNARD BARUCH

Mein Leben und meine Lebendigkeit habe ich meiner Großmutter zu verdanken. Wenn sie nicht gewesen wäre, wäre
ich wohl vor Langeweile gestorben... und hätte niemals die
Grundlagen der Kunst erlernt, wie man würdelos alt wird.

Mein intensives Training begann mit zehn. Damals bekam
ich irgendeine komische Hautkrankheit an den Füßen. Sie
war angeblich ansteckend, und ich durfte nicht zur Schule
gehen. Folglich verbrachte ich die Tage bei meiner Großmutter. Ich werde den Tag, an dem der Arzt zum ersten Mal einen
Hausbesuch dort machte, um sich meine Füße anzusehen, nie
vergessen. Nachdem er meine Zehen sorgfältig mit Mercu-
rochrom betupft hatte, umwickelte er jeden Fuß meterweise
einzeln mit Gazestreifen. Er erklärte mir, ich müsse den lieben
langen Tag ganz still sitzen bleiben, damit ich mir die Füße
nirgends anstieß, und er würde am nächsten Tag wiederkom-
men und sich meine Füße noch einmal ansehen.

Sobald er fort war, sah meine Großmutter mich an und
sagte kopfschüttelnd: »Von Medizin mag er ja was verstehen,
aber von Kindern hat er absolut keine Ahnung.«

Sie klopfte mir auf die Schulter und lächelte mich an.

»Mach dir mal keine Sorgen«, sagte sie. »Ich weiß, dass du nicht den ganzen Tag still sitzen kannst. Uns wird schon was einfallen, damit du herumlaufen kannst, ohne dir die Füße anzustoßen.« Und so war es auch.

Ein wenig später packte sie meine Füße in zwei Schuhschachteln, die mit einer Schicht flauschiger Baumwolle ausgelegt waren. Sie band die Schachteln mit Stoffstreifen aus Betttuch zu und bemalte sie, sodass sie wie die Waggons einer Dampflok aussahen. Weil es wehtat, wenn ich die Füße hob, brachte sie mir bei, am Boden entlangzuschlurfen und zu sagen: »Tut-tut, tut-tut! Hier kommt der Zug!«, damit ich lachen musste und den Schmerz vergaß.

Doch als ich an jenem Abend zu Bett ging, waren die Schmerzen so schlimm, dass ich sie nicht vergessen konnte. Ich weinte bitterlich. Meine Großmutter hörte mich und kam zu mir. Statt mir zu sagen, dass ich nicht weinen sollte, ermutigte sie mich, noch lauter zu heulen. Das half ein wenig, aber nicht genug.

Schließlich beugte sie sich zu mir herunter und flüsterte mir ins Ohr: »Ich kenne ein paar magische Worte, die den Schmerz wegzaubern. Ich glaube, du bist alt genug dafür. Aber du darfst sie niemandem verraten – am allerwenigsten deiner Mutter.«

Sie warf erst einen Blick über die eine, dann über die andere Schulter, als wolle sie sich versichern, dass niemand lauschte, und fuhr fort: »Denk daran, diese Worte sind nur für den Notfall gedacht, wenn du schon alles andere ausprobiert hast, aber nichts hilft. Und wenn du einmal angefangen hast, musst du sie so lange aufsagen, bis der Schmerz nachlässt.«

Dann sprach sie mir die Worte in einem leisen Singsang vor,

und schließlich übten wir gemeinsam: »Pipi, Kacka, Scheiße, Pups. Pipi, Kacka, Scheiße, Pups. Pipi, Kacka, Scheiße, Pups.«

Sie hatte die Wahrheit gesagt. Es war Zauberei. Ich hatte diese Worte so lange wiederholt, bis der Schmerz schließlich verschwunden und ich eingeschlafen war.

Am nächsten Tag kam der Arzt, und ich saß still an derselben Stelle, an der er mich auch das letzte Mal hatte sitzen sehen. Der Schuhschachtelzug war im Schrank versteckt. Oma hatte mich ermahnt, ihm nichts davon zu erzählen.

»Schätzchen«, flüsterte sie, »es gibt nur eine Möglichkeit, mit den Schlaumeiern dieser Welt fertig zu werden, die dir vorschreiben wollen, was du zu tun hast: Du hörst ihnen aufmerksam zu und tust dann, was du für richtig hältst.«

Omas Schwester wohnte nebenan. Sie war humorlos und verdrießlich und so ganz anders als all die anderen Familienmitglieder, dass ich mich fragte, wie sie in unsere Familie gekommen war. Großmutter war rund und weich und sah aus, als gäbe es bei ihr jeden Tag süßes Gebäck zum Frühstück. Großtante Lee war groß und knochig und sah aus, als trinke sie Essig mit dem Strohhalm. Jeden Tag beklagte sie sich mindestens einmal darüber, dass »es nicht zum Lachen ist, wenn man alt wird«.

Wenn es den Anschein hatte, als höre ihr jemand zu, beklagte sie sich anschließend über ihr Rheuma, darüber, wie sehr jede Bewegung sie schmerzte, und dass sie »nimmer so gut hören und sehen« konnte. Sie saß am Küchentisch, tunkte einen Donut in ihren Kaffee und hielt ihren Vortrag, den ich bald auswendig kannte.

»Genieß das Leben, solange du jung bist. Wenn du erst mal so alt bist wie ich, hast du nichts mehr zu lachen. Hör auf deine Eltern, und mach ihnen das Leben leicht. Auch sie werden älter, und für ältere Menschen ist das Leben schwerer. Es ist kein Spaß, wenn man alt wird.«

Eines Morgens, als ich ihren Lieblingssatz vielleicht zum fünften Mal hörte, fing ich an zu lachen. Ich tat, als hätte ich mich verschluckt, und lief hustend aus dem Haus. Ich wusste, ich bekäme eine Ohrfeige, wenn sie den Verdacht hatte, dass ich über sie lachte. Was natürlich stimmte.

Aber als ich ihre eckigen Bewegungen sah, ihre krächzende Stimme und ihr endloses Gejammer hörte, sah ich sie plötzlich wie auf einer Bühne vor mir, wie eine Figur in einem Theaterstück, wie eine Art weiblicher Scrooge. Ich lachte, weil mir klar wurde, dass sie tatsächlich eine Figur in einem Theaterstück war – in einem Stück, das sie selbst geschrieben hatte.

Ich lief nach nebenan zu meiner Großmutter. Ich lachte immer noch schallend, als ich zur Tür hereinstürmte und das Fliegengitter hinter mir zufiel. Meine Großmutter kam aus ihrem Zimmer und fragte, was denn los sei.

Als ich es ihr erklärte, fing sie ebenfalls an zu lachen.

»Da hast du Recht«, sagte sie. »Diese alte Dame ist eine Figur in einem sehr langweiligen Stück.«

Sie nahm mich bei der Hand und ging mit mir in die Küche, wo es nach frisch gebackenem Brot duftete.

»Wieso essen wir nicht etwas warmes Brot und unterhalten uns ein wenig? Aber denk daran, warmes Brot ist nicht gut für den Magen. Allerdings muss man ab und zu auch etwas tun, was nicht ganz so gut für einen ist. Man sollte es nur nicht übertreiben.

Ich glaube nämlich, dass Gott die Menschen – die Kinder oder Erwachsenen – am liebsten hat, die ein kleines bisschen frech sind. Nicht richtig böse, sondern nur ab und zu ein wenig ungezogen. Dass Gott sie am liebsten hat, erkennt man daran, dass er ihnen ein sonnigeres Gemüt gab und die Leute sie lieber mögen als die ganz heiligen!

Ich finde Menschen bemitleidenswert, die nur ja keinen Staub aufwirbeln und alle glücklich machen wollen. Ihr Heiligenschein sitzt zu eng, und das schadet dem Hirn, weil es die Zirkulation interessanter Gedanken abschnürt.«

An Erntedank und an Weihnachten waren meine Großmutter, meine Mutter und Tante Emma tagelang mit den Vorbereitungen für die großen Familienfeste beschäftigt. Sie schmückten das Haus, den Tisch und bereiteten das Essen vor. Wenn sich an dem großen Tag dann alle die Bäuche voll geschlagen hatten, sagte Großmutter zu ihren Töchtern und den anderen Frauen: »Ich weiß, dass ihr beim Abräumen und in der Küche auch ohne mich hervorragend zurechtkommt. Dazu braucht ihr mich nicht. Meine Arbeit ist getan, und jetzt ist es Zeit für die Belohnung.«

Dann ging sie mit den Männern ins Wohnzimmer und wartete. Sobald der Tisch abgeräumt, das Tischtuch entfernt, die Frauen in die Küche verbannt und die Küchentür geschlossen war, kehrten meine Großmutter und ihr Gefolge an den Esstisch zurück, legten eine Army-Decke darüber und spielten Poker oder würfelten. Manchmal rauchte sie sogar eine Zigarre.

Ich schlich mich ins Wohnzimmer, kuschelte mich in einen ihrer dick aufgepolsterten Sessel und schlang die Arme um meinen dicken Bauch. Ich döste halb vor mich hin, sah und hörte ihnen zu und wunderte mich über meine Großmutter – die so ganz anders war als die Großmütter der anderen Kinder. Ich wusste, ich wollte einmal ganz genau so werden wie sie – ich wollte würdelos alt werden!

Inzwischen bin ich fünfundachtzig, älter als meine Großmutter, als sie starb. Im Laufe meines Lebens gab ich anderen des Öfteren Anlass, die Augenbrauen zu heben. Es war ein Leben voller Herzlichkeit, Humor und Respektlosigkeit – ganz genau so, wie ich das vor so langer Zeit auf Großmutters Sofa geplant hatte.

Emily Coleman

Spieglein, Spieglein

Unser Körper ist ein Garten und unser Wille der Gärtner.
WILLIAM SHAKESPEARE

Als Studentin war Janelle in den sechziger Jahren auf der Suche nach dem versprochenen »Rocky Mountain High« nach Denver gegangen. Sie fand es in einem Gedicht, das an die Wand einer Damentoilette auf dem Larimer Square gekritzelt war. Sie fand es in diesen Zeilen von Edna St. Vincent Millay:

Meine Kerze brennt an beiden Enden.
Sie wird die Nacht nicht überstehen.
Doch, ach, ihr Feinde, und, oh, ihr Freunde –
ihr Licht ist hübsch anzusehen!

Es waren gefährliche Zeiten, und als sie dieses einfache Gedicht zum ersten Mal las, es auswendig lernte und zu ihrem Motto machte, war die Gefahr durchaus echt.

Im Laden nebenan hatte sie einen alten Kerzenhalter mit einem drehbaren Messingring gefunden. Mithilfe des Rings konnte man eine Kerze so vor dem gebogenen Spiegel anbringen, dass man sie an beiden Enden anzünden und auf diese Weise die Beleuchtung verdoppeln konnte. Janelle schnappte sich die alte Laterne, zahlte zu viel dafür und erklärte sie zu ihrem Zauberspiegel. Wenn sie ein Problem hatte oder eine Entscheidung treffen musste, zündete sie den Docht an beiden Seiten an. Dann blickte sie in ihr verzerrtes Spiegelbild über den beiden Flammen und dachte so lange über ihre Möglichkeiten nach, bis sie eine Entscheidung getroffen hatte oder sich ein Gefühl inneren Friedens einstellte.

Innerer Friede war in Janelles Leben zur Seltenheit geworden. Wie eine Kerze, die an beiden Enden brannte, ging sie an ihre zeitlichen Grenzen und trieb gleichzeitig Raubbau an ihren Energievorräten. Ihre Tagesziele erreichte sie mithilfe von Koffein und Nikotin. Das Essen überließ sie dem Zufall und aß, wenn die Zeit es erlaubte. Schlaf gönnte sie sich nur, wenn ihr Körper völlig ausgelaugt war. Oft lachte sie über ihr Arbeitspensum und zitierte das Gedicht, das ihre eigene Eile spiegelte, ein Ziel nach dem anderen abzuhaken, ohne sich je die Frage zu stellen: »Wozu?«

Die Zeit verging, Janelle schloss ihr Studium ab und legte schnell eine bemerkenswerte berufliche Karriere hin. Sie heiratete, und zwei Jahre später machten zwei entzückende Babys das Familienglück nahezu perfekt. Sie rackerte weiter, jonglierte mit Beruf und Mutterrolle und führte weiter einen untadeligen Haushalt. Während der Schwangerschaften schränkte sie die Aufnahme von Koffein und Nikotin ein, doch sobald ihre Kinder gesund und munter auf der

Welt waren, lebte Janelle wieder nur von Kaffee und Zigaretten.

Als sich die Beweise mehrten, dass Rauchen schädlich war, deutete ihr Mann an, dass ihre Gesundheit in Gefahr sein könnte. Ihre Mutter nörgelte. Als ihre Freunde schließlich nach und nach mit dem Rauchen aufhörten, zitierte Janelle ihr Gedicht und befragte ihren Meditationsspiegel, in dem sich die Kerze spiegelte, die an beiden Enden brannte. Sie betrachtete ihr Spiegelbild, das im Zerrspiegel seltsam flackerte, und dachte darüber nach, wie kurz das Leben war. Sie wog den Energieschub, den ihr die lieb gewonnenen Aufputschmittel gaben, gegen ihre eigene Sterblichkeit und gegen ihre Lebensqualität ab. Wenn sie weiterrauchte, nahm sie die gesundheitlichen Risiken für das Versprechen in Kauf, auch weiterhin schlank zu bleiben und nicht auf ihre künstlichen Energiequellen verzichten zu müssen. Sie wiederholte noch einmal: »Ihr Licht ist in der Tat hübsch anzusehen«, und mit diesem Gedanken im Hinterkopf entschied sie, ihre zweifelhafte Lebensführung beizubehalten.

Sie verkündete ihren Freunden und den Menschen, die sie liebte, dass sie sich bewusst für das Rauchen entschieden habe. Dass es ihre Entscheidung und ihre Sache sei. Und sie rauchte weiter – am Schreibtisch, im Auto, auf dem Boot, im Haus, sogar beim Kochen, Aufräumen und Lesen. Nur wenn sie sich um die Kinder kümmerte, blieb die Zigarette aus, denn irgendwie konnte sie sich nicht gänzlich von der Vorstellung befreien, dass der Rauch nicht gut für sie war.

Eines Tages fuhr sie von der Arbeit nach Hause. Sie hatte eine Zigarette zwischen den Fingern und manövrierte ihren Wagen durch die vertrauten Kurven, als eine Stimme aus dem

Radio tönte: »Sie haben sich also für das Rauchen entschieden und gehen das Risiko ein, an Lungenkrebs zu sterben?«, fragte sie.

»Korrekt«, rief Janelle und nahm einen tiefen Zug von ihrer Zigarette.

Die Stimme im Radio sprach weiter: »Wussten Sie, dass die Hälfte der Kinder von Rauchern später ebenfalls rauchen?« Nach einer kurzen Pause fuhr die Stimme fort: »Wie viele Ihrer Kinder haben Sie zum Tod durch Lungenkrebs verurteilt?« Janelle schnappte nach Luft und verschluckte sich am Rauch in ihren Lungen.

Sie schlug auf den Einschaltknopf des Autoradios, um die Stimme zum Schweigen zu bringen, dann drückte sie schnell noch einmal darauf, um sie zurückzuholen. Aber sie hatte den Sender verstellt und konnte die Stimme dieses schrecklichen Mannes nicht mehr finden. Tränen brannten in ihren Augen, als sie verzweifelt nach dem richtigen Programm suchte.

Heftig zitternd bog sie in die Einfahrt ein. In Kürze würde ihr Mann mit den Kindern nach Hause kommen. Bis dahin musste sie sich wieder im Griff haben. Aus Gewohnheit nahm sie einen tiefen Zug von der Zigarette in ihrer Hand, von der inzwischen nicht viel mehr als der Filter übrig war. Der Rauch brannte in ihrer Kehle, als sie ihn in die Lungen sog. Sie schnippte den Stummel in die Einfahrt und trat ihn mit der Spitze ihres hochhackigen Schuhs aus.

Im Haus warf sie ihre Tasche auf die Küchentheke und floh in die Abgeschiedenheit ihres Büros. Dort setzte sie sich vor den Spiegel und zündete die beiden Enden der Kerze an. Als sie ihr Spiegelbild anstarrte, wiederholte sie die Frage, die das Radio gestellt hatte. Wenn Eltern rauchten, hatte das zur Folge, dass die Hälfte ihrer Kinder später ebenfalls rauchten. Es war also wahrscheinlich, dass eines ihrer Kinder später einmal rauchen würde – oder vielleicht auch keines von beiden, oder… beide. Und das, obwohl sie so oft davor warnte. Sie schüttelte den Kopf. Allmählich erkannte Janelle die kalte, unausweichliche Wahrheit: Ihr Vorbild würde dafür sorgen, dass eines ihrer wunderschönen Kinder später einmal rauchen würde – vielleicht sogar beide.

In ihrer Vorstellung hörte Janelle den Spiegel fragen: »Welches deiner Kinder hast du zum Tode verurteilt?« Und sie fing an zu weinen, wie sie seit Jahren nicht mehr geweint hatte.

Als ihre Tränen schließlich versiegt waren, wischte sie sich die Augen, beugte sich nach vorn und löschte die Flammen. Dann packte sie den Messingring und rüttelte so lange, bis er sich drehen ließ und die Kerze, die bis auf einen kurzen Stummel heruntergebrannt war, aufrecht stand. Nie wieder, so schwor sie, würde sie ihre Kerze an beiden Enden anzünden. Ihre Kinder würden eines Tages sterben, wie wir alle, aber nicht an Lungenkrebs. Nicht, weil sie rauchten.

Als Janelle an jenem Abend das Essen für ihre Familie auf den Tisch stellte, war sie stiller als üblich. Anschließend nahm sie die beiden Kleinen beiseite, setzte sich mit ihnen zusammen und fragte: »Wenn ich verspreche, mit dem Rauchen aufzuhören, versprecht ihr mir dann, gar nicht erst anzufangen?«

Vier warme Arme umfingen sie in einem festen Versprechen. Janelle kämpfte mit den Tränen, als sie den ersten Schritt auf dem schwierigen, aber lohnenswerten Weg in ein rauchfreies Leben machte.

Janelle rauchte noch zwei Zigaretten – doch das erst sieben Jahre später. Seither hat sie nicht mehr geraucht. Der Zauberspiegel, für immer zum Schweigen gebracht, steht nun auf dem Dachboden zwischen den anderen Relikten der Vergangenheit. Die Kerze hat ausgedient. Sie wird nie wieder an beiden Enden brennen.

Was Janelle für sich selbst nicht tun wollte oder konnte, tat sie für ihre Kinder. Sie sind inzwischen erwachsen und treffen ihre eigenen Entscheidungen. Keines von ihnen raucht.

Joy Margrave

Initiationsritus

Ein Lehrer beeinflusst Ewigkeit.
Er kann nie sagen, wo sein Einfluss aufhört.
HENRY ADAMS

Als mein Sohn Chorus in der sechsten Klasse war, ließen seine Mutter und ich uns scheiden. Darunter, dass wir von nun an getrennte Wege gingen, litt niemand mehr als er. Sein ganzer Köper verriet das Ausmaß seines Leids – er bewegte sich, als läge eine unsichtbare Last auf ihm. Ich wünschte mir verzweifelt, seinen Schmerz zu lindern, wusste aber nicht, wie.

Als Chorus in die siebte Klasse kam, war er extrem sensibel und litt unter einem geringen Selbstwertgefühl. Mein Sohn kämpfte mit den Tränen, als er mir anvertraute, dass niemand ihn leiden konnte. Ich wusste, dass ich etwas für ihn tun musste – ich würde ihn nicht noch einmal im Stich lassen –, und deshalb informierte ich mich über Vision Quests (Visionssuchen) und andere Initiationsriten traditioneller Kulturen. Ich glaubte, eine solche Zeremonie könne Chorus'

Abdruck mit freundlicher Genehmigung von George Crenshaw, Masters Agency.

Selbstvertrauen bei der Entwicklung vom Knaben zum jungen Mann stützen. Ich wollte, dass er einen mächtigen Initiationsritus erlebte, der ihm zeigte, was in ihm steckte und echte Bedeutung für ihn hatte. Ich selbst war ein erfahrener Kampfsportler und lehrte die Kampfkunst Seibukan Jujutsu, weshalb eine Kampfsportausbildung für mich die nahe liegende Lösung war – sofern er das wollte.

Chorus' Interesse am Kampfsport beschränkte sich größtenteils auf die Prügelszenen in Actionfilmen. Mit einem echten Training hatte er nichts am Hut. Von seiner Seite war ein gewaltiger Bewusstseins- und Reifesprung nötig, um eine formale Ausbildung überhaupt in Betracht zu ziehen. Ich ließ ihm die Wahl, entweder ein paar grundlegende Selbstverteidigungstechniken zu lernen oder mit einem ernsthaften Training zu beginnen, das eines Tages bis zum schwarzen Gürtel führen konnte.

»Damals war ich extrem zurückhaltend und klein und ließ mich leicht einschüchtern«, erinnert sich Chorus. »Ich wollte nicht so sein. Ich wollte offen und stark sein, aber ich hatte das Gefühl, als läge ein Gewicht auf meiner Brust, das mich niederdrückte. Als ich dann anfing zu trainieren, hatte ich zum ersten Mal das Gefühl, dass ich diese Last mit etwas Hilfe von meinen Lehrern für immer loswerden konnte.«

Wenn wir die Matte betraten, war ich für ihn eher Sensei (Lehrer) als »Papa«. An manchen Tagen war Chorus frech und mürrisch zu mir und kurz davor, zusammenzubrechen und aufzugeben. Aber er hielt durch. Aus Wochen wurden Monate. Ein Jahr verging, dann zwei. Chorus überwand die Gipfel und durchschritt die Täler des Trainings – die blauen Flecken, Fehler und Stürze, die Erschöpfung und den Schmerz.

Manchmal ging es nur langsam vorwärts, aber er lernte, dass Schweiß und Unannehmlichkeiten eben dazugehören. Manchmal war er zu müde oder zu krank zum Trainieren, wollte das Training aber trotzdem nicht ausfallen lassen. Einmal bestand er darauf, trotz einer schmerzhaften Verletzung weiterzumachen. Er trainierte fleißig und ausdauernd, und im Laufe der Jahre verbesserten sich seine Fähigkeiten gewaltig. Noch schöner aber war, dass ich meinen Sohn zu einem wunderbaren jungen Mann heranreifen sah, dessen Selbstbewusstsein und körperliche Unbefangenheit wuchsen.

Als Chorus den braunen Gürtel hatte, stellten Kancho Julio Toribio, der Leiter des Dojos (der Schule), und ich einen intensiven Trainingsplan für ihn zusammen, zu dem auch diverse Ausflüge zum Hauptsitz des Seibukan Jujutsu in Monterey, Kalifornien, gehörten. Dort übte er alle Aspekte der Kunst, die für den Shodan (den ersten schwarzen Gürtel) erforderlich waren.

»Als ich damals in Monterey mit Menschen trainierte und zu tun hatte, die sehr viel älter waren als ich, fiel mir zum ersten Mal auf, dass ich mich veränderte«, erinnert sich Chorus. »Ich sprach häufiger mit anderen und fing an, eigene Entscheidungen zu treffen. Mir fiel auf, dass ich nicht mehr ganz so schüchtern war wie früher.«

Chorus' Schwarzgurtprüfung sollte an einem Wochenende im Mai kurz nach seinem vierzehnten Geburtstag stattfinden. Es war sowohl bedeutsam als auch ungewöhnlich, dass er in so jungen Jahren schon so weit gekommen war. Ich glaubte, dass er für die Prüfung bereit war, aber der Druck, der in diesem Augenblick der Wahrheit auf den Menschen lastet, kann unvorhersehbare Reaktionen hervorrufen. Ich konnte nicht mit Sicherheit wissen, ob er es schaffen würde. Wir fuhren zur Hauptniederlassung unserer Schule nach Monterey, wo Chorus den ganzen Samstag mit den fortgeschrittenen Schülern übte und sich die konstruktiven Kommentare der Lehrer anhörte – zu denen auch ich zählte.

Am Sonntagmorgen rief Kancho Toribio Chorus zu einer ganz besonderen Zusammenkunft. Chorus saß inmitten eines Kreises von Männern, die sehr viel älter und reifer waren als er. Jeder von uns erzählte Chorus zwei Ereignisse aus seinem Leben – eines, bei dem wir stolz darauf waren, wie wir in einer schwierigen Situation reagiert hatten, und ein anderes, bei dem wir unserer Meinung nach versagt hatten und Scham oder Bedauern hinsichtlich unseres Verhaltens verspürten.

Die Männer erzählten ihre Wahrheit offen und ehrlich und manchmal auch sehr emotional. Die Geschichten reichten von Heldenmut bis Feigheit im Angesicht der Gewalt, von dem Missbrauch, den sie als Kinder erlitten hatten, bis hin zu dem Schmerz, einen geliebten Menschen durch Tod oder Trennung zu verlieren. Ich glaube, es war einer der bedeutendsten Augenblicke im Leben meines Sohnes – vielleicht sogar in unser aller Leben. Es war außergewöhnlich, wie viel Verletzlichkeit diese Männer um der Entwicklung eines jungen Mannes willen zu zeigen bereit waren. Dieses heilige Ritual hatte eine starke Wirkung auf meinen Sohn. Nach der Zusammenkunft wurde Chorus angewiesen, das Dojo (die Schule) zu kehren, wie es Tradition war, und sich auf seine Prüfung vorzubereiten.

Am Sonntagnachmittag betrat er die Matte, um seine Schwarzgurtprüfung abzulegen. Als sein Vater war ich froh, dass die anderen Lehrer es meinem Sohn trotz der offensichtlichen Sympathie, die sie für ihn empfanden, nicht leicht machten. Es war eine Prüfung auf Schwarzgurtniveau und ohne Pardon, in der er die Angriffe einzelner und mehrerer Personen abwehren musste, die mit bloßen Händen und scharfen Waffen auf ihn losgingen. Die Prüfung forderte ihn sowohl körperlich als auch emotional. Ich wusste das, weil ich sie selbst ein paar Jahre zuvor abgelegt hatte.

Als mein Sohn seine Vorführung erfolgreich beendet hatte, verrieten meine Tränen den großen Stolz und die Freude, die ich für ihn empfand. Und als ihm in einer großen Zeremonie der schwarze Gürtel überreicht wurde, sagte Chorus: »Ich kann euch nicht sagen, wie dankbar ich meinem Vater und den Menschen bin, die mir geholfen haben, meinen Weg zu Ende zu gehen und den Rang eines Schwarzgurtes zu erreichen.«

Im Laufe dieser Jahre hatte sich etwas zwischen uns verändert. Die Heilung, für die ich immer betete, hatte stattgefunden. Doch es war noch mehr geschehen – zwischen uns war ein neues Band entstanden. Wir versprachen uns, niemals Geheimnisse voreinander zu haben, und bauten ein tiefes Vertrauen auf, wie es in unserer modernen Zeit zwischen Vätern und Söhnen selten ist.

Vor kurzem wurde Chorus siebzehn, und ich genoss das Privileg, ihn die Prüfung für einen weiteren Schwarzgurtgrad ablegen zu sehen, der höher ist als mein eigener. Es war für uns beide ein Tag voller Stolz und Glück. Mein Junge ist zum Mann geworden. Inzwischen habe ich mich als Kampfsportlehrer zurückgezogen. Jetzt ist mein Sohn Chorus der Oberlehrer für Seibukan Jujutsu in Marin County, Kalifornien.

Robert Bishop

Abdruck mit freundlicher Genehmigung von Bil Keane.

Vom Wollen und vom Brauchen

Wer Fußabdrücke im Sand der Zeit hinterlassen möchte,
sollte Arbeitsschuhe tragen.

LeGrand Richards

Ich war dreizehn. Wir schrieben das Jahr 1967. Das Jahr, in dem ich anfing, mit einer Hand voll Jungs aus der Klasse über mir rumzuhängen. Das Jahr, in dem ich das Rauchen und das Fluchen lernte. Das Jahr, in dem unser Baseballtrainer von uns verlangte, eine Runde um Cloverland Park zu laufen, und ein paar von uns einfach auf halber Strecke aufhörten und stattdessen gingen. Im Jahr zuvor war es mir gelungen, als Neuling in die Gruppe der Zwölf- bis Dreizehnjährigen unseres All-Star-Teams aufgenommen zu werden. Dieses Jahr, als »Veteran«, würde ich es nicht schaffen – es war mir auch gleich.

Um mich herum tobten die revolutionären sechziger Jahre, die die Menschen ermutigten, sich zu befreien, herumzuexperimentieren, die Ketten der Autorität zu sprengen und mutig ihren eigenen Weg zu gehen. Vor mir lag ein Sommer ohne jegliche Verpflichtungen, und die Vorstellung, keinerlei Verantwortung tragen zu müssen, dümpelte fröhlich in meinem jugendlichen Hirn.

Dann erfuhr ich, dass meine Mutter in weiser Voraussicht dafür gesorgt hatte, dass ich in den nächsten zehn Wochen mit ihrem Vater – meinem Großvater, einem ehemaligen Offizier der U.S. Army – den Rasen einer Fraternity mähen würde.

»Also, Bob«, sagte er an meinem ersten Arbeitstag und warf

einen Blick auf meine ramponierten Tennisschuhe, »was du brauchst, sind ein paar ordentliche Arbeitsschuhe.«

Was ich brauchte, dachte ich, war Schlaf, statt bei zweiunddreißig Grad im Schatten unter den Augen von Sergeant Supergenau einen Rasen zu mähen, der so groß war wie der Arlington-Nationalfriedhof. Die Sache mit dem Rasen war keine kleine Nebenbeschäftigung, die ich erledigen konnte, wenn ich mal ein paar Stunden Zeit hatte. Es war ein Vollzeitjob. Ich musste praktisch jeden Morgen um acht Uhr antreten, nicht zu verwechseln mit acht Uhr fünf, und eine Reihe von Arbeiten erledigen, die mein Großvater am Abend zuvor auf kleinen Karteikarten notiert hatte: mähen, Rasenkanten schneiden, gießen, Unkraut jäten, düngen, kehren, Bäume zurückschneiden, pflanzen, nachschneiden, streichen, abschleifen, Ritzen kratzen, Bäume stützen, ausschlagen und Hecken stutzen.

Dafür bekam ich einen Dollar fünfzig die Stunde.

»Stiefel? Vergiss es!«, wollte ich dem alten Mann entgegnen. Schlimm genug, dass ich den Sommer damit verbringen würde, unerwünschtes Gras aus Gehwegsritzen zu kratzen. Musste ich dabei auch noch einen solchen Klotz am Bein haben? Stiefel engten ein. Stiefel waren klobig und kosteten Zeit. Aber als dreizehnjähriger Junge an der Schwelle zur Coolness der sechziger Jahre fand ich vor allem, dass Stiefel einfach – nun ja, dämlich aussahen.

Von Anfang an war klar, dass meinen Großvater und mich mehr trennte als zwei Generationen. Uns trennten zwei Welten. Wir sahen die Dinge unterschiedlich. Wir hatten unterschiedliche Vorstellungen von diesem Job. Und wir hatten unterschiedliche Vorstellungen von korrekter Arbeitskleidung. Jeden Morgen erschien er in einer Uniform, die teils wie von der U.S. Army, teils aus dem Gartencenter war: Er trug sorgfältig gebügelte beigefarbene Hosen mit Aufschlag, ein langärmeliges, oft bis oben hin zugeknöpftes Hemd, ein Baseballkäppi der Universität Oregon (OSU) und natürlich Stiefel. Gut geölte Stiefel.

Benjamin Franklin Schumacher war achtundsechzig Jahre alt, im Ruhestand und herrschte über die Grünanlagen der altehrwürdigen Fraternity Sigma Alpha Epsilon (SAE) der Universität Oregon. Er war ihr Schatzmeister und der selbst ernannte »Hüter aller Anlagen«. Für ihn war SAE nicht nur eine Bruderschaft. Es war ein Schrein – einen Block groß und mehrere Stockwerke hoch. Vor einem knappen halben Jahrhundert war er selbst einmal aktives Mitglied gewesen. Auch nach seinem Collegeabschluss hatte er sich weiter für seine Fraternity engagiert. In der Stadt nannten sie ihn liebevoll »Schu of twenty-two« (nach dem Jahrgang zweiundzwanzig). Nach dem Zweiten Weltkrieg waren auch mein Vater und mein Onkel in der SAE gewesen.

»Also, Bob«, sagte er einmal, »richte meiner Tochter [meiner Mutter] aus, dass sie dir ein ordentliches Paar Stiefel kaufen soll. Die mit der Stahlkappe. Da kann dir nichts passieren.« Dann lachte er, und sein »Hä-Hä-Hä« hörte sich an wie das Knattern eines Rasenmähers, der nicht ausgehen wollte, obwohl man den Knopf bereits gedrückt hatte.

Ja, ja, ja.

Ich muss wohl nicht erwähnen, dass er nicht gerade hocherfreut war, als ich den Harrison-Street-Quadranten überdüngte und das Gras die Farbe von Beef Stroganoff annahm – und auch nicht, als ich von einem Wochenendausflug zurückkehrte und feststellen musste, dass ich vergessen hatte, die Rasensprenger abzudrehen, und in drei ganzen Tagen einen Bruderschaftssee angelegt hatte. Doch als aus den Tagen Wochen wurden, fiel mir etwas auf: Er war nie böse auf mich.

»Weißt du, Bob, niemand ist perfekt«, hatte er nach dem Vorfall mit den Rasensprengern gesagt. Statt mich zur Schnecke zu machen, weil mir ein Fehler unterlaufen war, nahm er einfach das Gerät, das ich falsch gehandhabt hatte, und zeigte mir, wie's richtig ging.

»Wenn du eine Arbeit machst«, sagte er, »dann erledige sie, so gut du kannst – auch wenn niemand zusieht. Wenn du etwas richten willst und feststellst, dass du nicht weiterkommst, dann improvisiere. Nutze deine Vorstellungskraft. Und wenn du Unkraut ausreißt, dann musst du es an der Wurzel packen, sonst ist ›der Kerl‹ in ein paar Wochen wieder da.«

Er redete über Unkraut immer, als seien die Pflanzen menschliche Wesen und Teil einer streng geheimen Militäroperation. Als hätten die Löwenzähne Generäle und schmiedeten komplexe Komplotte, um etwa den Abendländischen Lebensbaum (eine Thujaart) zu überfallen und einzunehmen.

Er führte, ich folgte. Ich machte meine Arbeit, er machte seine. Nur erledigte er seine Aufgaben mit einer gewissen Begeisterung, die ich nicht aufbringen konnte. Als sähe er darin einen tieferen Sinn.

Eines Tages tauschte ich die Rasensprenger im Südosten der Anlage, als ein Wagen in die Harrison Street einbog. Der Fahrer kurbelte das Fenster herunter und sagte: »Hey, sieht gut aus.«

Als er weiterfuhr, sah ich mir die Anlagen an und stellte fest, dass er Recht hatte. Sie sahen wirklich gut aus. Mir wurde klar, dass die Leute unsere Arbeit tatsächlich bemerkten. Mir wurde klar, so klar das einem Dreizehnjährigen eben werden konnte, dass ich ein Teil von etwas war. Von etwas Gutem.

Mit der Zeit wuchsen mir die SAE-Anlagen fast ebenso sehr ans Herz wie Schu.

Drei Sommer lang half ich meinem Großvater, die Anlagen zu pflegen, und ich bemerkte, dass wir die gepflegteste Bruderschaft oder Studentinnenvereinigung in Corvallis und vermutlich auf der ganzen Welt waren. Aber ich lernte dabei mehr, als nur dafür zu sorgen, dass das Gras grün, die Gehsteige gekehrt und die Bäume in Form waren. Ich lernte, dass Arbeit gut und ehrenvoll war. Ich lernte, dass die äußere Erscheinung der Dinge sehr viel über ihr Inneres aussagte. Ich lernte, dass man Dinge auf die richtige oder die falsche Art tun konnte.

Aber vor allem lernte ich, erwachsen zu werden. Mich mehr zu kümmern und weniger zu fluchen. Schu dachte, so wie die Apfelbäume, Sorte Gravensteiner, an der dreißigsten Straße gestutzt werden mussten, damit sie besser trugen, hatte auch ich einen Zuschnitt nötig. Und er hatte Recht.

Im Februar in meinem zweiten Jahr auf der Highschool saß ich in Mrs. Shaws Englischstunde, als mir eine Schulsekretärin eine Nachricht überbrachte. Alle Augen richteten sich auf mich. Mein Herz klopfte. Auf dem Zettel stand: »Dein Großvater erwartet dich im Büro.«

Als ich den Flur entlang zum Sekretariat eilte, schossen mir alle möglichen Szenen durch den Kopf: Mein Vater war tot. Meine Mutter war tot. Doch dann stand mein Großvater einfach nur da, und niemand war tot. »Bob«, sagte er, »ich habe die Erlaubnis, dich für ein paar Minuten zu entführen.«

»Wieso?«, fragte ich.

»Sagen wir mal, es handelt sich um eine kleine Geburtstags-
überraschung«, sagte er und lachte. Hä, hä, hä. Er stieg in seinen goldenen Oldtimer, der ungefähr so groß war wie der
Flugzeugträger USS Teddy Roosevelt, und fuhr mit mir eineinhalb Kilometer die Buchanan Street hinunter zu einem Laden, in dem man einfach alles bekam. Ich rutschte immer tiefer in meinen Sitz, damit mich nur ja niemand sehen konnte.

Ich hatte keine Ahnung, was er vorhatte, aber er führte, und
so folgte ich ihm in den Laden. In der Sportabteilung machten wir Halt.

Ein paar Kinder bekommen ein Auto zum sechzehnten
Geburtstag. Andere bekommen eine Stereoanlage, ein Zehn-
gangrad, Skier oder ein Skateboard. Aber mein Großvater
mochte mich zu sehr, um mir das zu schenken, was ich wollte. Stattdessen schenkte er mir, was ich brauchte.

»Also, Bob«, sagte er, »such dir ein Paar aus«, und deutete auf
ein riesiges Regal mit Arbeitsstiefeln. Die mit den Stahlkappen.

Bob Welch

Lachen und weinen

Jedes neugeborene Kind bringt die Botschaft,
dass Gott sein Vertrauen in den Menschen noch nicht verloren hat.
RABINDRANATH TAGORE

Mit feuchten Augen betrachtete ich meinen kleinen Sohn,
als sähe ich ihn zum ersten und vielleicht letzten Mal. Er
stand unter dem Einfluss von Beruhigungsmitteln, hatte zwei
Löcher in seinem Herzen und eine Lungenentzündung und

Abdruck mit freundlicher Genehmigung von Dave Carpenter.

kämpfte um sein Leben. Die Ärzte bezweifelten, dass mein zwei Monate altes Baby mit Downsyndrom überleben würde.

Ich wollte mir einprägen, wie es sich anfühlte, seine Mutter zu sein. Ich wollte auskosten, dass ich nicht sagen konnte, wo mein Körper aufhörte und der seine begann. Sanft drückte ich meine Wange an seine, und dieser Kontakt besänftigte meine Angst. Ich wollte mich an die lockige Strähne erinnern, die sich hinter seinen Ohren ringelte, und das Gefühl der Erfüllung, wenn seine mandelförmigen Augen sich auf mich richteten und in die meinen blickten. Vor allem aber wollte ich mich an jene unerklärliche Wärme erinnern, die mein Herz erfüllte, wenn ich ihn in den Armen hielt.

Ich hatte davon geträumt, dass wir eines Tages Sandburgen am Strand bauen würden; dass Eric im Park so hoch schaukeln würde, dass er glaubte, zu fliegen; dass er mit seinem Papa Fangen spielen und mit mir kuscheln würde. Ich flehte die Ärzte an, sein Leben zu retten. Ich bat die Schwestern, ihm mehr zu essen zu geben. Und ich betete zu einem Gott, den ich nicht besonders gut kannte, mir mein Kind zu lassen.

Nach einem ganz besonderen Gespräch mit meinem Mann Bob war mir klar, dass Erics Seele selbst entscheiden würde, ob sie bei uns bleiben oder diesen Körper verlassen wollte. Wir standen zu beiden Seiten des kalten Metallkinderbettes im Krankenhaus und sagten ihm, dass wir ihn nicht allein lassen, ihn lieben und unterstützen würden, wenn er sich fürs Bleiben entschied. Mein Kopf vertraute darauf, dass seine Seele die richtige Wahl träfe, aber mein Herz schmerzte vor Hoffnung, dass er sich für uns entscheiden würde.

In meiner Verzweiflung, mich später einmal daran erinnern zu können, wie es war, mein Kind in den Armen zu halten –

mich an jeden Augenblick erinnern zu können –, beschloss ich, alles niederzuschreiben, damit ich nur ja nichts vergaß, sofern mir nur noch diese beiden wertvollen Monate vergönnt sein sollten. Sobald ich diesen Entschluss gefasst hatte, überschwemmten Worte meine Gedanken. Während ich mich unterhielt, formulierte ich im Geiste ganze Kapitel. Beim Einschlafen tauchten Sätze in meinem Kopf auf, und wenn ich aufwachte, Auto fuhr oder an Erics Bett saß, waren es ganze Seiten.

Als Eric die zweite Woche an den lebenserhaltenden Apparaten hing, betrat ich flotten Schritts das Krankenhaus und ging am Empfang vorbei zu der Reihe von Aufzügen. Die ganze Zeit über fasste ich Gedanken in Worte und vermischte sie mit Hoffnungen und Gebeten. Ich stand vor den geschlossenen Aufzugtüren und starrte auf die Ziffern, die viel zu langsam aufleuchteten: 5… 4… 3… 2…, bis die leise Glocke ertönte, die Türen sich öffneten und lächelnde Großeltern, Schwestern und Pfleger der Kinderstation heraustraten. Sie gingen dicht an mir vorbei, und doch trennten uns Welten. Ich betrat den Aufzug, lehnte mich gegen die kühle Wand; und als der Aufzug nach oben fuhr, suchte ich erneut Zuflucht in meinen Worten. Dann ging ich langsam den langen Flur zur Kinderstation entlang.

Bevor Bob kam, flüsterte ich unserem Baby von meinen Buchplänen ins Ohr. Es sollte unser Geheimnis bleiben. Dann fiel mir wieder ein, dass ich ja keine Geheimnisse haben wollte, weil es so wichtig war, sich zu öffnen. Also erzählte ich meinem Mann und ein paar guten Freunden davon, als wir uns um Eric versammelt hatten. An jenem Abend fing ich am Küchentisch an zu schreiben. Von Zeit zu Zeit drehte ich

mich um, weil ich einen Blick auf die leere Wiege im Wohnzimmer werfen wollte, die mich daran erinnerte, dass mein
Baby noch immer im Krankenhaus lag. Es fühlte sich an, als
habe man einen Teil von mir herausgerissen.

Eric ging aus den sechs Wochen an den lebenserhaltenden
Maschinen als Sieger hervor, hatte aber in den nächsten beiden Jahren mit zahlreichen Lungenentzündungen, von Viren
ausgelösten Atemwegserkrankungen und Verdauungsproble-
men zu kämpfen. Er hing an einem Sauerstoffgerät. Wenn wir
dem fünfzehn Meter langen Schlauch folgten, der sich vom
Sauerstoffgerät am Ende des Flurs um den Küchentisch und
ins Wohnzimmer wand und schließlich in Erics Gesicht endete, wo die gereinigte Luft über die Enden in seine Nasen-
gänge strömte, wussten wir immer, wo unser kleiner Kerl gerade herumkrabbelte.

Als er siebzehn Monate alt war, erklärten uns die Ärzte,
es werde allmählich Zeit für Erics Herzoperation. Sie sagten:
»Er ist so gesund, wie er unter diesen Umständen nur sein
kann. Wenn Sie noch länger warten, ist es zu spät.« Aber sie
konnten nicht garantieren, dass sein schwaches Herz und seine
schwachen Lungen die strapaziöse Operation überstehen würden.

Achtundvierzig Stunden später stand ich neben seinem
Bettchen und schaute an Schläuchen und Kabeln vorbei in
sein Engelsgesicht. Ich sah auf ihn hinunter, als er die Augen
öffnete und den Blick auf mich richtete. Ich stieß einen Seuf-
zer der Erleichterung aus. Ich wusste, dass Eric bei uns bleiben würde.

Die ganze Zeit über hatte uns das Schreiben geholfen,
die stets wiederkehrenden Krisen und Phasen an den lebens-

erhaltenden Apparaten zu überstehen, in denen Eric immer wieder an der Schwelle des Todes stand. Ich zeichnete jede Erfahrung, jeden Notfall und jeden Durchbruch, jeden schmerzlichen Augenblick und jedes Wunder auf, während die Liebe uns tiefer in uns selbst hineinführte, unseren Widerstand auflöste und uns lehrte, zu glauben.

Unser Sohn brauchte Kardiologen, Kinderkrankenschwestern, Therapeuten und Spezialisten, um sein Herz zu heilen. Wir brauchten Eric, damit er unsere Herzen heilte. Unser Leben öffnete sich in einem Maße, wie wir es nie für möglich gehalten hätten.

Irgendwann im Laufe der letzten Jahre saß ich an dem großen Tisch im Eckzimmer des Unity Centers (eine Art Pfarrheim), in dem wir unsere »Up-with-Downs«-Treffen abhielten. Mir gegenüber saß ein frisch gebackenes Elternpaar. Die Mutter drückte ihr einen Monat altes blondes Baby mit Downsyndrom schützend an ihre Brust, während ihr Mann in seinem Schoß die Hände rang. »Unsere Eltern wissen es noch nicht«, sagte sie. Während sie sprach, beobachtete ich das Gesicht des jungen Vaters. Er hörte nicht auf zu weinen.

In diesem Augenblick wurde mir klar, dass ich mein Buch vor niemandem geheim halten durfte, denn wir hatten großes Leid und eine wundersame Heilung erfahren. Es kommt von Herzen – von Erics und meinem Herzen. Heute, vier Jahre später, schlägt sein tapferes kleines Herz kräftiger mit jedem Tag, der uns geschenkt ist.

Heute ist unser Sohn auf dem Spielplatz nicht zu bremsen. Er klettert entweder auf dem Klettergerüst herum oder spielt Basketball, Football oder Baseball. Wir haben schon viele Sandburgen miteinander gebaut, neue Parks und Spielplätze entdeckt und wechseln uns beim Lesen und Wiederlesen seiner Bücher ab. Ja, er kann inzwischen sogar lesen! Im Schwimmbad tun wir so, als seien wir Seekühe, und im Zirkus haben wir schon einmal zu viel Popcorn gegessen. Wir haben einen ganz besonderen Jungen, der ein Leben voller Freude lebt.

Einmal im Jahr lassen wir Erics Herz untersuchen, aber sein Lachen vertreibt meine Ängste. Wenn ich in seine strahlenden Augen sehe und die Wärme seiner festen Umarmung spüre, weiß ich, dass mit seinem liebevollen Herzen alles in Ordnung ist. Genau wie mit meinem.

Kimberly Thompson

Tagebuch eines Yoga-Seminars

Die Gegenwart ist eine mächtige Göttin.
JOHANN WOLFGANG VON GOETHE

Samstag – Ankunft: Ich frage mich, wie primitiv wir wohl untergebracht sein werden. Das Hotel in Maya Tulum, Mexiko, in dem ich während eines Yoga-Seminars meinen vierzigsten Geburtstag feiern werde, liegt fernab von jeglicher Zivilisation – ohne Supermärkte, Telefone, Fernseher, Radios, E-Mails oder Faxgeräte.

Mit Ausnahme unseres Yoga-Lehrers Suddha Weixler sind wir eine reine Frauengruppe. Ich frage mich: »Werden wir unseren Oberschenkelumfang und unsere Beweglichkeit vergleichen?« Als wir am Flughafen Cancun ankommen, klagt eine der Frauen über Durst, hat aber Bedenken, das Wasser zu trinken. Eine andere hat es sich auf der Damentoilette bequem gemacht. Die nächste wartet an der Gepäckausgabe auf den, wie es scheint, fünften Koffer. Und wieder eine andere sagt: »Na, hoffentlich haben die im Hotel das Abendessen fertig, wenn wir kommen.« Gruppenreisen gehen mir auf die Nerven. Ich frage mich: »Bin ich nur von maßlos verwöhnten Frauen umgeben, die mehr Geld und Freizeit als Anstand haben? Bin ich eine von ihnen?« Ich atme hörbar aus und schließe die Augen.

Meine Freundin Gretchen, die auf dieser Reise das Zimmer mit mir teilen wird, hat versprochen: »Yoga bringt dich wirklich auf eine andere Ebene.« Ich hoffe es sehr.

Sonntag – neue Wirklichkeiten: Unser Zimmer ist eine kleine, runde Hütte, ein Palapa mit einem konischen, mit Palmblättern gedeckten Dach. Sie ist sechs Meter hoch und wirkt geräumig und offen.

Wände aus von Hand gehauenen Kalksteinen mit roten Korallenstückchen und Fossilienabdrücken tragen das Dach. Getrocknete Palmen verleihen dem Raum ein zartes, würziges Aroma. Die vier großen Fenster ohne Fliegengitter werden von Stöcken aufgehalten, und über die beiden Betten breiten sich Moskitonetze.

Nach dem Abendessen erfahren wir, dass wir einen Termin mit einem Medizinmann vereinbaren können. Wie man uns sagt, wird er für jeden seiner Patienten beten und auf dessen Nabel drücken. Wir sollten deshalb zwei bis drei Stunden vor der Behandlung nichts essen. Ich bin skeptisch und habe Fragen: Was heilt er überhaupt? Woher weiß er, was er heilen soll, wenn wir uns nicht einmal verständigen können? Man sagt mir, er stünde mit einer anderen Wirklichkeit in Kontakt und spüre, was ein Patient braucht. Sonnenklar.

Montag – innere und äußere Welten erwachen: Geckos hängen an der Decke unserer Hütte und regen sich beim ersten Sonnenstrahl. Der »Geckowecker« sorgt dafür, dass ich rechtzeitig wach werde, um den Sonnenaufgang zu beobachten. Die Yoga-Stunde beginnt um sieben Uhr. Ich kippe meinen Kaffee hinunter, bevor ich losflitze. Wir arbeiten hart, stimmen Atmung und Bewegung aufeinander ab. Lehrer Suddha verlangt Präzision und Gleichklang der Bewegungen, und eineinhalb Stunden später kribbelt mein ganzer Körper. Als ich durch den weichen, kitzeligen Sand zu meiner Hütte zurücklaufe, steigt eine kindliche Freude in mir auf, und ich kichere laut.

Dienstag – wir sehen genauer hin: Die gelben Blätter leuchten im Sonnenlicht, als Suddha erklärt, beim Yoga gehe es nicht darum, eine Stellung zu perfektionieren, sondern um Bewusstheit. Heute bin ich verwirrt und fühle mich dumm. Ich habe keine Ahnung von Yoga oder Meditation, aber ich spüre eine neue Demut in mir – Anfängergeist. Unser Lehrer erinnert uns: »Respektiert euren Körper und hört auf ihn.« Sein Rat stimmt mich traurig, weil mir klar wird, wie schlecht ich meinen Körper behandle. Nicht, weil ich gelegentlich trinke, rauche oder Fastfood esse, sondern weil ich ihn so wenig mag. Das gilt ganz besonders für meine Hüften und Oberschenkel. Ich fühle mich schuldig.

Ich sehne mich danach, endlich Frieden mit dem Körper zu schließen, den ich in so vieler Hinsicht zu streng beurteile, und erinnere mich an das Sprichwort: »Tränen sind für die Seele wie Seife für den Körper.« Ich weine reinigende Tränen.

Mittwoch – Tag der Stille: Wir haben beschlossen, heute zu schweigen. Suddha hat uns die Aufgabe gestellt: »Achtet heute nur auf Erbauliches.« An diesem Tag der stillen Meditation fällt mir zum ersten Mal auf, dass mein Geist ständig vor sich hin plappert, und ich achte stattdessen auf den Wind und darauf, wie er mit Blättern, leichter Kleidung und Haaren spielt und sie zum Leben erweckt.

Ich wandere rund viereinhalb Kilometer zu einer anderen Bucht. Die Sonne brennt auf meine Waden, und ich jammere im Stillen: »Ich wünschte, ich hätte ein Taxi genommen. Es ist zu heiß, es ist zu weit.« Etwas rührt sich im Gebüsch. Ein großer Vogel fliegt auf, während ein gelb-weißer Schmetterling über die Straße flattert. Meine Wasserflasche schwappt beim Gehen – der primitive Rhythmus des Wanderns. Ich bin überrascht; plötzlich wird mir klar, dass ich alles habe, was ich brauche.

Ich klettere über die Klippen zum Strand hinunter, lasse mir Zeit, versichere mich, dass meine Hände und Füße festen Halt haben. Das ist neu – dass ich mir Zeit lasse, auf meinen Körper höre, seinem langsamen, ruhigen Rhythmus vertraue, seine Gemächlichkeit annehme. Mir wird klar, dass das mein Rhythmus ist. Endlich überlasse ich meinem inneren Rhythmus die Führung.

Donnerstag – noch mehr im Augenblick: Ich verwöhne meinen Körper, biete seine obere Hälfte der Sonne dar, bis sich auch der Rest nach ihrer Wärme sehnt – man fühlt sich so frei, so offen, so ungehemmt, wenn man nackt im Meer schwimmt. Das ist wahrer Genuss: Das weiche, warme, salzige Wasser, dessen Wellen vor- und zurückschwappen, steigen und fallen und mich mit ihrem wohlig-trägen Rhythmus liebkosen. Die nächste Yoga-Stunde beginnt mit einem Sprechgesang, dann machen wir zügig unsere Übungen. Ich halte Schritt, tue mein Bestes, denke daran, zu atmen, meine Aufmerksamkeit zu bündeln und so mein Gleichgewicht zu verbessern.

Nach der Stunde bin ich ein bisschen müde und hungrig und falle in den Rhythmus, den Fluss und die Bewusstheit meines Körpers ein – ich dehne mich, atme Leben ein, atme alles Unnötige aus, spüre meine Kraft, akzeptiere meine Grenzen, wetteifere weder mit den anderen noch mit mir selbst. Das ist wahre Macht, wahre Schönheit, wahrer Frieden.

Freitag – nichts ist, wie es scheint: Heute feiere ich meinen vierzigsten Geburtstag. Ein neues Jahrzehnt beginnt. Die Sonne lugt als rosa Splitter hinter einer blaugrauen Wolke hervor und bringt einen neuen Tag. Ein Pelikan taucht ins Wasser und sofort wieder auf.

Endlich habe ich meinen Termin beim Heiler. Wie eine kleine Puppe hebt er mich mit seinen großen, schwieligen Händen hoch. Er umarmt mich mehrfach, hält meine Hände und umfasst mein Gesicht und singt »Sanctus, sanctus« (»Heilig, heilig«) über meinem Kreuzbein und meinen Eierstöcken. Ich möchte weinen, als er voller Mitgefühl über meinen Körper bläst und einatmet, als wolle er alle Negativität in sich aufnehmen. Er drückt auch auf meinen Nabel und massiert die inneren Organe – das ist etwas unangenehm, aber nicht allzu sehr. Zum Schluss nimmt er einen Gegenstand zur Hand und legt ihn vorsichtig auf meinen Bauch. Er fühlt sich kühl an. »Etwas Heilendes«, denke ich. »Ein Bananenblatt? Ein kleiner, besonderer Stein?« Er verlässt das Zimmer, und ich höre ihn vor der Tür laut ausatmen. Ich liege ruhig und glücklich da, den Gegenstand auf meinem Bauch, und versuche, seine heilende Kraft in mich aufzunehmen. Schließlich werfe ich einen Blick darauf. Es ist meine Uhr.

Samstag – Abfahrt: Gestern Abend gab es einen Geburtstagskuchen mit Kerzen und einem Lied. Ich habe diese Frauen, ihre Liebenswürdigkeit, ihren großzügigen Geist, lieb gewonnen. Auch meinen Geist, meinen Körper liebe ich auf neue Weise.

Ein paar von uns weinen beim Abschied. Wir verbringen den letzten Nachmittag am Strand, konzentrieren uns ganz auf unsere Freude, auf die unmittelbare Gegenwart.

Sonntag – zu Hause; den inneren Frieden wahren: Ich sortiere die Post und bin überrascht von der Menge »Zeug«, mit der ich jeden Tag bombardiert werde, und den Medien, die um unsere Aufmerksamkeit buhlen. Ich bin nicht mehr versucht, die Umschläge zu öffnen, die mit Aufdrucken wie »Gratisangebot« oder »Eilt! – Angebot verfällt in Kürze!« locken. Ich rufe mir Suddhas Worte ins Gedächtnis: »Keine Zukunft, keine Vergangenheit, nur jetzt.« Liebevoll streichle ich meinen Hund und beobachte, wie sich das Morgenlicht verändert.

JoAnn Milivojevic

Eine gewichtige Frage

Man muss den Leuten nur einen Schlüssel geben,
und dann können sie mühelos ihre eigenen Schlösser öffnen.

ROBERT R. MCCAMMON

Seit der Grundschule, als ich das dickste Mädchen in der
Klasse war und ziemlich viel über mich gekichert wurde, ist
das Verhältnis zu meinem Körper angespannt. Die Kinder belegten mich mit allen möglichen Schimpfnamen – Fettkloß,
Schwabbelbauch, Specki und Schlimmeres. Ich tat so, als lachte ich mit ihnen, doch anschließend lief ich nach Hause und
schluckte meine Wut mit Essen hinunter.

Erst mit achtzehn, als ich mich in einen großen, sanftmüti-
gen, freundlichen Jungen aus Massachusetts verliebte, verlor
ich an Gewicht. Als ich heiratete, wog ich schlanke siebenundvierzig Kilo. Für jemanden, der so gern aß wie ich, war das
eine ziemliche Leistung. Es war die Zeit von Twiggy & Co.,
und die ganze Welt war besessen davon, zaundürr zu sein. Die
Modeindustrie zeigte sich natürlichen Rundungen und dral-
len Formen gegenüber chronisch unversöhnlich.

Aber die »dünnen Zeiten« währten nicht lange. Innerhalb
von zwei Jahren nahm ich knapp fünf Kilo zu, und bei der
Geburt unseres ersten Kindes drei Jahre später legte ich noch
einmal achtzehn Kilo drauf. Die alte Angst aus der Schulzeit
kehrte zurück, und ich beschloss, meinen ganz eigenen heiligen Krieg gegen die Pfunde zu führen. Ich fing an zu laufen. Anfangs machte ich einen flotten Spaziergang um den
Block, dann verdoppelte ich meine Bemühungen, bis ich lo-

cker – und ohne anzuhalten – drei Kilometer laufen konnte. Ende des Jahres war ich vierzehn Kilo leichter und hatte eine lebenslange Leidenschaft fürs Laufen entwickelt. Ich fühlte mich beweglich und schön wie ein junges Fohlen. Ich konnte essen, was ich wollte, und hatte mein Gewicht im Griff. Solange ich fünfmal die Woche meine Runden drehte, bewegte sich mein Gewicht in einem akzeptablen Rahmen.

Trotzdem machte ich mir über jeden Bissen Gedanken. Mein Mann, der so viel lockerer mit dem Thema Körpergewicht umging, sagte: »Ich wünschte, du könntest dich einfach daran erfreuen, du selbst zu sein. Du schleppst so viele Schuldgefühle wegen deines Aussehens mit dir herum, dass du das Leben gar nicht genießen kannst!«

»Aber ich fühle mich so fett!«, gab ich zurück.

»Ich mach dir einen Vorschlag. Wirf die Waage aus dem Fenster.«

Ich folgte seinem Rat – und entdeckte wie durch ein Wunder, dass mein Körper eigene Möglichkeiten besaß, sein Gleichgewicht zu finden. Ich fragte nicht mehr: »Wie viel wiege ich?«, sondern: »Wie fühle ich mich?« Ein paar Jahre lang aß ich, wenn ich Hunger hatte, und lief nicht, weil ich musste, sondern weil ich das Hochgefühl liebte, das mir das Laufen bescherte. Ich tat das eine nicht, um das andere damit auszugleichen, sondern tat beides, weil es gut für meine Seele war. Und obwohl ich nicht genau wusste, wie viel ich wog, war ich zufrieden, weil meine Kleider locker saßen.

Dann, mit fünfzig, wurde alles anders. Mein Mann starb nach einem elfmonatigen Kampf gegen den Krebs. Als er krank war, wurde das Essen aus einem ganz anderen Grund zum Thema, da sein Körper die Nahrungsaufnahme verweigerte. Seine

Kehle war von der Strahlenbehandlung ausgedörrt, und das Schlucken bereitete ihm Schmerzen. Tag für Tag musste ich mit ansehen, wie er zu einem Schatten seiner selbst zusammenschrumpfte.

Nach seinem Tod war ich schrecklich einsam. In der Stille unseres leeren Hauses aß, weinte und aß ich wieder. Ich merkte, wie mein Körper füllig und dick wurde. Obwohl ich jeden Tag zum Laufen ging, hingen Fleischlappen unter meinen Armen, und mein Bauch schwabbelte wie Wackelpudding. Ein Jahr später war ich von meinem Gewicht so besessen wie eh und je.

Ich kaufte eine neue Waage, wurde Mitglied im örtlichen Fitnessstudio, verordnete mir eine eiweißreiche Diät und unterdrückte meine natürliche Freude am Essen. Ich aß nur, was erlaubt war, Eiweiß, Käse, Zwiebeln, Tofu, Körner, Nüsse und Bohnen, und trank Designer-Molkedrinks. Ich lief sechsmal die Woche und ging dreimal die Woche zum Krafttraining. Nachdem ich mich vier Wochen streng an dieses Programm gehalten hatte, stieg ich auf die Waage. Mein Schrei war wohl noch zehn Kilometer weiter zu hören: Ich hatte knapp eineinhalb Kilo zugenommen. Wie war das möglich?

Eine ältere Freundin hatte einmal gesagt: »Wart nur ab, eines Tages wird dich dein Körper im Stich lassen. Er wird aufquellen, anschwellen und blubbern. Er wird aufgehen wie ein Hefeklops und all die schlimmen Sachen machen, die ihr Sportfreaks so gern unter Kontrolle halten wollt.« Ihre Augen leuchteten vor Boshaftigkeit.

Ich hätte ihr wohl geglaubt und den Rest meines Lebens mit Jammern verbracht, hätte ich nicht einen lebhaften Traum gehabt, der mir wie eine Botschaft meines Körpers vorkam:

Ich saß gemeinsam mit anderen Leuten in einem dunklen, stickigen Zug. Wir hatten irgendeine Mission zu erfüllen. Sie hatten mich in lange Laken gehüllt und in den Gang gelegt. Als der Zug stehen blieb, fielen die Laken ab, und ich folgte der Menge zur Tür hinaus und die gewundenen Treppen in eine Art unterirdische Höhle hinab. Der Weg war lang und beschwerlich, aber schließlich hatten wir die letzte Treppe hinter uns und traten in die Tiefe der Höhle hinaus. Dort, in der Mitte der Höhle, lag mein Mann in einem Krankenbett. Er war nur Haut und Knochen, seine Wangen waren eingefallen, die Augen lagen tief in den Höhlen. Ich ging zu ihm, legte meine Hand auf meine Hüften und beschwerte mich: »Ich halte das nicht aus! Da mache ich mir die Mühe, hier runterzusteigen, und bin nicht ein Pfund leichter.«

Dann wachte ich auf, und mit einem Schlag wurde mir klar: Dieser Traum führte mir die absurde Ironie meiner Lage vor Augen. Mein Mann konnte kaum essen, und mein ganzes Denken kreiste ums Abnehmen.

Am nächsten Morgen warf ich die Waage hinaus.

Das Leben, entschied ich, war zu kurz für Waagen und Maßtabellen. Ich würde laufen, und ich würde essen. Und ich würde an beidem meine Freude haben. Ich würde weder meinen Körper noch meine Seele verhungern lassen. Ich würde meinen Körper lieben, egal, wie er aussah. Mein Körper war hier, um einem höheren Zweck zu dienen, dem meiner Seele – und der bestand ganz gewiss nicht darin, mit Gewalt irgendeiner Norm angepasst zu werden.

Mary Desaulniers

Abdruck mit freundlicher Genehmigung von George Crenshaw, Masters Agency.

Omas letztes Rad

Selbstachtung ist das Ergebnis von Disziplin.
Das Bewusstsein für die eigene Würde wächst mit der Fähigkeit,
sich beherrschen zu können.

ABRAHAM J. HESCHEL

Heutzutage ist es kompliziert, eine Familie zu sein, doch das war nicht immer so. Als ich in den fünfziger Jahren in einer Kleinstadt aufwuchs, waren das Leben und die Familie einfach. Ich lebte wie all meine Freunde mit beiden Elternteilen in einem Haus, und jeden Tag, wenn ich von der Schule nach Hause kam, war meine Mutter da, und im Haus roch es köstlich nach Selbstgekochtem. Mein Vater musste lange arbeiten, und wenn er heimkam, war er müde, aber nicht zu müde, um sich meine Kunststücke anzusehen, wenn ich Purzelbäume schlug, Handstände machte und meine absolute Lieblingsübung vorführte – das Rad.

Abends setzte er sich auf die Veranda, um (wie ich inzwischen weiß) ein paar Minuten allein zu sein. Trotzdem feuerte er mich an, wenn ich meine unglaubliche Ein-Frau-Zirkusnummer auf dem weichen, grünen Rasen im Vorgarten vorführte. Für einen Purzelbaum bekam ich ein Nicken. Beim Handstand half er mir, die Sekunden zu zählen, die ich verkehrt herum, mit nach oben gestreckten Beinen auf meinen kleinen, dünnen Ärmchen balancieren konnte. Applaus aber entlockte ihm mein Rad – mein unglaubliches Rad mit durchgedrücktem Rücken, kerzengeraden Beinen und zum Himmel gereckten Zehen.

Meine Großmutter war eine alte grauhaarige Dame, die eine halbe Weltreise entfernt in einem anderen Staat namens Minnesota lebte. Für Lärm oder laute Kinder hatte sie nichts übrig. Wenn sie mit dem Zug zu Besuch kam, erinnerte sie mich daran: »Kinder sollte man sehen, nicht hören.« Meine Großmutter hatte mich nie ein Rad schlagen sehen.

Ja, damals war das Leben einfach. Jeder kannte die Regeln, und jeder kannte seinen Platz in dieser Choreographie, die wir »Familie« nannten. Aber das Leben ändert sich, nimmt Drehungen und Wendungen. Ich wurde erwachsen und gründete selbst eine Familie. In der Mitte meines Lebens musste ich dann feststellen, dass ich nicht nur für die Kinder meiner eigenen Kinder, sondern auch für den Nachwuchs der Kinder meines neuen Mannes die Großmutter war. Familie war nicht mehr einfach.

Sogar die Frage »Was sollen sie zu mir sagen?« war schwierig, weil sie bereits über die ideale Anzahl von zwei Großmüttern verfügten. Also bezeichnete ich mich selbst als »Granny Nanny« und hoffte, der Name würde sich durchsetzen. Was zum Glück der Fall war.

Ich wollte keine von den Großmüttern sein, die am anderen Ende der Welt lebten und keinen Lärm vertrugen, wenn sie zu Besuch kamen. Ich wollte keine von den Großmüttern sein, vor deren Besuchen den Enkeln graute oder die sie fürchteten. Ich wollte eine Großmutter sein, die zuhörte und lachte und liebte und mit ihren Enkeln spielte. Kurz gesagt, ich wollte eine »coole« Großmutter sein.

Als wir einmal bei unseren Enkelinnen Alison und Melissa zu Besuch waren, gingen wir in einen wunderschönen Park. Es war der gleiche Park, in den ich oft mit meinen Töchtern gegangen war, als sie noch klein waren. Ich war an vielen Wochenenden dort mit ihnen herumgetollt. So, wie ich als Kind meinem Vater meine Kunststücke gezeigt hatte, liefen, hüpften und sprangen meine Kinder voller Freude umher, schlugen Purzelbäume und riefen: »Schau mal, Mama! Schau!« Dann machte ich mit und überraschte sie mit meinem perfekten Rad – mit durchgedrücktem Rücken, kerzengeraden Beinen und zum Himmel gereckten Zehenspitzen.

An diesem sonnigen Sommertag strotzten Alison und Melissa nur so vor Jugend und Glück. Sie fingen an zu laufen, zu hüpfen und uns mit ihren turnerischen Kunststücken zu verblüffen. Für diese beiden Turnerinnen waren Purzelbäume und Räder nicht gut genug: Sie drehten und wirbelten umher, machten Salti rückwärts, Radüberschläge und schlugen erstaunliche Mehrfachräder. Ich applaudierte ehrfürchtig.

Als sie eine Pause einlegten und zu mir gelaufen kamen, konnte ich nicht widerstehen. Ich wusste es besser – oder hätte es besser wissen müssen –, aber ihre Begeisterung hatte mich angesteckt. »Ich kann ein richtig gutes Rad«, verkündete ich. Die Mädchen grinsten einander an, als wollten sie sagen: »Granny? Ein Rad?« – »Glaub ich nicht«, sagte Melissa und kicherte.

Natürlich nahm ich die Herausforderung an. Die Sonne strahlte hell, flauschige Kumuluswolken zogen am Himmel vorüber, und es wehte nur ein leichtes Lüftchen. In der Ferne zwitscherten die Vögel einander zu. Ich atmete tief ein, in meinem Kopf erklang ein Trommelwirbel, und ich nahm hüpfend Anlauf zu meinem Rad. Ich hob die Arme über den Kopf und stürzte mich kopfüber nach unten, den Rücken durchgedrückt, die Beine kerzengerade, die Zehen zum Himmel gereckt. Ich flog! Es war immer wieder erstaunlich!

Schmerz! Die Fliehkraft der Drehung war zu viel für meine mittelalterlichen Gelenke. Mit einem lauten Knacken löste sich mein linkes Bein, das Schwungbein, aus der Gelenkpfanne. Doch als ich mein Rad beendete, die Arme hoch über dem Kopf – so, wie jede Vorführung endete –, sprang es mit einem dumpfen Schlag ins Gelenk zurück. *Schmerz, o was für ein Schmerz!* Ich wollte die Kinder nicht erschrecken und zwang mich, nicht zu weinen.

»Ui! Granny, du kannst ja *wirklich* ein Rad!«, rief Alison, und Melissa erstrahlte in neuer Achtung für ihre Großmutter.

Ich erinnere mich vage daran, dass ich etwas murmelte wie »Man muss sich vor jedem Training aufwärmen«, was ich dieses Mal vergessen hätte.

Am nächsten Morgen musste mir mein Mann aus dem Bett helfen. Alle meine Gelenke schmerzten wie verrückt. Aufgewärmt oder nicht, der Tag hatte mich eines gelehrt: dass dies Grannys letzter Radschlag gewesen war.

Ja, heutzutage ist eine Familie eine komplizierte Sache, aber ich kann immer noch alle meine Enkel besuchen – die blutsverwandten und die angeheirateten –, und sie sagen »Granny Nanny« zu mir. Wir können einander zuhören und lachen und lieben und zusammen spielen – sei es, weil wir gemeinsames Erbgut oder eine gemeinsame Geschichte haben. Und das macht eine Familie aus.

Eines Tages im Park strahlte die Sonne, flauschige Kumuluswolken zogen am Himmel vorüber, und ich hörte, wie die Vögel einander zuzwitscherten. Es wehte ein leichtes Lüftchen – gerade so viel, dass ich für einen kurzen Augenblick fliegen konnte, mit durchgestrecktem Rücken, kerzengeraden Beinen und zum Himmel gereckten Zehen. Als Granny zur Erbauung

ihrer Enkelinnen ihr letztes Rad schlug. Und ihnen ohne den
Rest eines Zweifels klar wurde, dass ihre Oma cool war.

Nancy Harless

Der Preis ist immer gleich

Der Preis ist immer gleich:
Du bezahlst dieses Abenteuer mit deinem Leben.
Du kannst eine Leinwand bemalen,
Drei mal drei Zentimeter groß.
Du kannst eine Leinwand bemalen,
Drei mal drei Kilometer groß –
Oder in jeder beliebigen Größe dazwischen.
Der Preis ist immer gleich:
Ein Leben, fällig und zu zahlen;
Eine Rechnung, fällig – ohne Abzug – am Schluss.
Und wenn du stirbst, weißt du,
wie du deinen Rahmen gewählt hast:
Ängstlich oder kühn,
Eng oder weit.
Hör auf mich!
Der Preis ist immer gleich.
Ob du mit allen Karussells fährst
Oder mit keinem.
Der Preis ist ein Leben:
Ob für Zuschauer oder Akteure,
Ob in der Arena oder außerhalb.
Ein Leben.
Die einzige Unbekannte ist die Zeit,

Und sie spielt keine Rolle.

Der Eintritt –

Ob für eine Minute oder eine Ewigkeit –

Kostet ein Leben.

Wenn wir unsere Zeit horten, gewinnen wir keine Sekunde.

Wenn wir sie verschenken, kostet es uns keinen Atemzug.

Das Leben definiert sich selbst,

Schafft seine Form;

Tapferes, leidenschaftliches Leben,

Im Körper,

Mit offenem Herzen,

Offenen Armen,

Offenen Augen.

Der Akt des Seins bestimmt Form und Größe der Leinwand.

Carpe diem?

Nicht annähernd genug.

Pack das Leben beim Schopf!

Quetsche den Wert der Zahlung aus ihm heraus.

Weite dich.

Entfalte dich.

Dehne dich aus.

Male mit kräftigen Pinselstrichen

Und leuchtenden Farben.

Mann oder Maus,

Eine Linie oder eine sechsspurige Autobahn,

Grau oder in den Farben des Regenbogens,

Einen Punkt oder ein Universum.

Tanze auf einem Stecknadelkopf oder mit den Sternen.

Der Preis ist immer gleich:

Ein Leben.

Roberta R. Deen

5

Mut und Beharrlichkeit

Das Leben schwindet oder weitet sich im
Verhältnis zum eigenen Mut.

ANAÏS NIN

Doktortitel statt Gefängniskittel

Sagen Sie den Leuten nie, wie sie etwas tun sollen.
Lassen Sie sich von ihrem Einfallsreichtum überraschen.
GENERAL GEORGE S. PATTON JR.

Die Chancen standen nicht gut für meine Schwester Grace Halloran – auf so gut wie keinem Gebiet.

Wegen kleinerer Vergehen hatte sie ihre Pubertät größtenteils in Jugendanstalten verbracht, doch mit achtzehn landete sie den ganz großen Coup: Sie stahl einen Wagen und überquerte damit die Grenze zwischen zwei Bundesstaaten. Sie wurde verhaftet und in ein Bundesgefängnis gesteckt, weil sie wieder einmal das Gesetz gebrochen hatte und es dieses Mal kein Bagatelldelikt mehr war. Nach drei Jahren hinter schwedischen Gardinen wurde sie aus der Haft entlassen. Die Gefängniswärter machten sich nicht die Mühe, sich von ihr zu verabschieden. Sie waren sich sicher, dass sie bald zurück wäre.

Wenige Jahre später hörte Grace ein Urteil, das sehr viel verheerender war als das letzte: Sie würde erblinden. Ohne viel Federlesens wurde ihr gesagt, dass sie unter zwei unheilbaren, fortschreitenden Krankheiten litt: Retinitis pigmentosa, was von einer Makuladegeneration noch zusätzlich verschlimmert wurde. Ungerührt fügte der Arzt hinzu: »Ich hoffe, Sie werden an diesem Schicksal reifen. Eine Heilung ist nicht möglich. Es gibt nichts, was man für Sie tun könnte. Vor dem

Gesetz sind Sie bereits blind, und in Kürze werden Sie es auch tatsächlich sein.«

Aber Grace war auch in anderen Umständen und freute sich auf ihr Baby – doch nun hatte sie schreckliche Angst, dass sie das Gesicht ihres Kindes niemals sehen würde. Wie konnte sie ein Kind großziehen? Sie glaubte, die Liebe, Entschlossenheit und Geduld zu besitzen, die nötig waren, um eine gute Mutter zu sein – obwohl das Wort »gut« davor nicht zu ihrem Wortschatz gehört hatte. Als ihr Sohn Ruchell das Licht der Welt erblickte, kam sie trotz ihrer schwindenden Sehkraft gut zurecht, und ihr Sohn blühte auf.

Noch immer lief Grace wegen ihrer Augenprobleme von einem Spezialisten zum anderen. Doch dort hörte sie nur noch entsetzlichere Neuigkeiten: Einer der Ärzte erklärte ihr, ihr Sohn würde noch vor der Pubertät ebenfalls erblinden. Sie schwor sich, irgendetwas ausfindig zu machen, irgendeine Möglichkeit zu finden, um zu verhindern, dass ihr Sohn das gleiche Schicksal erlitt wie sie. Sie wusste, wie ironisch es war, dass sie sich weigerte, diese Prognose für ihren Sohn zu akzeptieren, obwohl sie selbst sich so bereitwillig in ihr Schicksal gefügt hatte.

Die Schulmedizin bot ihr keinerlei Hoffnung, und so machte sich Grace selbst auf die Suche. Sie belegte Kurse am örtlichen College. Der Beauftragte für behinderte Studenten sorgte dafür, dass die Lektüre für sie auf Kassetten aufgenommen wurde, damit sie sich den Stoff auf diese Weise aneignen konnte. Zuerst studierte sie Anatomie, Physiologie und andere medizinische Teilbereiche. Ihre Kommilitonen nannten sie »Sherlock« – wegen ihres detektivischen Spürsinns, wenn es darum ging, Informationen zu finden, und wegen des riesigen Vergrößerungsglases, das sie stets bei sich trug. Wenn es um neue Therapieformen für Augenerkrankungen ging, verfolgte sie jede Spur, unter anderem die eines Berichts aus China, wonach Akupunktur bei Retinitis pigmentosa eine Besserung bewirken könne. Der Artikel war ein Hoffnungsschimmer, und in den nächsten sieben Jahren beschäftigte sich Grace mit vielen alternativen Therapiemethoden – unter anderem mit Ernährung, Kräutermedizin, Farbtherapie, Yoga, Akupressur und Akupunktur – und passte viele dieser Verfahren auf sich selbst und ihren heranwachsenden Sohn an.

Allmählich erkannte sie, dass es bei den Verfahren, die sie lernte, stets um die Gesundheit des ganzen Körpers ging, und Grace wurde eine geprüfte Touch-For-Health-Lehrerin – das ist eine Technik, die den Körper im Gleichgewicht hält. Sie beschäftigte sich auch mit der Sportmedizin und lernte auf diese Weise die Welt der bioelektrischen Stimulation kennen. Wer sie kannte, war erstaunt über die Hartnäckigkeit, mit der sie sich ihrer Aufgabe widmete, zu lernen und ihr Sehvermögen wieder herzustellen, und mit der sie ihr wichtigstes Ziel verfolgte: einen Sohn mit einem perfekten Sehvermögen großzuziehen.

Grace erwarb einen Doktortitel in ganzheitlicher Medizin. Sie bekam ihn für ihre erfolgreiche Arbeit im Bereich der schweren Augenerkrankungen und deren Besserung. Trotz der düsteren medizinischen Prognosen hatte sich Grace' Sehvermögen allmählich so weit verbessert, dass sie wieder einen Führerschein beantragen konnte.

Die Kunde von ihrem Erfolg mit »aussichtslosen« Fällen verbreitete sich, und im Januar 1983 veröffentlichte eine bekannte amerikanische Zeitschrift ihre Geschichte. Die Resonanz auf den Artikel war so überwältigend, dass sie ein offizielles Programm mit ihren Ideen ausarbeitete. Unabhängige Sachverständige wurden mit der Auswertung der Daten von einhundert Versuchspersonen beauftragt, und zwei Jahre später lagen überwältigend positive Ergebnisse vor. Die europäischen Staaten sind für alternative Heilmethoden offener als die amerikanische Schulmedizin. Deshalb wurde sie gebeten, ihr Programm in Übersee vorzustellen.

Grace war gerade auf dem Weg nach Schweden, als der schwedische Luftraum nach der Explosion des russischen Atomkraftwerkes in Tschernobyl starker radioaktiver Strahlung ausgesetzt war. Dieser Schicksalsflug löste eine katastrophale gesundheitliche Abwärtsspirale aus, die sie beinah das Leben gekostet hätte. 1991 konnte sie nicht mehr arbeiten, und ihr Sehvermögen ließ erneut nach. Zwei Jahre lang war sie entweder im Krankenhaus, um die Folgen der radioaktiven Strahlung zu beheben, oder sie kämpfte zu Hause mit ihrer Autobiographie *Amazing Grace – Autobiography of a Survivor* und betete, den Tag der Veröffentlichung noch erleben zu dürfen.

Einen Monat nach Fertigstellung des Manuskripts erblindete Grace völlig und meldete sich bei einer Blindenschule an, um dort die Fähigkeiten zu erlernen, die sie brauchte, um ein selbständiges Leben zu führen. Doch sie war dankbar, dass ihr Sohn nach all der gemeinsamen Arbeit hundert Prozent Sehleistung hatte und bei der Air Force aufgenommen wurde.

Seit Grace mit ihren Studien begann, hat sich die Einstellung zu alternativen Heilmethoden drastisch verändert. Inzwischen würdigen sogar US-Kapazitäten im Bereich der Augenheilkunde ihre Arbeit und ihre Hingabe. Dr. Edward Kondrot, ein führender Augenarzt, lobte ihre Vorreiterrolle auf diesem Gebiet und widmete ihr sein Buch *Microcurrent Therapy: Miracle Eye Cure?* Im November 1999 lud die Old Dominion University Virginia sie als Ehrengast zu ihrer ersten jährlichen Natural Vision Improvement Conference (Konferenz zur natürlichen Verbesserung des Sehvermögens) ein. Fach- und Laienbesucher aus aller Welt kamen zu dieser Veranstaltung, lauschten ihrer Rede und gaben ihr stehende Ovationen.

Sie ist entschlossener denn je, ihr Sehvermögen zurückzugewinnen, und praktiziert eifrig die Prinzipien, die sie anderen in ihren Ausbildungsseminaren beibringt.

Schritt für Schritt holt sich meine Schwester zum zweiten Mal ihr Augenlicht zurück. Sie ist in der Tat »Amazing Grace«.

Kathleen Halloran

Steh auf, klopf dich ab …

Du lebst nicht allein auf dieser Welt. Deine Brüder sind auch noch da.
ALBERT SCHWEITZER

Ich habe einen guten Freund namens Trey. Er ist genau zehn Jahre älter als ich, aber er lebt das kindliche Leben eines sehr viel jüngeren Menschen. Als ich sechs Jahre alt war, besuchte er mit mir die Sonntagsschule. Auf den kleinen Holzstuhl gepfercht, wirkte er zunächst riesig und Furcht einflößend, doch gleich an jenem ersten Tag wurden wir gute Freunde, als er einen Keks auseinander brach und mir mit einem breiten Grinsen die kleinere Hälfte reichte. Für mich war er mein Beschützer, ein ganz besonderer Freund. Seine geistige Behinderung spielte keine Rolle, denn in meinen Augen war er ein Erwachsener, der mich verstand. Im Laufe der Jahre wuchs ich allmählich über Trey hinaus. Ich wuchs auf und wurde erwachsen, aber Trey wuchs einfach nur. Manchmal sah ich ihn an und fragte mich: Hatte er bemerkt, dass ich nicht mehr mit ihm in die Sonntagsschule ging? War ihm aufgefallen, dass ich mich im Leben weiterentwickelte, während er auf der Stelle trat? Fehlte ich ihm manchmal?

Eines Sonntags, genau ein Jahr vor meinem Übertritt aufs College, wo ich ebenso viel Sport machen wollte wie auf der Highschool, fragte mich Treys Mutter, ob ich seine »ganz besondere Samstagsfreundin« sein und mir so etwas Geld dazuverdienen wollte. Ich wünschte, ich könnte sagen, dass ich das Angebot aus uneigennützigen Gründen angenommen hatte, doch die Wahrheit war, ich brauchte Geld fürs Studium. Trey und ich gingen in die Bibliothek, in die Tierhandlung oder machten Spaziergänge im Park. Ich kümmerte mich hauptsächlich um seine Sozialisierung.

Ich lernte schnell, dass dieses neunzig Kilo schwere Riesenbaby anderen Leuten mit Vorliebe die Hand schüttelte. Mir war das schrecklich peinlich. Trotz des breiten Grinsens von einem Ohr zum anderen konnte er beängstigend wirken, wenn er auf wildfremde Menschen zustürmte und ihnen seine große Hand zu einem herzlichen Gruß entgegenstreckte. Es war schwer, ihm klar zu machen, dass ein solches Verhalten unangebracht war.

»Bleib bei mir, und lass die Leute in Ruhe«, sagte ich kurz. »Niemand mag das.«

»Okeee«, erwiderte er folgsam, als hätte er keinerlei Probleme und nichts wäre wichtig.

Als Trey das Radfahren lernte, sah ich zu, wie er ungefähr ein Dutzend Mal vom Randstein rutschte und stürzte. Jedes Mal seufzte ich tief, klopfte ungeduldig mit dem Fuß auf den Gehweg und sagte: »Steh auf, klopf dich ab und versuch's nochmal.« Ich hielt mich für die Schlaue. Für die, die alles wusste. Das sollte sich bald ändern.

In jenem Sommer nahm ich am städtischen Softballturnier teil. Als ich aufs dritte Base rutschte, blieb ich mit dem Stollen meines Schuhs hängen. Mein Körper bewegte sich weiter nach vorn, mein Fuß aber wurde nach rechts hinten gezerrt. Meine Eltern saßen auf der Zuschauertribüne und hörten es zweimal laut krachen. Ich wurde mit dem Rettungswagen ins Krankenhaus gebracht. Röntgenaufnahmen zeigten, dass das Bein gebrochen und der Fuß vollkommen vom Knöchel getrennt war und wie in einem Hautsack herunterhing. Die Notoperation dauerte bis in die frühen Morgenstunden. Es wurde ein Metallstift eingesetzt, der meinen Fuß mit dem Knöchel verband, und das gebrochene Bein wurde geschraubt.

Am frühen Morgen erwachte ich angeschlagen aus der Narkose und sah meinen Vater, meine Mutter und Trey an meinem Bett stehen. Er wartete darauf, dass ich aufsprang und etwas mit ihm unternahm.

»Hallo!«, grinste er und hielt mir seine Hand unter die Nase.

»Hallo, Trey.« Schwach schüttelte ich ihm die Hand. Mein Bein tat weh, und die Schmerzmittel hatten mir das Gehirn vernebelt.

»Steh auf, klopf dich ab ... und versuch's nochmal«, wiederholte er, was ich so oft zu ihm gesagt hatte.

»Das geht nicht.«

»Okeee.« Er nickte brav und galoppierte aus dem Zimmer auf der Suche nach einer Hand, die er schütteln konnte.

»Trey, nicht die Hände schütteln«, flüsterte ich. »Niemand mag das.«

Bevor ich aus dem Krankenhaus entlassen wurde, sagte mein Orthopäde, dass mein Knöchel vielleicht nie wieder so beweglich sein würde wie früher – und das, wo Beweglichkeit für eine Spitzenleichtathletin in den Disziplinen Sprint und Springen entscheidend war. Acht Wochen lang durfte ich das Bein nicht belasten und humpelte mit Stahlkrücken umher. Jetzt war Trey der Ungeduldige. Er wollte Dinge tun, die ich nicht tun konnte. Er saß da, die Arme über dem dicken Bauch verschränkt, und schaute mich schmollend an.

Wir lasen viele Kinderbücher und malten Bilder, aber es war nicht zu übersehen, dass er sich langweilte. Er wollte in die Tierhandlung gehen und die weißen Mäuse und flaumigen Vögel ansehen. Er wollte in die Bibliothek gehen und alle Bücher in den Regalen zählen. Er wollte in den Park gehen und sich von mir beim Schaukeln anschubsen lassen. Eine Zeit lang konnte ich ihm keinen seiner Wünsche erfüllen.

Währenddessen wurde ich von Fragen und Selbstzweifeln gequält. Würde ich rechtzeitig mit der Krankengymnastik fertig werden, um an den Wettkämpfen teilnehmen zu können? Würde ich je wieder so schnell laufen können wie früher? Wie würde ich über Dreihundert-Meter-Hürden abschneiden – in der Disziplin, für die ich in der vergangenen Saison ausgezeichnet worden war? Würde es immer noch meine Paradedisziplin sein? Oder würde sich die Prognose des Arztes bestätigen?

In der Krankengymnastik arbeitete ich hart. Danach packte

ich den Fuß in Eis. Manchmal kam Trey mit und sah mir beim Üben zu. Als er entdeckte, dass sich das Trainingsrad nicht bewegte, wollte er sich schier kaputtlachen. »Nix aufstehen und abklopfen!«, sagte er dann. Wie einfach das Leben für ihn war – und wie kompliziert es für mich geworden war. Ich bemühte mich, in seiner Gegenwart nicht zu heulen.

Als ich die Krücken endlich los war, strengte ich mich gewaltig an, um wieder so beweglich zu werden wie früher. Trey begleitete mich bei meinen Runden um die schwarze Aschenbahn meiner Schule. Er lief immer ein wenig schief, und manchmal stolperte er über die eigenen Füße und stürzte hart.

»Steh auf und klopf dich ab«, sagte er dann voller Selbstvertrauen zu sich, während er den Dreck von Beinen und Knien klopfte. Auf jede Niederlage reagierte er mit Entschlossenheit. Er gab niemals auf.

Nach vielen Monaten gelang es mir schließlich irgendwie, mich für die Dreihundert-Meter-Hürden zu qualifizieren. Mama, Papa und Trey saßen auf der Zuschauertribüne und feuerten mich an.

»Nicht ablenken lassen«, sagte ich mir, als ich mich mental auf den Wettkampf vorbereitete.

Der Startschuss hallte durch die Luft. Beim Laufen spürte ich die Anspannung in meinen Beinen. Meine Füße schlugen in schnellem Rhythmus nacheinander auf der harten Bahn auf. Ich atmete gleichmäßig. Ich konnte die anderen Läuferinnen spüren, die um mich herum waren, die neben mir liefen, mich überholten, vor mir waren. Ich ignorierte den zunehmenden Schmerz in meinem Fuß und meinem Knöchel und kämpfte mit Gebeten gegen die schreckliche Angst, die sich in meiner Brust festsetzte. In der Gegenkurve lief ich auf eine jubelnde Menge zu. Keine Zeit, zu reagieren oder zu denken – Zeit, zu laufen und schnell zu laufen.

Noch mehr Läuferinnen zogen an mir vorbei – dann noch eine und noch eine. Sie flogen über die Hürden, leicht wie große Vögel, die über Steine staksten.

»Seht euch an, wie die Neue laufen kann! Lauf, Tiffany, lauf!«, hörte ich jemanden einer anderen Läuferin zurufen. Letztes Jahr hatten sie meinen Namen gerufen.

Einst war ich über die Hürden geflogen. Nun fühlte es sich an, als müsse ich mich erst hinauf- und dann hinüberziehen. Dann löste sich etwas in mir. Ich dachte an Trey und daran, womit er zu kämpfen hatte; und plötzlich kamen mir meine Probleme unbedeutend vor. Mit einem neuen Gefühl von Entschlossenheit machte ich einen Satz nach vorn. Ich wünschte, ich könnte sagen, dass ich die anderen Läuferinnen durch übermenschliche Anstrengung hinter mir ließ. Keineswegs. Genau genommen humpelte ich über die Ziellinie. Ich war die Allerletzte in einem Wettkampf, in dem ich einst den Rekord aufgestellt hatte. Dann sah ich zur Tribüne. Dort standen Trey und meine Eltern und jubelten mir zu – begeisterter als bei all meinen Siegen.

Im Lauf der Saison konnte ich mich zwar verbessern, schaffte es aber nie wieder auf den ersten, zweiten oder dritten Platz. Ich stellte auch keinen neuen Schulrekord mehr auf. Meine Hoffnungen auf ein Leichtathletikstipendium hatten sich zerschlagen. Aber ich hatte etwas gelernt, das wertvoller war als jede Medaille, nämlich: »Steh auf, klopf dich ab und versuch's nochmal.« Ich hatte auch gelernt, dass man nicht, wenn alles problemlos läuft, entdeckt, wie mutig man ist, sondern wenn das Weitermachen schwer fällt – wenn die anderen an einem vorbeiziehen, egal, wie hart man arbeitet. Endlich weiß ich, wie viel Mut Trey dazu braucht, die Hände wildfremder Menschen zu schütteln und dabei zu riskieren, dass sie über ihn lachen oder ihn zurückweisen.

Heute trauere ich nicht mehr um die Sportlerin, die ich hätte sein können, oder die Wettkämpfe, die ich hätte gewinnen können, oder die Rekorde, die zu brechen ich gehofft hatte. Ich sehe eine Welt voller Möglichkeiten, während ich gemessenen Schrittes (und nicht mehr im Eiltempo) neue Wege erkunde.

Wenn uns jetzt am Samstag jemand anstarrt, zupfe ich Trey am Ärmel und sage: »Geh und schüttle ihm die Hand, Trey.« Meine Krücken setzen in einer muffigen Garagenecke Staub an, aber Treys Behinderung ist so frisch wie am Tag seiner Geburt. Und jeden Tag ist er tapferer, als ich es je sein könnte.

Kimberly Ann Shope

Schneller und höher

Der grundlegende Unterschied zwischen einem normalen Menschen und einem Krieger ist, dass der Krieger alles als Herausforderung annimmt ... während der normale Mensch alles entweder als Segen oder als Fluch auffasst.

CARLOS CASTANEDA

Dan hatte eine Mission. – Er stieg aufs Laufband und beobachtete misstrauisch, wie ich Geschwindigkeit und Steigung einstellte. Offensichtlich war er mit meiner Wahl unzufrieden, denn er schüttelte den Kopf und rief: »Heute werde ich schneller laufen und eine höhere Steigung bewältigen.«

»Wir werden sehen, wie's beim Aufwärmen läuft«, erwiderte ich kurz und stellte mich hinter ihn aufs Laufband. Dieser Machtkampf zwischen Läufer und Trainer war bei uns nicht selten, und ich genoss unsere Wortgefechte. Als ich vor vier Jahren anfing, mit Dan zu trainieren, zeichneten sich unsere Stunden durch unbehagliches Schweigen aus. Seine Verletzungen erschreckten mich und schüchterten mich ein. Nach allem, was er durchgemacht hatte, hatte ich schreckliche Angst, ihm nicht helfen zu können.

Dan Santillos Leben hatte an einem für die Jahreszeit zu warmen Novembernachmittag des Jahres 1990 eine tragische Wendung genommen. Er spielte mit ein paar Freunden auf der Straße vor seinem Elternhaus in Rochester, New York, ein wenig Football, als ein harmloser Scherz tragische Wirklichkeit wurde: Eine junge Bekannte hielt mit dem Wagen auf ihn zu, als wolle sie ihn überfahren. Sie verlor die Kontrolle über das Fahrzeug und rammte ihn. Er flog mit dem Kopf voraus durch die Windschutzscheibe.

Dan lag drei Monate im Koma. Die Ärzte waren alles andere als optimistisch hinsichtlich seiner Chancen, je wieder aufzuwachen. Doch Dan überraschte alle: Er erwachte und ließ zehn Monate intensiver körperlicher Rehabilitation über sich ergehen. Sein Körper war schwer verletzt, sein Gehirn hatte dauerhafte Schäden davongetragen. Die ersten beiden Jahre verbrachte er überwiegend im Rollstuhl. Aber es gelang ihm, bei seiner Hochzeit auf eigenen Beinen zu stehen und unter allergrößter Anstrengung am Arm seines Bruders langsam den Gang hinab und in die Arme seiner Braut Kris zu laufen, die während des langen Martyriums an seiner Seite geblieben war.

Dans Ärzte erklärten ihm, er habe die Möglichkeiten der Krankengymnastik voll ausgeschöpft, und drängten ihn, die Dienste eines Privattrainers in Anspruch zu nehmen, der unter Berücksichtigung seiner persönlichen Grenzen einen Trainingsplan ausarbeiten konnte. So ist Dan auf mich gekommen.

Bei meinem ersten Gespräch mit Dan und seiner Frau Kris betete ich im Stillen, die Wahl möge nicht auf mich fallen. Ich war neu im Beruf und fühlte mich der Arbeit mit einem Menschen mit solch schweren Einschränkungen, geschweige denn einer Hirnverletzung, in keiner Weise gewachsen. Aber sie entschieden sich für mich, und so begann mein Weg mit Dan.

Die körperlichen Grenzen, die Dan gesetzt waren, schlossen ein Training an den meisten Geräten im Studio aus. Da er in der Reha etwas auf dem Laufband gegangen war, willigte ich trotz meiner Befürchtungen, er könne hinfallen, ein, mich hinter ihn zu stellen und ihn an der Taille zu fixieren. Ihn zu umklammern, wäre wohl zutreffender. Das Ganze war sehr anstrengend für Dans Körper, von meinen Nerven ganz zu schweigen. Er stolperte häufig, und ich rief jedes Mal: »Ist alles in Ordnung?«

»Bin nur ein bisschen gestolpert«, antwortete er jedes Mal. Dann lachten wir, weil ich so nervös war.

Allmählich wurde Dan auf dem Laufband schneller und sicherer, und wir konnten eine leichte Steigung einstellen.

Mit der Zeit entwickelte ich kreative Möglichkeiten, wie er die Ausstattung des Fitnessstudios teilweise nutzen konnte, und erfand neue Positionen an den Geräten, die eine Anpassung an seinen eingeschränkten Bewegungsumfang erlaubten.

Schritt für Schritt öffnete sich Dan mir gegenüber und vertraute mir schließlich sogar seine Hoffnungen und Träume an. »Ich möchte einfach wieder normal sein«, sagte er dann. Sein unsicherer Gang und sein verkrampfter rechter Arm waren ihm peinlich. Er glaubte, weitere Operationen könnten ihm zur ersehnten Normalität verhelfen. Er war von seinen verstümmelten Gliedmaßen besessen und sprach oft darüber, ließ es aber niemals zu, dass ihn seine Behinderungen davon abhielten, mit voller Kraft vorauszustürmen.

Zuerst entledigte er sich des Rollstuhls. Dann kamen die unförmigen Schienen an seinen Unterschenkeln an die Reihe. Ausgerüstet mit neuen Plastikschienen, die von seinen langen Hosen verdeckt wurden, fing er an, mithilfe seines Stocks ein paar Runden im Aerobicraum zu drehen. Am ersten Tag brauchte er über fünf Minuten für fünf Runden. Diese Übung verlieh unserem Training eine völlig neue Dimension. »Heute werde ich den Rekord brechen«, verkündete er jedes Mal bei seiner Ankunft im Studio. Das war der Anfang von *Dans Trainingstagebuch* – eines Tagebuchs, das Trainingsumfang und benötigte Zeit sowie seine Besessenheit mit seinen Fortschritten festhielt.

Einige Wochen später warf Dan den Stock fort, und wir mussten ein neues Trainingstagebuch anlegen. Wir verlegten das Training nach draußen auf den Parkplatz des Studios und schließlich auf einen örtlichen Radweg. Er war entzückt von der Herausforderung, die die Hügel für ihn darstellten. Ich war immer ein wenig besorgt darüber, wie sehr Dan an seine Grenzen ging, und alles andere als begeistert, als er es eines Tages übertrieb und ich ihn huckepack zum Wagen zurücktragen musste. Als ich ihn nach einem spektakulären

Sturz auf dem Radweg wieder auf die Füße zog und abklopfte, war sein einziger Kommentar: »Sagen Sie's bloß nicht meiner Frau, dass ich wieder einmal hingefallen bin.«

Inzwischen hat Dan zwei kleine Kinder und ist um etwas mehr Vorsicht bemüht.

Dans Genesung verblüfft jeden, der ihn kennt – auch seinen Neurochirurgen. Er fällt noch immer auf dem Radweg und stolpert gelegentlich auf dem Laufband. Trotz weiterer korrigierender Eingriffe humpelt er, und sein Arm ist noch immer leicht krumm. Inzwischen spricht er aber nur noch selten von seinem Wunsch, normal zu sein. Stattdessen hat Dan das Wörtchen »normal« neu definiert. Er sehnt sich immer noch danach, Rekorde zu brechen, aber er hat Frieden mit den Grenzen geschlossen, die ihm gesetzt sind.

Inzwischen arbeitet Dan Teilzeit im Fitnessstudio und strebt eine Vollzeitbeschäftigung an. Er schenkt anderen Mut und Hoffnung, wo und wann er kann, und besuchte vor kurzem einen kranken Polizeibeamten, der von einem Wagen gerammt worden war und eine Gehirnverletzung davongetragen hatte. Dan ist sich dessen vielleicht nicht bewusst, aber er dient anderen Menschen schon seit langer Zeit als Inspirationsquelle.

Ich blitze Dan immer noch wütend an, wenn er mich auffordert, Geschwindigkeit und Steigung des Laufbandes zu erhöhen, aber ich hoffe, er wird nie aufhören, mich darum zu bitten. Denn indem er sein Leben neu gestaltet, verwandelt er das meine.

Mark Grevelding

Den Traum leben

Lass niemals zu, dass sich das, was du nicht kannst,
störend auf das auswirkt, was du kannst.

JOHN WOODEN

Bob Bennetts Frustration und seine negative Lebenseinstellung waren verständlich. Die rechte Seite seines Körpers war zum Teil von einer spastischen Lähmung betroffen, und er kämpfte mit so einfachen Dingen, wie sein Essen zu schneiden und Geld zu zählen. Manchmal klang er wie eine kaputte Schallplatte, wenn er immer wieder wiederholte: »Ich strenge mich an und strenge mich an, aber nie mache ich es richtig.« Seine Lehrer und Beraterinnen wie ich versuchten ständig, ihm zu einer positiveren Einstellung zu verhelfen, aber es war ein harter Kampf.

Nach dem Schulabschluss begann Bob an der örtlichen Berufsschule ein Ausbildungsprogramm für die spätere Beschäftigung in einem Supermarkt und fing in einem Lebensmittelgeschäft in der Nähe an. Er verbrachte seine Zeit damit, die Einkaufswagen an ihren Platz zurückzufahren, und begrüßte alle Kunden mit einem freundlichen »Hallo«. Er bekam eine Jobtrainerin zur Seite gestellt, die ihm während seiner Ausbildung und bei allen die Arbeit betreffenden Problemen helfen sollte. Mary Di Napoli arbeitete für eine Organisation, die sich der Förderung behinderter Menschen verschrieben hatte. Sie hörte Bob einfühlsam zu und entwickelte allmählich eine große Zuneigung zu dem Jungen, der sich so schwer tat. Bei einem ihrer Besuche vertraute er ihr an: »Ich habe immer davon geträumt, Kampfsport zu machen, aber das geht nicht wegen meiner Behinderung.«

Mary sagte: »Ich werde sehen, was ich tun kann.« Bei ihren Nachforschungen fand sie einen Kampfsportlehrer am Ort, der bereit war, Bob in seine Taekwondo-Gruppe aufzunehmen. Bob kam immer zu früh zu seinen Stunden, die zweimal die Woche stattfanden, und obwohl er bereits viele Stunden im Supermarkt gearbeitet hatte, übte er durchschnittlich knapp fünf Stunden am Tag seine Dehnungen und Bewegungsfolgen.

Die Monate vergingen, und in Meister Joes Klasse war die Anfeuerung »Los, Bob, du kannst es!« oft zu hören; denn Bob musste härter als die anderen Schüler daran arbeiten, seine Form zu perfektionieren. Er fing mit dem weißen Gurt an und arbeitete sich dann Schritt für Schritt durch die bunten Gurte nach oben. Seinen Grüngurt verdiente er sich mit monatelangem hartem Training, Disziplin und Entschlossenheit – und nahm dabei über achtzehn Kilo ab. »Ich habe keine Diät gemacht«, sagte er, »sondern viele Stunden trainiert.« Unter der liebevollen Führung und der geduldigen Anweisung seiner Lehrer arbeitete er beharrlich auf sein großes Ziel hin – den heiß ersehnten schwarzen Gurt. Die letzten Reste der negativen Einstellung aus seiner Schulzeit verschwanden.

Als sich sein Gleichgewichtssinn verbesserte, fiel auch die Lähmung weniger auf. Er konnte sogar vier Finger seiner rechten Hand bewegen, was zuvor trotz eines korrigierenden Eingriffs völlig unmöglich gewesen war.

Taekwondo hat eine wunderschöne, einfache Philosophie: Es möchte eine friedvollere Welt erschaffen, indem sich jeder Einzelne für dieses Ziel einsetzt. Das körperliche Training bildet Geist und Charakter. »Wir trainieren den Körper, um die Seele zum Strahlen zu bringen«, sagt Bob. Er inspiriert alle Menschen, die ihn kennen, denn er ist der lebende Beweis dafür, dass Schweiß etwas verändern kann.

Vor kurzem fuhr Bob zu seinem ersten Taekwondo-Turnier. Er sollte eigentlich nur als Zuschauer dabei sein, was an sich schon eine tolle Sache gewesen wäre. Aber dann durfte er doch an einem Wettkampf teilnehmen: dem Bruchtest. Die Zuschauerschar war riesengroß, und Meister Joes Assistentin half Bob bei seinen Vorbereitungen, da er anfangs überwältigt und etwas verwirrt wirkte. Sanft versicherte sie ihm: »Du brauchst nicht nervös zu sein – deine harte Arbeit wird dich leiten.«

Er zerschlug alle Bretter beim ersten Versuch.

Der Tisch, auf dem die Preise standen, war voller Pokale in allen Formen und Farben. Bei der Preisverleihung wurde auch Bobs Name ausgerufen, doch der war so sehr in das Turnier vertieft und das, was er dort sah und hörte, dass er es zunächst nicht mitbekam. Der Gedanke, er könne eine Chance auf einen Preis haben, war ihm nie in den Sinn gekommen. Als Bob klar wurde, dass da sein Name ausgerufen wurde, war er überwältigt. Die Menge brach in Jubel aus, und viele Zuschauer hatten feuchte Augen. Er hatte fair gewonnen: Seine Leistung im Bruchtest war *tatsächlich* außergewöhnlich. Mit sechsundzwanzig gewann Bob den ersten Preis in seinem Leben – er belegte den dritten Platz. Der Pokal hätte genauso gut aus massivem Gold sein können.

Den Rest des Wettkampftages wollte Bob seinen Pokal gar nicht mehr loslassen. Immer und immer wieder sagte er: »Wahnsinn, den habe ich echt gewonnen!« Was für ein bemerkenswerter Wandel für einen jungen Mann, der früher zu sagen pflegte: »Ich strenge mich an und strenge mich an, aber nie mache ich es richtig.«

Eine weitere Feierlichkeit steht noch aus: In Kürze wird Bob der ersehnte schwarze Gurt verliehen. An diesem Tag werden Bobs Verwandte und viele Freunde dabei sein, um ihn für seinen Mut zu ehren.

Susan J. Siersma

Im Oberstübchen ist einiges los

Große Werke vollbringt man nicht mit Kraft, sondern mit Ausdauer.
SAMUEL JOHNSON

Lon ist neun Jahre alt. Sein Körper wird von einer spastischen Lähmung beherrscht, die ihn der Fähigkeit beraubt, zu laufen, zu sprechen oder seine Hände zu benutzen. Ohne je ein Wort zu mir gesagt zu haben, lehrte mich dieser braunhaarige Junge, das Leben mit anderen Augen zu sehen.

Ich lernte Lon kennen, als ich meine sechsjährige Tochter Nikki zur Schule brachte. Er stand in seinen Rollstuhl geschnallt vor dem Gebäude. Nikki rief: »Da ist Lon!«, und lief zu ihm.

»Hallo, Lon«, flötete sie ihm ins Ohr. Er ließ den Kopf hängen, doch als sie seine Hand ergriff, blickte er auf, und ein breites Grinsen erhellte sein Gesicht.

Nikki sprach kurz mit ihm, dann sah sie, dass der Busfahrer die anderen Kinder aussteigen ließ. Sie ließ Lons Hand los und lief zu ihnen. Ich beobachtete, wie sehr er sich bemühte, seinen Kopf zu drehen, um zu sehen, wohin sie verschwunden war, aber selbst diese einfache Bewegung war zu viel für ihn. Also ging ich an Nikkis Stelle zu ihm und hielt seine Hand.

»Hallo«, sagte ich. »Ich bin Nikkis Mama. Sie sagt nur schnell ein paar anderen Kindern hallo.« Doch sein Kopf sank wieder auf seine Brust, und er sackte in sich zusammen. Den ganzen Tag über konnte ich seine weiche Hand in meiner spüren. Ich wollte mehr über ihn wissen.

Er besuchte Nikkis Schule als Schüler einer sonderpädagogischen Fördergruppe, deren Schwerpunkt die körperliche und motorische Entwicklung war. Die Gruppe bestand aus körperbehinderten Kindern, die allesamt nicht sprechen konnten. Sie kommunizierten überwiegend dadurch, dass sie Ächz- und Stöhnlaute von sich gaben. Und mit ihrem Lächeln – einem großen, breiten Lächeln. Ich fragte meine Tochter einmal, ob Lon je mit ihr sprach, und sie antwortete: »Ja, einmal hat er mit mir gesprochen.«

»Und was hat er gesagt?«, wollte ich wissen.

»Als ich ›Hallo‹ zu ihm sagte, hat er mich angelächelt.«

Lon war zweifellos einer von Nikkis besten Freunden, und als ihr Geburtstag näher rückte, stand sein Name ganz oben auf der Liste. Wir hatten eine Poolparty in einem Hotel geplant, und ich war mir nicht sicher, ob es ihm gefallen würde. Seine Mutter Amy brachte ihn mit dem Rollstuhl und machte sich daran, ihn abzuschnallen. Ich suchte den Blick meines Mannes und gab ihm ein Zeichen, dass er zu ihnen gehen sollte. Jack wusste, dass er den Jungen würde tragen müssen. Vorsichtig legte Amy ihren Sohn in die Arme meines Mannes, und Jack lief mit ihm umher und tauchte ihn immer wieder kurz ins Wasser.

Amy erzählte, dass dies Lons erste Einladung zu einer Party war – zumindest die erste Einladung von einem nichtbehinderten Kind. Ich war so stolz darauf, dass meine Tochter ihn eingeladen hatte.

Ich entdeckte meinen Mann und Lon am anderen Ende des Beckens, wo sich drei Jungen, die Nikki eingeladen hatte, in einer Reihe aufstellten und abwechselnd vor ihnen »Wasserbomben« machten. Wenn sie ins Wasser sprangen, hielt Jack Lon in letzter Sekunde vor sich hin und zog ihn dann schnell wieder zurück. Ein Wasserschwall ergoss sich über Lon, und er lachte und lachte und lachte und amüsierte sich königlich. Ich sah zu seiner Mutter hinüber. Sie strahlte vor Freude über den Spaß, den ihr Sohn hatte.

Dann hielt Jack Lon unter den Armen und zog ihn durchs Wasser, um Nikki und ihre Freundin zu fangen. Sie schrien und lachten, als Lon versuchte, nach ihnen zu greifen, wie jeder andere neunjährige Junge auch. Ich fragte mich, ob er je zuvor Gelegenheit gehabt hatte, so zu lachen und zu spielen.

Ich war so dankbar, dass Amy ihn gebracht hatte. Es wäre ein Leichtes für sie gewesen, die Party ausfallen zu lassen, und ich beobachtete voller Bewunderung, wie sie ihm trockene Kleider anzog. Sie musste es am Pool tun, in dem sich noch immer die anderen Kinder tummelten. Sie legte ihn in einen Liegestuhl und breitete Handtücher über ihn. Schnell und gekonnt zog sie ihm die nasse Badehose aus und trockene Kleidung an – und wahrte dabei doch seinen Stolz und seine Würde.

Da Lon nicht sprechen kann, wissen seine Mutter und seine Lehrer nicht genau, wie intelligent er ist. Doch seine Mutter sagte mir: »Wir glauben, dass in seinem Oberstübchen einiges los ist.« Die Herausforderung bestand darin, ihn dazu zu bringen, mit ihnen zu kommunizieren.

Offenbar hatte Lon viel Sinn für Humor. Eines Tages schob Nikki ihn zur Mathematikstunde, doch da sie kaum über ihn hinübersehen konnte, schob sie den Rollstuhl geradewegs in einen Feuerlöscher, sodass die Plastikabdeckung zersprang. Sie war darüber so bestürzt, dass die Lehrerin mich anrufen musste. Bevor sie meiner Tochter das Telefon reichte, fragte ich sie nach Lon. »Ach, Lon geht es gut. Es ist nichts passiert«, sagte sie. »Hat sich ausgeschüttelt vor Lachen. Und ich glaube, er lacht immer noch.«

Lon ist hinreißend, doch seine Mutter Amy ist eine noch größere Inspiration. Es ist offensichtlich, dass sich ihr ganzes Leben um ihn dreht – sie ist nicht nur Mutter und Pflegerin, sondern auch Spielgefährtin. Lon spielte in einer Baseballmannschaft mit anderen behinderten Kindern und hatte jede Woche ein Spiel. Amy stand mit ihm am Schlagmal, legte den Schläger in seine Hände und schwang ihn für ihn. Wenn sie den Ball trafen, schob sie seinen Rollstuhl um die Bases. Lon spielte auf der Position des Left Fielders im äußeren Spielfeld, und Amy stand neben dem Rollstuhl. Sie lachte, als sie mir erzählte, dass noch nie jemand einen Ball so weit geschlagen hatte. »Ich weiß nicht, was ich mache, wenn hier mal ein Ball ankommt«, sagte sie. »Ich schätze, ich werde mich vor ihn werfen müssen. Ich kann nämlich nicht besonders gut fangen.«

Lon ist auch Mitglied in »Steve's Club«, wo behinderte Kinder wie er und nichtbehinderte Kinder wie Nikki zusammenkommen. Dahinter steht die Hoffnung, dass sie voneinander lernen. Lon hat als einziges Mitglied noch bei keinem Treffen gefehlt.

Eine meiner Freundinnen besucht die gleiche Kirche wie Lon und Amy. Beim Ostereiersuchen schob Amy Lon herum, hob die Eier auf, die sie fand, und legte sie in seinen Korb. Die beiden hatten viel Spaß dabei.

Ich bewundere Amy mehr als alle anderen Menschen, die ich kenne. Sie muss wegen Lon auf so vieles verzichten, aber sie bekommt gleichzeitig mehr, als die meisten von uns je bekommen werden. Sie weiß jedes noch so kleine Anzeichen von Fortschritt zu schätzen, während die anderen Eltern nur darauf bedacht sind, dass ihre Kinder Spitzenleistungen erbringen. Es ist inspirierend, dass sie nicht einmal weiß, wie viel er versteht, und dennoch dafür sorgt, dass er die gleichen Möglichkeiten hat wie alle anderen Kinder auch.

Amy und Lon habe ich es zu verdanken, dass ich das Leben mit neuen Augen sehe. Wenn ein Junge, der in seinem Körper gefangen ist und dessen Geist sich danach sehnen muss, sich auszudrücken, immer noch lachen kann und Gründe findet, das Leben zu genießen, dann kann auch ich mich mehr darum bemühen.

Ich werde nicht stöhnen, wenn Nikki zu noch einer Geburtstagsfeier eingeladen ist. Ich werde dankbar dafür sein.

Ich werde mich auch nicht beschweren, wenn meine Kinder Fieber haben und ich nicht zur Arbeit gehen kann, weil ich mich um sie kümmern muss. Ich werde Gott dafür danken, dass es nicht schlimmer ist.

Ich werde nicht nörgeln, wenn Nikki auf dem Weg zur Bushaltestelle herumtrödelt und sich nach jedem Stein und jedem Blatt bückt. Ich werde dankbar dafür sein, dass sie es kann.

Ich werde nicht ungeduldig werden, wenn meine Kinder

stundenlang brauchen, um eine Geschichte zu erzählen. Ich werde mich darüber freuen, dass sie sprechen können.

Ich werde jeden Tag mein Bestes tun und dankbar für alles sein, was mir das Leben beschert, denn so leben Amy und Lon jeden Augenblick.

Ich glaube, Gott hatte seine Gründe, als er Amy und Lon zusammen auf die Welt schickte. Und deshalb glaube auch ich, dass – in mehr als einer Hinsicht – »dort oben einiges los ist«.

Cheryl M. Kremer

Wie Phönix aus der Asche

Ich war fünf Jahre alt und hatte keine Ahnung, was gerade geschehen war. Ich weiß nur noch, dass meine Mutter mich auf dem Arm hatte und ich ihren Hilfeschrei hörte. Flammen schlugen bis über die Baumwipfel empor und färbten den Nachthimmel rot.

Als wir vier Stunden später in der Kinderklinik von Los Angeles ankamen, war mein inzwischen schwarzes Gesicht – oder was davon übrig war – auf die Größe einer Wassermelone angeschwollen. Die Ärzte ließen sich erst nach zwei Tagen zu der Aussage hinreißen, dass ich gute Überlebenschancen hatte. Nach Wochen auf der Intensivstation erlangte ich das Bewusstsein wieder. Ich wurde mit einer Tracheotomiekanüle beatmet. Ich glaubte, blind zu sein, bis ich erfuhr, dass meine Augen bandagiert waren.

Als der Verband schließlich entfernt wurde, war es ganz anders als im Film, wo der oder die Verletzte die Augen öffnet und einen geliebten Menschen oder eine traumhaft schöne

Frau erblickt. Das Erste, was ich sah, war eine Schwester, deren faltiges Gesicht mir Angst machte. Im Nachhinein bin ich erstaunt, dass sie sich nicht vor mir fürchtete. Mit der Zeit fand ich heraus, dass sie einer der liebevollsten Menschen war, den ich je kennen lernen sollte.

Nach weiteren Wochen, in denen ich operiert, mir die Haut abgeschliffen und ich von Schwestern aus dem Schlaf gerissen wurde, die mich untersuchen oder mir Spritzen geben wollten, hatte ich endlich die Kraft und den Wunsch, aufzustehen und mich langsam und ohne Hilfe auf den Weg ins Bad zu machen. Nachdem ich die Toilette benutzt hatte, sah ich eine Reflexion auf dem Edelstahlbehälter mit den Handtüchern. Mein Spiegelbild. Ich humpelte zum Bett zurück und legte mich hin.

Alle waren still, aber meine Mutter wusste, was ich gesehen hatte.

»Es ist ziemlich schlimm, oder?«, fragte ich sie.

»Ja, Mike. Es ist schlimm«, sagte sie. »Aber alles wird wieder gut.« Sie umarmte mich vorsichtig, gab mir einen Kuss auf die Stirn und wiederholte dann: »Alles wird wieder gut.«

In den folgenden Jahren lernte ich meine Lektionen schnell und auf die harte Tour. Als ich wieder zur Schule gehen konnte, mussten meine Eltern unzählige Kämpfe gegen die Einstellung ausfechten, die an öffentlichen Schulen bezüglich der Ausbildung von allen Kindern herrschte, die irgendwie »anders« waren. Schließlich waren sie gezwungen, mich in eine Schule für körperlich und geistig behinderte Kinder zu geben.

Im darauf folgenden Jahr aber gewannen sie ihren Kampf gegen das Schulsystem, und ich durfte eine öffentliche Schule besuchen. Ich hatte keine Ahnung, wie viel schwieriger es dort werden würde. Meine Ankunft wurde bereits zuvor über Lautsprecher angekündigt, und die Schülerinnen und Schüler waren gebeten worden, freundlich zu sein und mich nicht anzustarren. Sie taten es trotzdem. Es dauerte fast ein Jahr, bis die »He-Frankenstein!«-Rufe verhallten und ich endlich akzeptiert war.

In den folgenden zwölf Jahren wurde ich vierundzwanzigmal operiert, um mein »geschmolzenes« Gesicht und meine Hände wiederherzustellen, mir die Beweglichkeit meines Halses zurückzugeben und die beschädigte Haut in meinem Gesicht zu ersetzen. Meine Beine und mein Po waren eine Zeittafel der medizinischen Entwicklung. Mit jeder Neuerung wurden die Transplantationsnarben kleiner, bis die Hautverpflanzungen schließlich gar keine Narben mehr hinterließen.

Als ich langsam erwachsen wurde, hatte mich die Erfahrung den Umgang mit Menschen gelehrt. Ich war zu einem Chamäleon geworden und passte mich ständig der jeweiligen Situation an. In der Schule und im Sport war ich recht erfolgreich, konnte aber nur wenig echte Leistungen vorweisen. Als ich Anfang zwanzig war, wurde ich unruhig – ich konnte nicht verstehen, wieso ein cleveres Kerlchen wie ich offenbar weder die richtige Frau noch den richtigen Beruf finden konnte, um seinem Leben auf diese Weise einen Sinn zu geben. Monatelang stöberte ich in Selbsthilfebüchern und spiritueller Lektüre und war schließlich *beinah* so weit, das Problem bei mir, nicht bei der Welt zu suchen.

Bald nach dem Schulabschluss zog ich in eine Stadt in den kalifornischen Bergen, wo ich mit weniger Menschen zu tun hatte und in Frieden leben konnte. An einem Wochenende kam meine Mutter zu Besuch. Es regnete, also saßen wir im

Haus, spielten Karten und sahen uns Filme an. Wie in alten Zeiten im Krankenhaus.

Sie fragte mich, was ich mit meinem Leben anfangen wollte. »Warum willst du nicht studieren? Ich bin enttäuscht von dir, Mike. So viele Menschen haben dir so viel von ihrer Zeit, ihrer Energie und ihrem Leben geschenkt. Und was machst du aus deinem Leben? Ich dachte, du würdest einmal Arzt werden oder etwas in der Art.«

Ich wusste nicht, was ich sagen sollte.

Später gingen wir zum Essen in eine kleine Kneipe. Die Bedienung begrüßte uns. Ihr Sohn hatte vor kurzem einen schweren Unfall gehabt, und sie hatte mir ihre Ängste und Sorgen anvertraut. Als sie zu uns an den Tisch kam, sagte sie: »Er kommt morgen nach Hause. Ich möchte Ihnen danken, Mike, dass Sie mir zugehört haben. Ich weiß nicht, was ich ohne Sie angefangen hätte.« Dann sagte sie zu meiner Mutter: »Ihr Sohn ist ein guter Mensch. Sie müssen sehr stolz auf ihn sein.«

Sie nahm unsere Bestellung auf, und wir saßen eine Weile schweigend da. Dann sagte ich, ohne nachzudenken – die Worte purzelten nur so aus mir heraus –: »Ich habe gelernt, dass ich alle Menschen, denen ich begegne, positiv beeinflussen kann. Ich versuche, zu helfen. Ich möchte einen Unterschied machen. Ich bin wie der Phönix, Mama – der Vogel, der aus der Asche aufsteigt. Ich muss nur ich selbst sein, um den Menschen zu zeigen, dass man stets das Beste aus dem machen kann, was das Leben bringt – was es auch ist.«

Meine Mutter lächelte, und ich dachte, alles sei in Ordnung. Doch als sie wieder fort war, fragte ich mich, ob das *tatsächlich* genug war und wann ich endlich etwas aus meinem Leben machen würde. In den nächsten Wochen war ich unruhig und unzufrieden – als stünde ich am Rande eines tiefen Abgrundes. Nach dem Brand konnte mich nicht mehr viel erschüttern, doch nun hatte ich Angst: Ich griff zum Telefon und rief meinen Vater an. »Kannst du dich noch an das Angebot erinnern, das du mir vor einiger Zeit gemacht hast? Ich bin bereit, in die Zivilisation zurückzukehren.«

Ich packte meine Siebensachen und machte mich auf den Weg. Bald hatte ich meine geliebten Berge – meine Zuflucht – hinter mir gelassen. Vor mir lag ein langer Weg ins Ungewisse. An einer Raststätte kletterte ich auf einen Felsen. Von dort oben konnte man einen See und Nadelbäume sehen, so weit das Auge reichte. Ich weinte.

Vom ersten Tag im Büro an arbeitete ich hart, lernte neue Menschen kennen und machte mich mit den neuesten Technologien vertraut. Und es geschah etwas Merkwürdiges: Weil ich keinen Gedanken an die Narben in meinem Gesicht verschwendete, schienen auch die anderen Menschen sie kaum zu beachten. Die Zeit verging, ich erklomm die Karriereleiter und wurde schließlich zum Manager befördert. Dann lernte ich meine Frau Debbie kennen.

Es war von Anfang an wie in »Die Schöne und das Biest«. Nun ja, im Grunde ist sie gar kein Biest – sie ist eigentlich recht hübsch. Kleiner Witz meinerseits. Wer hätte gedacht, dass ein Kerl mit einer Visage wie der meinen eine solch wunderbare Frau lieben und von ihr wiedergeliebt werden würde? Aber sie blickte hinter die Fassade, denn *auch sie* hat so viel mehr zu bieten als nur ein hübsches Gesicht. Die Geschichte unserer Begegnung erzähle ich ein anderes Mal. Die Kurzversion lautet: Wir haben geheiratet, sind nach Austin, Texas, gezogen und leben noch immer dort.

Vor kurzem kam meine Mutter über ein verlängertes Wochenende zu Besuch. »Mike«, sagte sie zu mir, »offenbar läuft dein Geschäft recht gut – ich bin so stolz auf dich.« Dann füllten sich ihre Augen mit Tränen, und sie fragte: »Kannst du dich noch an den Tag in Tahoe erinnern, als ich sagte ...«

»Ja, Mama.«

Wir saßen eine Weile schweigend da und erinnerten uns. Und als die Worte endlich kamen, wusste ich, was ich all die Jahre hatte sagen wollen, aber nie gewusst hatte, wie ich es ausdrücken sollte: »Weißt du, Mama, die Verbrennungen, die ich damals erlitt, waren eigentlich keine Tragödie – sie waren ein Geschenk.«

»Wie meinst du das?«, fragte sie überrascht.

»Ich habe gelernt, die Menschen nicht nur anzusehen, sondern wirklich *zu sehen* – ihr Äußeres und ihr Inneres. Und ich weiß das Glück zu schätzen, dass meine Narben nur äußerlich sind. – Also dann, wollen wir zum Essen gehen? Ich kenne da eine wunderbare alte Kneipe.«

Mike Gold

Mike und Debbie Gold

Abdruck des Fotos mit freundlicher Genehmigung von Shawn Childress.

Wie man's sieht

Es ist nicht gewiss, dass ich gewinnen werde,
aber ich werde wahrhaftig sein. Es ist nicht gewiss,
dass ich Erfolg haben werde, aber ich werde dem Licht gerecht werden,
das in mir brennt.

ABRAHAM LINCOLN

In meiner Familie bin ich von Sportlern umgeben. Mein Mann Thom schwingt sich regelmäßig aufs Rad und findet nichts dabei, achtzig Kilometer am Stück zu fahren. Er hat den hageren, geschmeidigen Körperbau eines menschlichen Windhundes. Oft ist er mit der zweiten Gruppe der U.S. Cycling Federation unterwegs – Männern, die sich Hoffnungen auf eine Profikarriere machen können und ihm helfen, sich zu steigern und auf sein Training zu konzentrieren. Er nennt sie »die Großen«, aber im Grunde ist er genauso gut wie sie.

Meine Schwester Nancy verzückte uns in der Highschool mit ihrem turnerischen Können. Sie brachte sich vor kurzem das Inlineskaten bei und schloss die mörderische Ausbildung an der National Fire Academy (US-Feuerwehrakademie) ab.

Mein »Adoptivbruder« Will, liebevoll »der Eigen-Will-ige« genannt, stand kurz vor der Vorqualifikation zur US-Schwimmolympiamannschaft, bevor er seine Schwimm-karriere wegen einer schweren Knieverletzung auf Eis legen musste.

Ich dagegen war nie in irgendeiner Mannschaft – niemals. Ich bin klein und war ein dickes Kind. Seit ich denken kann, kämpfe ich mit meinem Gewicht. Ich musste mich diversen medizinischen Behandlungen unterziehen, um angeborene Organanomalien korrigieren zu lassen, und leide unter einer lokalen Autoimmunstörung, die dazu führt, dass die Sehkraft meines linken Auges immer weiter nachlässt. Mit neunund-dreißig musste ich am grauen Star operiert werden.

Dann, vor ein paar Jahren, fing ich unter den wachsamen Augen von Will – Freund, Trainer und Exschwimmgenie – mit dem Laufen an. Das Laufen sollte mir helfen, damit fertig zu werden, dass ich einen Teil meiner Sehkraft einbüßen würde, und mir etwas gesunde Bewegung verschaffen. Seither stehe ich jeden Morgen um halb sechs auf, ziehe meine Lauf-schuhe an und mache mich auf meine Eineinhalb-Kilometer-Runde durch die Nachbarschaft. Am Anfang konnte ich nur ein kurzes Stück davon laufen und musste den Großteil der Strecke gehen. Allmählich verbesserte sich meine Kondition, und ich konnte immer länger laufen – ob bei Sonne oder Regen, an rosigen Sommermorgen oder im Dunkel vor der Dämmerung eines Herbsttages in Neuengland, wenn die Sterne noch am Himmel standen. Schließlich hatte ich mein Ziel erreicht: Ich konnte ganze eineinhalb Kilometer laufen.

Bei meinen frühmorgendlichen Läufen traf ich regelmä-ßig einen Herrn, der mir mit seinem Deutschen Schäfer-hund entgegenkam. Wenn ich an ihm vorüberlief, nickte er mir zu, und ich nickte zurück. Unsere Begegnung wurde zu einem Ritual. Ich wusste nie genau, wo ich ihn treffen wür-de. Manchmal konnte ich ihn schon von weitem kommen sehen. Ein anderes Mal, wenn ich ganz in die Bewegung ver-sunken war, schien er unerwartet aus dem Morgennebel auf-zutauchen.

Mit der Zeit wirkte sich der Alltag störend auf meine Laufroutine aus, und sie zerbrach. Wir kauften ein etwas älteres Haus in einer anderen Gegend, und ich verbrachte die Zeit mit Renovierungsarbeiten und einem weiterführenden Studium. Ich fühlte mich nicht besonders wohl und konnte keine eineinhalb Kilometer mehr laufen. Mein Gewicht hatte sich zwar stabilisiert, doch trotz größter Bemühungen meinerseits nahm ich nicht ein Gramm mehr ab, und mein Spiegelbild drängte mich ständig, etwas zu tun. Ärztlich verordnete Steroide komplizierten die ganze Sache zusätzlich. Ich verspürte eine ebenso frustrierende wie rätselhafte Müdigkeit, und die Muskelmasse, um deren Aufbau ich so hart gekämpft hatte, schwand.

Ungefähr zur gleichen Zeit informierte mich Thom über sein Vorhaben, seinen Körperfettanteil noch weiter zu verringern. Angesichts seiner Zuversicht, seines natürlich schlanken Körpers und seiner Ausdauer verspürte ich einen Stich der Eifersucht, und brennend heiße Tränen schossen mir in die Augen.

»Was ist los?«, fragte er, von meiner Reaktion überrascht.

»Das verstehst du nicht«, erwiderte ich. »Du setzt dir Ziele, von denen ich nicht einmal zu träumen wage. Du bist ein Sportler. Ich muss schon kämpfen, um bloß normal zu sein.« Gedemütigt floh ich die Treppe hinauf.

Am nächsten Morgen kannte ich beim Laufen keine Gnade. Es war eine Schinderei, aber hinterher fühlte ich mich wunderbar – obwohl ich etwas niedergeschlagen war, dass ich nicht mehr so lang und so weit laufen konnte wie früher.

Etwa eine Woche später betrat ich in der Firma, völlig in meine eigenen Probleme versunken, den Aufzug und sah einen

Mann neben der Steuerung stehen. »Ich habe Sie schon lange nicht mehr gesehen«, sagte er.

Ich schrak zusammen, wollte mir aber nichts anmerken lassen und erwiderte unverbindlich: »Ach ja?«

Er lächelte. »Sie wissen nicht, wer ich bin. Ich habe Sie jeden Morgen beim Laufen gesehen. Sie sind Sportlerin, nicht wahr?« Die Zeit schien stillzustehen. Es war ein göttlicher Augenblick – als gäbe es nur uns beide auf der Welt. Es war der Mann mit dem Schäferhund. Mit offenem Mund stand ich da und konnte nichts sagen. Ich hörte immer nur: »Sie sind Sportlerin, nicht wahr?«

»Ah ja, das stimmt«, stammelte ich schließlich.

»Laufen Sie immer noch?«, erkundigte er sich höflich.

»Ähm, ja«, antwortete ich, und als schuldete ich ihm eine Erklärung, weshalb sich unsere Wege nicht mehr kreuzten, fügte ich hinzu: »Wir sind umgezogen.«

Er nickte, die Aufzugglocke ertönte, die Türen öffneten sich, und ich stieg aus.

Er verabschiedete sich mit den Worten »Ich wünsche Ihnen einen schönen Tag«. Es gibt Menschen, die das nur so dahinsagen – dieser Herr meinte es, und seine Worte wärmten mich wie eine weiche alte Decke.

Als sich die Türen schlossen, musste ich mich kurz an die Wand lehnen. Meine Knie zitterten. »Sie sind Sportlerin, nicht wahr?«

Was ist das überhaupt, ein Sportler? Vielleicht ist es ein Mensch, der die Welt in einem positiven Licht sieht. Ein Mensch, der trainiert, der an die Grenzen seiner Ausdauer geht, der sich Ziele setzt und sich dann dazu zwingt, seine ganz persönliche Ziellinie auch zu erreichen. Sportler müssen

Rückschläge verkraften und nutzen in harten Zeiten ihren Kopf, um Zukunftspläne zu schmieden. Vor allem aber geben Sportler niemals auf, denn ganz egal, wie ihr Körper aussieht: Sie haben das Herz und den Geist eines Kriegers.

Wie positiv meine Einstellung auch sein oder wie hart ich auch trainieren mag: Ich werde niemals olympisches Gold gewinnen. Mein Name wird weder in einer überregionalen noch in einer Regional- oder Lokalzeitung stehen. Ich werde vielleicht nie den Boston Marathon laufen. Aber dieser Mann, dessen Worte neues Licht in mein Leben brachten, hatte Recht: Was die wesentlichen Punkte angeht, bin ich *tatsächlich* eine Sportlerin. Denn was auch passiert, ich gebe nicht auf.

Donna Beales

Die Schluchten meines Herzens

Die Fülle des Lebens steckt in seinen Risiken.
EDITH HAMILTON

Seit Jahren träume ich davon, bis ganz unten in den Grand Canyon hinabzusteigen. Als ich meinen Freunden und meiner Familie zum ersten Mal davon erzählte, waren die meisten von ihnen skeptisch. Ich konnte mir vorstellen, was sie dachten, und nehme es ihnen nicht übel. Mit einundfünfzig Jahren und ebenso vielen Pfund Übergewicht auf den Rippen wie Lebensjahren auf dem Buckel bin ich nicht gerade prädestiniert für eine Wanderung, die mit einem Marathon verglichen wird. Aber ich habe, was nur wenige angehende Läufer oder Wanderer haben: eine Reservierung für zwei

Nächte auf der Phantom Ranch im Grand Canyon. Sie ist für Oktober in zwei Jahren.

Letztes Jahr habe ich mir ein paar Filme über das Wandern im Grand Canyon zu Weihnachten gewünscht und auch bekommen. Mein Mann sah sie sich mit mir an und sagte immer wieder, dass so etwas das Allerletzte für ihn sei. Er erklärte, er würde mich am Südrand des Grand Canyon absetzen, damit ich zu meiner Odyssee aufbrechen könne, und dann nach Las Vegas weiterfahren.

Jedes Mal, wenn ich die Wanderfilme ansehe, muss ich lächeln, weil ich in Gedanken dort bin. Ich sehe eine Version von mir, die ich unbedingt kennen lernen möchte, zwischen den uralten Felsen und Klippen umherklettern, die denselben Bernsteinton haben wie mein Haar.

Ich weiß nicht, welchen Teil von mir ich auf dieser Wanderung finden werde, aber ich schätze, sie wird das Bittere und das Süße hervorbringen. So war es auch bei den anderen Herausforderungen, etwa der Geburt meiner Tochter. Nur wird die Geburt im Canyon etwas länger dauern, werden die Täler tiefer, die Gipfel höher sein. Und dieses Mal wird es meine eigene Geburt – oder Wiedergeburt – sein.

Vielleicht fühlt es sich ebenso an, wie meiner einzigen Tochter Gina dabei zuzusehen, als sie ihr herrlich volles, aber kurzes Leben lebte. Ich kann mir vorstellen, wie ich beim Wandern keuchen werde: wie bei dem Versuch, zu schnell zu laufen, oder wenn ich einen Asthmaanfall habe. Mein Atmen wird dem schweren Atmen meiner Tochter gleichen, als sie einen Luftröhrenschnitt brauchte, um besser Luft holen zu können. Ich werde mir beim Atmen helfen müssen, so, wie ich ihr dabei helfen musste.

Ich kann beinah spüren, wie meine Beine vor Erschöpfung brennen, wie sie sich Schritt für Schritt vorarbeiten, so wie Gina kämpfte, um allein gehen zu können. Vielleicht werde ich ebenso stolz sein, wie sie und ich es damals waren, als sie mit drei Jahren endlich laufen konnte.

Vielleicht werde ich mich auch fragen, was zum Teufel ich dort tue oder wie um alles in der Welt ich glauben konnte, einer so anstrengenden Tour gewachsen zu sein. Vielleicht hat sich Gina in ihrem Kinderköpfchen dieselbe Frage gestellt. Vielleicht war sie auch viel zu sehr damit beschäftigt, das Leben zu genießen, das sie hatte.

Eines ist sicher: Ich bin kein Sportler. Ich gehe also davon aus, dass ich irgendwann umkehren will. Aber umkehren wollen und tatsächlich umzukehren sind zwei Paar Stiefel.

Bei meinem Abstieg in den Canyon werde ich mich vielleicht daran erinnern, wie ich mich fühlte, als ich erfuhr, dass mein wunderschönes Baby am Downsyndrom sowie an einem angeborenen Herzfehler litt – und wie ich mich, nur für einen kurzen Augenblick, fragte, wie es wohl gewesen wäre, wenn ich diesem Kind den Rücken gekehrt hätte. Ich werde mir auch ins Gedächtnis rufen, wie sehr ich mich danach gesehnt hatte, sie kennen zu lernen, und wie froh ich war, mich dafür entschieden zu haben.

Ich denke, ich werde Dinge sehen, hören und riechen, von deren Existenz dort unten in Arizona, im Grand Canyon, ich nie etwas geahnt hätte. So wie Gina auf ihrer dreijährigen Lebensreise.

Ich weiß, ich werde stolz auf mich sein, wenn ich unten angekommen bin. Und ich werde mir Sorgen machen, weil ich wieder hinaufklettern muss. So wie ich stolz war, wenn ich

Gina helfen konnte, aber auch besorgt, weil ich tief in meiner Seele wusste, dass mir nach ihrem Tod das Schwierigste noch bevorstand: aus dem Loch hinauszuklettern, das sie auf ewig im Grand Canyon meines Herzens hinterlassen hatte. Ich hatte immer gewusst, dass ich sie eines Tages verlieren würde. Dennoch war es die größte Angst, der ich mich je hatte stellen müssen. Im Vergleich dazu ist alles andere einfach.

Werde ich nach meinem Aufstieg von der Phantom Ranch etwas gelernt haben? Werde ich stärker sein auf eine Art und Weise, die über körperliche Stärke und kräftige Muskeln hinausgeht? Ich werde es erst wissen, wenn ich es versuche. Ich muss es wissen, also muss ich es versuchen. Selbst wenn ich es nicht ganz schaffe, werde ich einiges zu erzählen haben. Und kräftige Muskeln wären auch schön.

Ich hoffe, der Canyon wird mich lehren, mit dem Fluss des Lebens zu fließen. Ein Canyon entsteht, weil er zulässt, dass er zu einem Teil ins Meer hinausgespült wird. Er findet seine Schönheit, indem er sich von den Sedimenten trennt. Vielleicht wird das auch bei mir so sein.

Auf diesen Pfaden stellte ich mich all meinen Ängsten und entdeckte noch ein paar neue – zum Beispiel schmerzende Kniegelenke, die an so steiles Gelände nicht gewöhnt waren; den Schmerz, von den Menschen getrennt zu sein, die ich liebe; die Furcht, auf den nassen, schlammigen Felsen abzurutschen, von kalten, schmerzenden Muskeln ganz zu schweigen. Aber ich erkannte auch, dass ich zwar nicht die anmutigste Frau auf dieser Wandertour war, es aber sehr wohl schaffen konnte. Und ich schaffte es – auf meine Wanderstecken gestützt, mit Studentenfutter, das aus meinen Taschen rieselte, in den Fußstapfen meiner Freunde und mit dem Inhalator in der Hand.

Ich ging nach Arizona, um die Angst zu besiegen. Ich ging, um meine Seele zu finden. Ich sang und lachte und weinte und sah und fühlte die Schönheit der Josuabäume und der segelnden Kondore und des tiefgrünen Flusses, der zwischen den starken, marmorierten Wänden eingebettet war – so viele Dinge, die dieses Mädel aus Louisiana noch nie gesehen hatte. Und ich fand heraus, dass man mit Liebe und etwas Mut überall hinkommt und wieder zurück und dass der Körper folgt – wenn man bei jedem Schritt in die neue Richtung offen bleibt.

Rose Marie Sand

6

Das Können weitergeben

Der Duft der Rose haftet stets an der Hand,
die sie schenkt.

HEDA BEJAR

Jessicas Geschichte

Leben ist Neuland. Es offenbart seine Geschichte Stück für Stück.
LEO BUSCAGLIA

Es war einmal in einem Königreich nicht allzu weit von hier
ein kleines Mädchen mit einem aufrichtigen und liebevollen
Herzen. Sie sollte in Kürze ihren sechsten Geburtstag feiern,
aber sie wusste auch, dass es ihr letzter sein würde. Schon seit
sehr langer Zeit litt sie an einer Krankheit, die nicht besser
werden wollte, wie viele Ärzte sich auch darum bemühten.
Eines Abends also suchte sich das Mädchen einen funkelnden
Stern am Himmel, um sich etwas zu wünschen. Sie legte ihr
winziges Händchen auf ihr Herz und sagte:»Ich wünschte, ich
wäre eine Märchenprinzessin und lebte in einem Zauberkö-
nigreich, in dem all meine Träume in Erfüllung gehen.«

Eines Montags um neun Uhr morgens klingelte mein Telefon. Es war der Direktor der örtlichen Starlight Children's
Foundation, einer Stiftung. Er bat mich um meine Hilfe bei
der Planung einer Geburtstagsfeier und darum, ein Märchen
für Jessica Hageman aufzuführen, eine todkranke Krebspatientin. Als Jessica achtzehn Monate alt war, hatte man festgestellt, dass sie Leukämie hatte. Sie war mit Chemo- und
Strahlentherapie behandelt worden und hatte eine Knochen-
marktransplantation bekommen. Der aktuellen Prognose zu-
folge hatte sie nur noch wenige Wochen zu leben, und uns

blieben sechs Tage, um die unvergessliche Feier zu planen, die ihre Familie ihr schenken wollte.

Jessicas Mutter Denise war sich sicher, dass Jessicas Liebe zu Märchengeschichten ihr Kraft zum Leben gab – vor allem ihr Lieblingsmärchen »Die Schöne und das Biest«. Eines Tages hatte sie verkündet, wenn sie einmal groß sei, wolle sie Belle (die Schöne) sein.

Ich machte mich daran, eine lebensechte, königliche Umgebung für Prinzessin Jessica zu erschaffen. Die international bekannte Puppensammlung des Rosalie Whyel Museum of Doll Art sollte den zauberhaften Rahmen bilden. Die Gründerin des Museums gestattete uns, Jessies Party in den Museumsräumlichkeiten zu feiern, und bot sogar an, sich als »Königin des Palasts« zu verkleiden. Ihre Angestellten sollten ihre Hofdamen sein.

Eine andere Freundin erbot sich, Jessica und ihre sechzehn Spielkameraden in Prinzessinnen und Prinzen zu verwandeln. Die Mädchen sollten in glänzenden Satin, Paillettendiademe, Federboas und glitzerndes Geschmeide gehüllt, die Jungen mit Capes und Krönchen herausgeputzt werden. Wir entschieden uns für eine Prozession, damit die Gäste die Kinder in all ihrer Pracht bewundern konnten. Die Prozession sollte von Prinzessin Jessie in ihrem »goldenen Wagen« angeführt werden – einem gut getarnten Rollstuhl, der von meterweise Goldbrokat verdeckt wurde. Ihre Krone sollte interaktiver Bestandteil der Geschichte sein: Während Jessies Märchen erzählt wurde, sollten ihre Freunde und ihre Familie nacheinander vortreten, die Krone mit Edelsteinen schmücken und ihr alles Gute wünschen.

Alle trugen mit Freuden ihren Teil zu Jessies zauberhaftem Fest bei: Das Seattle-Repertory-Theater spendete einen Königsthron, ein örtlicher Supermarkt besorgte den dreistöckigen Kuchen, und Geschäfte aus der Nachbarschaft lieferten Trauben von Luftballons. Der Lokalfernsehsender bot an, das ganze Fest mitzuschneiden, damit die Familie ein Andenken an diesen Tag hatte. Jedes Mal, wenn etwas Neues dazukam, rief ich die Familie an, um ihnen die wunderbaren Neuigkeiten zu erzählen. Jeder großzügige Helfer wurde zu einem Licht im alles durchdringenden Dunkel ihres Lebens. Wir wurden mit in ihr Leben hineingezogen – und ließen es gern geschehen.

Vor allem aber wollte ich Jessie eine zauberhafte, heilende Geschichte erzählen – eine solche, die ihr helfen würde, dem Tod mutig entgegenzusehen. Sie sollte die Heldin ihres eigenen Märchens sein. »Doch wonach sucht Prinzessin Belle?«, fragte ich mich. »Worin besteht der Konflikt? Welche Kräfte, Stärken, Talente hat sie?«

Allmählich nahm ein riesiges Biest, eine haarige, unförmige Kreatur, in meiner Vorstellung Gestalt an. Es lebt in einer Höhle und weint jede Nacht. Die Prinzessin muss lernen, diesen Riesen zu verstehen. Sie muss ihre Angst vor diesem Geschöpf überwinden und zu ihm gehen.

Als der König die Prinzessin in meiner Geschichte fragt, was sie sich zum Geburtstag wünscht, denkt sie lange nach und sagt schließlich: »Ich möchte in den Wald gehen und mit dem freundlichen Riesen Freundschaft schließen, der dort wohnt.«

»Kommt nicht infrage!«, antworten König und Königin, aber die Prinzessin bleibt hart – und die Bewohner des Königreichs begleiten sie an den Rand des dunklen Waldes. Sie findet den Riesen und bittet ihn, aus seiner Höhle herauszukommen und mit ihr zu spielen. Er weiß nicht, wie man spielt, aber sie bringt ihm den »Hokey Pokey« bei.

Der Riese sagt: »Dieser ›Hokey Pokey‹ gefällt mir! Wenn ich singe und tanze, ist mir nicht mehr nach Weinen zumute!« Er nimmt Jessies kleine Händchen und sagt: »Liebe Prinzessin, was seid Ihr doch für ein tapferes und mutiges kleines Mädchen, dass Ihr von so weit herkommt, um Freundschaft mit mir zu schließen – und das an *Eurem* Geburtstag. Ihr habt *mich* beschenkt! Deshalb werde ich Euch zum Dank ebenfalls ein Geschenk machen. Solltet Ihr je an diesen dunklen Ort zurückkehren, dann wisset: Ich werde hier auf Euch warten, Euch beistehen und Euch beschützen und für alle Ewigkeit Euer Freund sein.«

Am nächsten Morgen – dem Tag, an dem die Feier stattfinden sollte – durchbrach das Klingeln des Telefons die Stille. Jessie hatte um zehn Uhr dreißig einen Schlaganfall erlitten. Sie konnte weder scharf sehen noch sich aufsetzen oder sprechen, ohne zu stottern. Die linke Hälfte ihres Körpers versagte den Dienst. Sie war im Krankenhaus, und an ein Fest war an jenem Abend nicht mehr zu denken.

Am Montagmorgen um neun Uhr gab es wieder Neuigkeiten: Jessie war aus dem Krankenhaus entlassen worden und hatte friedlich geschlafen. Nach dem Aufwachen hatte sie gefragt: »Kann ich meine Party trotzdem feiern?«

Ob es wohl möglich sei, das geplante Programm auf ihren Gesundheitszustand abzustimmen? Das Schloss für den neuen Tag zu reservieren? Den Kuchen zu retten? Die Luftballons wieder aufzublasen? All die freiwilligen Helfer noch einmal zu bitten? Die Gäste anzurufen? Den Zauber noch einmal zu erschaffen? »Aber natürlich!«, antworteten wir übereinstimmend und fingen an, die Helfer zusammenzutrommeln.

Wir besorgten ein Pflegebett aus dem Kinderkrankenhaus, türmten massenweise weiche Kissen darauf und wickelten es in viele Meter veilchenblaue Seide. Jessie weinte vor Schmerz, als die Hagemans das Haus verließen.

Beinahe hätten sie kehrtgemacht. Im Palast angekommen, wurden sie von der Königin, ihren Freunden und Jessies Spielkameraden begrüßt − die sich allesamt für das Fest in Schale geworfen hatten −, und Jessie tauchte in ihr ganz persönliches Märchen ein und ließ den Schmerz zurück.

Die Kinder waren schrecklich aufgeregt, doch als sie an Jessies Bett aus veilchenblauer Seide traten, unterhielten sie sich in leisem, beruhigendem Tonfall mit ihr, während sie vorsichtig ihre Hände nach den ihren ausstreckten, um sie sanft zu berühren. Der Klang der Flöte des Rattenfängers von Hameln lockte die Gäste den marmornen Gang in die Flügel des Palasts entlang, wo die Puppen untergebracht waren und ebenfalls darauf warteten, mitfeiern zu dürfen. Der Festzug aus Kindern, Eltern und Familie formierte sich hinter Jessie.

Ihr Märchen entfaltete sich Blatt für Blatt wie eine Blüte und passte sich jeden Augenblick von neuem ihren Bedürfnissen an. Als der königliche Koch den Geburtstagskuchen auftrug, auf dem sechs Geburtstagskerzen brannten, konnte Jessie mit leisem Stimmchen »Happy Birthday« singen und − mithilfe ihrer Familie − sogar die Kerzen auspusten. Die Königin half Jessie, all die vielen Geschenke auszupacken, aber Jessie ließ ihre Gäste wissen, dass sie die Geschenke auch selbst hätte auspacken können. Später durfte sie auf dem königlichen Thron Platz nehmen, wo sie auf dem Schoß ihrer Mutter saß und ein Stück Geburtstagskuchen aß.

Ihr Arzt sagte: »Ich hätte niemals gedacht, dass dieses kleine Mädchen, das gestern nicht einmal ihre Medikamente nehmen konnte, heute Geschenke auspacken und Geburtstagskuchen essen würde. Das ist in der Tat ein Wunder.«

Auch für uns war es ein Wunder. Das Herz hatte uns Jessies Geschichte erzählt. Indem wir in ihr Leben getreten waren, hatten wir in das Fenster ihrer Seele geblickt und waren von ihrem Zauber tief berührt worden.

Jessica Hageman starb drei Wochen nach der Feier zu Hause in den Armen ihrer Eltern.

Sie baten mich, bei der Beisetzung ihre Lebensgeschichte zu erzählen. Zu meiner Rechten stand ein Tisch mit ihren Lieblingsbüchern und -spielzeugen, und auf dem Rednerpult befanden sich ihr Ballkleid und eine einzelne rote Rose. Ich zeichnete Jessies Leben nach, verwob die Geschichten, die mir ihre Eltern, ihre Freunde, die Ärzte und Schwestern erzählt hatten, und zeigte, wie Jessie mit der Kraft ihrer Liebe ihr Leben berührt hatte. Kein Wunder, dass »Die Schöne und das Biest« ihr Lieblingsmärchen war: In ihrem eigenen Leben verwandelten Jessies reines Herz, ihre unerschütterliche Liebe und ihr außerordentlicher Mut jeden, der ihr begegnete. In meiner Rede feierte ich ihre Rückkehr in den Himmel, wo die himmlischen Heerscharen sie vor Gottes Thron führten. Gott erklärte ihr, dass sie alle Menschen berührt und ihnen ermöglicht hatte, ihre ganz eigenen Fähigkeiten zu entdecken.

Und er sprach: »Deine Heimkehr verlangt nach einem großen Fest. Wie würdest du deine Rückkehr in den Himmel am liebsten feiern?«

»Nun ja, Herr«, sagte Jessie, »als ich noch auf der Erde war, feierte ich meinen sechsten Geburtstag, aber damals fühlte ich mich gar nicht gut. Darf ich ihn nun, da ich mich ganz wunderbar gut fühle, noch einmal feiern und mich als Prinzessin verkleiden? Und würden sich auch die Engel verkleiden und voreinander verbeugen und einen Knicks machen?«

»So sei es«, sprach Gott.

Ich forderte die Versammelten auf, sich vorzustellen, sie seien auf Jessies Fest. Ich bat sie, aufzustehen, sich voreinander zu verbeugen und Knickse zu machen. Was sie auch gern taten.

»Als die Geschichtenerzählerin meine ganz besondere Geschichte erzählte, wie ich mit dem Riesen im Wald Freundschaft schloss«, fuhr Jessie fort, »sangen und tanzten alle den ›Hokey Pokey‹. Aber mir war nicht besonders gut, und ich konnte nicht mitmachen. Nun, da ich mich ganz wunderbar gut fühle, würde ich gern den ›Hokey Pokey‹ hier im Himmel tanzen.«

»So sei es«, sprach Gott.

Dann sangen und tanzten alle Versammelten mit mir den »Hokey Pokey«.

»... Und das war die Geschichte der Engelprinzessin Jessica Belle. Sie lebt nun glücklich und zufrieden bis in alle Ewigkeit – in der Ewigkeit.«

Michale Gabriel

Eine Überraschungshochzeit

Nur die Liebe zählt.
THÉRÈSE VON LISIEUX

Im Laufe der Jahre hatte meine Frau Sue immer wieder ihr Interesse daran bekundet, das Eheversprechen zu erneuern. Sie redete nicht oft darüber, brachte das Thema aber bei besonderen Anlässen wie Hochzeiten oder Hochzeitstagen zur Sprache.

Wie die meisten Machos war ich der Ansicht, einmal sei genug. Doch die Zeit verging, die Sache war ihr offenbar weiterhin wichtig, und ich wurde allmählich weich: »Irgendwann denke ich vielleicht darüber nach, mein Schatz. Aber ich mache nur mit, wenn wir unter uns bleiben – vielleicht im Urlaub irgendwo.« (Für so etwas brauchte ich nun wirklich kein Publikum.)

Vor vier Jahren dann hatte Sue ein bösartiges Muttermal am Bein, das sie entfernen lassen musste. Die Diagnose: malignes Melanom.

Damals dachte ich, die Sache mit dem Muttermal sei halb so wild. Schließlich war es ja fort und damit auch der Krebs. Ich hatte keine Ahnung, mit welcher Hartnäckigkeit dieser Krebs immer wieder auftauchte.

Im November entdeckte Sue ein neues Geschwür am selben Bein. Es entpuppte sich als geschwollener Lymphknoten. Die Untersuchung ergab, dass es sich erneut um ein bösartiges Melanom handelte. Sue unterzog sich einer Operation und ließ etliche Lymphknoten aus Bein und Unterleib entfernen.

Die Ärzte hatten gute Neuigkeiten: Der Krebs beschränkte sich auf zwei Lymphknoten – den geschwollenen und den daneben.

Eine Woche nach Sues Diagnose wurde auch bei ihrem Vater Krebs festgestellt. Es war nicht die beste Woche im Leben meiner Frau.

Im Dezember jenes Jahres war ich wie üblich verzweifelt auf der Suche nach einem Weihnachtsgeschenk für meine Frau – nur kämpfte ich dieses Mal noch etwas mehr als sonst. Sue sagte immer, dass sie sich »etwas Persönliches« wünschte. Als der Krebs zurückkehrte, dachte ich lange und intensiv darüber nach, wie unsere Zukunft wohl aussehen würde. Ich fragte mich, was für ein Geschenk ich ihr zu Weihnachten machen konnte, das persönlich war, ihr zeigte, wie sehr ich sie liebte, und ausdrückte, wie viel sie mir und unserer Familie bedeutet.

Ich bin einer von den Männern, die sich gern ausmalen, was für großartige Dinge sie für ihre Frau tun könnten, diese Pläne aber nur selten in die Tat umsetzen. Doch in jenem Jahr ging ich tatsächlich in mich – und der Gedanke, unser Eheversprechen zu erneuern, bekam plötzlich eine neue Bedeutung. Es war eine Möglichkeit, ihr zu zeigen, dass ich es tatsächlich noch einmal tun würde.

Dann dachte ich an die Zeile »In guten wie in bösen Tagen« und brach in Tränen aus. Zum Glück war ich allein.

Trotz allem, was Sue durchgemacht hatte – und vielleicht gerade deshalb –, wollte sie den Weihnachtsabend bei uns zu Hause feiern. Sie hatte nur ein paar Verwandte eingeladen. Es war die ideale Gelegenheit, unser Eheversprechen zu erneuern, also sicherte ich mir die Unterstützung meiner Schwägerin Karen. Ich rief die Gäste an und bat sie, zwei Stunden früher zu kommen. Ich sagte, ich hätte eine Überraschung für Sue, sagte aber niemandem, was für eine Überraschung es war. Ich wollte nicht, dass irgendjemand sie ihr verdarb.

Ich ging zu unserer Nachbarin Jean Partridge, einer Friedensrichterin. Wir hatten uns noch nie richtig miteinander unterhalten und kannten einander nicht näher, aber ich hoffte dennoch, dass sie am Weihnachtsabend Zeit für uns haben würde. Sie sagte, sie hätte an jenem Abend schon etwas vor und müsse um sechs Uhr bei ihrer Tochter sein. Meine Hoffnung schwand. Ich wollte gerade gehen, da fragte Jean: »Wofür brauchen Sie am Weihnachtsabend einen Friedensrichter, Don?«

»Ich möchte meine Frau noch einmal heiraten«, erwiderte ich. »Es soll eine Überraschung werden.« Ich zögerte kurz, dann fragte ich: »Denken Sie, Sie könnten uns um vier Uhr trauen und es trotzdem noch rechtzeitig zum Weihnachtsfest Ihrer Tochter schaffen?«

Ich sagte Jean, wie viel mir die Zeremonie bedeutete und wie viel sie meiner Frau an diesem besonderen Punkt ihres Lebens bedeuten würde. Ich erzählte ihr von Sues Gesundheitsproblem. Ich erklärte es ihr, damit sie verstand, falls ich in Tränen ausbrach. Anschließend meinte sie, sie würde sich vor der Trauung wohl ebenfalls ein Gläschen genehmigen müssen, um ihre Nerven zu beruhigen.

»Ich werde um vier Uhr da sein«, sagte sie lächelnd.

Gewaltige Freude durchflutete mich. Ich hatte einen Weg gefunden, Sue zu zeigen, wie sehr ich sie liebte – und dieses Mal würde ich es nicht bei der Idee belassen, sondern die Idee auch in die Tat umsetzen.

Endlich hatte ich ein wunderbar einzigartiges Weihnachtsgeschenk für meine Frau gefunden. Die Einzigen, denen ich noch davon erzählte, waren Sues Eltern, da ich sie unbedingt dabeihaben wollte. Als sie hörten, was ich vorhatte, wurde es still am anderen Ende der Leitung. Nach einer langen Pause verkündete Sues Vater, dem seine eigene Krankheit gute und schlechte Tage bescherte, bewegt, er würde auf alle Fälle da sein – egal, wie er sich fühlte.

Mir wurde klar, dass ich auch für etwas Romantik – oder sollte ich »Schmalz« sagen? – sorgen musste. Für all die Kleinigkeiten, an die Frauen denken und die Männer für gewöhnlich vernachlässigen. Ich bat Shaun, meinen Jüngsten, ein Lied aus dem Internet herunterzuladen – das Lied, das sie bei unserer Hochzeit vor dreiundzwanzig Jahren in der Kirche gespielt hatten. Sean brannte mir eine CD, damit ich das Lied abspielen konnte, wenn Sue zur Tür hereinkam. Ach, und Blumen – ich besorgte einen Blumenarmreif für Sue, eine Blume für mein Knopfloch und zwei Weihnachtssterne für den Kaminsims. Ich kaufte Kuchen, Champagner, Gläser, riesige Mengen Papiertaschentücher und Einwegkameras. Ich kaufte sogar besondere Ringe.

Im Blumengeschäft fiel mir ein kleiner Schneemann ins Auge. Ich nahm ihn in die Hand und sah, dass es sich dabei um eine Art Schmuckhalter handelte. Der Schneemann hielt ein kleines Schild mit der Aufschrift »Hoffnung« in der Hand. Er war einfach perfekt, und meine Augen füllten sich erneut mit Tränen. Für einen Macho weinte ich verdammt viel in letzter Zeit.

Am Weihnachtsnachmittag war alles vorbereitet. Meine Schwägerin Karen nahm Sue mit auf einen Krankenbesuch bei Verwandten. Als sie zurückkamen, war Sue überrascht, dass sich die Gäste zwei Stunden zu früh bei uns eingefunden hatten. Schließlich musste sie noch das Essen vorbereiten.

»Was ist denn hier los?«, fragte sie leicht verstimmt.

Alles Weitere überlasse ich Ihrer Phantasie.

Stellen Sie sich nur Folgendes vor: Unser Hochzeitslied erklingt, die Gäste machen Fotos von Sue und mir, Tränen und Champagner beginnen zu fließen.

Und ich sage: »Fröhliche Weihnachten, mein Schatz. Ich liebe dich. Willst du mich heute Abend noch einmal heiraten?«

Don Flynn

Lektionen fürs Leben

Glück beginnt, wo Selbstsucht endet.
JOHN WOODENS LIEBLINGSMOTTO

Er spricht leise, und manchmal trägt er einen großen Stock bei sich, doch der hilft ihm nur beim Gehen, wenn seine Knie schmerzen.

Der einundneunzigjährige John Wooden spricht in Monterey, Kalifornien, zu einer großen Gruppe junger, frecher IT-Experten. Die Männer und Frauen im Publikum kämpfen in einer äußerst konkurrenzbetonten Branche um den Aufstieg. In den nächsten fünfundzwanzig Minuten spricht Wooden über Demut, Teamarbeit und darüber, wie man Erfolg hat, indem man anderen hilft. Seine zeitlos weisen Worte – die »Pyramid of Success« (Pyramide des Erfolgs) – sind eine Zusammenfassung der Lebensprinzipien, die Wooden bekannt gemacht haben. Für viele Menschen sind sie die Bausteine des beruflichen und privaten Erfolgs.

Zu diesen Bausteinen gehören Eigenschaften wie Freundschaft und Loyalität im Fundament der Pyramide, dann arbeitet man sich zu Werten wie Selbstbeherrschung, Eigeninitiative, Teamgeist, Haltung und Selbstvertrauen empor. An der Spitze steht die Wettkampfstärke. Im Laufe seiner Karriere prägte Wooden seine eigene Definition von Erfolg: »Seelenfrieden, der ganz und gar der Zufriedenheit um die Gewissheit entspringt, dass man sich bemüht hat, sein Bestes zu geben. Ob in der Geschäftswelt, im Klassenzimmer oder auf dem Sportplatz, spielt keine Rolle.«

Von unglaublichen Höhenflügen weiß Wooden so einiges zu berichten. In der Welt des US-College-Basketballs kennt man ihn unter dem Namen »Der Zauberer von Westwood«, denn er führte die Mannschaften der Universität von Kalifornien (UCLA) zu beispiellosen Meisterleistungen und schrieb Basketballgeschichte. Seine Mannschaften gewannen nie da gewesene zehn US-Titel – sieben davon in Folge in den Jahren 1967 bis 1973. Darunter waren vier perfekte Jahre, eine Siegessträhne von achtundachtzig gewonnenen Spielen sowie achtunddreißig aufeinander folgenden Spielen in der NCAA (National Collegiate Athletic Association, dem US-Landesverband für Hochschulsport).

Wooden setzte sich auf dem Gipfel seines Erfolgs zur Ruhe, aber den Ausstieg bedauert er kaum. Am meisten fehlt ihm das Training. »Ich liebe es, zu lehren, und darum ging es im Training ja«, sagt er. Verbale oder körperliche Einschüchterungstaktiken waren nicht sein Stil – genau genommen erhob er nur selten die Stimme. Er war und ist ein Lehrer, ein sanfter Mann der zeitlosen Lektionen.

Swen Nater, ein ehemaliger Spieler, sagt: »Er sprach nur selten über Basketball. Er sprach über die menschlichen Werte und Charakterzüge, die Erfolg ermöglichen. Er lehrte uns, Spaß und Freude in unser Leben zu holen.« Woodens Schüler hörten auf ihn, denn sie wussten, wenn sie ihre Lektionen lernten, würden sie gewinnen. Die wichtigsten Lektionen kamen fix und fertig mit einem Satz nützlicher Sprichwörter:

Sei schnell, aber nicht in Eile.
Ohne Vorbereitung kein Erfolg.
Disziplin soll nicht strafen, sondern korrigieren.
Aktivität ist nicht gleich Leistung.
Wenn man aufhört, dazuzulernen, ist alles vorbei.
Mach jeden Tag zu deinem Meisterstück.

»Wir hielten uns für die Größten, weil wir Hochschulsportler waren«, erinnert sich Bill Walten, ein ehemaliger UCLA-Spieler und NBA-Star mit einem Platz in der Ruhmeshalle des Basketballs. »Trainer Wooden ließ immer diese Sprüche los. Für uns war er eine wandelnde Antiquität – wir hatten damals ja keine Ahnung, dass an all diesen Lektionen, die er uns fürs Leben lehrte, tatsächlich etwas dran war.«

Wooden sagt: »Nicht jeder Mensch besitzt gleich viel Talent. Wir können lediglich das Beste aus dem machen, was wir haben, und versuchen, uns immer weiter zu verbessern. Das ist es, was ich stets zu vermitteln versuche, ob ich nun Englisch unterrichtete, meine Basketballmannschaften trainierte oder zu einer Gruppe von Geschäftsleuten sprach.«

Er erwähnt nie, dass er einer von nur zwei Männern ist (der andere heißt Lenny Wilkins), die in der Naismith Memorial Basketball Hall of Fame, der Ruhmeshalle des US-Basketballs, sowohl als Spieler wie auch als Trainer geehrt werden. Dass er in seinem gesegneten Alter geistig immer noch voll da ist – obwohl er sich inzwischen etwas langsamer bewegt –, muss er nicht extra erwähnen. Er ist, was er lehrt: ein zutiefst moralischer, erfolgreicher Mensch, der das Leben vieler Menschen positiv beeinflusste. Er ist wahrlich eine – hochverehrte – Legende seiner Zeit.

Mark Stroder

Das schöne Mädchen im Spiegel

Wenn sie geliebt werden, sind alle Kinder schön.
BERTHA HOLT

Ich verliebte mich in ihr Bild, noch bevor ich ihr begegnete. In dem Rundbrief der Adoptionsvermittlung Children's Hope International befanden sich auch Fotos von anderen Kindern – aber ich fühlte mich sofort zu ihr hingezogen. Tränen rollten mir übers Gesicht, tropften aufs Papier und ließen die Bildunterschrift verlaufen: »Kind Nummer 151. Zheng Kang. Mädchen. Geboren am 17. Januar 1994. Dieses kleine Mädchen ist auf dem rechten Auge blind. Sie braucht eine ›Familie für immer‹, die ihr hilft, ihre Behinderung zu besiegen.«

Mein Herz sehnte sich danach, sie zur Tochter zu haben. Neben dem Bild notierte ich am Rand: »Das ist Sarah Norwood. 13. Februar 1999.«

Ich betete. Ich hoffte. Ich plante... und ich wartete. *Wir* warteten – mein Mann Ed und ich.

Wir waren beide über fünfzig, hatten zwei eigene, inzwischen erwachsene Kinder und zwei heiß geliebte Enkel. Doch das Wunder der Adoption verwandelte uns noch einmal in werdende Eltern. Unser erster »Ultraschall« war eine Kopie ihres Bildes. Wir klebten Abzüge davon an den Kühlschrank, platzierten sie an anderen augenfälligen Stellen im Haus und legten sie in unsere Brieftaschen. Wir schickten Zheng Kang, die in einem südchinesischen Waisenhaus lebte, ein Album mit Bildern von uns.

Als das Päckchen mit dem Bilderbuch im Waisenhaus ankam, hätten die anderen Kinder gewusst, dass Zheng Kang Eltern bekam, erzählte uns eine Betreuerin. Sie sagten: »Zheng Kangs Eltern haben etwas geschickt. Was ist mit meinen Eltern? Habe ich auch Eltern?«

Auf der notariell beurkundeten Freigabe zur Adoption stand (unter anderem): »Zheng Kang, weiblich, geboren am 17. Januar 1994, ausgesetzt. Sie wurde der Sozialfürsorge Changsha zugeteilt. Bisher konnten weder ihre leiblichen Eltern noch andere Verwandte ausfindig gemacht werden.«

In einem der anderen Berichte stand: »Zheng Kang ist gehorsam und freundlich zu anderen Kindern.«

Später fanden wir heraus, was nicht in den Berichten stand: dass sie verspottet und schikaniert wurde, weil sie anders war. Ihr blindes Auge war vergrößert und von Narbenwülsten überwuchert. Um zu überleben, bemühte sie sich, das beste kleine Mädchen zu sein, das sie nur sein konnte, doch wenn es zu schmerzlich für sie wurde, zog sie sich zurück und versuchte, sich unsichtbar zu machen. Sie starrte vor sich hin, als sei sie in Trance. Nachts weinten die Kinder manchmal, weil sie Angst vor der Dunkelheit oder Gewittern hatten. Zheng Kang weinte nicht – sie weinte nur, wenn ihr Leben in Gefahr war. Sie versteckte sich unter der Decke.

Neun Monate lang befassten wir uns mit in- und ausländischem Papierkram. Man wog uns, vermaß uns und nahm unsere Fingerabdrücke. Jedes einzelne Dokument unserer Akte musste notariell beglaubigt, vom Innenminister des Staates Missouri unterzeichnet, seine Echtheit von der chinesischen Botschaft oder dem chinesischen Konsulat bestätigt und schließlich ins Chinesische übersetzt werden, bevor es nach China geschickt werden konnte.

Am 28. November 1999, unserem neunundzwanzigsten Hochzeitstag, flogen Ed und ich nach China. Es war berauschend, auf der Chinesischen Mauer spazieren zu gehen, doch wir warteten nahezu atemlos vor Aufregung auf die Begegnung mit einem kleinen chinesischen Mädchen.

Die Türen zu den Hotelzimmern im neunzehnten Stock des Grand-Sun-Hotels in Changsha waren weit aufgerissen, als hoffnungsfrohe Eltern auf ihre Kinder warteten. Ed lief im Flur auf und ab. Ich räumte in unserem Zimmer herum.

»Marcia, komm schnell! Zheng Kang ist da!« Ed hatte sie erkannt – ihr Bild hatte sich bereits in sein Herz gebrannt. Ich lief in den Gang hinaus und fiel auf die Knie. Endlich sahen wir einander von Angesicht zu Angesicht, und ich breitete meine Arme aus. Zheng Kang war fast sechs Jahre alt, sah aber sehr viel jünger aus. Zum Teil auch deshalb, weil sie nur knapp siebzehn Kilo wog. Ihr hervorquellendes Auge bemerkte ich kaum, als ich in die Seele eines verängstigten Kindes blickte, das niemanden hatte, der seine Tränen fortwischte. Ihr seidiges schwarzes Haar war sehr kurz geschnitten – sie sah aus wie ein kleiner Kobold. In ihren dunklen Augen schwammen Tränen. Sie trug mehrere Schichten zerlumpter, selbst genähter Kleider, und ihre Habseligkeiten befanden sich in ihrem Rucksack: eine Flasche Milch und ein kleines gerahmtes Bild von sich. In den Armen hielt sie das Fotoalbum mit den Bildern von Ed, mir und unserer Familie, das wir ihr Wochen vor unserer Ankunft geschickt hatten.

Die »Tante«, die sie gebracht hatte, deutete auf Ed und mich und sagte: »Zheng Kangs Mama und Ba Ba (das chinesische Wort für Papa)!« Zheng Kang brach in Tränen aus.

»Sagen Sie ihr, wenn sie weint, werde ich auch weinen«, sagte ich zu der Dolmetscherin, sah Zheng Kang dabei aber direkt in die Augen.

Mit Spielzeug und Seifenblasen ermunterte ich sie, zu uns ins Zimmer zu kommen. Ich gab ihr Cheerios. Sie nahm die Geschenke, behielt sie in der Hand oder stopfte sie in ihren alten roten Rucksack. Als ihr klar wurde, dass sie nun bei uns bleiben musste, gab sie die Spielsachen zurück und schüttelte den Kopf. »Nein!« Sie behielt das Essen, vor allem die Cheerios, war aber untröstlich, als unsere Dolmetscherin und die »Tante« vom Waisenhaus gingen.

Im Zimmer war es stickig, und ich kühlte ihr das Gesicht mit einem Waschlappen. Ihren zerschlissenen Mantel wollte Zheng Kang erst ausziehen, als ich ihr neue Kleider gab. Sie reichte mir die Kleider, die sie anhatte, und wir tauschten Stück für Stück Alt gegen Neu.

In die warme Badewanne stieg sie nur ungern, doch als sie den Duft von Shampoo und Spülung roch, musste sie tatsächlich lächeln. Sie saß mitten im Schaum und spielte mit dem

Fischwaschlappen. Als ich sie aus der Wanne hob und sie in ein Handtuch wickelte, drückte ich sie ganz fest. Mein Herz wollte vor Freude schier platzen, als ich sie vorsichtig eincremte. Nach neun Monaten und vielen tausend Kilometern konnte ich unser neues Baby endlich in den Arm schließen – und sie ließ mich.

Neugierig betrachtete Zheng Kang ihr Spiegelbild, als ich ihr die Haare kämmte, und sie lächelte, als ich sie mit Spangen und Clips schmückte. Ein paar davon steckte sie auch in mein Haar. Dann deutete sie auf ihre neuen Spielsachen und die Cheerios. Sie wollte sie mit ins Bett nehmen.

Ich strich ihr übers Haar und sang: »Jesus liebt die Kinder der Welt.«

Ed legte den Arm um sie. Sie umklammerte unser Fotoalbum und so viele Sachen, wie sie in einer kleinen Hand halten konnte, dann streckte sie die andere nach ihm aus. Die beiden schliefen ein, aber ich war fast die ganze Nacht wach und betrachtete sie. Irgendwann mitten in der Nacht streckte sie auch nach mir die Hand aus, und bald schliefen wir ein – das war unser erster gemeinsamer Tag.

Auch zu Hause in den Vereinigten Staaten deuteten die Leute auf ihr blindes Auge und starrten sie an. Sechs Monate lang ließ Sarah (ihr neuer Vorname) Zheng Kang zahlreiche Arztbesuche bei einem Team von Kinderärzten und Kinderaugenärzten über sich ergehen. Schließlich wurde ihr blindes Auge von einem Schönheitschirurgen entfernt. Er gab ihr ein Pflaster für ihre Puppen, das genauso aussah wie das Pflaster, das über ihrer Augenhöhle klebte.

Ein Okularist fertigte ein Kunstauge ganz für sie alleine. Sarah Zheng Kang sah ihm zu, als er letzte Hand an ihr Auge legte, und als die Farbe trocken war, legte er es vorsichtig in ihre Augenhöhle.

Sie sah in den Spiegel und flüsterte dem Mädchen im Spiegel zu: »Wie schön du bist.« Dann küsste sie ihr Spiegelbild zärtlich. Das war der erste Tag, an dem auch *sie* glaubte, dass sie schön war.

»In China hat niemand gesagt, dass ich schön bin«, sagte Sarah zu mir.

»In meinen Augen warst du schon immer schön«, erwiderte ich.

In den zwei Jahren, seit sie unsere Tochter ist, haben wir Fotos von ihr an das Waisenhaus geschickt. Die meisten dort erkannten Sarah Zheng Kang nicht wieder. Viele hatten immer nur ihre Behinderung gesehen.

Mary Marcia Lee Norwood

Wenn du denkst, du kannst es, kannst du es auch

Wenn du denkst, du kannst es, kannst du es auch.
Und wenn du denkst, du kannst es nicht, hast du Recht.
MARY KAY ASH

»Purzelstunde!«, rief ich. Meine Kindergruppe stellte sich kichernd in einer Reihe vor dem Meer blauer Matten auf. Megan hielt sich etwas zurück und stellte sich still ganz hinten an. Sie war acht Jahre alt, genauso alt wie ich, als ich mit der Sportakrobatik anfing.

Wir begannen die Stunde mit Rollen vor- und rückwärts, Rädern und Handstandabrollen. Die Kinder hatten

Abdruck mit freundlicher Genehmigung von Harley Schwadron.

diese Übungen schon vor Monaten gemeistert. Zwei Mädchen und ein Junge hatten sich sogar ganz allein den Handstandüberschlag rückwärts beigebracht. Nur Megan übte immer noch das Handstandabrollen. Sie brauchte einfach etwas länger für die Rollbewegungen.

Ich gab ihr Hilfestellung und griff nach ihren Knöcheln, als sie sich in den Handstand aufschwang. Dann prüfte ich die Ausrichtung ihres Körpers und erinnerte sie daran, die Beine zu strecken, sich gegen den Boden zu stemmen und das Kinn gegen die Brust zu drücken. Ich half ihr beim Abrollen, und dann machten wir das Ganze noch einmal. Jedes Mal, wenn sie nach der Übung aufstand, bemühte ich mich, etwas zu finden, was ich loben konnte: »Was für schöne, spitze Zehen du hast«, »Deine Beine waren viel besser gestreckt als beim letzten Mal« oder »Das war der schönste Handstand, den du je gemacht hast«.

Eines Tages kam Megans Vater vor der Stunde zu mir. Er machte ein ernstes Gesicht, und ich wusste nicht recht, was ich zu erwarten hatte.

»Ich denke daran, Megan aus der Turnstunde zu nehmen«, sagte er.

»Wieso das?«, fragte ich nach. Hatte ich etwas falsch gemacht?

Er legte den Arm schützend um Megans Schultern und sagte: »Sie lernt nicht so schnell wie die anderen Kinder. Ich möchte nicht, dass sie die anderen bremst.« Als er das sagte, sah er gequält drein. Megan starrte auf den Boden, als wäre sie am liebsten darin versunken.

»Ich halte das für einen Fehler«, sagte ich. »Megan braucht den Turnunterricht – vielleicht sogar mehr als die anderen

Kinder. Ich habe auch nicht als siebenfache amerikanische Meisterin angefangen, sondern als achtjähriges Mädchen, genau wie Megan. Mein Trainer Igor sagte immer: ›Es gibt Kinder, die haben Talent, und dann gibt es Christine. Sie arbeitet einfach hart.‹ Wenn ich Megan sehe, erkenne ich mich selbst in ihr. Sie arbeitet hart.

Mag sein, dass Ihre Tochter niemals eine Meisterschaft gewinnen wird. Vielleicht wird sie auch gar nicht erst antreten. Aber ich verspreche Ihnen, wenn sie sich weiterhin bemüht und an sich glaubt, wird das mehr für ihre Selbstachtung tun als jede Goldmedaille, die je gewonnen wurde. Ich glaube an Megan. Ich glaube, dass sie – in ihrem eigenen Tempo – alles schaffen kann, was sie sich vornimmt.«

Als ich das sagte, sah Megan zu mir auf. Ihre Augen waren feucht, und ihr Lächeln erblühte wie die Knospe einer Blume.

Ihr Vater umarmte mich und flüsterte: »Danke. Vielen, vielen Dank.« Dann wandte er sich an Megan und sagte: »Geh und zieh deinen Turnanzug an, Schätzchen. Zeit für deine Turnstunde.«

Megan lernte schließlich das Handstandabrollen und viele andere Übungen – in ihrem eigenen Tempo. Doch was noch wichtiger war, sie stellte sich nie wieder ganz hinten an. Von diesem Tag an lief Megan immer sofort nach vorn, wenn ich die Kinder zum Purzeln aufforderte.

Christine Van Loo

Offene Augen und der menschliche Geist

Ich fühle dasselbe wie du, doch du nennst es Angst,
und für mich ist es eine Aufforderung zum Handeln.

MEISTER MORIHEI UESHIBA

Tom Sullivan stellt ein unvergessliches Bild dar, wenn er auf
der Drivingrange des Palos Verdes Country Club steht und
einen schnurgeraden Zweihundertfünfzig-Meter-Drive nach
dem anderen schlägt. Verglichen mit der Zeit, als Tom mit
Golfprofi Fuzzy Zoeller spielte, sind solche Schläge Routine.
Damals musste Tom einen langen Ball aus dem Bunker auf ein
verdecktes Grün schlagen. Zoeller selbst hatte den Schlag als
»unmöglich« bezeichnet. Und vor den Augen von fünftau-
send Fans schlug Sullivan den schönsten, »unmöglichen« Bir-
die aller Zeiten.

Doch Tom konnte seinen schönen Bunkerschlag nicht
sehen. Nicht, weil ihm eine Hand voll Sand in die Augen geflogen wäre, sondern aus demselben Grund, aus dem er weder
seine schönen Drives im Übungsbereich noch den herrlichen
Sonnenuntergang am Abend zuvor sehen konnte.

Tom Sullivan ist blind.

Tom ist nicht der beste Golfspieler aller Zeiten, aber er ist
wohl der beste blind geborene Golfer. »Die anderen blinden
Spitzengolfer hatten Handicap fünf oder besser, als sie ihr Augenlicht verloren«, sagt Golfprofi Ross Kroeker. »Tom ist eine
seltene Ausnahme.«

In der Tat führt Tom ein außergewöhnliches Leben voll von
Ironie und Widersprüchen: Er kam 1947 drei Monate zu früh

auf die Welt. Die Ärzte pumpten Sauerstoff in Baby Sullivans Brutkasten, weil seine Lungen den Sauerstoff brauchten. Die Versorgung mit reinem Sauerstoff rettete ihm das Leben, raubte ihm aber zugleich die Sehkraft. Bei der Geburt hatte Tom etwas unter eineinhalb Kilo gewogen, aber er wuchs auf über stattliche eins siebenundachtzig und dreiundneunzig sportliche Kilogramm heran. Er war für seine leichtathletischen Leistungen ausgezeichnet worden, gewann eine US-Highschool-Meisterschaft im Ringen und ruderte im Harvard-Achter.

Tom lernte viel Nützliches in seinem Leben, aber die Bedeutung des Wörtchens »unmöglich« blieb ihm fremd. Er läuft Marathon (seine persönliche Bestzeit liegt bei drei Stunden und fünfzehn Minuten), nahm erfolgreich an Triathlons teil, kletterte auf Berge und sprang sogar mit dem Fallschirm. »Ich lasse mich von meiner Blindheit nicht bremsen«, sagt Tom.

Bremsen? In Wirklichkeit trieb ihn seine Blindheit an, motivierte ihn und machte ihn wütend. Und diese Wut drängte ihn auf Berggipfel, über Ziellinien, nach Harvard und Hollywood. »Ich brauchte diese Wut«, sagt er, wenn er so zurückdenkt.

Widersprüche. Viele Menschen sehen weg, wenn sie einem Blinden begegnen, doch Tom steht schon sein Leben lang im Licht der Öffentlichkeit. »Stevie Wonder sagte einmal zu mir, Sport und Musik könnten mir den Weg aus dem Dunkel weisen«, sagt Tom, der beim Super Bowl 1976 die Nationalhymne sang. Er war über vierzigmal bei der *Tonight Show* zu Gast und in sechzig Fernsehsendungen sowie zahlreichen Filmen zu sehen. »Stevie hatte Recht.«

Widersprüche. Tom hat noch nie einen Regenbogen gesehen, aber er beurteilt auch keinen Menschen nach der Farbe seiner Haut. »Ich sehe die Menschen, wie sie wirklich sind«, sagt er.

Widersprüche. Blind zu sein ist eines der schlimmsten Schicksale, die sich die meisten Menschen vorstellen können, doch für Tom Sullivan ist die Blindheit ein Geschenk. In völliger Dunkelheit fand er das Licht der Sonne.

Widersprüche. Tom verbringt viel Zeit im Kampf um die eigene Unabhängigkeit, doch während unseres Interviews saß »Partner«, der Deutsche Schäferhund, der ihn seit fünf Jahren führt, zu seinen Füßen. »Ich kämpfe schon mein Leben lang für meine Unabhängigkeit, obwohl die Welt es lieber hätte, wenn ich abhängig wäre.« Zum ersten Mal an diesem Nachmittag liegt eine Spur von Trauer in seiner Stimme: »Ich habe lange gegen Windmühlen gekämpft. Dann fing ich an, Golf zu spielen, und lernte meinen Golflehrer Ross Kroeker sowie den Golfprofi Laird Small kennen. Damals entdeckte ich das Prinzip der gegenseitigen Abhängigkeit. Ich war auf ihre Hilfe angewiesen, aber auch sie profitierten von unserer Beziehung. Dieses Konzept hat mein Leben verändert. Es machte meine – gute – Ehe noch besser. Das Verständnis für die gegenseitige Abhängigkeit half mir auch im Beruf. Im Grunde wirkte es sich auf jeden Lebensbereich aus, als ich erkannte, dass alle Menschen einander brauchen – ob sie nun sehen können oder nicht.«

Tom vergleicht seine Beziehung zu Ross mit der des mythischen Freundespaares Damon und Pythias, doch vermutlich verhält es sich eher wie bei Bill Walsh und Joe Montana. Trainer Kroeker sagt, was gespielt wird, und dann ist es an Quarterback Sullivan, die Anweisung umzusetzen. »Wenn

Ross mir sagt, der Ball muss einundvierzig Meter über Wasser, dann muss ich ihm das glauben.«

»Manchmal verrate ich ihm das mit dem Wasser erst hinterher«, lacht Kroeker, der Tom ausrichtet und die Vorderseite des Schlägers direkt hinter dem Ball platziert, bevor Tom zum Schlag ausholt.

»Eigentlich«, fährt er fort, »gibt es auf dem Platz nur wenig, was er nicht ›sieht‹. Es ist, als hätte er Ultraschall, genau wie die Fledermäuse. Tom kann bis auf fünf Meter genau sagen, wie weit ein Ball fliegt.«

Wie ist das möglich?

»Ich kann den Ball landen hören«, ergänzt Tom. »Und beim Putten höre ich, wie er rollt.« Er hört sich auch die Putts der anderen Spieler an, um festzustellen, wie schnell das Grün ist. Dann »liest« er das Grün, indem er die Entfernung des Putts abgeht und das Gelände sowie den Neigungswinkel mit Füßen ertastet, die so feinfühlig sind wie die Fingerspitzen eines Tresorknackers. »Ich kann die Grasdecke spüren – ich spüre, ob sie hart ist oder nass. Ich erspüre sogar ihre Textur mit den Füßen. Ich glaube, dass ich die Puttlinie besser bestimmen kann als die meisten sehenden Spieler.« Nein, er spielt nicht barfuß. Er besitzt nur eine sehr große Sensibilität für Schwingungen aller Art.

Kroeker, der bei der Weltmeisterschaft im Blindengolf im schottischen St. Andrews für Sullivan das Sehen übernahm, stimmt ihm zu: »Seine Analysen sind absolut erstaunlich.«

Apropos Analysen: Eines der sieben Bücher, die Tom Sullivan geschrieben hat, trägt den treffenden Titel: *Wenn ihr sehen könntet, was ich höre*. Er sagt dazu: »Ich habe meine Frau noch nie in einem schönen Kleid gesehen, aber ich kenne den

Klang von Pattys Lächeln.« Stellen Sie sich vor, Sie könnten das Lächeln Ihres Ehepartners, das Rollen eines Golfballs beim Putten, die Beinarbeit von Kobe Bryant, dem Superstar der Los Angeles Lakers, beim Slam Dunk hören.

Wäre er nicht vor dreiundfünfzig Jahren, sondern erst heute geboren, dann wäre Toms Gehör vielleicht nicht ganz so gut. Doch weil die Ärzte inzwischen um die Gefahren wissen, die eine Überdosis Sauerstoff für die Augen von Frühchen birgt, hätte Tom vermutlich hundert Prozent Sehkraft. Das heißt nicht, dass es keine Fälle von Erblindung bei Frühgeburten mehr gibt. Die Wissenschaft kann heute immer jüngere, immer kleinere Babys retten, doch das bringt neue Komplikationen mit sich. Und mehr blinde Babys.

Leider besteht nicht die Gefahr, dass das Blind Children's Center of Los Angeles wegen Patientenmangel schließen muss. Und zum Glück sorgt Sullivan dafür, dass es auch wegen Geldmangels nicht zumachen muss. In den vergangenen zwölf Jahren sammelte er drei Millionen Dollar Spenden für das Zentrum mit der Veranstaltung von jährlichen Promi-Golfturnieren und Fünf-Kilometer-Läufen.»Anderen zu helfen ist das Beste, was ein Prominenter tun kann«, sagt er.»Ich glaube, dass jeder Mensch einen Nachteil in einen Vorteil verwandeln kann.«

Ein letzter Widerspruch: Toms Blindheit versetzt der eigenen Stimmung keinen Dämpfer. Ganz im Gegenteil – man fühlt sich in seiner Gegenwart erbaut, weil er den Menschen die Augen für die Stärke des menschlichen Geistes öffnet.

Woody Woodburn

7

Hindernisse überwinden

Wunder geschehen nicht im Widerspruch zur Natur,
sondern nur im Widerspruch zu dem,
was wir von der Natur wissen.

AUGUSTINUS

Engelchen im Himmel

Wie ein Vogel aus unserer Hand,
wie ein Leuchten aus unserem Herzen, so bist du fort.

HILDA DOOLITTLE

Vor zwei Jahren lernte ich die allerliebste Fünfjährige von ganz Hawaii kennen, die Tochter und das einzige Kind von Keola und Lani. Als ich in der Tür ihres Zimmers stand, stellten mich ihre Eltern ihr als ihre ganz besondere Freundin vor.

Maile saß auf dem Bett und malte in einem Malbuch. Als wir einander guten Tag sagten, sah sie mich mit Augen voller Wärme und Unschuld an, und mein Herz schmolz dahin. Sie forderte mich auf, mich zu ihr aufs Bett zu setzen und mit ihr zu malen, und ich kam ihrer Bitte nach.

Maile kämpfte seit zwei Jahren gegen Leukämie. Drei Wochen bevor sich das Hospiz von Hilo, Hawaii, mit mir in Verbindung gesetzt hatte, erreichte die Krankheit ein Stadium, in dem keine Hilfe mehr möglich war.

Bis auf die gelegentliche Frage »Würdest du mir bitte eine andere Farbe geben?« malten wir still vor uns hin. Ich vollendete mein Meisterwerk und sah zu, wie Maile das ihre vollendete. Als sie fertig war, seufzte sie tief und fragte: »Bist du hier, um mir beim Sterben zu helfen?«

Wir sahen einander in die Augen, und ich fragte: »Möchtest du denn, dass ich dir helfe?«

Sie schüttelte den Kopf, nein, und suchte nach zwei weiteren leeren Seiten, die wir ausmalen konnten, fand Motive, die ihr gefielen, und fing wieder an zu malen. Maile malte mit Grün die Bäume aus und sagte mit niedergeschlagenen Augen: »Aber Mama und Papa brauchen Hilfe.«

Ich malte weiter mit ihr und fragte: »Soll ich dir helfen, deinen Eltern zu helfen?«

Sie antwortete nicht, aber eine Träne tropfte auf die Seite, und sie nickte.

Ich fand ihre Mutter, die weinend bei einer Tasse Tee in der Küche saß. Sie sagte: »Ich kann Maile nicht gehen lassen.« Ich nahm Lani in den Arm und versprach, dass ich ihr und ihrer Familie in dieser schweren Zeit zur Seite stehen würde. Sie begleitete mich zu meinem Wagen, und wir sahen Keola mit nahezu unkontrollierbar laufender Nase aggressiv im Hinterhof Holz schmirgeln. Ich hatte selbst eine Tochter verloren und sah den stillen Schmerz in ihren Herzen.

Bei den folgenden Besuchen verbrachte ich viel Zeit mit Maile und hörte mir an, wie sie die ganze Sache sah. Sie wusste, dass die Ärzte und Schwestern sie nicht mehr mit Nadeln piekten und ihr auch keine Medikamente mehr gaben, von denen ihr übel wurde. »Eines Tages werde ich einschlafen und nicht mehr aufwachen, und dann ist der Schmerz weg.« Das war das Wichtigste – keine Schmerzen mehr zu haben.

»Kennst du Gott?«, fragte ich sie.

Sie fing an zu singen: »Jesus loves me this I know...«

Ich fragte, wie sie sich den Himmel vorstellte, und sie antwortete: »Mein Onkel und mein Freund Tommy aus dem Krankenhaus sind schon dort, und ich freue mich darauf, sie wiederzusehen.«

Aber Maile hatte ein Problem, das schwer auf ihr lastete: »Mama und Papa weinen sehr viel, und ich will, dass sie nicht mehr traurig sind«, erzählte sie mir. Wir fingen an, uns Gedanken zu machen, was sie ihnen zum Abschied schenken konnte. Sie kam auf die Idee, den ersten wackligen Milchzahn zu ziehen.

»Das ist ein ganz besonderes Geschenk, und ich glaube, es wird ihnen gefallen«, sagte ich. »Aber wir müssen uns noch etwas einfallen lassen, was deine Familie ein Leben lang an dich erinnern wird – nicht nur deine Mama und deinen Papa, sondern auch die Omas und Opas, Onkeln und Tanten.« Sie pflichtete mir bei.

Da Maile noch eine kindliche Verbindung zu Gott in ihrer reinsten Form hatte, wusste ich, dass ihr Abschiedsgeschenk an ihre Familie – das sie ohne meine Hilfe finden musste – ganz besonders und einzigartig sein würde. Als ich mir sicher war, dass sie zurechtkam, verbrachte ich während meiner letzten Besuche viel Zeit mit der Familie.

Ich stellte Mailes Familie dieselbe Frage, die ich ihr gestellt hatte: »Was wollt ihr Maile zum Abschied schenken?« Ich wollte die ganze Familie einbinden und einen starken Familienzusammenhalt herstellen.

Die Trauer hinderte Mailes Familie daran, kreativ zu denken, also machte ich den einzigen Vorschlag, den Gott in mein Herz gelegt hatte. »Wie wäre es, wenn ihr gemeinsam mit euren liebevollen Händen einen Sarg aus Koa-Holz schnitzt?« Koa-Holz ist den Hawaiianern heilig; und ich wusste, es würde mehrere Bedeutungen für sie haben. Außerdem würde das Projekt die Familie zusammenschweißen und ihr Kraft geben. Die Männer sprangen sofort auf den Vorschlag an und einigten sich darauf, im Haus des Großvaters mit ihrem Projekt zu beginnen.

Auch den Frauen fiel es schwer, einen klaren Gedanken zu fassen, was sie Maile schenken konnten. Ich hatte die Vision einer Patchworkdecke, für die Flicken verwendet wurden, die aus Kleidungsstücken geschnitten waren, welche die Familienmitglieder getragen und mit ihrer Liebe durchtränkt hatten. Vor meinem geistigen Auge sah ich, wie dieser bunte Quilt Mailes kleinen Körper in seinem Koa-Sarg umhüllte und tröstete. Nach vielen Tränen und zahlreichen Umarmungen einigten sich die Frauen darauf, im Haus der anderen Großmutter mit ihrem Projekt zu beginnen.

Als die Aufgaben verteilt und die Verbindung zwischen den Familienmitgliedern hergestellt war, verbrachte ich in den letzten Tagen viel Zeit mit Maile, während ihre Eltern und Verwandten an ihren Geschenken arbeiteten.

Mailes Tage wurden stiller, und sie ruhte mehr. Das Malbuch und die Wachsmalkreiden blieben im Regal. Sie sollte sie nie wieder hervorholen. Als ihre Atmung schwächer wurde, bat ich Lani und Keola, ihr kraftloses Kind abwechselnd im Schoß zu wiegen.

Bei meinem letzten Besuch fragte ich Maile, bevor ich sie in den Armen ihrer Eltern zurückließ: »Gibt es etwas, was du deiner Familie schenken möchtest?«

Sie sah mit ihren großen braunen Augen zu mir auf, dann sah sie ihre Mutter und ihren Vater an und sagte: »Ich wünsche mir einen kleinen Bruder oder eine kleine Schwester.«

Ihre Eltern weinten. Keola kniete neben Lani, die Maile auf dem Schoß hatte, und sagte: »Schätzchen, diesen Wunsch können wir dir nicht erfüllen.«

Maile lächelte ihre Eltern mühsam an und sagte: »Nicht gleich, aber später. Dann kann ich der Schutzengel des Babys sein und über es wachen und es beschützen.«

An jenem Abend ließ ich die Familie allein. Als ich am nächsten Morgen zurückkehrte, lag Maile friedlich in ihrem Bett. Sie war bei Gott, und ihre Angehörigen hatten sich um sie versammelt. Keola und Lani umarmten mich, und Keola öffnete die Faust und zeigte mir den ersten Milchzahn, der seinem kleinen Mädchen ausgefallen war. Er war herausgefallen, als sie ihren leblosen Körper ins Bett gelegt hatten.

Die Beerdigung war noch bewegender, als ich gedacht hatte. Die Decke roch nach Liebe und umhüllte tröstend ihren kleinen Körper. Liebevolle Hände hatten den wunderschönen Koa-Sarg gebaut, in dem sie ruhte. Gott hatte diese kleine Familie mit einem unzerstörbaren Band gesegnet.

Und Mailes Abschiedsgeschenk? Vor kurzem erhielt ich einen Anruf von Lani. Sie gehen davon aus, dass Mailes kleine Engelsflügel im Juni die Arbeit aufnehmen werden.

Gail Eynon

Auf mich gestellt

Es war nicht leicht, als Stuntfrau beim Film in Los Angeles Fuß zu fassen, obwohl ich eine Weltklasse-Trampolinspringerin und Akrobatin war. Deshalb willigte ich ein, als mein Freund mich bat, mit ihm aus Los Angeles fortzuziehen. Drei Wochen später fand ich mich eines schönen Morgens auf der Straße vor unserer Doppelhaushälfte wieder: Ich saß auf dem

Boden, weinte mir die Augen aus und sammelte meine Habseligkeiten vom Boden auf.

Rückblickend frage ich mich, wie ich, eine Spitzensportlerin mit vielen akademischen Erfolgen, eine Beziehung zu einem Mann tolerieren konnte, der mich misshandelte, eine Beziehung, in der die Verachtung am Ende eskalierte. Einen flüchtigen Augenblick lang – bevor ich anfing, mich zu fragen, was ich mit dem Rest meines Lebens anfangen wollte – fühlte ich mich den vielen anderen Frauen verwandt, die für das Versprechen von Schutz und Sicherheit die Kontrolle über ihr Leben einem anderen überließen. Was so liebevoll begonnen hatte, endete abrupt. Im Nachhinein war das ein Segen und eine Gnade.

Ich stand auf der Straße, hatte weder ein Dach über dem Kopf noch Bekannte vor Ort oder einen Wagen oder ein Bankkonto. Ich hatte nur dreihundert Dollar in der Tasche, die ich von meiner Beschäftigung bei einer Zeitarbeitsfirma gespart hatte. Als ich ziellos durch die Straßen wanderte, gingen mir zwei Fragen durch den Kopf: Wie konnte es so weit kommen? Was ist aus meinen Hoffnungen und Träumen geworden?

Ich zog Bilanz. Ich war immer noch jung – Anfang dreißig. Ich war gesund, hatte einen Magisterabschluss (magna cum laude), konnte Arbeitserfahrung in Washington für einen Kongressabgeordneten vorweisen und hatte im Zuge meiner sportlichen Karriere die Welt bereist. Ich war Weltmeisterin im Trampolinspringen. Was war geschehen? Mir wurde klar, dass nichts geschehen war, wofür ich mich nicht entschieden hatte. Deshalb konnte ich mich nun anders entscheiden – und bei Gott, das würde ich tun.

Ich weinte noch ein wenig, als ich meine Habseligkeiten

zur Bushaltestelle am Ende der Straße trug und auf dem Weg dorthin Socken und Unterhosen verlor. Dann fiel mir wieder ein, dass ich an jenem Tag meine Arbeit in einem Turnverein antreten sollte.

Nach meiner Stunde mit einer äußerst geduldigen Trampolinschülerin, die auf mich gewartet hatte, stellte ich fest, dass mich die Arbeit mit anderen Menschen, zum Beispiel die Arbeit als Lehrerin, von meinen eigenen Grübeleien ablenkte. Was für eine Erleichterung und Freude!

Ich brauchte Geld, um die Miete zahlen zu können. Die Zeitarbeitsfirma suchte mir Arbeit, und ich wurde gebeten, weitere Kurse zu geben. Zudem durfte ich einen Werbespot für R. C. Cola machen. Ich hatte das Gefühl, dass Gott die Hand über mich hielt.

Vor vielen Monaten hatte ich davon geträumt, mich elf Jahre nach dem Ende meiner aktiven Sportlerkarriere erneut für die US-Trampolinmannschaft zu qualifizieren. Offenbar erweckte das konzentrierte Training auf ein schwieriges Ziel hin jenes Selbstvertrauen wieder, das ich früher einmal besessen hatte.

Ich trainierte, wenn nicht viel los war – spätabends und früh am Morgen. Letzten Endes trainiert jeder Sportler für sich allein, doch ohne Gefährten, die anfeuern oder bremsen, ist die Herausforderung noch sehr viel größer.

So merkwürdig das scheinen mag: In den folgenden Wochen erblühte in jener Turnhalle allmählich eine neue Beziehung – die Beziehung zu mir selbst und dem Leben, so, wie es war. Ich war mein eigener Trainer, war manchmal hart und manchmal freundlich, aber immer voller Respekt für meine Schülerin.

Ich probierte neue Trainingsmethoden aus, arbeitete unter anderem mit Meditation, Visualisation, Yoga, inspirierender Musik und selbst erfundenen Kräftigungsübungen. Neu waren auch die Belohnungen. Ich verspürte nicht mehr den Drang, zu gewinnen, andere zu schlagen, Medaillen oder Anerkennung einzuheimsen – ja, ich verspürte nicht einmal das Verlangen, zur Motivation nach Übersee zu fahren oder gesellschaftlichen Ereignissen beizuwohnen. Ich *war* einfach. Ich lebte im Augenblick – bewegte mich, flog, trotzte der Schwerkraft, tanzte in der Luft.

Ich hatte ein Ziel. Ich trainierte schließlich, um die Aufnahme in die US-Trampolinnationalmannschaft zu schaffen. Ich fragte mich, weshalb ich trainierte, und diese Frage wurde zum Gegenstand der Kontemplation. Zufällig stieß ich auf ein Zitat von Marianne Williamson: »Das Wunder bedeutet, dass wir unsere Karriere als – wenn auch noch so kleinen – Beitrag zur Heilung des Universums betrachten.« Meine Karriere war mein Training, und so fragte ich mich: »Inwiefern kann mein Training zur Heilung des Universums beitragen?« Die Antwort fand ich bald: Ich konnte den Frauen zeigen, dass wir mit dreißig genau so stark waren wie in jüngeren Jahren – stärker, als wir glaubten, mächtiger, als wir uns vorstellen konnten. Das hatte ich schon immer einmal beweisen wollen.

Aber leicht würde es nicht werden. Jemand, der vierzig, fünfzig oder noch älter ist, hält einen Menschen Mitte dreißig vielleicht für jung. Doch wer schon einmal für internationale Wettkämpfe trainiert hat, der weiß, dass es für jemanden, der sich vor mehr als einem Jahrzehnt aus dem Sport zurückgezogen hat, und angesichts der vielen jungen enthusiastischen

Konkurrenten, nun ja, ein unerreichbarer Traum und keinesfalls eine klare Sache war.

Dennoch machte ich den folgenden Satz zu meinem Mantra und meinem Motto: »Mein Beitrag, wie klein er auch sein mag, besteht darin, Frauen allen Alters ihre Möglichkeiten aufzuzeigen.« Diese Aufgabe gab mir Kraft und Mut – sie half mir, höher zu springen und mich schneller zu bewegen. Allmählich spürte ich wieder den alten Zauber, und meine Übungen wurden fließender. Immer wieder schlug ich mitten in der Nacht Salti in über sechs Metern Höhe und übte meine anspruchsvolle Übungsfolge, ohne dass irgendjemand Zeuge dieser Kraftakte gewesen wäre. Ich ging gewaltige Risiken ein und lernte, darauf zu vertrauen, dass Gott sich in den Kräften der Natur und in meinem Körper manifestierte.

Auf diesem Niveau war ich noch nie allein und für mich selbst gesprungen. Nun war ich Trainer und Jury in einem. Es gab keine Belohnungen und keine Ermunterungen von außen. Die mussten von mir selbst kommen.

Aber ich gebe zu, ich hoffte, dass Gott mir zusah.

Langsam fühlte sich meine Vorführung wie eine Art rhythmisches Fliegen an, so wie man sich fühlt, wenn man im Traum fliegt. Jede noch so kleine Bewegung war präzise, jede Figur schien ewig zu dauern. Wenn ich in der Luft schwebte, blieb die Zeit stehen. Ich kombinierte dynamische Aktivität mit innerer Ruhe. Es war mühelose Anstrengung. Ich meditierte im Flug.

Später lernte ich einen Mann kennen, der etwas von Akrobatik verstand, und bat ihn, sich meine Übungen anzusehen – denn schließlich konnte ich mich beim Springen nicht selbst beobachten. Er sagte mir, was er sah. Ihm Gegenzug brachte ich ihm die Grundzüge des Trampolinspringens bei. Es entstand eine enge Freundschaft, und von diesem freundlichen Herrn lernte ich, mich mit Menschen zu umgeben, die mein Leben bereichern.

Wenn ich mich für die US-Trampolinnationalmannschaft qualifizieren wollte, musste ich in drei Qualifikationswettkämpfen mein Bestes geben. Ich suchte mir Sponsoren und buchte die Flüge.

Im ersten Wettkampf schnitt ich nicht besonders gut ab. Das Trampolin unterschied sich von meinem, und die Umstellung fiel mir schwer – was mir eine Lehre war. Zum zweiten Wettkampf fuhr ich eine Woche vorher, um mich mit dem Trampolin vertraut zu machen. Ich kam auf den zweiten Platz – und lag nur einen Hauch hinter der Siegerin. In diesem Augenblick wusste ich, dass ich trotz meines schlechten Abschneidens beim ersten Wettkampf eine Chance hatte. Alles würde vom dritten Wettkampf abhängen – ich musste unter die ersten drei kommen.

Zwei Wochen vor dem dritten Wettkampf nahm mir ein Wagen die Vorfahrt, als ich mit dem Roller unterwegs war. Ich stürzte, schlitterte auf dem Asphalt entlang und erlitt böse Schürfwunden an der rechten Seite. Obwohl dies das Ende für meine Bemühungen um die Aufnahme in die Nationalmannschaft hätte sein können, blieb ich bemerkenswert ruhig. Mein Roller war im Eimer, aber bis auf einen riesigen Bluterguss, der sich so groß wie eine Grapefruit aus meinem Oberschenkel beulte, waren meine Verletzungen relativ leicht. Bis zum Rückgang der Schwellung sollten zwei Wochen vergehen.

Der Blutklumpen verhinderte, dass ich vor der Abreise zum

dritten Qualifikationswettkampf – den US-Trampolinmeisterschaften in Nashville, Tennessee – trainieren konnte. In den nächsten beiden Wochen vertraute ich auf Trainingsmethoden, für die keinerlei körperliche Aktivität nötig war: Immer wieder meditierte ich und visualisierte meine Übungsfolgen, die mir so vertraut waren.

Bei diesem dritten und letzten Qualifikationswettkampf stand viel auf dem Spiel. Wie erwartet war ich die älteste weibliche Bewerberin. Als ich an die Reihe kam, führte ich meine Übungen genau so vor, wie ich sie in den vergangenen beiden Wochen im Kopf geübt hatte. Und am Ende hatte ich die Aufnahme in die Mannschaft geschafft. Die anderen Finalistinnen waren fünfzehn, siebzehn und einundzwanzig Jahre alt.

Ich war die älteste Frau, die sich *je* für die amerikanische Trampolinnationalmannschaft qualifiziert hatte. Ich hatte meinen Traum verwirklicht. Und danach verwirklichte ich andere Träume, denn inzwischen wusste ich, wie es ging. In dieser Zeit nahm auch meine Stuntkarriere Gestalt an. Inzwischen habe ich Stars wie Demi Moore (in »Die Akte Jane«), Sela Ward und viele andere gedoubelt.

Doch abgesehen vom beruflichen Erfolg oder den sportlichen Lorbeeren kenne ich inzwischen ein noch tieferes Gefühl der Erfüllung, denn als ich trainierte und in Wettkämpfen antrat, wusste ich nicht, ob es dort draußen Frauen Mitte dreißig gab, die mich anfeuerten und sich durch mich ermutigt oder inspiriert fühlten. Aber ich weiß, dadurch, dass ich meinen Beitrag entdeckte, wie klein er auch sein mochte, fand ich auch zu meiner Kraft. Ich hatte auf die Erfolge derjenigen aufgebaut, die vor mir gekommen waren und die Unterstüt-

zung von Freunden und lieben Menschen genossen hatten –
doch ich hatte es allein geschafft, und es war ein gutes Gefühl
gewesen. Selbst als ich der einzige Mensch war, der mir zusah.

Leigh Hennessy

Eine Gabe des Großen Geistes

Musik ist unser Mythos des inneren Lebens.
SUSANNE K. LANGER

Ich wurde mit einer Sehschwäche geboren – »Schwachsich-
tigkeit«, sagt der Volksmund dazu. Aber im Grunde genommen war mein Auge niemals schwachsichtig. Als ich klein
war, tanzte es in der Höhle umher, schaute mal in diese und
mal in jene Richtung, bis es schließlich an der völlig verkehr-
ten Stelle zur Ruhe kam. Von da an sah ich alles doppelt.

Sobald ich krabbeln konnte, lief ich mit dem Kopf gegen
Wände, Tische und Stühle. Auch unseren Hund bekam ich
in extremer Nahaufnahme zu sehen. Als Kleinkind hatte ich
mehr Schlagseite als ein betrunkener Matrose – mehr noch,
als das bei Kleinkindern meines Alters üblich war. Ich lief
wohl gegen mehr Wände und Türstöcke als die gesamte Siebte Flotte auf Landurlaub auf den Philippinen. (Für den Indi-
schen Ozean und den Westpazifik ist die Siebte Flotte zustän-
dig.)

Mit fünf Jahren fing ich an, Klavier zu spielen. Es erwies
sich als besondere Herausforderung, all die kleinen schwarzen
Notenpünktchen lesen zu lernen – ganz besonders deshalb,
weil ich sie auch noch doppelt sah. Aber ich gab nicht auf,

kniff abwechselnd ein Auge zu und lernte auf diese Art und Weise, Klassiker wie »Chopsticks«, »Polka Dot Polka« und den »Sewing Machine Song« zu spielen. Die Kopfschmerzen, die mich beim Üben quälten, lernte ich zu ignorieren.

Als ich zum ersten Mal in meinem Leben eine Bassgitarre sah, hing sie glänzend und obercool an der Wand eines der örtlichen Musikgeschäfte, als warte sie auf mich. Ich saß auf dem Verstärker, zupfte ein paar Melodien – und der Bass ließ meinen ganzen Körper mit seiner Kraft erzittern. Sein Klang war für mich wie die Stimme des Großen Geistes. Im zarten Alter von dreizehn Jahren hatte ich mich in die Musik verliebt. Ich übte Gitarre wie ein verrückter Wissenschaftler auf der Suche nach der Antwort auf die Frage nach dem Leben. Ich litt immer noch hin und wieder unter Kopfschmerzen, aber ich liebte dieses Instrument. Ich wusste, dass ich zum Bassspielen geboren war, obwohl ich mir damals nicht sicher war, weshalb.

In meinem ersten Jahr auf der Highschool fing ich an, mit jemandem zu spielen, der den Bandleader des örtlichen Tanzlokals kannte und in der Band mitspielen durfte. Er verschaffte mir dasselbe Privileg, und diese Auftritte wurden zu einem festen Bestandteil meiner musikalischen Ausbildung.

All das änderte sich an einem windigen Sonntagnachmittag im Herbst 1973. Ein Nachbarsjunge hatte mich zu einem spontanen Footballspiel am Nachmittag überredet, damit die Anzahl der Spieler beider Mannschaften ausgeglichen war. Die meiste Zeit über tat ich so gut wie nichts, bis einer meiner Mitspieler den Ball anstieß, als der gegnerische Quarterback an ihm vorbeiwollte. Zu meinem Erstaunen und dem Erstaunen aller schwebte der Ball in meine offenen Arme. Ich

hatte noch nie in meinem Leben in einem Spiel den Ball zu-
gespielt bekommen und raste – überwältigt vor Freude – einfach los. Das Grinsen auf meinem Gesicht reichte mir fast
bis zu den Ohren, als die anderen mich allesamt mit offenem
Mund anstarrten.

Ein Spieler, der in der Universitätsmannschaft war und für
den Football lebte, wurde fuchsteufelswild. Seine Mannschaft
lag im Rückstand, und er hatte nicht vor, zuzusehen, wie
ein kleines, schielendes Gör den Ball abfing und einen Touch-
down erzielte. Ich drehte mich um und sah den Kerl wie einen Güterzug mit Vollgas über den Rasen donnern. Er holte
schnell auf. Ich rannte um mein Leben. Wenn er mich einholte, würde ich am Ende blutend im Schlamm liegen.

Ich wollte in die Endzone tänzeln und rannte wie verrückt, bis ich auf einer matschigen Stelle ausrutschte und
mit der Nase voraus in den Schlamm fiel. Ich rollte in dem
Augenblick nach rechts, als der rasende Kleiderschrank mich
erreichte. Er sah mich auf dem Boden liegen und versuchte
noch, über mich hinwegzuspringen, erwischte aber mit einem
Teil seiner linken Ferse die Ecke meines linken Auges. Ich
spürte Schmerz, dann wurde mir schwarz vor Augen.

Als ich wieder zu mir kam, fiel mir etwas Unheimliches auf:
Keine Geisterbilder, kein Doppeltsehen. Ich sah verschwom-
men, und die Welt war voller unscharfer Formen, aber es gab
immer nur eine davon, nicht zwei. Vorsichtig schloss ich mein
rechtes Auge, um zu prüfen, wie viel ich mit dem linken Auge
sah, und alles wurde dunkel. Da bekam ich Angst und fing an
zu schreien.

Meine Freunde brachten mich in die Notaufnahme. Dort
riss ein Arzt mein zugeschwollenes Auge mit Gewalt auf und

erklärte es für in Ordnung. Der Augapfel war unverletzt, aber die Augenhöhle war zerstört. Er schmierte mich mit einem Antiseptikum ein, klebte mir einen Riesenverband über die linke Gesichtshälfte und schickte mich mit einer eindringlichen Warnung an meine Eltern bezüglich der Gefahren des Footballspielens (ganz besonders, so nahm ich an, für einen schielenden kleinen Jungen) nach Hause.

Der Verband war mir peinlich, und ich wollte eigentlich zu Hause bleiben, aber ein Freund drängte mich, am Abend wie geplant zu spielen. Er versprach: »Die Mädels stehen auf Kriegsverletzungen.« Er glaubte, es würde mir jede Menge Mitleidspunkte einbringen.

Zuerst dachte ich, dass mir das Spielen mit dem verbundenen Auge tatsächlich leichter fallen würde. Nun musste ich nicht mehr abwechselnd die Augen zukneifen, damit ich die Noten sah. Dann merkte ich, dass ich den Bass nicht sehen konnte. Weil mein linkes Auge verbunden war, musste ich den Kopf so weit drehen, dass ich die linke Hand mit dem rechten Auge sehen konnte. Doch dann verlor ich die Noten aus dem Blick. Das beängstigte mich.

Der Bassist der Band war ein liebenswürdiger älterer Herr. Als er vom Buffet zurückkam, fiel ihm auf, dass etwas nicht stimmte. Er stellte seinen Teller am Tisch bei seiner Frau ab und kam auf die Bühne. Ich sagte: »Ich kann nicht sehen, was ich tue. Ohne das linke Auge kann ich die Noten und den Bass nicht gleichzeitig im Blickfeld behalten. Was soll ich denn jetzt machen?«

»Einfach spielen«, sagte er.

»Sie haben mich nicht *verstanden*«, jammerte ich. »Ich kann nichts sehen.«

Er kletterte aufs Podium und setzte sich neben mich. »Lane, es ist nicht nötig, dass du etwas siehst«, erklärte er mir. »Du kennst diese Melodien – du hast sie schon viele Dutzend Mal gespielt.« Er deutete mit einem runzeligen Finger auf meine Brust und fuhr fort: »Die Musik ist in dir. Das war sie schon immer. Du weißt es, und ich weiß es auch. Und heute Abend zeigst du es diesen Leuten.«

Einen Augenblick lang saß ich einfach nur da und starrte ihn völlig perplex an. Und langsam schwoll etwas in mir an. Ich weiß nicht, was es war. Vielleicht eine Mischung aus Angst und der Erkenntnis, dass er Recht hatte. Er muss es gespürt haben, denn er lächelte mich an und fuhr fort: »Gott hat dir ein Geschenk gemacht, Lane. Er hat dir die Fähigkeit gegeben, wunderschöne Musik zu machen, die die Menschen glücklich macht. Hör auf, dich zu sorgen. Nimm dieses Geschenk an und teile es mit ihnen«, sagte er und zeigte ins Publikum.

»Aber ich *sehe* nichts«, stotterte ich, den Tränen nah.

»Mach die Augen zu, Lane. Hab Vertrauen zu dir. Glaubst du wirklich, Gott würde dir ein solch wunderbares Talent geben und es dir dann wieder wegnehmen? Ich verspreche dir, die Musik ist da.«

Er ging, um sein Abendessen zu essen, und ich hatte Zeit, über seine Worte nachzudenken. Als die anderen Musiker ihre letzten Vorbereitungen abgeschlossen hatten, sah ich nach oben und schickte ein Stoßgebet zum Himmel. In diesem Augenblick hatte ich das Gefühl, in Liebe und Wärme zu baden, als stünde ich im Licht und Gott lächelte auf mich herab. Ich atmete tief ein und schaute wieder ins Publikum, als der Bandleader anfing zu zählen.

Ich fing etwas zaghaft an, spürte aber, wie ich besser wurde.

Als wir den Refrain zum zweiten Mal spielten, legte ich mich so richtig ins Zeug. Beim zweiten Lied war ich noch besser als beim ersten, und beim dritten ging es weiter aufwärts. Da hatte ich die Augen schon geschlossen, aber die Musik konnte ich immer noch sehen. Sie war wie versprochen in meinem Herzen, und ich wusste, dass der alte Musiker Recht gehabt hatte. Sie war die ganze Zeit über dort gewesen.

An jenem Abend lernte ich, aus dem Glauben zu spielen. Ich musste lediglich mein Herz öffnen und mich vom Großen Geist leiten lassen. Allerdings war jahrelange Übung dazu nötig, auf Kommando so spielen zu können. Ich übte weiter, erweiterte meinen Übungsplan allerdings um eine Art meditatives Spielen und bemühte mich ständig darum, eine Brücke des Glaubens zwischen dem Großen Geist, mir und der Musik zu schlagen.

Damit habe ich einen gewissen Erfolg. Manchmal sagen mir die Leute, ich sähe beim Spielen aus, als sei ich ganz in die Musik versunken. Das ist das größte Kompliment, das man mir machen kann. Und zum Teil haben sie auch Recht: Ich bin sehr wohl Teil der Musik, aber ich bin keineswegs versunken. Nie bin ich gegenwärtiger. Mit Worten kann ich nicht beschreiben, wie es sich anfühlt, wenn ein Lied mich umhüllt wie eine Decke, wenn ich in den Armen des Großen Geistes liege und der Welt völlig entrückt bin.

Vor nicht allzu langer Zeit kam ein Freund nach einem Konzert zu mir, bei dem meine Verbindung zum Großen Geist besonders stark war, und sagte: »Schön, dass du wieder da bist, Lane. Für einen Augenblick dachten wir, wir hätten dich für immer verloren. Ich habe noch nie jemanden gesehen, der so in der Musik aufgeht.«

Ich musste lächeln. »Ich schätze, ich wurde mit der Musik geboren – mit diesem Geschenk des Großen Geistes.«

Lane Baldwin

»Michigan, du hast einen weiten Weg hinter dir«

Ich halte den Mangel an körperlicher Bewegung
für die Ursache vieler unserer Klagen.

MARIE DE RABUTIN-CHANTAL

Es war die erste Woche meines Trainings für den Avon Breast Cancer Three-Days Event 2002 in Los Angeles, den Avon-Dreitagesmarsch, veranstaltet, um Spendengelder für medizinisch unterversorgte Frauen mit Brustkrebs zu sammeln. Der Marsch geht über hundert Kilometer – dreiunddreißig Kilometer am Tag.

Fast hätte ich das Training an jenem Tag ausfallen lassen, da ich glaubte, unbedingt eine Stunde früher zur Arbeit gehen zu müssen. Ich wollte ein Angebot fertig stellen, mit dem ich tags zuvor begonnen hatte. Doch dann entschied ich mich dafür, zuerst zu trainieren, damit ich den Kopf freibekam.

Auf dem Trainingsplan, den ich von den Organisatoren des Marsches bekommen hatte, stand an jenem Tag eine Strecke von fünf Kilometern. Die Entfernungen würden sich jede Woche steigern, bis ich schließlich an einem Wochenende vor dem großen Ereignis an zwei aufeinander folgenden Tagen je eine Zwanzig-Kilometer-Einheit zu absolvieren hatte. Um mich darauf vorzubereiten, hatte ich einen Nachmittag lang die Entfernungen zu diversen Zielen berechnet. Schließlich musste ich wissen, wie lang meine Trainingsstrecken waren.

Ich packte meine Sachen zusammen, unter anderem meine Kopfhörer und ein Hörbuch – *Hühnersuppe für die Seele*, Band eins, Kassette eins. Weil das graue Sweatshirt, das ich normalerweise trug, in der Wäsche war, wühlte ich ein uraltes Sweatshirt hervor, das ich seit fast zehn Jahren nicht mehr getragen hatte, und zog es über. Ich hatte es von einem Freund meines Exmannes geschenkt bekommen. Auf der Vorderseite prangte das Logo des Staates Michigan. Ich machte mich auf den Weg, lauschte glücklich meiner Kassette, wurde hier und da bei einer besonders ergreifenden Geschichte etwas sentimental und war ausgesprochen froh darüber, dass ich mich letztendlich doch für das Training entschieden hatte.

Ich hatte ungefähr drei Viertel der Strecke hinter mir, als ich etwa einen halben Kilometer vor mir einen Mann auf meiner Straßenseite entdeckte. Ich dachte mir nicht viel dabei. Er ging in die gleiche Richtung, war aber weit vor mir. Ich dachte nicht, dass ich ihn ein- oder überholen würde, bevor ich den Park erreichte und umkehren musste. Ich ging im gleichen Tempo weiter, während mir die Worte »Aufmerksam sein, am Leben bleiben« durch den Kopf gingen – ein Rat, den ich beim Einführungstreffen zum Avon-Brustkrebs-Benefizmarsch vor einem oder zwei Monaten erhalten hatte.

Ich merkte bald, dass ich den Mann allmählich einholte, und dachte kurz daran, auf die andere Straßenseite zu wechseln. Dann sah ich, dass eine Läuferin auf ihn zu-, an ihm vorbei- und mir entgegenlief. Er hatte sie keines Blickes gewürdigt, weshalb ich zu dem Schluss kam, dass er sich wie alle anderen nur etwas bewegen wollte und ich mir keine Sorgen machen musste. Ich marschierte weiter, hörte meine Kassette und schloss immer mehr zu ihm auf.

Jetzt konnte ich sehen, dass es sich um einen älteren Herrn asiatischer Herkunft handelte, der etwa auf halber Höhe der Treppe zum Park stand. Er sah mich an. Ich spürte, dass er etwas sagen wollte, also blieb ich stehen, sah zu ihm auf, nahm die Kopfhörer ab und lächelte. Er sagte: »Michigan (er bezog sich auf das blau-goldene Logo auf meinem weißen Sweatshirt), du hast einen weiten Weg hinter dir. Ich beobachte dich.«

Ich sagte: »Ja, Sir, das stimmt.« Ich lächelte und wartete. Es war nett, mit ihm zu plaudern.

Er sagte: »Als ich fünfunddreißig Jahre alt war, war ich krank. Mein Arzt sagte, ich sollte jeden Tag spazieren gehen. Er sagte, es würde mich gesünder, kräftiger machen.«

»Gut«, erwiderte ich.

Der Mann reckte die Arme in die Luft wie ein Bodybuilder: »Da sehen Sie: Ich bin stark und gesund! Von jenem Tag an bin ich täglich eine Stunde gelaufen, und jetzt bin ich fünfundsechzig!«

Ich lächelte. Seine Geschichte gefiel mir. Er fuhr fort: »Ich gehe jeden Tag spazieren, und dann gehe ich nach Hause zu meiner Frau und sage ihr, dass ich sie liebe. Auch das hält mich gesund.« Er fügte hinzu, er erzähle ihr, er laufe aus Liebe zu ihr. Dann sagte er etwas, und mir stockte der Atem. Er deutete mit dem Finger auf mich und sagte mit Nachdruck: »Wenn du es genau so machst, wirst du lange leben – geh eine Stunde jeden Tag und sage deinem Mann, du tust es aus Liebe zu ihm.«

»... du hast einen weiten Weg hinter dir.« Der Satz war eine gute Metapher für die letzten beiden Jahre meines Lebens und für das Leben der Menschen um mich herum. Ich bin sechsunddreißig Jahre alt, hatte Brustkrebs und habe überlebt.

Ich dachte, ich würde an dem Dreitagesmarsch teilnehmen, weil ich so viel Unterstützung von so vielen Menschen und Organisationen erfahre und weil meine Schwester eine Schwäche dafür hatte. Dieser nette Herr machte mir klar, dass ich aus demselben Grund marschierte, aus dem ich zwei Brustamputationen, Chemotherapie, Strahlenbehandlung und die Entnahme meiner Eierstöcke hatte über mich ergehen lassen − weil ich meinen Mann, meine Kinder, meine Familie und meine Freunde so sehr liebe, dass ich noch viele Jahre mit ihnen verbringen wollte.

Ich werde jeden Tag marschieren und anschließend nach Hause gehen und meinem Mann sagen, dass ich es aus Liebe zu ihm tue.

Donna St. Jean Conti

Gesundheit, neu definiert

Ich bin umgeben von Illusionen, deshalb höre ich auf mein Herz und vertraue dem Weg unter meinen Füßen. Ich glaube daran, dass meine Reise einen Sinn hat.

ERICA ROSS-KRIEGER

Eines Frühlingstages ging ich ins Bad, um dort wie üblich meine Bahnen zu schwimmen. Um diese Zeit war nicht besonders viel los, ich hatte eine Bahn ganz für mich allein und gab mich völlig dem Rhythmus des Schwimmens hin, während ich in Erinnerungen an eine meiner letzten Urlaubsreisen schwelgte. Als ich zur Seite sah, stellte ich fest, dass ich die Bahn mit einem älteren Herrn teilte. Es waren noch Bahnen frei, aber ich schätze, er wollte lieber diese Bahn mit mir teilen. Mich störte das nicht, und ich schwamm unbeirrt weiter. Dabei fiel mir auf, dass mein Bahnnachbar eher ging als schwamm und seine Beine trainierte. Als ich fertig war, ruhte ich mich noch etwas am Beckenrand aus.

Mein betagter Bahnnachbar kam zu mir herüber, stellte sich vor und sagte, er trainiere, um seine Hüfte für eine Operation zu stärken. Ich nannte ebenfalls meinen Namen und sagte, dass ich das für eine sehr kluge Idee hielt.

»Ich bin achtzig Jahre alt«, sagte er. »Ich möchte noch fünf Jahre leben und werde alles dafür tun. Ich möchte morgens mit meiner hübschen, sechzigjährigen Frau spazieren gehen können.« Dann fragte er: »Was bringt Sie hierher?«

Für gewöhnlich vermeide ich das Stigma der multiplen Sklerose (MS). Ich möchte nicht, dass es ein »Etwas« wird, und ich möchte nicht, dass es meine Identität verschlingt. Zu viele Menschen stellen ihre eigenen Vermutungen über eine mögliche Prognose an, und letzten Endes verstärken sie damit meine Angst nur noch. Mir ist es lieber, wenn sie an ihrer eigenen Wirklichkeit basteln statt an der meinen, und deshalb habe ich mit dem MS-Stigma nichts am Hut. Außerdem betrachte ich mich als gesund und bestätige mir das immer wieder gern. Doch dieses Mal hatte ich das Gefühl, dass es im Grunde keine Rolle spielte, was irgendjemand dachte. »Nun ja, ich habe MS und trainiere, um auch weiter bei guter Gesundheit zu bleiben.«

»Ach, dann kennen Sie sicher auch Jim«, erwiderte er. »Jim hat MS.«

»Noch ein Grund, nicht über MS zu reden«, dachte ich. Die Menschen verwechseln die Krankheit gern mit einer Art Club, in dem alle Mitglieder einander persönlich kennen. Nachdem ich mit dem Gedanken an diese sarkastische Erwiderung gespielt hatte, wandte ich meine Aufmerksamkeit wieder dem Herrn zu. Es war klar, dass er ein gutes Herz und gute Absichten hatte. »Nein, ich kenne ihn nicht«, sagte ich.

»Jim geht mit einem Stock«, sagte er. »Haben Sie auch einen Stock?«

»Nein, aber wenn es besonders schlimm ist, denke ich manchmal darüber nach.«

Er wurde still, sah mir mit seinen blauen Augen direkt ins Gesicht und ließ mir den Segen seiner in achtzig Jahren gewonnenen Weisheit zuteil werden. »Das Leben ist zu kurz«, sagte er. »Spielen Sie nicht die Heldin.« Mit einem Lächeln wandte er sich um und marschierte weiter durch das Becken.

Ich glaube, alles, was wir wissen müssen, wird uns offenbart, wenn wir nur zuhören. Nun, ich hörte zu, und dieser Augenblick war voller Magie. »Spielen Sie nicht die Heldin.« Ich überlegte, was ich mir unter einem Helden vorstellte, und überdachte meine Meinung, dass ich anderen Menschen nichts über das Wohlbefinden beibringen konnte, wenn ich mit einem Stock ging. Ich dachte über all unsere festen Vorstellungen nach, wie etwas auszusehen oder zu sein hat – über unsere Vorstellungen von Gesundheit und Fitness. Und ich erkannte etwas, was sich tief schürfend und wichtig anfühlte. Inzwischen bin ich zu meiner ganz eigenen Definition von Wohlbefinden gelangt, und dazu kann durchaus gehören, dass ich nicht die Heldin spiele.

Mir wurde klar, dass ein Stock ein Hilfsmittel war, das mir zu einem vollständigeren und freudigeren Leben verhalf. Wenn ich mich in den Finger schnitt, klebte ich ja auch ein Pflaster darauf, damit es besser heilte. Ein Stock war halt nichts anderes.

Ich fand einen Stock, der meinen Ansprüchen genügte, und kaufte ihn. Eine Erklärung war nicht nötig. Mein Körper brachte mir bei, was ich wissen musste, um mit dem Stock gehen zu können. Ich musste nur leicht den Boden mit ihm berühren, er diente lediglich der Rückmeldung zwischen dem Boden und mir – er war eine Möglichkeit, mich der Tatsache zu versichern, dass der Boden da war, den meine tauben und kribbelnden Füße manchmal nicht spürten. In dem Augenblick, in dem ich den Stock auf diese Weise einsetzte, empfand ich ein neues Gefühl von Leichtigkeit und Freiheit. »Toll«, dachte ich, »jetzt kann ich nach oben sehen und die Bäume betrachten.«

Ich hatte nicht gewusst, wie sehr mir die Bäume gefehlt hatten.

Vor kurzem gelangte ich zu einem neuen, noch tieferen Verständnis von Gesundheit – und das auch noch in der Dusche. Ich wusch meinen Körper mit einem Peelingschwamm und schäumender Seife. Ich beugte mich hinunter, um das rechte Bein einzuseifen, und genoss es, mit dem Schwamm über die Muskeln zu gleiten. Dabei fiel mir auf, wie muskulös dieses Bein war und wie gut sich der Schaum auf meiner Haut anfühlte. Doch als ich das linke Bein einseifte, fing ich an, es mit dem rechten zu vergleichen, und dachte: »Oh, dieses Bein sieht nicht so stark aus. Es kann nicht so viel Gewicht tragen. Das arme Bein!«

Dann fiel mir auf, dass mir die Freude am Einseifen der Beine abhanden gekommen war – dass sie mir genau in dem

Augenblick abging, als ich angefangen hatte, die Erfahrung zu beurteilen. Und mir kam noch ein Gedanke: »Was, wenn ich dieses Bein so liebe, wie es ist? Was, wenn ich seine Schwäche achte? Ja, was, wenn ich es nicht einmal mehr als ›schwach‹ bezeichne? Was, wenn ich die Muskeln in diesem Bein liebe, wie sie sind? Was, wenn ich es genieße, dieses Bein zu schrubben? Was, wenn ich dieses Bein jetzt gleich liebe? Was, wenn ich aufhöre, darauf zu warten, bis es stärker, besser, anders wird? Und was, wenn ich mein ganzes Leben auf diese Weise lebe – was, wenn ich mich liebe, wie ich bin? Wie sähe mein Leben dann aus?«

Als mich diese Erkenntnis in der Dusche überwältigte, stellte ich fest, dass sich mein Gewicht besser auf meine beiden Beine verteilte, als das seit langem der Fall gewesen war. Diese neue Definition von Gesundheit und bedingungsloser Akzeptanz hat mein Leben für immer verändert. Und welche Herausforderungen oder Freuden die Zukunft auch für mich bereithalten mag, Lehren wie diese machen die Reise lohnenswert.

Erica Ross-Krieger

Mein erstes Wunder

Ich habe große Ehrfurcht vor meinem Körper…
Henry David Thoreau

Ich glaube an Wunder, weil ich schon so viele erlebt habe.

Vor einiger Zeit wurde eine hundertundzweijährige Patientin an mich überwiesen. »Unter meinem Gebiss ist es ein wenig entzündet«, sprach sie. »Ich habe meinem Zahnarzt schon gesagt, dass das nichts Schlimmes ist, aber er hat darauf bestanden, dass ich zu Ihnen gehe.«

Sie war in Begleitung ihres achtzigjährigen Sohnes. Von Zeit zu Zeit ergänzte er ihre Geschichte, doch dann sagte sie: »Sei still, Bub!« Sie wollte selbst erzählen. Ich fand ein großes Krebsgeschwür, das sich fast über den ganzen Gaumen ausgebreitet hatte. Eine Biopsie bestätigte die Diagnose – es handelte sich um eine besonders schlimme Form von Krebs.

Bei ihrem nächsten Termin erklärte ich ihr den Ernst der Lage. Sie nahm meine Hand und sagte: »Ich weiß, dass Sie sich Sorgen um mich machen, aber es geht mir ausgezeichnet.«

Ich wusste, es war anders. Es waren ein erheblicher Aufwand meinerseits sowie sehr viel Liebenswürdigkeit ihrerseits vonnöten – sie wollte mir eine Freude machen –, bis sie der Überweisung an einen Krebschirurgen zustimmte. Sie ging zu ihm, lehnte es aber wie erwartet ab, sich von ihm behandeln zu lassen.

Etwa ein halbes Jahr später kam sie erneut zu mir in die Praxis.

»Wie geht es Ihnen?«, fragte ich. Ihr Sohn setzte zu einer Erklärung an, aber wieder wies sie ihn an, zu schweigen.

»Mein Lieber, es geht mir ausgezeichnet«, sagte sie zu mir. »Wann können wir mein Gebiss reparieren?«

Ich war erstaunt, sie überhaupt zu sehen, und stammelte: »Lassen Sie mich zuerst einmal einen Blick in Ihren Mund werfen, dann sehen wir weiter.« Und dachte mir: »Auf gar keinen Fall!«

Ich wollte meinen Augen nicht trauen. Das Krebsgeschwür, das beinah ihren gesamten Gaumen bedeckt hatte, war verschwunden – nur eine kleine rote Stelle war noch übrig.

Ich hatte schon von derartigen Dingen gelesen, sie aber noch nie mit eigenen Augen gesehen. Ich war sprachlos.

»Sehen Sie, mein Lieber? Es geht mir ausgezeichnet. Wie ich gesagt habe«, sagte sie und tätschelte meine gummibehandschuhte Hand.

Jetzt glaubte ich ihr.

Das war mein erstes Wunder. Seither habe ich viele Wunder gesehen, weil es einem immer leichter fällt, sie zu erkennen. Genau genommen sind Wunder für mich alltäglich geworden. Jedes Mal, wenn ich mich ermahne, einen langsamen, tiefen Atemzug zu nehmen, denke ich daran, was für ein Wunder es ist, dass ich am Leben bin – dass die Sonne aufgeht, die Erde sich dreht und die ganze Zeit über mit einer Geschwindigkeit von mehreren tausend Stundenkilometern durchs Weltall schießt. Und auch die Menschen sind ein Wunder, denn sie geben uns Gelegenheit, uns selbst kennen zu lernen, Gott kennen zu lernen und unsere Liebe über die Grenzen des Selbst hinweg auszudehnen. Sie geben uns Gelegenheit, freundlich zu sein, zu dienen und das Wunder des jeweils anderen zu sehen.

Seit meinem ersten Wunder weiß ich, dass Wunder immer dann und immer dort geschehen, wo wir bereit sind, sie zu finden.

Dane E. Smith

Das Rehkitz

Oh, sich Nacht, Stürmen, Hunger, Hohn,
Unglück und Zurückweisung zu stellen, wie es die Tiere tun!

WALT WHITMAN

Meine Welt war zusammengebrochen, und ich dachte, nichts und niemand könnte sie je wieder in Ordnung bringen. Ich war gerade von einem achtwöchigen Krankenhausaufenthalt nach Hause zurückgekehrt. Ich hatte einen schlimmen Unfall gehabt, der mich im Alter von dreiundsechzig Jahren den rechten Arm und ein paar andere unbedeutende Körperteile gekostet hatte. Meine geliebte Familie war mir während der zermürbenden Operationen zur Seite gestanden. Jedes Mal, wenn ich erwachte, war ich überglücklich, am Leben zu sein, bis sich schreckliche Gedanken in meinem Kopf einnisteten und die Wirklichkeit in mein Denken einließen. Ich war von Selbstmitleid zerfressen und wurde oft von Heimweh überwältigt. (Ich werde immer noch zu einer mürrischen alten Schachtel, wenn ich länger als zwei Tage von zu Hause fort bin.)

Nach zwei Monaten wurde ich aus dem Krankenhaus entlassen. Als ich endlich nach oben blickte und das große, geschwungene Holztor über meiner Einfahrt und die von mir mit großer Sorgfalt eingebrannten Buchstaben des Ranchschildes sah, das unter dem Tor hing, und meine geliebten Kinder und Enkel mir entgegenliefen, um mich zu begrüßen, fühlte ich mich wie neu – wie neugeboren. Eine kleine schwarze Wolke schob sich vor die Sonne, und ein kurzer Julischauer ging herab, als die Kleinen ihre durchnässte Oma zur Veranda zerrten, wo Molly und Mike warteten.

»Die Kinder brauchen dich, Oma«, redete Mol mir gut zu, drückte mir einen Kuss auf die Wange und verkündete, dass sie wieder schwanger sei. »Sie müssen ihre Oma spüren können.« Die Jüngsten packten mich am linken Arm, damit ich nur ja nicht umkippte. Wir hoben die Beine weit nach oben und staksten barfuß durch die nass glänzende Wiese, in der unzählige Blumen ihre Köpfchen hoben, um zu trinken. Es roch köstlich.

»Geht es dir gut, Omi? Möchtest du ein Glas Saft?«, fragte mein süßer Mikal.

»Nein, mein Schatz, jetzt nicht«, flüsterte ich. Während wir Löwenzahn und Wildblumen für den Abendbrottisch pflückten, war ich mir meiner Umgebung sehr bewusst – mehr als je zuvor. Plötzlich blickte Jamie auf ihren Strauß hinunter und murmelte: »Du wirst nicht sterben, nicht wahr, Omi?«

Am nächsten Morgen stand ich auf und schlüpfte im kurzen Schlafanzug in den Sonnenschein hinaus, um Gottes Wunder zu sehen und zu hören, die mich überall umgaben. Die Stockenten widmeten sich ganz und gar der Pflege ihrer Eier, die warm unter sorgfältig arrangierten Gras- und Strohhalmen lagen. Die Hennen eilten abwechselnd zum Wasservogelrefugium »Duck Soup«, um mit den Flügeln zu schlagen und sich die Federn nass zu machen, bevor sie zu ihren Nestern zurückkehrten, wo sie dann wieder ein paar Stunden brüteten.

»Nur noch ein paar Tage, meine Damen«, ermahnte ich sie laut. »Dann ist's vorbei mit der Ruhe.«

Unsere wunderschöne Eselsfamilie hatte endlich das gammelige Winterfell abgestreift, und in ihrem seidigen Fell mit den Kreuzen auf Rücken und Schultern sahen sie ganz fabelhaft aus.

»Und worauf ist Maria nach Bethlehem geritten?«, rief ich. Als sie meine körperliche Schwäche spürte, wimmerte Sweat Pea, eine unserer Eselinnen, nur leise, statt wie üblich in ein kräftiges »I-Ahhh« auszubrechen. Sie hob den Kopf und schnupperte, als ich auf sie zuging. Plötzlich fuhren alle fünf Esel zusammen und flohen.

Ich wusste, dass ich anders aussah und anders roch, aber das ging in Ordnung. Ich hatte jede Menge Zeit – und sie auch. Ich konnte es kaum erwarten, über die Erde zu laufen ... den Duft der Drehkiefern einzuatmen ... die süße Brise zu spüren, die die Oberfläche des Teichs kräuselte ... dem durchdringenden Ruf der Vögel der Rocky Mountains zu lauschen, deren Lied nur diejenigen vernehmen, die sich die Mühe machen, zuzuhören. Waldkaninchen setzten sich auf und starrten mich an, während ihre Jungen vor mir durchs Gras huschten. Auch unser großer bewaldeter Berg war noch da, und ich wusste, dass meine Seele an diesem Ort immer Nahrung fände – bis in alle Ewigkeit. Als ich über die unebene Weide streifte und Richtung Wald lief, in der Hoffnung, dass die Götterblumen oder der Indian Paintbrush bereits blühten, glaubte ich, einen Schrei gehört zu haben.

Unser Hund Keesha blieb stehen, spitzte die Ohren und witterte – vermutlich war es nur ein Vogel. Doch kaum waren wir ein paar Schritte gegangen, sahen wir ein gesprenkeltes Rehkitz vor uns, das sich im Zaun der Farm verfangen hatte. Leise befahl ich Keesha, zurückzubleiben, während ich mich weiter näherte und mich bemühte, der ängstlichen Rehgeiß keine Beachtung zu schenken, die mich aus dem Dunkel anstarrte. Das Rehkitz schrie wie ein Baby, als ich meinen stark bandagierten Armstumpf unter seine Brust schob, es leicht anhob und seinen Huf mit meiner gesunden Hand befreite. Wenn uns jemand beobachtet hätte, hätte er mich wohl für verrückt gehalten. Als wir zusammen zu Boden fielen, sprang seine Mama über den Zaun und kreischte aus vollem Halse. Da lag ich altes Huhn im Schlafanzug auf dem Rücken in einem Feld und streichelte mit einem halben Arm ein gesprenkeltes Rehkitz, während Keesha mit dem Schwanz wedelte und mir außer sich vor Begeisterung übers Gesicht schleckte.

»Ist ja gut, Mama, wir gehen ja schon«, rief ich der Rehgeiß zu. Kaum hatte ich das gesagt, floh sie ohne ein Wort des Abschieds mit ihrem Kind in die Espen. Ich musste laut lachen, und als ich auf den Bauch rollte und aufstand, brüstete ich mich vor Keesha: »O Mann, da bin ich noch nicht mal einen Tag zu Hause und schon eine Heldin. Ich kann einfach alles – sogar ein Leben retten.«

Die Jahre gingen vorüber, und ich rettete tatsächlich Leben. Ich war – und bin – noch immer etwas unsicher, und jedes Mal, wenn ich mich vom Leben benachteiligt fühle, sehe ich mir an, in welch schrecklichen Schwierigkeiten andere Menschen stecken. Dann danke ich Gott dafür, dass er mich armen Tropf leben und all die Menschen lieben lässt, die in mein Leben treten. Wir wissen nicht, woher Gott diese Geschöpfe nimmt, die eine Seele heilen können, wenn es so aussieht, als sei alles für immer verloren. Ich werde dieses kleine Rehkitz für alle Zeit in meine Gebete einschließen, denn an jenem schicksalhaften Tag trug es viel zu meiner Genesung bei. Danke, kleines Rehkitz, danke.

Kathe Campbell

Höhenkoller

Weise ist der Mensch, der nicht den Dingen nachtrauert,
die er nicht besitzt, sondern sich der Dinge erfreut, die er hat.

EPIKTET

Das Highlight in unserem letzten Jahr an der Oregon Episcopal School in Portland war ein Modellversuch, der teilweise auf der Philosophie von Outward Bound basierte: eine fünfundvierzig Kilometer lange Wanderung durch die Columbia Gorge und die erste derartige Veranstaltung in der Geschichte der Schule. Bei diesem Abenteuer gab es keine Extrakategorie für behinderte Kinder, ich aber war amputiert und hatte viele Missbildungen.

Die Teilnahme war natürlich freiwillig, und die Wanderer mussten sowohl ein Ausdauer- als auch ein Abseiltraining absolvieren. Als diese Pläne unserer Abschlussklasse unterbreitet wurden und der Direktor fragte, wer nicht an der Wanderung teilnehmen wollte, schoss nur eine einzige Hand in die Höhe – und es war nicht meine. Martha war gesund und hätte durchaus mitwandern können, hatte aber rein gar nichts dafür übrig: »Ich werde auf gar keinen Fall von irgendwelchen Klippen springen, bei Regen einen achtzehn Kilogramm schweren Rucksack durch den kalten Wald schleppen und mitten in der Nacht auch noch Ungeziefer aus meinem Schlafsack kehren«, jammerte sie. Wir lachten, sahen den Dingen, die uns zustoßen konnten, aber offenbar gelassen entgegen und ließen uns davon nicht abschrecken.

Dann wurden wir vor die Wahl gestellt: Abschlussprüfung

oder Wandertour. Plötzlich wurde es still im Klassenzimmer, alle starrten mich an. Die Laserblicke meiner Klassenkameraden waren wie die Nadelstiche in eine Voodoopuppe. Meine Mitschüler warteten darauf, dass ich nervös die Hand hob. Ihre Blicke waren so durchdringend, ich war mir sicher, dass sie meine Unterwäsche sehen konnten. Ich schwieg und rührte mich nicht.

Ich wollte so gern dabei sein, dass ich die Feuchtigkeit in den Bäumen beinah schmecken konnte. Aber ich hatte Angst, die Geduld und die Kraft meiner Freunde, für die der Luxus körperlicher Bewegung selbstverständlich war, zu sehr zu strapazieren. Ich wusste, es war eine verrückte Idee, denn das Risiko einer Enttäuschung war groß. Aber ich war wild entschlossen, mitzumachen. Noch am selben Tag kam ich etwas später nach der Mathematikstunde am Lehrerzimmer vorbei und blieb stehen, um ein Buch aufzuheben, das ich hatte fallen lassen. Die Tür war einen kleinen Spalt geöffnet, und ich erstarrte, als ich meinen Namen hörte.

»Janet hat sich nicht gemeldet«, sagte Sam Dibbins, unser Tennislehrer.

»Und was machen wir jetzt? Es ist völlig klar, dass ein Mädchen mit nur einem Bein diese Wege nicht gehen, diese Bäche nicht überqueren und keine achtzehn Kilogramm auf dem Rücken tragen kann«, sagte einer der Naturwissenschaftslehrer. »Wenn sie zusammenbricht oder schlimm stürzt, müssen wir sie nach Hause tragen«, sagte er. »Das ist keine gute Idee.« Plötzlich wurde es still im Zimmer. »Wenn wir Glück haben, weigert sich ihr Vater, die Anmeldung zu unterschreiben«, setzte er hinzu.

Die Diskussion ging weiter, und sie sprachen darüber, dass

es bei Outward Bound in erster Linie darum ging, die eigenen Grenzen zu erweitern, vorhandene Grenzen zu überwinden und das eigene Potenzial zu verwirklichen.

»Uns wird schon was einfallen«, sagte Dibbins. »Ich sage, sie kommt mit! Kann schon sein, dass sie die anderen Kinder aufhält, aber dafür lernen sie, was Teamarbeit ist.«

Ich humpelte den Gang entlang und hoffte, dass im Lehrerzimmer niemand das laute Klicken meines künstlichen Kniegelenks gehört hatte.

Eines Abends in den Osterferien wartete ich bis nach dem Abendessen. Dann ging ich mit der Anmeldung ins Arbeitszimmer meines Vaters. »Was ist das?«, fragte er.

»Ach, nur eine außerschulische Veranstaltung«, sagte ich. »Du brauchst nur zu unterschreiben. Ist nicht weiter aufregend«, fügte ich hinzu und stolperte dabei über die Worte meiner kleinen Notlüge. Er unterschrieb die Anmeldung aus dem Handgelenk, dann widmete er sich wieder dem Sortieren seiner Post.

Es war Mai, und wir hofften auf gutes Wetter. Stattdessen regnete es ohne Unterlass, und zwar so stark, dass es aussah, als fielen Äpfel vor einem Hintergrund aus smaragdfarbener Seide zu Boden. Zwischen den Schauern umschwirrten uns Mückenschwärme, dick wie Schlafzimmervorhänge. Der Wald überwältigte mich. Üppige grüne Farne raschelten wie Pfauenfedern im leichten Wind. Das Gelände war nicht allzu steil, aber der Wanderweg war schmal und nicht besonders stark ausgetreten. Mein Körper hatte nie die Freiheit besessen, eigene Regeln aufstellen zu dürfen, und der holprige Boden machte alles nur noch schlimmer. Jeder Schritt war ein Problem. Wenn wir wanderten, räumten meine Freunde Felsbrocken und Zweige aus dem Weg, in dem vergeblichen Bemühen, meine Stürze zu verhindern. Ich lag ständig auf dem Boden und war immerzu nass vom Moos, aber die majestätische Umgebung und das Lächeln meiner Freunde hielten mich bei Laune. Sie wechselten sich dabei ab, mir aufzuhelfen. Nachts trockneten wir meine Kleider, indem wir sie über die kleinen Lagerfeuer hielten, soweit es uns gelang, diese am Brennen zu halten.

Dann wurde der Wanderweg immer schmaler, bis er nur noch etwa dreißig Zentimeter breit war und aus losem Dreck bestand – und den einzigen Halt an einer steilen Felswand bot. Es ging tief hinunter. Es war wie eine Szene in einem Dschungelfilm in Extra-Breitbildformat, doch das war kein Film, und wir konnten ihn nicht einfach ausschalten und ignorieren. Dibbins sicherte uns an den Rucksäcken mit einem Seil, und wir drückten uns langsam und im Gänsemarsch einer nach dem anderen mit dem Bauch an der Wand entlang. Wir wagten kaum zu atmen. Ich prüfte jeden Zweig in der Bergwand darauf, ob er mich hielt. Die meisten ließen sich ohne große Anstrengung aus der Erde ziehen. Wenn ich abrutschte, strafften die anderen die Seile mit einem schnellen, jähen Ruck, und ich stand wieder auf den Füßen.

An jenem Abend, als sie dachten, ich schliefe tief und fest in unserem Zelt, schlichen sich zwei Jungen herein und nahmen noch etwas Gewicht aus meinem Rucksack. Sie spürten, wie zerbrechlich mein Stolz war, und wollten nicht, dass ich mich schämte oder das Gefühl hatte, ihnen zur Last zu fallen. In der zweiten Nacht gingen die Temperaturen zurück, und es fing an zu schneien – zuerst fielen winzige, weiße Körnchen, dann dicke, weiße Flocken, größer als unsere Fingerspitzen. Ich war nass bis auf die sprichwörtlichen Knochen, da ich unterwegs in diverse Bäche gefallen war. Also zogen sie mich nackt aus und legten mich in den trockenen Schlafsack eines Mitschülers. Zwei meiner Freunde mussten sich einen Schlafsack teilen. (Auf eine Wanderung wie diese nimmt man keinen Extra-Schlafsack mit.) Bald hallten die von Raureif überzogenen Bäume von ihrem Gelächter wider, als sich die beiden drehten und wendeten und um ein wenig wertvollen Platz in ihrem Schlafsack kämpften.

Wegen des Wetters liefen ein paar von uns ernstlich Gefahr, Erfrierungen zu erleiden, und so mussten wir noch mitten in der Nacht aufbrechen. Weil wir den Ausflug vorzeitig abbrechen mussten, versprachen uns unsere Lehrer eine zweite Tour im Sommer – eine Wanderung in den Wallowa Mountains, wo wir dann auch Gelegenheit haben würden, uns abzuseilen.

Bei unserer Abschlussfeier vor Hunderten von Eltern und Verwandten erhielt ich mehr Auszeichnungen, als ich in beiden Armen den Gang entlangtragen konnte, und mein Vater, der in der Dreifaltigkeitskirche im Publikum saß, lauschte, als der Direktor die Geschichte von unserer Wanderung erzählte und der Schulchor »Amazing Grace« sang.

Als die Anmeldung für die zweite Wanderung zu unterschreiben war, unterzeichnete Dad die Formulare mit einem stolzen Schwung seines Handgelenks, und ich löschte alle Kindheitserinnerungen an den Satz »Ich kann das nicht« aus dem Gedächtnis.

Janet Buck

Das Wunder Dr. Steiners

*... ich kann nicht weitermachen, man muss weitermachen,
ich werde also weitermachen...*

SAMUEL BECKETT

Am Abend des 1. November 1957 – einen Tag nach Hallo-
ween – ging Davey Steiner mit seiner kleinen Schwester Susie
von Haus zu Haus, um nach Süßigkeiten zu fragen. Jedem der
Nachbarn erklärte er, dass seine Schwester am Abend zuvor
krank gewesen sei und er sich fragte, ob wohl noch ein paar
Süßigkeiten übrig seien.

Davey war nicht nur liebenswürdig, sondern auch ungewöhnlich intelligent – so intelligent, dass er nur Einsen schrieb,
schon in der Schule an medizinischen Forschungsprojekten
teilnahm, beim Zulassungstest zum Studium die volle Punkt-
zahl erzielte und an der Universität Yale angenommen wurde
– um als erstes Mitglied seiner Arbeiterfamilie zu studieren.

David beschloss, Arzt zu werden. Theorie und Praxis der
Medizin ermöglichten es ihm, seinen Körper und seine Seele
in den Dienst am Nächsten zu stellen. In Yale lernte David
Cindy kennen und verliebte sich in sie. Cindys Interesse für
Jura glich Davids Leidenschaft für die Medizin. David wurde
zum Studium an der medizinischen Fakultät zugelassen, und
Cindy sollte später ihr Studium an der juristischen Fakultät
aufnehmen. Nach einer Liebeswerbung wie aus dem Bilderbuch verlobten sie sich am Valentinstag.

Fünf Tage später, David und Cindy waren gerade von
einem Besuch bei seiner Familie zurückgekehrt, ließ David

seine Eltern wissen, dass sie wohlbehalten zu Hause angekommen waren – dann machten sie einen Spaziergang, um sich noch schnell etwas zum Essen zu holen.

Als sie sich auf den Weg machten, knallte der neunzehnjährige Brian Doley nach einem schrecklichen Streit mit seiner Freundin die Haustür zu. Er war wütend, betrunken und sollte in Kürze hinter dem Steuer seines Wagens sitzen.

David weiß nicht mehr, was in jener Nacht geschah, doch andere haben die Ereignisse rekonstruiert: Er und Cindy befanden sich auf einem Fußgängerüberweg, als der volltrunkene Doley mit seinem Wagen aus dem Nichts auftauchte und auf sie zuraste. David reagierte instinktiv und stieß Cindy zur Seite, so fest er konnte. Sie wurde von der rechten Stoßstange gestreift und brach sich dabei ein Bein, dann rammte der Wagen David an der Hüfte und schleuderte ihn durch die Luft. Sein lebloser, geschundener Körper landete knapp zwanzig Meter weiter auf der Straße, und er prallte mit dem Kopf gegen den Randstein.

Im Krankenhaus reagierten die Ärzte nicht auf Cindys flehentliche Bitten um Informationen über Davids Zustand – es gab noch nichts zu sagen. Was konnten sie der bereits traumatisierten jungen Verlobten auch erzählen? Dass David zwischen Leben und Tod schwebte? Dass sie schon oft Menschen mit weniger schweren Verletzungen hatten sterben sehen? Dass sein Gehirn, falls er es überlebte, möglicherweise nicht mehr arbeiten würde?

Ein Arzt rief Davids Eltern an, um ihnen zu sagen, dass ihr Sohn die Nacht vielleicht nicht überleben würde.

Als sie kreidebleich und von Angst und Sorge gezeichnet eintrafen, erfuhren sie lediglich, was die Ärzte nur vermuten konnten: dass David zahlreiche Brüche, unter anderem des Beckens und des Oberschenkelknochens, sowie weitere innere Verletzungen erlitten hatte. Am schlimmsten aber waren ein ernster Schädelbruch und das Risiko einer Gehirnverletzung. Sobald sich sein Zustand stabilisiert hatte, wollte man operieren, um den Druck im Schädelinneren zu verringern. Niemand rechnete damit, dass er überlebte. Und falls doch... Seine Eltern erinnern sich an die Worte eines Arztes: »Ich kann nicht dafür garantieren, wie helle er sein wird.«

Derartig traumatisierende Ereignisse wirken sich auch auf das weitere Umfeld eines Menschen aus. Dinge geraten in Bewegung, die ebenso das Leben anderer Familien und Menschen verändern. Susie wurde aus dem Unterricht geholt, und man erzählte ihr, dass ihr Bruder einen schweren Unfall gehabt hatte. Sie nahm den nächsten Flieger nach New Haven. Davids Vater nahm sich frei, und selbst als er wieder arbeitete, fuhr er monatelang jedes Wochenende nach New Haven.

Laura, Davids kleine Schwester, war mit den Eltern an jenem schrecklichen ersten Abend gekommen und musste ihre Schule, ihre Freunde in der siebten Klasse und ihr Leben zurücklassen. Sie sollte in New Haven bleiben und eine neue Schule besuchen. Davids Mutter und seine kleine Schwester kamen bei hilfsbereiten Freunden und Bekannten unter, die in der Nähe des Krankenhauses wohnten. Jeden Morgen ging seine Mutter in die Klinik und verließ sie erst, wenn die Besuchszeit vorüber war. Nach der Schule leistete Laura ihrer Mutter Gesellschaft. Sobald Cindy das Krankenhaus auf Krücken verlassen konnte, setzte sie ihr Studium fort, besuchte David aber regelmäßig.

Davids Kopf, der einmal so brillant gewesen war, zog sich in ein tiefes Koma zurück. Dort verharrte er vier Wochen lang, während seine Mutter und seine Schwester über ihn wachten, mit ihm sprachen oder ihm vorlasen, ihn trösteten, ermutigten und für ihn beteten.

Als David schließlich aus dem Koma erwachte, litt er fast ständig unter Schmerzen. Wegen seiner Gehirnverletzung durften ihm die Ärzte weder Beruhigungs- noch Schmerzmittel verabreichen. Seine Mutter kann sich daran erinnern, wie der Körper ihres Sohnes, der nur halb bei Bewusstsein war, immer wieder vor- und zurückschaukelte und in einer Litanei des Leidens aufstöhnte. Viele Male versuchte er, sich die Schläuche und Drähte aus dem Körper zu reißen. Vielleicht, weil er sterben wollte – damit diese schrecklichen Schmerzen endlich ein Ende nahmen.

Vielleicht ist es ein Segen, dass der Körper nur die Gegenwart kennt und sich an vergangenen Schmerz nicht erinnert. Allmählich ließen die körperlichen Beschwerden nach, aber seit David aus dem Koma erwacht war, litt er unter Gedächtnisverlust. Er wusste nicht mehr, wer er war oder wer all die anderen waren. Er konnte sich weder an seine Familie noch an seine Freunde und Bekannten oder seine Vergangenheit erinnern. Er kannte niemanden mehr. Die Menschen, die mit ihm sprachen, seine Hand hielten und sich liebevoll um ihn kümmerten, waren ihm fremd. Darüber hinaus litt David unter Aphasie: Er konnte sprechen, würfelte die Worte aber beim Sprechen (oder Hören) so durcheinander, dass sie erst wieder entwirrt werden mussten. Seine ersten Worte ergaben keinerlei Sinn, bis einem Arzt auffiel, dass es sich um ein Gedicht von T.S. Eliot handelte – um Worte, von denen David nicht einmal wusste, dass er sie sprach. Es waren Laute, die sich aus den Fehlzündungen seines Gehirns ergaben.

Bald darauf begrüßte David Laura beim Betreten des Zimmers mit »Hallo, Laura!«.

»Du *kennst* mich?«, fragte sie.

»Natürlich kenne ich dich«, erwiderte David. Doch als seine Mutter und ein Arzt dazukamen, wusste David nicht mehr, wer sie waren.

Und als Susie ihn während der Osterferien besuchte, sagte eine der Krankenschwestern: »Ihr Bruder möchte Sie sprechen.«

Als Susie in Davids Zimmer gerannt kam, fragte er: »Wer sind Sie? Wo ist Susie?« Allmählich kehrte Davids Gedächtnis zurück, doch anfangs erinnerte er sich nur an seine Kindheit. Später erinnerte er sich auch an seine erste Freundin, doch Cindy blieb eine Fremde für ihn.

Mit der Zeit kamen Davids Kindheitserinnerungen in Form von Bruchstücken und Erinnerungssträngen zurück. Er wurde zur Rehabilitation in eine andere Klinik verlegt, trainierte so hart wie ein Sportler, erkämpfte sich mit quälender Langsamkeit die Fähigkeit, wieder zu gehen und sich zu bewegen, und erinnerte sich allmählich wieder an sein Leben und die Menschen, die er liebte. Als er Cindy, seine geliebte Cindy, schließlich wiedererkannte, markierte das den Wendepunkt in ihrer beider Genesung.

In Davids Zimmer lag noch ein zweiter Patient mit Hirnverletzungen, die Davids Verletzungen verblüffend ähnlich waren. Patient X war der Bruder eines bekannten Mannes, der sich jedoch ganz und gar seinem politischen Aufstieg widmete. Er kam nur ein einziges Mal zu Besuch. So geschah es, dass David, der von einer liebenden Familie umgeben war und unterstützt wurde, die lange Reise zurück ins Leben gelang, während sein allein gelassener Zimmergenosse in das Mysterium jenseits dieses Lebens eintrat.

Davids Geschichte zeigt nicht nur seine Entschlossenheit, sondern spricht auch von der Kraft der Liebe, der Hingabe und der Opferbereitschaft seiner Familie. Inzwischen haben David und Cindy viele Hochzeitstage gefeiert und intelligente, aktive Kinder großgezogen. Cindy vollendete ihr Jurastudium und bekleidet eine hohe Position im US-Justizsystem.

Und David? Nun, das ist das Wunder Dr. Steiners: Nicht nur, dass sein Gedächtnis zurückkehrte und er noch einmal das Gehen, Lesen und Sprechen lernte. Er kehrte auch an die medizinische Fakultät der Universität Yale zurück, schloss sein Studium ab und spezialisierte sich auf den Bereich der Psychiatrie. Er arbeitet noch immer und ist ein Mann mit mehr Mitgefühl, Einfühlungsvermögen und Weisheit, als sein Alter vermuten ließe – denn er kennt die Dunkelheit der Seele. Er ist durch die Hölle gegangen.

Davids lange Rückkehr in ein Leben des Dienstes am Nächsten ist nicht weniger heldenhaft als der Weg jedes Olympioniken. Seine ihn liebende Familie hat Anteil am Wunder ihres Sohnes: Durch sein Leben und seine Arbeit, die ihr Glaube und Cindys Liebe möglich machten, leistet er auch weiterhin einen wichtigen Beitrag auf dieser Welt.

Joy Millman

Abdruck mit freundlicher Genehmigung von Dave Carpenter.

8

Veränderungen

Leben Sie, so gut Sie können, und bleiben
Sie Ihren Kindern so nahe, dass es auf sie abfärbt.

ANNE ORTLUND

Entscheidung fürs Leben

Nichts im Leben ist zerstörerischer als die Gewohnheit.

GERTRUDE ATHERTON

Beinahe zwanzig Jahre lang kreiste mein Leben um zwei Dinge: das Rauchen – und das Aufhören. Es war ein Teufelskreis, den ich nicht durchbrechen konnte.

Als ich Cassie vor zehn Jahren heiratete, zerknüllte ich meine Zigarettenschachtel und schwor, aufzuhören.

Als wir vor acht Jahren unser erstes Haus kauften, markierte ich diesen Übergang damit, dass ich meine Zigarettenschachtel mit dem Absatz meines Schuhs zermalmte.

Als mein Sohn Cole vor fünf Jahren geboren wurde, versenkte ich meine Kippen mit einem gezielten Wurf im Mülleimer.

Und als meine Tochter Olivia drei Jahre später zur Welt kam, musste eine weitere Schachtel Glimmstängel dran glauben.

Ich entwickelte mich sogar zu einem fanatischen Sportler, stemmte Gewichte und ging fünfmal die Woche zum Laufen – bei jedem Wetter. Ich nahm achtzehn Kilogramm ab, und mein ganzer Körper wurde stahlhart – aber es gelang mir nie, den Zigaretten davonzulaufen.

Das Rauchen ist eine heimtückische Angewohnheit. Es verändert das Gehirn. Dein Kopf weiß, dass Zigaretten tödlich sind, aber jede Zelle deines Körpers schreit nach Nikotin, und das bringt dein Urteilsvermögen und deine Prioritäten durcheinander. Also paffte ich weiter, und langsam, schleichend wurde mein Leben aus mir herausgesaugt.

Doch dann wurde mir die Willenskraft, an der es mir immer gefehlt hatte, eines Tages mit jäher Gewalt und aus unerwarteter Quelle zuteil: Ich fand sie in einem Moment absoluter Klarheit im Denken meines Sohnes.

Als Cassie mit Cole vom Kindergarten nach Hause fuhr, kamen sie an einem Friedhof vorbei, was den Jungen zu der Frage veranlasste: »Mama, was ist unter den Grabsteinen?«

Sie dachte kurz über die Frage nach, bemüht, eine einfühlsame Antwort zu finden. Als ihr klar wurde, dass es auf diese Frage keine einfühlsame Antwort gab, sagte sie unverblümt: »Tote Menschen.«

»Wird Papa dort landen, weil er raucht?«, fragte Cole.

»Ich hoffe, nicht«, erwiderte Cassie.

»Papa sollte nicht rauchen«, sagte Cole und erhob die Stimme vor Wut. Er trat gegen den Vordersitz. »Es ist dumm von Papa, dass er raucht. Wenn ich einmal zwanzig bin, ist er schon tot.«

Coles intuitives Verständnis schockierte Cassie, und es verschlug ihr die Sprache. Ebenso schnell, wie er explodiert war, hatte sich Cole auch wieder im Griff. »Ich hoffe, dass er als Geist zurückkehrt und mit mir spricht«, sagte er ruhig. »So wie Obi-Wan Kenobi das mit Luke Skywalker in ›Krieg der Sterne‹ gemacht hat.«

Als ich an jenem Abend von der Arbeit nach Hause kam, erzählte Cassie mir die Geschichte. Sie hatte noch nie ein Blatt vor den Mund genommen, sah mir direkt in die Augen und sagte: »Er hat dich schon abgeschrieben, Will. Er ist von ganz allein darauf gekommen und hat sich damit abgefunden, dass du nicht da sein wirst. Und wenn er dich nur als Geist haben kann, dann gibt er sich eben damit zufrieden.«

Man könnte es als eine Art plötzliche Erleuchtung bezeichnen: Cole hatte nichts gesagt, was ich nicht bereits gewusst hätte, und dennoch fassten seine Worte – die mit der Ehrlichkeit und Unschuld eines Kindes gesprochen waren – alles zu einer einfachen, unausweichlichen Wahrheit zusammen. Wenn ich weiter rauchte, konnte das nur ein Ende nehmen, und wenn sie mich unter diesen Grabstein legten, würde das Leben ohne mich weitergehen müssen. Wenn ich nicht einmal meinem fünfjährigen Sohn etwas vormachen konnte, weshalb versuchte ich dann immer noch, mir selbst etwas vorzumachen?

In einem wichtigen Punkt lag Cole allerdings daneben: Meines Wissens war diese ganze Geistergeschichte ziemlich aussichtslos. Ich würde nicht als Vorstadt-Jedi zurückkehren, als flimmernde Lichtgestalt in Golfhemd und Khakihosen, die Cole und Olivia mit Perlen der Weisheit fütterte, wie sie den Gefahren des Teenagerlebens trotzen konnten. Sie wären auf sich gestellt.

Später am Abend fand ich Cole auf dem Sofa im Wohnzimmer. Er schaute »Monsters, Inc.«.

»Cole«, sagte ich. »Ich habe über das nachgedacht, was du heute zu Mami gesagt hast, und ich werde mit dem Rauchen aufhören. Aber ich brauche deine Hilfe. Allein schaffe ich es nicht.«

Die Sekunden vergingen, als er einen Plan ausheckte. Er spitzte die Lippen – ein sicheres Zeichen dafür, dass er angestrengt nachdachte. Schließlich sagte er: »Okay, wir machen das so: Ich werde dich jeden Morgen und jeden Abend daran erinnern, dass du nicht rauchen sollst.«

»Das würdest du tun?«, fragte ich.

»Ja.«

»Versprochen?«

»Ja.«

»Klingt nach einem Plan.«

Und bei Gott, das war es. Jedes Mal, wenn mich das Verlangen nach einer Zigarette überkam, rang ich es mit dem Gedanken an Grabsteine und Obi-Wan Kenobi und einen kleinen Jungen nieder, der verzweifelt versuchte, seinem alten Herrn aus der Patsche zu helfen. Diese Visionen waren wie ein hoch dosiertes Nikotinpflaster für die Psyche.

Da sitze ich nun und hake die rauchfreien Tage im Kalender ab. Die verdammten Kippen fehlen mir, aber das Leben ist mir lieber als die Alternative. Meine Kinder brauchen mich – wenn auch nicht halbwegs so sehr wie ich sie.

William Wagner

Botschaft des Körpers

Ich glaube, der Körper ist die Landkarte des Seins.
LOUISE NEVELSON

»Bist du jetzt vollkommen übergeschnappt?«, fragte ich mich, als ich den Flur entlang zum Büro meines Chefs ging. Mit der rechten Hand umklammerte ich die Kündigung, die ich am Abend zuvor geschrieben hatte.

Abdruck mit freundlicher Genehmigung von George Crenshaw, Masters Agency.

»Nein, bist du nicht«, flüsterte jener winzige Teil von mir, der sich nicht gerade zu Tode fürchtete. »Denk daran, was vor ein paar Monaten passiert ist.«

O ja, das wusste ich noch zu gut.

Ich arbeitete seit über zehn Jahren für dieselbe Firma, und endlich hatten sich mein Einsatz und die viele Arbeit ausgezahlt: Man hatte mich in bereits recht jungen Jahren ins obere Management befördert. Ich trug tonnenweise Verantwortung, hatte Termine einzuhalten und täglich Krisen zu bewältigen. Im Laufe der Wochen wurden die Papierstapel auf meinem Schreibtisch immer höher, und mein Leben bestand nur noch aus Anrufen, Faxen und E-Mails. Ich war sehr stolz auf meine Arbeit und schickte meinen Eltern ein paar Visitenkarten, damit sie den Titel unter meinem Namen sehen konnten.

Eine Freundschaft nach der anderen verlief im Sande, als ich nur noch für die Arbeit lebte. Sie war zu meinem einzigen Lebensinhalt geworden – und ich gab hundertzehn Prozent. Tagsüber putschte ich mich mit Koffein auf, und abends nahm ich rezeptfreie Medikamente, um schlafen zu können. Ich schleppte fünf verschiedene Kopfschmerzmittel und Dutzende von Antazida in der Handtasche herum, als ich mich weit über meine Grenzen forderte. Ich gewöhnte mir an, einen Block und einen Stift neben das Bett zu legen, damit ich mir während der nächtlichen Angstattacken, die mich neuerdings quälten, Notizen machen konnte.

Schließlich sagte mein Körper: »Es reicht!« Ich hatte mir drei Tage freigenommen und wollte nach Florida fahren, um in der Sonne, am Meer und am Strand Ruhe zu tanken, doch am Morgen der geplanten Abreise konnte ich nicht einmal mehr aufstehen. Mein Körper wollte sich nicht bewegen. Ich war völlig erschöpft und ausgelaugt. Ich schlief den ganzen Tag, stand nur kurz auf, um etwas zu essen, und fiel sofort wieder ins Bett. Am nächsten Tag war es das Gleiche. Ich versuchte, meinen Körper mit einer phantastischen geistigen Diashow von unserem Urlaub zu locken, doch er sagte nur: »Danke, aber nein, danke. Da, wo ich bin, bin ich genau richtig.«

Am dritten Tag wurde mir angst und bange. Nach achtundvierzig Stunden, in denen ich fast durchgehend geschlafen hatte, war ich immer noch erschöpft und nicht gewillt, mich zu bewegen. Also rief ich bei meinem Arzt an, und seine Helferinnen schoben einen Termin für mich ein.

Ich lag auf der Liege, während ein Laborant mein Blut untersuchte. Ich erhaschte einen flüchtigen Blick auf mich selbst im Spiegel und war schockiert – eine ältere Frau starrte mir entgegen. »Wer bist du?«, fragte ich. Sie antwortete nicht. Dann kam der Arzt zurück ins Zimmer und erklärte, ich sei die gesündeste Kranke, die er je gesehen habe.

»Sie leiden unter Hyperstress«, sagte er und stellte ein Rezept aus.

»Was soll ich nehmen?«, fragte ich. In nahezu unleserlicher Schrift hatte er auf den Block gekritzelt: »Suchen Sie sich einen anderen Job.«

An jenem Tag gab ich mir ein Versprechen: »Ich werde jeden Tag ein wenig Zeit für mich herausschinden. Ich werde jeden Tag um fünf Uhr nach Hause gehen – was auch geschieht.«

An meinem ersten Arbeitstag musste ich mich dazu zwingen und war tatsächlich schockiert, als die Welt nicht zusammenbrach. Was für eine Entdeckung!

Ich fing wieder an, mit meinen Hunden spazieren zu gehen, und versuchte, sie für die vielen Male zu entschädigen, die ich sie allein gelassen hatte. Ich nahm mein Tagebuch zur Hand, blies den Staub vom Deckel und fing an zu schreiben. Anfangs kamen die Worte nur langsam, doch bald flossen sie freier, als ich meine innere Stimme endlich wieder zu Wort kommen ließ. In den nächsten drei Monaten forderte sie immer wieder: »Kündige!«

Ich hatte gearbeitet, seit ich siebzehn war. Zuerst Teilzeit, um das Studium zu finanzieren, dann nach dem Abschluss war ich sofort Vollzeit arbeiten gegangen. Und inzwischen hatte ich ganz stark das Gefühl, dass sich unter all den Diplomen und Titeln ein Mensch verbarg, der sich danach sehnte, auszubrechen. Also reichte ich, ohne genaue Zukunftspläne gemacht zu haben, die Kündigung ein. Ich hatte einen Monat Kündigungsfrist, und in dieser Zeit schwankte ich zwischen Panik, Bedauern und Hysterie. Der wahre Schock – dass ich so leicht zu ersetzen war – kam, als das Unternehmen meine Stelle innerhalb von zwei Wochen neu besetzt hatte. An meinem letzten Arbeitstag sah ich auf der Toilette in den Spiegel und fragte mich: »Wer bist du?«

Das Schweigen war ohrenbetäubend.

Plötzlich konnte ich meine Identität nicht mehr an meiner Arbeit festmachen. Ich setzte mein ganzes Vertrauen in eine unbekannte Zukunft – und hatte fürchterliche Angst. Gleichzeitig verspürte ich eine seltsame Zuversicht, die ich zuvor nicht gekannt hatte, die Auftrieb gab und mir sagte: »Hab keine Angst. Es wird sich alles regeln. Glaub an dich!« Ich klammerte mich an diesen Glauben wie ein ängstliches Kind an die Hand seiner Mutter.

Endlich war ich frei und konnte mich auf den Weg der Selbsterkenntnis begeben. Nach einer Weile wurde mir klar, dass ich im Grunde nie vergessen hatte, wer ich war – ich hatte es nur mit Arbeit, Arbeit und noch mehr Arbeit zugeschüttet. Ich unternahm lange, langsame Spaziergänge im Wald und fand dabei zu meinem inneren Kern zurück. Ich hörte auf meinen Körper und schlief, wenn ich müde war, und aß, wenn ich Hunger hatte. Ich suchte wieder den Kontakt zu Freunden, las Dutzende von Büchern und führte Tagebuch.

Mein Glaube ließ mich nicht im Stich. Zwei Monate später hörte ein Freund von einem Arbeitsplatz, an dem ich nicht allzu viel Stress haben würde, und verhalf mir zu einem Vorstellungsgespräch. Ich bekam den Job – inklusive erheblicher Gehaltseinbußen – und habe meinen Entschluss noch keine Sekunde bereut. Diese achtwöchige Pause hat mein Leben verändert und mich gelehrt, dass ein unausgeglichenes Leben nicht lebenswert ist. Es ist nicht einmal möglich! Ich empfand tiefe Dankbarkeit für meinen Körper, der mir eine so deutliche Nachricht geschickt hatte.

Ich hatte meine Hand in die Quelle der Genesung getaucht und werde es niemals vergessen. Ich hatte endlich gelernt, mich von innen nach außen, nicht von außen nach innen zu definieren.

Kelly L. Stone

Abdruck mit freundlicher Genehmigung von George Crenshaw, Masters Agency.

Der Fitnesspropagandist

Und das Leben ist, was wir aus ihm machen,
das war es immer, das wird es immer sein.

GRANDMA MOSES

Vor über dreiundsiebzig Jahren erzählte Paul C. Bragg, Vorreiter im Kampf für eine gesunde Ernährung, seinen Zuhörern, dass sie sich von ihren körperlichen Beschwerden befreien könnten, wenn sie sich richtig ernährten und gesünder lebten. Bei einem verzweifelten kränklichen Jungen, der in seiner unmittelbaren Nähe saß, trafen diese Worte genau ins Schwarze. Der Junge hieß Jack LaLanne.

Jacks Mutter und ihr fünfzehnjähriger Sohn waren zu spät gekommen und mussten vor etwa tausend Menschen bei Bragg auf der Bühne sitzen. Jack weiß noch gut, wie er sich damals fühlte: »Ich wollte schon nicht, dass mich irgendjemand ansah, und nun saß ich vor einem riesigen Publikum. Es war der peinlichste, demütigendste Augenblick meines Lebens. Ich dachte, alle würden mich anstarren, und merkte nicht, dass die meisten Menschen im Publikum ebenfalls gesundheitliche Probleme hatten.

Meine Mutter hatte mich gezwungen, mir diesen Vortrag anzuhören. Seit fast einem Jahr war ich nicht mehr in der Schule gewesen, weil ich so krank war. Ich war schüchtern, zurückgezogen, mied andere Menschen und hatte eine ganz besondere Abneigung dagegen, gesehen zu werden: Ich hatte Pickel und Furunkel, war dünn, schwach und kränklich, trug ein Stützkorsett und eine Brille.

Außerdem litt ich Tag für Tag unter solchen Kopfschmerzen, dass ich glaubte, mein Schädel würde zerspringen. Ich konnte die Schmerzen kaum aushalten und wollte meinem Körper entfliehen. Mein Leben schien hoffnungslos, bis ich Dr. Bragg sagen hörte, dass ein Neuanfang möglich war – in einem neuen Körper. Er sprach nicht über Religion, war aber sehr wohl vom Geist eines Wanderpredigers beseelt: Er predigte eine neue Art zu leben – etwas, was ich dringend brauchte.«

Nach dem Vortrag ging Jack zu Paul Bragg in die Garderobe, und sie unterhielten sich eine Stunde lang. Es war der Beginn einer inspirierenden, lebenslangen Freundschaft.

Bragg fragte: »Was isst du zum Frühstück, zum Mittagessen und zum Abendessen?«

»Kuchen, Pasteten und Eis«, antwortete Jack.

»Jack«, sagte Bragg, »du bist ein wandelnder Mülleimer.«

Er nannte ihm gesunde, bekömmliche Alternativen, und an jenem Abend, sagt Jack, habe er sich vor sein Bett gekniet und gebetet.

Er betete nicht: »Lieber Gott, mach einen Mr. America aus mir.« Er bat um einen Neuanfang: »Lieber Gott, bitte gib mir die Kraft, ungesundem Essen zu widerstehen, wenn mich das Verlangen danach überkommt. Und bitte gib mir die Kraft, zu trainieren, selbst wenn mir nicht danach ist.«

Seit Bragg zu ihm gesagt hatte: »Das Beste an einem Donut ist das Loch«, hat es in Jacks Leben keine Donuts mit Marmelade mehr gegeben. Bragg versprach Jack, wenn er ordentlich trainierte und sich vernünftig ernährte, würde er gesund werden; und so machte sich der Junge mit großer Entschlossenheit daran, einen völlig neuen Jack LaLanne zu erschaffen. Er entdeckte, dass es im YMCA Berkeley einen Satz Hanteln gab, und fing an, damit herumzuexperimentieren. Schon bald hatte Jack den muskulösen, gesunden Körper seiner Träume. Grays Anatomieatlas war seine zweite Bibel. Er machte eine Ausbildung zum Chiropraktiker, die er auch abschloss, aber er wollte den Menschen lieber helfen, bevor sie erkrankten. 1936 eröffnete er das erste moderne Fitnessstudio in der Innenstadt von Oakland. Er zahlte fünfundvierzig Dollar Miete im Monat und fing an, sich die Basis seiner Lehre bezüglich körperlicher Fitness und Ernährung zu erarbeiten. Seine Methoden waren wissenschaftlich fundiert. Er entwickelte die Prototypen jener Übungsgeräte, die heute in jedem Fitnessstudio stehen – zum Beispiel die ersten Beinstreckgeräte sowie die ersten Geräte mit verstellbaren Gewichten, für die er Flaschenzüge einsetzte. Seine Entschlossenheit und seine hervorragenden Ratschläge machten Jack zu einem bekannten Propagandisten für einen gesunden Lebensstil in Amerika.

In den knapp achtundsechzig Jahren, die seit der Eröffnung seines ersten Studios vergangen sind, verbreitete er seine frohe Botschaft von Fitness durch Ernährung und Training in Vorträgen, einer Fernsehsendung, die vierunddreißig Jahre lang lief, und mithilfe einer Vielzahl außergewöhnlicher – manche sagen: übermenschlicher – körperlicher Leistungen. Er machte unter anderem tausenddreiunddreißig Liegestütze in dreiundzwanzig Minuten und schwamm in Handschellen und Ketten von Alcatraz nach San Francisco. Er lebte, was er lehrte, und sein kraftvoller Körper spiegelte seine Hingabe: Er hatte einen Brustumfang von hundertzweiundzwanzig und einen Taillenumfang von einundsiebzig Zentimetern. Zur Feier seines siebzigsten Geburtstags schwamm er – an Händen und Füßen gefesselt – zweieinhalbtausend Meter durch

den Hafen von Long Beach und zog dabei siebzig Ruder-
boote hinter sich her, in denen je ein Ruderer saß.

Jack LaLanne war der Pionier der Gesundheitsfarmen und
Fitnessstudios und hat zahlreiche Lebensmittel und Fitness-
geräte sowie einen Entsafter auf den Markt gebracht, die
ihn allesamt zu einem reichen Mann machten – obwohl ihm
der materielle Erfolg wenig bedeutet. Dass körperliche Fitness
und gesunde Ernährung zu einer gewaltigen Wachstumsin-
dustrie geworden sind, freut ihn, weil er glaubt, dass körper-
liches Training und eine gesunde, natürliche Ernährung die
Basis für ein stärkeres, klügeres, besseres Amerika erschaffen
werden: »Gesündere Bürger entlasten die Gesellschaft von
Krankheitskosten und senken die Arztrechnungen, die den
Menschen ihre Ersparnisse rauben und ihnen so viel Kummer
bereiten.«

»Wer anfängt, regelmäßig Sport zu treiben«, erklärt er, »und
weißes Mehl, Zucker und leblose Nahrungsmittel durch Lebensmittel aus biologischem Anbau ersetzt, wird sich sofort
besser fühlen. Ich bin das lebende Beispiel für den Wandel, der
durch eine Veränderung der Lebensgewohnheiten möglich
wird. Hätte Dr. Bragg mein Leben nicht mit fünfzehn verändert, wäre ich mit siebzehn vielleicht schon tot gewesen.«

Zu seinem Leben gehören eine gesunde Ernährung, zusätz-
liche Vitamin- und Mineralstoffgaben sowie ein hartes tägliches Training. Er beginnt jeden Tag um fünf Uhr morgens mit
seinem Training, weil das eine Herausforderung für ihn ist.
»Viele Menschen halten mich für eine Art Superman, weil ich
gern die Erfolge meines Trainings sehe. Ich finde es nicht
besonders toll, morgens um fünf in den kalten Fitnessraum
hinunterzugehen, wenn meine Frau noch im warmen Bett

liegt, aber wenn ich fertig bin, denke ich mir: ›Glückwunsch, Jack – du hast es wieder einmal geschafft.‹ Alles andere ist vergleichsweise einfach. Man braucht Stolz und Disziplin.«

Inzwischen geht Jack LaLanne auf die neunzig zu und hält sich noch immer an das, was er hinsichtlich eines gesunden Körpers und einer gesunden Seele predigt. Feurig und quicklebendig ruft er aus: »Ich liebe es, die Menschen dazu zu inspirieren, gesund, glücklich, stärker und besser zu werden!«

Patricia Bragg

Lady Godiva und die Biene

Die Natur bewegt sich niemals in einer geraden Linie,
ebenso wenig wie wir, denn wir sind ein Teil von ihr.
Gloria Steinem

Lady Godiva stolzierte vor mir den Weg hinauf, ihr weißes Fell glänzte in der Sonne. Mit schwingenden Hüften und wedelndem Schwanz folgte sie den Spuren von Wanderern, anderen Hunden und Elchen, die diesen Weg vor uns gegangen waren. Ich hatte die flauschige Samojedin aus dem Tierheim gerettet und ihr eigentlich einen neuen Namen geben wollen, bis ich erfuhr, dass die historische Lady Godiva eine Heldin gewesen und nackt auf dem Pferd durch ihr Dorf geritten war, um es von erdrückenden Steuern zu befreien.

Auch meine Lady Godiva war eine Heldin: Sie hatte mich nach meiner Scheidung von Depression und Isolation befreit. Damals reichte meine Energie gerade für die Arbeit am Computer, und die übrige Zeit verbrachte ich in Embryonalstellung auf dem Sofa und sah mir alles an, was zufällig gerade im Fernsehen lief. Aber Lady forderte mindestens zwei stramme Spaziergänge am Tag und rettete mich so vor einem Dasein als Stubenhocker. Ihre Neugier und ihre Lebensfreude waren ansteckend, trieben mich in die Wasatch-Berge hinauf und in die Welt zurück.

An jenem Tag war die Frühlingsluft frisch und klar, der Himmel zu blau, um echt zu sein, und die Blätter der Espen hatten angefangen, sich zu grünen Kreisen zu entfalten. Der würzige Duft von Kiefern und Pinien war berauschend, als wir über eine Stunde lang steil bergauf stiegen und dabei etwa ein Drittel der Gesamtstrecke zurücklegten. Ich musste wieder an die Arbeit und hatte keine große Lust, mich noch weiter bergauf zu quälen.

Ich rief nach Lady Godiva. Sie setzte sich hin und starrte mich an. Normalerweise kehrte sie bereitwillig zurück, um sich ihren Leckerbissen abzuholen, doch heute war ihr der Widerwillen anzusehen.

Ich rief noch einmal nach ihr, und sie kam langsam an, um sich ihren Hundekuchen abzuholen. Wir waren etwa fünf Meter den Berg hinabgestiegen, als eine Biene auftauchte, die eine Ausgeburt der Hölle zu sein schien. Sie war etwa so groß wie die Faust eines Kindes – noch nie hatte ich eine so große Biene gesehen –, umkreiste meinen Körper in einem knappen Meter Entfernung und summte so laut wie ein Küchenmixer. Ich erstarrte.

Ich war erschrocken, aber Angst hatte ich nicht. Ich wusste, die Biene würde mich nur stechen, wenn sie sich bedroht fühlte. Lady und andere Tiere hatten mich gelehrt, dass alle Lebewesen intelligent sind und auf unsere Gedanken reagieren. Wenn wir freundliche Gedanken schicken, tun uns die Tiere nichts. Die Indianer wissen das und vermeiden den Biss der Klapperschlange, indem sie den Schlangen wie Brüdern und nicht wie Feinden begegnen. Ich blieb reglos stehen und schickte der Biene einen geistigen Gruß. Sie zog weiter ihre Kreise um mich.

Ein paar Minuten später machte ich erneut einen Schritt heimwärts. Die Kreise der Biene wurden enger und ihr Summen lauter. Ich trat wieder zurück, und ihre Kreise weiteten sich. Was war hier los? »Was soll ich tun?« Ich drehte mich um und machte einen weiteren Schritt Richtung Gipfel. Die Biene verschwand.

Dann wandte ich mich bergabwärts, und sie tauchte wieder auf und summte dreißig Zentimeter vor meinem Gesicht herum.

Das Universum schickt uns Zeichen, oft auf ganz einfachem Wege. Also beschloss ich, ein wenig zu experimentieren. Heimwärts – und die Biene kehrte zurück. Bergaufwärts – und sie verschwand. Was hatte das zu bedeuten?

Lady sprang mit großen Sätzen den Weg hinauf und bellte, ich solle ihr folgen. Ich gehorchte. »Ist der Aufstieg eine Art Prüfung?«, fragte ich mich. »Ist dort oben jemand, dem ich helfen soll, eine Herausforderung, der ich mich stellen muss, eine Lektion, die ich zu lernen habe?« Ein vertrautes Gefühl von Angst machte sich in meinem Magen breit. »Was, wenn ich es nicht schaffe – was es auch ist? Wenn ich nicht gut genug bin? Oder noch schlimmer – was, wenn die Biene keinerlei Bedeutung hat und ich verrückt bin?«

Ich überwand meine Angst, indem ich energisch den Weg hinaufstiefelte, obwohl er immer steiler wurde und ich eine

Pause einlegen musste, um wieder zu Atem zu kommen. Der Gipfel schien immer noch weit entfernt zu sein, und ich hatte Angst, dass es zu spät werden könnte – und ich den Berg im Dunkeln hinunterhasten müsste.

Lady kam zu mir zurückgelaufen und riss mich mit scharfem Gebell aus meinen sorgenvollen Gedanken. Ich sah auf. Leuchtend blaue Glockenblumen wiegten sich im Wind. Sie standen am Rande eines Abhangs, von dem aus man in ein Tal voller Espen hinabblicken konnte, deren frische grüne Blätter in der Sonne tanzten. Ein von der Schneeschmelze angeschwollenes Bächlein rauschte durch die Wiese im Tal. Ich hatte keine Zeit, stehen zu bleiben und die schöne Aussicht zu genießen. Ich musste den Berg hinauf. Ich musste herausfinden, was ich zu tun hatte.

Der Gedanke an meine Mission, was sie auch sein mochte, veranlasste mich dazu, eine weitere Stunde aufzusteigen. Plötzlich traten wir ohne Vorwarnung aus dem Dunkel des Waldes auf eine sonnendurchflutete Lichtung am Gipfel hinaus.

Ein herrliches Panorama aus Bergen, Hügeln und Tälern in Grün-, Gelb- und Brauntönen verschmolz zu einem Gemälde von Monet. Über mir schrie ein Habicht, und die Sonne schien auf seinen roten Schwanz, als er träge in der Luft seine Kreise zog. Lady lehnte sich ruhig gegen mein Bein und gestattete mir, die Schönheit in mich aufzunehmen.

Ich war von einem ungewöhnlichen Gefühl des Friedens und der Dankbarkeit erfüllt und hatte Angst, mich zu bewegen, weil ich fürchtete, all das sei zu schön, um wahr zu sein. Dann fiel es mir wieder ein: »Was ist meine Aufgabe? Weshalb bin ich hier?« Meine Sorge vertrieb das Gefühl des Friedens.

Eine leise Stimme meldete sich in meinem Kopf zu Wort – jene ruhig, warme Stimme, die mir inzwischen vertraut und die stets sanft und freundlich war und mich nie kritisierte: *Tu nichts.*

Meine Worte platzten in die goldene Stille: »Was soll das heißen... nichts?«

Stille.

»Was soll das heißen, ›nichts‹? Irgendeinen Grund muss es doch geben!«

Die Gedanken durchströmten meinen Körper und meine Seele wie Musik: »Genieß es. Sei. Sei einfach. Du musst nichts tun. Du musst nicht beweisen, dass du gut oder perfekt bist. Du musst die Welt nicht retten. Du musst lediglich das Leben genießen und die Schönheit in dich aufnehmen, die dich tagtäglich umgibt. Du musst nur *sein.*«

Aus meinem tiefsten Inneren brach Gelächter hervor und vertrieb die Ängste. Ich rief: »Biene, die Botschaft ist angekommen!« Lady fing entzückt an zu bellen, und wir tanzten gemeinsam auf dem Gipfel, als die Farbe der Sonnenstrahlen von Gold in Rot überging.

Auf dem Heimweg gab es so viel Schönes zu entdecken, dass ich meine Müdigkeit vergaß – ich vergaß sogar das Denken. Ich atmete den kräftigen Duft von Salbei ein und lächelte beim Anblick der Wildblumenteppiche. Wenn ich ein paar plaudernde Eichhörnchen oder ein Rotkehlchen übersah, das mit einem Wurm im Schnabel zu seinem Nest flog, machte Lady mich darauf aufmerksam. Sie führte mich genau in dem Augenblick nach Hause, als der indigoblaue Himmel dunkel wurde und die Nacht uns umhüllte.

Lynne D. Finney

Im Herbst

Im ächten Manne ist ein Kind versteckt: das will spielen.

FRIEDRICH NIETZSCHE

Wieder einmal habe ich mich vom Nachbarsjungen verleiten lassen.

Das passiert nicht oft, aber er hat so eine gewisse Art. Ich sitze im Büro, lege mich mächtig ins Zeug, hänge mich rein und kämpfe ohne großen Erfolg darum, meine Termine einzuhalten. Wie es scheint, befindet sich mein Gehirn im Leerlauf oder ist auf Urlaub – na ja, Sie wissen schon, was ich meine. Also schiebe ich fleißig Papierstapel von der einen Seite zur anderen und schreibe fieberhaft Motivationsmemos an mich selbst: »Angebot fertig machen!!!«, als könne die Anzahl der Ausrufezeichen meinem Arbeitswillen neues Leben einhauchen.

Mitten in diese emsige Untätigkeit platzt ein Klopfen an meiner Tür. Ich öffne, blicke nach unten und sehe Tyler, den Nachbarsjungen, mit einem Football in der Hand. Seine Frage »Kommst du raus zum Footballspielen?« ist fast ein wenig überflüssig.

Tyler ist acht, aber er erkennt einen Spielkameraden, wenn er ihn sieht. Bei meinem Einzug kamen Ty und sein Bruder Jay herüber und halfen mir beim Ausladen der Umzugskartons aus dem gemieteten Umzugswagen. Als wir fertig waren, spendierte ich jedem von ihnen einen Burger und eine Root-Beer-Kräuterlimonade. Danach waren Ty und Jay in jenen ersten Wochen unserer Nachbarschaft gern bereit, mich in den Supermarkt zu begleiten und mir die besten Spielsachen zu zeigen, wenn ich noch mehr Klebeband oder eine weitere Gardinenstange brauchte.

Jay ist elf und ziemlich cool – eigentlich viel zu cool, um zur Dame nebenan zu schlendern und nachzufragen, ob sie ein bisschen Football mit ihm spielt. Aber Tyler hat diesbezüglich keine Hemmungen. Er sieht, dass ich nicht nur ein, sondern zwei Fahrräder besitze. Dass ich jeden Tag spazieren gehe und manchmal abends auf der Veranda sitze und auf meiner Gitarre herumschramme. Folglich bin ich in seinen Augen okay.

»Ty«, sage ich und tue mein Bestes, erwachsen zu wirken, »ich würde wirklich gern mit dir spielen, aber ich muss arbeiten.«

Tyler hält ein weißes Plastikteil in die Höhe. »Schau«, sagt er, als würde dieser Gegenstand die Sachlage völlig verändern, »ich hab ein neues Tee [eine Plastikstütze]. Ich kicke – und du fängst.«

»Tyler«, wiederhole ich langsam, um ihm die Dringlichkeit der Lage klar zu machen, »ich habe einen Abgabetermin. Das heißt, dieses Projekt muss morgen zur Post.«

»Eine Viertelstunde«, sagt er unbeirrt und schaut mich mit seinen kornblumenblauen Augen fest an.

Meine Kinder wussten auch immer, dass sie mich auf diese Weise kriegen konnten. Ich frage mich, was für Signale ich aussende, die sagen: »Bohr weiter, sie lässt sich rumkriegen!«

Ich stehe an der Tür, sehe ihn an und überlege. »Okay«, denke ich, »ich könnte ja eine Viertelstunde mit Tyler spielen und dann am Schreibtisch zu Abend essen – es ist ja nicht so, als ob gerade irgendetwas vorwärts ginge.«

»In Ordnung«, antworte ich und hebe den Zeigefinger: »Ich ziehe noch schnell meine Schuhe an. Aber nur eine Viertelstunde. Das ist mein *Ernst*.« Den erhobenen Zeigefinger sieht Tyler schon nicht mehr. Er vollführt gerade ein Siegestänzchen auf meiner Veranda.

Als ich in die Schuhe schlüpfe, springt mein Hund in geradezu überschäumend guter Laune von links auf die Bühne. Wenn Bob, der Hund, sieht, dass ich die Schnürschuhe aus dem Schrank hole, weiß er, dass als Nächstes die Leine an der Reihe ist – und der Spaß beginnen kann. Dann marschieren wir in den Vorgarten – Bob, der Hund, Tyler und ich. Die kristallklare Luft ist frisch, kühl und riecht nach Herbst. Die Blätter knistern unter unseren Füßen, als Tyler anstößt und ich einen Satz in die grobe Richtung des Balls mache.

»Du musst ihn fangen«, sagt er, als hätte ich diese sportliche Weisheit nötig.

»Danke, Tyler«, sage ich, als ich erneut am Spielfeldende Position beziehe.

Dieses Mal fange ich den Ball, und nun bin ich mit dem Werfen an der Reihe. Ich werfe den Ball wie immer einen knappen Meter weit. Mit in paar locker-flockigen Sprüngen, wie das bei geborenen Sportlern eben ist, ist Tyler bei mir. »So geht das«, sagt er, hebt den Ball auf und zeigt es mir. »Bevor ich werfe, drehe ich die Hüfte. Dann kommt die Kraft nicht nur aus dem Arm.«

Ich probiere es und bin verblüfft – ich werfe den Ball durch den halben Garten. Keine Meisterleistung, aber ... auch nicht abgrundtief jämmerlich. Ich versuche es noch einmal. Tyler überschlägt sich fast vor Lob.

»Gut gemacht!«, sagt er und meint es absolut ernst. »So –
und jetzt wirfst du bis hierhin!«

So geht das fast eine Stunde weiter. Schließlich holt mich
das schlechte Gewissen ein. Außer Atem sage ich zu ihm, dass
es Zeit ist, aufzuhören.

»Okay«, sagt er, »du musst den Ball nur noch einmal fangen.« Das ist eine sichere Sache für ihn. Er weiß, dass ich nur
etwa jeden zehnten Ball erwische. Er wirft, ich greife daneben
und schüttle den Ball. Er wirft, ich greife daneben und schüttle den Ball. Er wirft, und schließlich sage ich: »Hör mal, Kleiner, ich muss jetzt wirklich arbeiten.«

Er wirbelt mit den Füßen ein paar Blätter auf und sagt:
»Mist«, läuft aber Richtung Einfahrt. »Streng dich an!«, ruft er
über die Schulter. Ich werfe. Er greift daneben, und ich lache.

Ich betrete das warme Haus und ziehe die Jacke aus – sie
riecht nach Herbst. Mein Gesicht ist kühl, und ich bin glücklich.

Ein paar Minuten nachdem ich am Schreibtisch Platz genommen habe, schlage ich mir an die Stirn. Blitzschlagartig
war mir klar geworden, was bislang fehlte. Warum war mir das
nicht schon früher aufgefallen? Vielleicht, weil mein Körper
mir sagte, was mein Kopf nicht hören wollte – dass Pausen
wichtig sind, egal, wie alt man selbst oder wie wichtig eine
Arbeit ist.

Es ist Herbst, die beste Jahreszeit für Vorgartenfootball.
Man sollte die Dinge genießen, solange sie Saison haben –
wie Tomaten im August oder heißen Apfelmost im Dezember.

Ich hoffe, es wird immer einen Tyler in meinem Leben
geben, der mich daran erinnert, dass man eine fürchterlich

schlechte Laune bekommt, wenn man nur arbeitet und sich nie eine Freude gönnt. Ich hoffe, ich werde mir auch in Zukunft etwas beibringen lassen, egal, wie alt oder ernst ich werde – selbst wenn mein Trainer erst acht ist und ich nicht genau weiß, ob das jetzt Sommersprossen oder Kakaospritzer auf seiner Nase sind.

K. C. Compton

Zurück vom Gipfel

Wenn wir von unserer eigenen Furcht befreit sind,
befreit unsere Gegenwart automatisch auch andere.

MARIANNE WILLIAMSON

Vom Tag seiner Geburt an zog sich mein Sohn Alex hoch, sobald er die kleinen Finger von irgendjemandem zu fassen bekam. Wie ungewöhnlich das war, wurde mir erst Jahre später klar, als mein kleiner, knochiger Teenager seinen Sitzgurt, seine Schuhe, den Beutel mit Kalk und die Seile zusammenpacken und auf einen Gipfel klettern wollte.

Jedes Mal, wenn Alex zum Klettern ins Studio fuhr, dachte ich, dass es ihm eines Tages schon langweilig werden würde. Insgeheim hoffte ich, irgendetwas würde ihn abschrecken, denn nein sagen konnte ich nicht – das Klettern war seine einzige Freude. Ich konnte ebenso wenig nein zu dem Ausdruck in seinen Augen sagen wie ihm die Bitte abschlagen, die Einladung seines Freundes Pierre zum Klettern in den Alpen annehmen zu dürfen. Ich konnte es nicht, obwohl ich wusste, dass damit eine Einladung zum Klettern mit Pierres

Vater Philippe einherging. Wie konnte ich Alex sagen, dass die einzige, die treibende Kraft in seinem Leben seine Mutter in Panik versetzte?

Wenn ich den »Felsbrocken« gesehen hätte, den sie an jenem sonnigen Tag erklimmen wollten, hätte ich meine Einwilligung niemals gegeben. Philippe hatte mir versichert, dass die Tour im Rahmen der Fähigkeiten meines Sohnes lag.

Der Monolith (wie konnte ich mich nicht fragen, weshalb er diesen Namen trug?) ragte vom Boden des Nationalparks Vanoise geradewegs in den Himmel wie ein Wolkenkratzer – ein dreiundneunzig Meter hohes, vertikal in die Luft ragendes Schwert aus hellem Granit.

Mir stockte der Atem. »Dort?« Ich zeigte auf den Felsen, und all meine Ängste rund ums Klettern verdichteten sich zu einem einzigen, monolithischen Entsetzen. Sie konnten nicht *dort oben* sein – etwas so Verwegenes würde Alex niemals tun. Es war absolut unmöglich, dass dieser, dieser *Riesenklotz* im Rahmen der Fähigkeiten meines Sohnes lag.

Rufe wurden laut: *»Regardez!«* Leute, die am Fuße des Felsens umhergelaufen waren, hatten die beiden Kletterer entdeckt, die sich nahezu unsichtbar an den Fels klammerten und nur sehr langsam bewegten. Ich ging weiter um die Basis des Felsens herum, und allmählich versammelte sich eine Menschenmenge. Mein Hals tat mir schon weh, weil ich ständig nach oben sah.

»Da sind Leute ganz weit oben!«, sagte jemand auf Französisch und deutete hoch hinauf. Ich rechnete mit dem Schlimmsten und empfand einen Anflug von Schuld. Ich hätte wissen müssen, wohin sie gehen wollten. Ich hätte nicht nachgeben dürfen und nein sagen sollen. Nun konnte meine

Dummheit meinen Sohn und den Vater seines Freundes das Leben kosten.

In der stillen Alpenluft war auch das leiseste Geräusch deutlich zu hören. Alex' Stimme klang so verzagt, so unsicher, wenn er auf Philippes Anweisungen antwortete. Sein Französisch war gut, aber Philippe sprach Englisch mit ihm, um auf der sicheren Seite zu sein. Auf der sicheren Seite! Die Ironie der Situation entging mir nicht, als ich die Hände zu Fäusten ballte, wieder entspannte und versuchte, ruhig durchzuatmen.

Ein Raunen ging durch die inzwischen beträchtliche Menge. »*Ce n'est pas de Français, ça.*« – »Das sind keine Franzosen«, sagte irgendjemand. »Sie sprechen Englisch.« Noch mehr Gemurmel, dann nickten ein paar Köpfe in gegenseitigem Einverständnis: »Die spinnen, die Engländer!«

Ob Engländer oder nicht, die beiden Verrückten kletterten langsam und vorsichtig weiter den steilen Felsen hinauf. Was drängte *irgendjemanden* dazu, sich an eine solch glatte Felswand zu klammern?

Aber Alex sah nicht nach unten. Mein Sohn sah nach oben zu Philippe, der ihm Anweisungen zurief, und folgte ihm hinauf.

Wieder schwollen die Stimmen an – irgendjemand hatte noch etwas entdeckt.

»Das ist ein kleiner *Junge* dort oben.« Offenbar traf diese Enthüllung einen wunden Punkt bei den Erwachsenen, Köpfe wurden heftig geschüttelt, der Ton wurde härter.

»Wo ist die Mutter des Jungen?«, fragte ein Beobachter. »Wie konnte sie so etwas nur erlauben?«

»Tja, wie nur?«, dachte ich und hoffte, das Gefühl von Übelkeit würde vergehen.

Die nun folgende Stille machte mir klar, dass die Beobachter sich von dem Felsen abgewandt hatten. Irgendjemandem war aufgefallen, dass ich in der Nähe herumstand, mich aber nicht am Gespräch beteiligte. Andere waren gekommen und gegangen, aber ich war geblieben, allein und schweigend, und hatte zu den beiden Kletterern hinaufgestarrt. Sie sahen mich an – die Einsame, die Verdächtige, die Rabenmutter. Ein paar von ihnen wagten ein mitleidiges oder amüsiertes Lächeln. Ich lächelte zurück.

»Das ist mein Sohn«, gab ich schließlich zu. Als ich auf Französisch erklärte, weshalb die Kletterer Englisch sprachen, nickten sie stumm mit den Köpfen. »Ah, Americans.« Das erklärte offenbar alles.

Aber als wir uns unterhielten, entdeckte ich noch etwas in ihren Augen, in ihrer Haltung, in der Art und Weise, wie sie nach oben sahen. Die Vorwürfe, die sie geäußert hatten, bevor sie von meiner Anwesenheit gewusst hatten, waren ein Ausdruck von Vernunft, Vorsicht und Fürsorglichkeit gewesen. Doch mit einem Mal sprachen die sehnsüchtigen Blicke, die sie dem Monolithen zuwarfen, und ihr Lächeln lauter als ihre Ängste.

Ich sah kurz nach oben und spürte, wie mein Lächeln zurückkehrte und mein Herz allmählich wieder ruhiger schlug. Das war mein Sohn dort oben, dem alle zusahen, und er tat Dinge, die wir erdgebundenen Kreaturen fürchteten oder vielleicht nie zu träumen wagten – er folgte seiner Leidenschaft in den Himmel.

Als er und Philippe sich schließlich in Zeitlupe abseilten und sicher am Fuße des Granitungeheuers landeten, brach die Menge in Applaus aus und applaudierte dem kleinen Jungen,

der das Monster besiegt hatte. Die Tränen, die ich fortwischte, bevor ich die erfolgreichen Kletterer begrüßte, waren keine
Tränen der Angst. Ich war stolz auf Alex – auf seinen Mut und
auf das, was er getan hatte.

Ich hatte Alex noch nie so lächeln sehen: In seinem Lächeln
lag stiller Stolz auf seine überragende Leistung. Nichts, worum ich ihn gebeten, sondern etwas, was er selbst gewählt
hatte. Er hatte sich sein eigenes Ziel gesteckt und es erreicht.
War das nicht das wahre Maß des Erfolges?

Zu Hause war Alex ganz offenbar immer noch nicht in der
Lage, seine Socken aufzuheben, sich daran zu erinnern, dass er
die Schmutzwäsche in den Wäschekorb geben soll, oder das
von ihm in der Küche angerichtete Chaos wieder zu beseiti-
gen. Aber hier, auf diesem heiligen Boden, auf dem von ihm
gewählten Schlachtfeld, hatte er den Berg besiegt und erkannt, wer er war.

Ich kann nicht versprechen, dass ich mir nie mehr Sorgen
um seine Sicherheit machen werde. Welche Mutter könnte
das schon? Aber von jenem Tag an, an dem ich meine eigenen Ängste am Fuße von *le Monolithe* besiegte, ließen meine
Bedenken nach.

Dierdre W. Honnold

Startbereit

Engel können fliegen, weil sie sich selbst leicht nehmen.
GILBERT KEITH CHESTERTON

Ich betrat das Krankenzimmer mit ihrer Fieberkurve unter dem Arm. Mit Tränen in den Augen sah sie zu mir auf. »Ich möchte Sie um etwas bitten«, sagte sie.

»Und was wäre das?«, fragte ich.

»Sagen Sie mir, wie man gesund und glücklich wird – so, wie Sie es sind.« Sie atmete ein paar Mal durch, um sich zu beruhigen, dann fuhr sie fort: »In meinem Leben gibt es ständig irgendwelche gesundheitlichen Probleme oder Dramen, die mich zurückhalten. Wieso kann ich nicht wie alle anderen Menschen einfach mein Leben leben?«

»Jean«, sagte ich und nahm ihre Hand, »Sie *sind* wie alle anderen Menschen. Sie haben einen Körper und einen Geist. Sie möchten geliebt, geschätzt und verstanden werden – wie alle anderen Menschen auch. Die Ähnlichkeiten zwischen uns sind größer als die Unterschiede.«

Ich schlug die Decke zurück, um mir Jeans Operationswunde anzusehen. Als ich den Verband abnahm, dachte ich über das Rätsel der Heilung nach. Schon vor langer Zeit war mir klar geworden, dass meine Arbeit als Arzt weit über die Behandlungen oder die Medikamente hinausging, die ich meinen Patienten verordnete. Ja, ich trage eine Tasche mit Verbänden herum, doch den Schlüssel zur Heilung haben die Patienten selbst. Es bleibt ein unergründliches Rätsel, weshalb sich manche Menschen erholen und andere nicht.

Ich kannte Jean gut. Sie war im Laufe der Jahre oft bei mir gewesen, und jedes Mal hatte ich meine »Trickkiste« geöffnet – und ihr neue Medikamente für das Herz, den hohen Blutdruck oder neue Bandagen für die Knie verschrieben.

Und nun die neueste Geschichte: eine Operation, bei der ein Teil ihres Magens entfernt wurde und die ihr helfen sollte, unerwünschte Pfunde zu verlieren. Sie wog über 135 Kilo, was ihr Herz, ihre Gelenke, aber auch ihren Ehemann und ihre Familie erheblich belastete. Ich war auf die bevorstehenden Genesungsprobleme vorbereitet. Wie schon in der Vergangenheit würde Jean postoperative Probleme bekommen: Schmerzen, schlechte Heilung, was auch immer, und ein Wundermittel von mir erwarten. Ich fragte mich, wann sie wohl beschlossen hatte, auf ihr Anrecht zu verzichten, stark, gesund, lebendig und glücklich zu sein. Wie es schien, wollte sie sich in erster Linie als Opfer sehen.

Ich wechselte den Verband, dann setzte ich mich und sah ihr tief in die Augen. »Ich kann mich noch gut an die Zeit erinnern, als ich sechs Jahre alt war«, sagte ich. »Damals war ich ein großer Fan von Superman. Ich verpasste keine Fernsehsendung, und ich lernte lesen, indem ich die Texte in den Superman-Comics entzifferte. Meine Mutter konnte ziemlich gut nähen und zauberte ein paar Superman-Kostüme für meinen Bruder und mich sowie für ein paar Nachbarskinder.

Ich weiß noch, wie stark ich mich jedes Mal fühlte, wenn ich in dieses Kostüm schlüpfte. Es fühlte sich an, als verwandelte ich mich in Superman selbst. Wenn mein Cape im Wind flatterte, konnte ich schneller laufen als alle anderen Kinder in unserem Viertel. Nicht einmal Kryptonit hätte diesen Superkerl aufhalten können.

Eines Tages dann beschloss ich, dass es an der Zeit sei, zu *fliegen*. Also kletterte ich in meinem Kostüm auf das Dach des Hauses meiner Großmutter, breitete mein Cape aus und sprang. Ich weiß noch, wie mir der Wind durchs Haar fuhr und mein Herz klopfte.«

»Und was ist da passiert?«, fragte Jean.

»Als ich auf dem Boden aufschlug, bekam ich schlagartig ein völlig neues Verständnis für die Wirklichkeit – und die Schwerkraft. Zum Glück war es ein niedriges, bungalowartiges Haus. Ich hinkte hinein. Nach meiner Bruchlandung war das Superman-Kostüm überall schmutzig, und ich weinte – für Superman ganz und gar untypisch. Stockend erzählte ich meiner Mutter, was passiert war. Sie lächelte nur, nahm mich in den Arm, machte mein Kostüm sauber und schickte mich wieder zum Spielen hinaus. Sie wusste, dass ich selbst herausfinden musste, auf welche Weise ich im Leben fliegen wollte. – Nun ja, das war vor langer Zeit, aber ich habe nie vergessen ...«

»Was vergessen? Wie weh es getan hat?«, fragte Jean.

»Nein – ich habe nie vergessen, wie großartig es sich anfühlt, zu fliegen!«

Am nächsten Tag entließ ich Jean aus dem Krankenhaus.

Wochen später erschien sie zur Nachuntersuchung in meiner Praxis. Als ich das Behandlungszimmer betrat, blieb mir der Mund offen stehen: Da stand Jean – inzwischen um einiges leichter – in einem Superwoman-Kostüm.

Lächelnd sagte sie: »Jetzt bin ich bereit, zu fliegen.«

Dane E. Smith

Rückkehr ins Leben

Der Körper ist weiser als seine Bewohner. Der Körper ist die Seele.
Wir ignorieren seine Beschwerden, seine Schmerzen, seine Ausbrüche,
weil wir die Wahrheit fürchten. Der Körper ist der Bote Gottes.

ERICA JONG

Ich arbeite seit knapp fünfzehn Jahren als Beraterin im Bereich Persönlichkeitsentwicklung in Großbritannien. Mein Spezialgebiet sind Essstörungen – in erster Linie Überessen –, und ich helfe Menschen, die Verantwortung für ihren Körper und ihr Leben zu übernehmen. Ich hatte die Ehre, bereits mit vielen tausend Menschen arbeiten zu dürfen, deren Fortschritte mir im Laufe der Jahre unendlich viel Freude bereiteten. Doch aus all den Geschichten, die mir in Erinnerung geblieben sind, sticht Gina Logans besonders heraus.

Gina kam 1991 zum ersten Mal zu einem meiner wöchentlichen Kurse. Sie war sechsundzwanzig Jahre alt, hatte über fünfundvierzig Kilo Übergewicht, war nicht gesund und sichtlich außer Form. Am nächsten Tag rief sie an, um mir zu sagen, dass ihr mein Vortrag gefallen hatte. Dann fing sie an zu weinen und brach schließlich völlig zusammen. Sie war ganz offensichtlich deprimiert und verzweifelt. Wir unterhielten uns fast eine Stunde. Am Ende des Gesprächs hatte es den Anschein, als sei sie bereit, etwas zu unternehmen, um ihr Leben zu verbessern.

Fünf Wochen lang besuchte Gina regelmäßig meine Kurse und nahm dabei rund sieben Kilo ab. Dann stieg sie aus dem Programm aus.

Ein paar Monate später rief sie an. Es war die übliche Litanei, die ich schon viele Male gehört hatte: Sie hatte die verlorenen Pfunde wieder zugenommen und schreckliche Schuldgefühle. Als ich vorsichtig nachfragte, gab sie zu, dass ihre größte Schwäche der Alkohol sei. Alles sei gut gelaufen, bis sie zu einer Party eingeladen gewesen sei und dort zu viel getrunken habe. Am Tag nach der Party habe sie sich dann mit allerlei ungesundem Zeug voll gestopft, und seither sei es ihr nicht mehr gelungen, Essen und Trinken unter Kontrolle zu bringen.

Gina kam wieder in meine Kurse – und nahm dieses Mal knapp zehn Kilo ab, bevor sie das Programm erneut abbrach.

Diesmal vergingen sechs Monate, ehe sie mich anrief und traurig nachfragte, ob sie wieder zu den Kursen kommen dürfe. Ich sagte ihr, dass sie gern kommen könne, ihr Zielgewicht aber weder erreichen noch halten würde, falls sie weiterhin immer wieder alles hinwerfe. Wenn sich das bekannte Muster wieder zeigte – und das würde es, da solle sie sich nur keinen Illusionen hingeben –, verlöre sie vermutlich wieder die Kontrolle. Und wenn Alkohol der Auslöser für ein Fressgelage war, müsse sie bereit sein, ihn gänzlich zu meiden.

Nach einer kurzen Pause sagte Gina: »Ich sage Ihnen von vornherein, Joanne – das kann ich nicht.«

»Wieso nicht?«, fragte ich. »Sind Sie alkoholabhängig?«

»Nein. Es ist nur so, dass ... es ist nur ...« Ich hörte sie leise weinen. »Es ist nur so, ich hasse mich so sehr, dass mir einfach das Selbstbewusstein fehlt, um irgendwohin zu gehen, ohne dass ich schon ein paar Drinks intus habe.«

»Und wie steht es um Ihr Selbstbewusstsein am nächsten

Morgen, wenn Sie einen Kater haben, wenn Ihnen der Schädel brummt und Sie alles in sich reinstopfen könnten, was Sie sehen? Wie steht es um Ihr Selbstbewusstein, wenn Sie Ihre Fressattacken ausbaden müssen?«

»Sie verstehen das nicht«, sagte Gina weinend. »Ich leide so sehr, dass ich ein paar Drinks brauche, damit ich mich überhaupt einigermaßen normal fühle.«

»Sie können also nur unter Leute gehen, wenn Sie Alkohol trinken?«

»Nun ja … ja«, erwiderte sie.

»Gut. Wenn Sie nur ausgehen können, wenn Sie etwas trinken, dann schlage ich vor …«

»Was? Dass ich nicht mehr ausgehe?«, bockte sie wie ein Teenager, der mit seinen Eltern streitet.

»Ich würde niemals vorschlagen, dass Sie nicht ausgehen sollen. Aber Sie sollten andere Möglichkeiten finden, als in Bars oder Nachtclubs zu gehen. Wenn Sie Ihr Leben verändern möchten, müssen Sie Ihre Muster verändern. Selbst wenn das bedeutet, dass Sie sich aus Ihrem Freundeskreis zurückziehen. Also, gehen Sie ruhig aus und haben Sie Spaß mit anderen Menschen – aber gehen Sie ins Kino, ins Theater oder ins Fitnessstudio.«

»Ins Fitnessstudio?«, schrie sie entsetzt auf. »Ins Fitnessstudio? So, wie ich aussehe? Sind Sie denn von allen guten Geistern verlassen? Wissen Sie, wie fett ich bin? Keine zehn Pferde würden mich in ein Fitnessstudio bringen.«

»Dann fangen Sie mit einem Spaziergang auf der Promenade an. Gehen Sie vom einen Ende zum anderen und wieder zurück. Tun Sie, was Sie eben können.«

»Kommt nicht infrage«, sagte sie entschieden.

»Dann lehne ich es ab, mit Ihnen zu arbeiten. Es hat auch keinen Sinn, dieses Gespräch noch weiter fortzusetzen.«

Wenn man ein so weiches Herz hat wie ich, fällt einem nichts so schwer, wie die Harte zu spielen. Doch manchmal muss man hart sein, um helfen zu können.

»Na, das ist ja der Gipfel!«, schoss sie postwendend zurück. »Und was erwarten Sie jetzt von mir?«

»Ich erwarte gar nichts von Ihnen, Gina. Sie tun, was Sie wollen. Es ist Ihr Leben. Sie haben die Wahl. Sie können sich weiter besinnungslos besaufen oder in den Kurs zurückkehren, wenn Sie tatsächlich bereit sind, einen neuen Weg einzuschlagen. Denken Sie darüber nach. Es gibt keine Abkürzung, wenn es darum geht, den eigenen Körper und das eigene Leben zu verändern. Es wird ungefähr ein Jahr dauern, bis Sie Ihr Idealgewicht erreicht haben. Ein Jahr, Gina. Sie werden sich eine Zeit lang bedeckt halten und Ihr soziales Umfeld verändern müssen. Aber die Clubs laufen Ihnen nicht davon – und wenn Sie Ihr Ziel erreicht haben, werden Sie keinen Alkohol mehr brauchen, um Ihr Selbstbewusstsein zu stärken.«

Ich sah Gina erst zwei Jahre später wieder. Sie tauchte einfach in einem meiner Kurse auf – und nun war sie bereit, zu kämpfen.

Gina beschloss, es diesmal richtig zu machen. Sie hörte auf zu trinken und trennte sich von ihren alten Freunden. Sie ernährte sich gesünder, kaufte sich ein Paar Laufschuhe und fing an zu walken. Dann arbeitete sie sich sogar bis ins Fitnessstudio vor. Und legte richtig los.

In einem guten Jahr nahm Gina fünfundfünfzig Kilo ab und hielt ihr neues Gewicht. Im Laufe der Zeit wurde ich Zeugin einiger erstaunlicher Veränderungen, doch Ginas Verwandlung war außerordentlich. Sie unternahm nicht nur alles Nötige, um ihren Körper zu verändern, sondern vollzog auch den entscheidenden Schritt – sie stellte sich ihrem eigenen Ich, ihren Ängsten und Schwächen, ihren Schatten und ihrer Scham. Sie erfand sich neu.

Als die letzte Phase ihrer Gewichtsabnahme näher rückte, gingen wir zusammen zum Power-Walking und marschierten bergauf. Sie lachte, als ich erwähnte, dass sie noch nicht einmal schwitzte.

»Tja, Joanne«, sagte sie und grinste vom einen Ohr zum anderen, »Ihre Touren sind inzwischen einfach zu leicht für mich!«

»Nun, dann lassen Sie sich von mir nicht aufhalten, Fräulein Gina!« Ich bedeutete ihr, mich zu überholen, und sie zog an mir vorbei.

Später gestand mir Gina noch etwas anderes: »Ich habe mich von John getrennt«, sagte sie ernst. »Ich habe das noch nie irgendjemandem erzählt, aber er hat mich öfter mal geschlagen, und das lasse ich mir nicht mehr bieten. Ich lasse mir viele Dinge nicht mehr bieten, die ich mir früher gefallen ließ…«

Sie atmete tief ein, bevor sie fortfuhr: »Offenbar fühlt er sich bedroht, weil ich mit dem Trinken aufgehört habe. Und wie es scheint, nimmt er mir übel, dass ich abgenommen habe. Inzwischen weiß ich, dass ich bei John geblieben bin, weil ich immer dachte, ich hätte nichts Besseres verdient. Das ist jetzt anders. Letzten Monat habe ich mir eine eigene Wohnung gesucht und bin ausgezogen. Und ich denke darüber nach, zu studieren. Was halten Sie davon?«

Ich blieb stehen und sah ihr in die Augen. »Das ist eine sehr gute Idee!«

Jahrelang hatte Gina in Alkohol, ungesundem Essen und Selbstmitleid geschwelgt, weil sie fest davon überzeugt gewesen war, ein hoffnungsloser Fall zu sein – »geboren, um fett zu sein«. Derartige Überzeugungen waren eine praktische Rechtfertigung für ihre Faulheit. Aber sie hatte einen starken Geist, und mit Geduld, Ausdauer und der richtigen Disziplin brachte sie ihren Körper und ihr Leben wieder in Form.

Letztes Jahr bekam ich einen Brief von ihr. Sie war nach Schottland zurückgekehrt und hatte wieder angefangen, zu studieren. Inzwischen arbeitet sie für einen der erfolgreichsten Unternehmer des Landes und verdient genug Geld, um ihre erste eigene Wohnung anzahlen zu können. Am meisten aber freut mich – und das ist sozusagen das Tüpfelchen auf dem i –, dass Gina sich etwas dazuverdient, indem sie Aerobicstunden gibt. Und das von der Frau, die sagte, dass keine zehn Pferde sie ins Fitnessstudio brächten …

Noch heute steht ein kleines, gerahmtes Bild auf meinem Schreibtisch – es ist ein Geschenk von Gina. Sie hat es mit einer Widmung versehen: »Wer lehrt, verändert ein Leben für immer.« Auch Gina Logan hat dauerhafte Spuren in meinem Leben hinterlassen, denn nichts freut einen Lehrer mehr, als mit ansehen zu dürfen, wenn einer seiner Schüler Erfolg hat.

Joanne Reid Rodrigues

Abdruck mit freundlicher Genehmigung von Martha Campbell.

Wenn du anfangen willst, fang einfach an

*Um dorthin zu kommen, wo sie sind, mussten alle anfangen,
wo sie waren.*

RICHARD PAUL EVANS

Der Januar ist eine gute Zeit für einen Neuanfang. Deshalb habe ich mir bereits vor Jahren angewöhnt, jedes Jahr kurz nach Neujahr meine diversen Ärzte aufzusuchen. Das heißt, ich lasse mich zwei Wochen lang von Internisten, Gynäkologen und Radiologen kneifen, pieken und untersuchen, während ich ein Papierhemdchen trage, in dem ich mich fühle wie ein riesiges Lammkotelett in einer schlecht sitzenden Papiermanschette. Wenn alles vorbei ist, fühle ich mich rechtschaffen und bin beruhigt, dass ich noch nicht tot und durchaus in der Lage bin, intelligente Entscheidungen dahin gehend zu treffen, dass das auch noch eine ganze Weile so bleibt.

Obwohl ich für meine Körpergröße zu dick oder für mein Gewicht zu klein bin, habe ich seit jeher einen niedrigen Blutdruck, einen niedrigen Cholesterinspiegel, einen langsamen Puls, jede Menge Energie und das Talent, meine Beine um meinen Kopf zu wickeln. Ein zugegeben gänzlich sinnloses und unästhetisches Unterfangen, aber es hält mich geschmeidig und Einbrecher fern.

Im Jahr 1996 jedoch hatten die Probleme, mit denen ich mich beim Schreiben meines neuen Buches lange Zeit herumschlagen musste, meinen üblichen Optimismus zunichte gemacht. Es kostete mich all meine Kraft, Tag für Tag diszipliniert zu schreiben. Meine wenigen gesunden Angewohnhei-

ten verschwanden. Ich hörte auf, jeden Tag spazieren und/
oder schwimmen zu gehen, und lebte von Eiscreme, Schweine-
krusten und Mayonnaise. Bei einer derartigen Lebensführung
fühlte ich mich bald schrecklich – lethargisch, schwach und
noch deprimierter. Meine arthritischen Gelenke schmerzten,
und ich mampfte haufenweise Maaloxan, während ich tagsüber vor dem Fernseher saß – bei einem Autor ein sicheres
Zeichen von körperlichem, geistigem und spirituellem Ver-
fall.

Ich feierte bei einer Freundin Silvester und blieb über
Nacht, um es nicht mit den betrunkenen Fahrern auf den Straßen zu tun zu bekommen, und ging gegen zwei Uhr ins Bett.
Ich wachte wie üblich um sechs Uhr auf, lag einfach nur da,
starrte an die Decke und dachte über mein Leben nach. Als
dann auch die anderen aufgestanden waren, saßen wir über-
nächtigt und mit vollen Kaffeetassen im Wohnzimmer herum,
und irgendjemand fragte: »Hat sich jemand was fürs neue Jahr
vorgenommen?«

»Ich«, sagte ich ins allgemeine Gelächter hinein. »Ich werde viermal die Woche je zwanzig Minuten spazieren gehen
und jeden Tag fünf Portionen Obst und Gemüse essen.«

Diese eher langweilige Ankündigung wurde mit höflichem
Gemurmel quittiert, und das Gespräch wandte sich dem inte-
ressanteren Thema zu, was wir frühstücken wollten.

Ich begann den Monat mit der üblichen Ärzterunde und
musste zu meinem Entsetzen feststellen, dass ich mich in einem noch schlechteren Zustand befand, als ich gedacht hatte.
Mein Blutdruck und meine Cholesterinwerte waren him-
melhoch, und ich hatte in einem Jahr fast zehn Kilo zugenommen. Kein Wunder, dass meine Knie schmerzten. Ich trug

nun alles in allem etwa das Gewicht eines zusätzlichen Menschen an Bauch, Oberschenkeln und Hüften mit mir herum. Statt mich weiter zu deprimieren, machten diese Neuigkeiten mich wütend; doch ich zürnte weder mir selbst noch den Ärzten – noch nicht einmal den bösen Verlegern und Lektoren, die mir das Leben so zur Hölle gemacht hatten. Ich war einfach nur *wütend*. Und diese Wut ließ mich aktiv werden.

Ich verpflichtete Sally, meine neue Internistin, mir im Kampf gegen die Midlifecrisis beizustehen. Ich erklärte ihr, dass ich weder Diättipps noch Ratschläge sportlicher Art von ihr brauchte. Ich hatte jahrelang Bücher über Ernährung und Fitness gelesen und geschrieben. Ich wollte, dass sie meinen Blutdruck und meine Cholesterinwerte überwachte, vor allem aber brauchte ich ihre moralische Unterstützung. Sally ist sehr viel jünger als ich, und ich glaube, anfangs war sie etwas überrascht von dieser dicken, aggressiven und ausgesprochen nackten Dame in ihrem Behandlungszimmer. Dennoch willigte sie ein, mir einmal im Monat einen Kontroll- und Gesprächstermin zu geben, und bald war sie meine stärkste Verbündete.

Ich fing an, jeden Tag spazieren zu gehen. Ich machte zweimal die etwa achthundert Meter lange Runde um den Block unweit von meinem Apartment. Anfangs war ich nach diesem zwanzigminütigen Spaziergang außer Atem und konnte bei jedem Schritt meine Kniegelenke knacken hören. Ich hörte auch die verführerische Stimme in meinem Kopf, die mir eine Million gute Gründe zuflüsterte, nicht spazieren zu gehen. Für gewöhnlich gelang es mir aber, sie zu ignorieren.

Ich kann hervorragend kochen, und so schmeckten die gewaltigen Mengen Obst und Gemüse, um die ich meinen

Speiseplan erweitert hatte, wunderbar. Ich hatte keine Lebensmittel eingeschränkt oder gestrichen und deshalb auch nie das Gefühl, dass mir etwas fehlte. Nach so vielen Jahren mit fettem, salzigem und süßem Essen war meine Verdauung von all diesen Ballaststoffen einigermaßen überrascht und brachte diese Überraschung mit lautem, erdbebenartigem Donnern und Grollen zum Ausdruck. Welch ein Glück, dass ich nicht rauche. Das Entzünden eines Streichholzes in meiner Wohnung hätte den ganzen Ostteil der Stadt ausgelöscht.

Doch nach ein paar Wochen verzogen sich diese Nebenwirkungen (im wahrsten Sinne des Wortes), und allmählich fühlte ich mich besser. Ich war nicht hundertprozentig konsequent. Gelegentlich hatte ich Rückfälle und aß gewaltige Mengen von Karamelleiskrem vor dem Fernseher, doch an den meisten Tagen drehte ich meine Runden und aß mein Grünzeug.

Jeden Monat wog ich ein bisschen weniger – mal ging es schnell, mal langsamer. Blutdruck und Cholesterinspiegel waren da schon hartnäckiger, doch nach einem halben Jahr zeigten sich auch hier allmählich Veränderungen.

Inzwischen sind acht Monate vergangen. Mein Blutdruck ist normal, und ich habe achtzehn Kilo abgenommen. Ich kann meine Füße sehen, ohne mich nach vorn beugen zu müssen, und meine Knie schmerzen nicht mehr. Es fällt mir leicht, eineinhalb Kilometer zu gehen, und auf der Hochzeit meines Neffen habe ich die ganze Nacht getanzt, ohne dabei außer Atem zu kommen – und auch meine Gelenke haben kaum geächzt. Von Zeit zu Zeit plagen mich die Dämonen der Depression noch ein wenig mit ihren Waffen Erschöpfung, Apathie, Schlaflosigkeit und Zweifel. Die Verleger sind so begriffsstutzig wie eh und je, und es gibt immer noch Tage, an denen ich es nicht schaffe, spazieren zu gehen, Brokkoli zu essen und zusammenhängende Sätze zu schreiben. Ich werde wohl nie Probleme mit Beständigkeit und Langeweile bekommen.

Doch für zweiundfünfzig bin ich recht gut in Schuss. Die meiste Zeit über finde ich die Welt ganz in Ordnung, und das Gesicht im Spiegel gefällt mir. Ich gehe gern flott im Regen spazieren. Ich brate voller Freude einen ganzen Kopf Wildbrokkoli mit Knoblauch und Olivenöl, um ihn dann mit frischem Brot zu verspeisen. Die Liebe und die Unterstützung meiner Freunde, meiner Familie und einer Ärztin, die sich die Zeit nimmt, mir zuzuhören, geben mir Kraft. Ich erfreue mich an den kleinen Dingen: An meiner Katze, die sich an einem Fenster in der Sonne das Gesicht putzt, an dunkelroter Kapuzinerkresse, die auf meinem Balkon blüht, einem Anruf von meiner Schwester, einem Kaffeeklatsch mit einer neuen Freundin.

Ich werde nie eine jener in Lycra gehüllten Asketinnen werden, die tatsächlich etwas für gedämpften Tofu und sportliche Ertüchtigung übrig haben. Ich werde immer lieber mit einer Katze, einem Buch und einer großen Tüte Schokokekse in der Hängematte liegen. Doch wenn ich mich erst einmal aufgerafft habe, macht mir das Spazierengehen Spaß, und wenn ich hungrig bin, schmeckt eine gebackene Kartoffel mit einem Glas Buttermilch wunderbar. Ein guter Schlaf, geräuschlose Kniegelenke und eine fröhliche Lebendigkeit fühlen sich – trotz der gelegentlichen Angriffe der Dämonen – so viel besser an als der traurige, träge Zustand, in dem ich mich ein Jahr zuvor befunden hatte.

Mein Vorsatz fürs neue Jahr war kein Ziel, sondern eine Reise; und wie jede Reise begann sie mit einem kleinen Schritt. Ich habe keinen guten Rat für andere – keine Landkarten, Rezepte oder Plattitüden. Ich habe keine Ahnung, wohin mein Weg mich führen wird oder wie ich dorthin kommen soll. Ich weiß nur, dass es sich lohnt, sich auf den Weg zu machen, und dass die Landschaft stets interessant ist. Und wenn du anfangen willst, dann fang einfach an.

Luisa Gray

Meine Visionen mit Suppe

Nicht dass wir lange leben, darf man Sorge tragen,
sondern befriedigend: denn dass du lange lebst, bedarf es des Schicksals,
befriedigend, des Geistes.

SENECA

Vor fünfundzwanzig Jahren stand ich am Scheideweg. Ich musste alles neu überdenken: Ich war eine allein erziehende Mutter mit zwei Kindern, arbeitete immer noch als Familienanwältin im amerikanischen Justizsystem, recherchierte, schrieb und hielt Vorlesungen… und war mit meinen Kräften am Ende. Ich trauerte um den plötzlichen Tod beider Eltern, war auf der Suche nach einem Lebensgefährten, nach dem ich mich sehnte, achtete nicht auf meine Ernährung und schlief nicht genug. Kurz gesagt, so, wie ich lebte, konnte es nicht weitergehen.

Ich wurde so krank, dass ich fürchtete, es nicht zu überleben, und eines Tages brach ich fast völlig zusammen. Mir wurde klar, dass ich die Art und Weise, wie ich meinen Körper behandelte, wie ich lebte, wo ich lebte und wie ich mit meiner Zeit – meiner Lebensenergie – umging, grundlegend ändern musste. All das war so gewaltig, so überwältigend: Ich wusste nicht, in welche Richtung ich gehen und wie mein nächster Schritt aussehen sollte.

Eines Tages tat ich etwas, was ich noch nie getan hatte. Ich nahm ein leeres Blatt Papier, schloss die Augen und fing ohne Plan oder Gliederung einfach im Stil des Stream of Consciousness an, aufzuschreiben, wie und wo ich in fünf Jahren leben wollte. Zuerst sah ich vor meinem geistigen Auge, dass ich mit einem wunderbaren Mann zusammenleben würde, der mich liebte und respektierte – und kochen konnte. Mit meinen feministischen Überzeugungen hatte ich mich selbst in die Enge getrieben: Die traditionelle »Helferrolle« konnte und wollte ich nicht spielen. Ich wollte einen Mann, der in jeder Hinsicht ein echter Partner war und sich kein »kleines Weibchen in der Küche« wünschte. Ich stellte mir vor, er wäre Künstler oder Schriftsteller. Er würde mich und meine Kinder lieben und meine Arbeit unterstützen – so wie ich die seine unterstützen würde. Vor allem aber wäre er ein guter Mann, ein liebenswürdiger und wahrhaft spiritueller Mensch, jemand, der sich sowohl um andere als auch sich selbst kümmerte. Und auch die Welt sollte ihm am Herzen liegen. Zum ersten Mal in meinem Leben war ich mir über all diese Eigenschaften im Klaren, und glasklar war auch, dass weder Erfolg noch Aussehen eine Rolle spielten. Doch wo war dieser Mann?

Ich bin kein besonders visueller Mensch, aber dieses Mal waren die Bilder vor meinem geistigen Auge überraschend deutlich: Ich sah uns in einem Haus mit Holzverkleidung, an einem ruhigen Ort, umgeben von Bäumen und Blumen und mit einem Bächlein. Bei der Hektik und dem Trubel in Los Angeles war das höchst unwahrscheinlich. Ich sah mich schreiben, schreiben, schreiben.

Ich fragte mich, weshalb ich all das in einem, wie ich annahm, Anfall von Romantik aufgeschrieben hatte, und legte das Blatt beiseite. Merkwürdig war allerdings, dass ich anfing, mich auf völlig unvorhergesehene Weise zu verhalten, da mir diese Vision nicht aus dem Kopf ging und mein Handeln beeinflusste.

Ich sprang ins kalte Wasser und verzichtete auf die Sicherheit eines regelmäßigen Einkommens – meine Kanzlei. Ich fing an, spazieren zu gehen, mich mehr auszuruhen und auch am Tag hinzulegen – Dinge, die mir völlig neu waren. Ich schenkte den Botschaften meines Körpers mehr Beachtung und ging zu einem höchst erstaunlichen Arzt, der fünfundachtzig Jahre alt war, hundertsechzig Kilometer weit weg wohnte und Hausbesuche machte: Dr. Henry Bieler, Autor eines der bahnbrechenden Bücher über Naturheilkunde: *Richtige Ernährung – deine beste Medizin*. Wenn er auf Hausbesuch kam, was sich die Ärzte in Los Angeles schon lange abgewöhnt hatten, brachte er immer eine Variante seines Entgiftungsrezeptes mit: die berühmte Bieler-Suppe, eine merkwürdige Mischung aus Zucchini, grünen Bohnen und Petersilie. Das klingt jetzt vielleicht nicht besonders einladend, doch da mir die Schulmedizin nicht geholfen hatte, war ich bereit, andere Möglichkeiten auszuprobieren. Und allmählich fühlte ich mich tatsächlich besser.

Inzwischen schrieb ich regelmäßig und nicht mehr in anfallartigen Schüben. Ich bekam einen Vertrag für mein erstes Buch und befreite mich von allem, was meinen Träumen nicht zuträglich war, unter anderem auch von Freunden, die nicht zu meinem neuen, gesünderen Leben passten. Eines Tages engagierte ich eine Schreibkraft, die mir bei der Fertigstellung meines Buches behilflich sein sollte, obwohl ich dafür Geld ausgab, das ich nur ungern aufbrauchte. Doch wie sich herausstellen sollte, war es eine hervorragende Investition: Ich wurde nicht nur viel schneller mit dem Buch fertig, sondern meine Schreibkraft machte mich auch noch mit David bekannt.

Wenn ich mich nicht an einem Wendepunkt in meinem Leben befunden hätte, wäre mir wohl nicht so schnell klar geworden, dass er der Richtige für mich war. Er war nicht glamourös wie die Männer in Los Angeles, zu denen ich mich zuvor oft hingezogen fühlte. Wenn wir uns zu einem früheren Zeitpunkt in meinem Leben begegnet wären, witzelten wir später oft, hätte ich gar nicht erkannt, dass er der Mann war, auf den ich mein ganzes Leben lang gewartet hatte – der Autor und Künstler, der liebenswürdige und fürsorgliche Mann aus meiner Vision.

Dieser Teil der Geschichte versetzt mich noch immer in Erstaunen – am Ende lebte ich mit David in einem wunderschönen holzverkleideten Haus inmitten von Bäumen und Blumen, wo ich *Kelch und Schwert* und andere Bücher schrieb. Seit unserer ersten Begegnung sind einundzwanzig Jahre vergangen.

Es gibt sogar einen Bach, aber der ist nicht ganz so, wie ich ihn mir vorgestellt hatte: Wie sich herausstellte, verläuft er direkt unter unserem Haus, denn jedes Jahr in der Regenzeit steht der Keller unter Wasser. Aber das ist eine andere Geschichte. Vielleicht eine, in der es darum geht, dass wir bei den

Details unserer Visionen große Vorsicht walten lassen sollten.

Ich esse immer noch viel Suppe – nicht nur Dr. Bielers Suppe, sondern auch Hühnersuppe, die mein Mann für mich macht. Er kann hervorragend kochen. Und ja, sie tut meiner Seele *sehr* gut.

Doch am besten ist für meine Seele das Gefühl von Dankbarkeit, dass ich in den Augenblicken tiefster Verzweiflung endlich mein eigenes Drehbuch für mein Leben schrieb und lernte, auf meinen Körper zu hören, und dadurch mit meinem innersten Selbst in Kontakt kam. Ich musste die Weisheit und den Mut finden, tatsächlich etwas zu ändern und mein Potenzial voll auszuschöpfen.

Riane Eisler

9

Dankbarkeit

In einem dankbaren Herzen ist ewig Sommer.

CELIA THAXTER

Das rote Band

Es ist durchaus möglich,
dass eine Reihe von Misserfolgen das bestmögliche Ergebnis liefert.
GISELA M. A. RICHTER

Jeder möchte auf den ersten Platz kommen, ein blaues Band gewinnen, in irgendeiner Disziplin der Beste sein. Sogar Kindergartenkinder sind schon verrückt nach diesen blauen Bändern. Ich war nie der Typ, der im Sport blaue Bänder einheimste. Bei jedem Wettrennen war ich die Letzte. Beim Baseball war die Wahrscheinlichkeit groß, dass ich den Schläger auf den Kopf bekam oder den Ball fallen ließ. Beim Basketball kam ich gut zurecht, solange keine anderen Spieler auf dem Platz waren. Ich weiß nicht, weshalb ich so schrecklich unsportlich war, ich war es − und es zeigte sich früh.

Im Vorschuljahr unternahm meine Klasse im Frühjahr einen Ausflug in den Park einer rund dreißig Kilometer entfernten Stadt. Wenn ich jetzt dorthin fahre, ist das nicht weiter aufregend, aber wenn man sechs ist und sein ganzes bisheriges Leben in einem Ort mit dreihundert Einwohnern verbracht hat, ist der Ausflug in eine Stadt mit ein paar tausend Leuten ein wichtiges Ereignis. Ich kann mich nicht mehr besonders gut an diesen Tag erinnern, aber ich bin mir sicher, dass wir den Inhalt unserer kleinen Lunchpakete verspeisten, schaukelten und die Rutsche hinunterrutschten − was Sechsjährige eben so tun. Dann kam das Wettrennen. Es war kein normales Wettrennen. Irgendjemand war auf die Idee gekommen, Aufgaben zu stellen, wie man sie von Picknicks kannte, mit »Orangentanz« und Eierlauf. An diese Aufgaben kann ich mich nicht mehr genau erinnern, aber einen Wettlauf werde ich nie vergessen – den Dreibeinlauf.

Die Eltern hatten beschlossen, in diesem besonderen Fall auf die Kartoffelsäcke zu verzichten. Stattdessen banden sie uns die Füße zusammen. Ein kleiner Glückspilz bekam mich zur Partnerin. Nun sollte man freilich wissen, dass dieser Junge der zweitbeste Sportler unserer Klasse war. Ich bin mir sicher, als sie seinen Fuß an meinen banden, wusste er sofort, dass er in Schwierigkeiten steckte. Ich für meinen Teil wäre am liebsten im Erdboden versunken. Dieser Junge war ein Siegertyp. Normalerweise gewann er alles, was es zu gewinnen gab, aber ich wusste, mit mir am Bein hatte er keine Chance.

Doch offenbar war ihm das damals nicht ebenso klar wie mir. Er hakte mich unter, der Schuss der Startpistole fiel, und wir waren unterwegs. Überall um uns herum stolperten Pärchen und fielen um, aber wir waren noch auf den Beinen und schafften es bis zum Wendepunkt. Es war unglaublich, denn als wir kehrtmachten und zum Start zurückliefen, lagen wir in Führung! Lediglich ein einziges Pärchen hatte noch eine Chance auf den Sieg, und die beiden waren viele Meter hinter uns.

Nur wenige Zentimeter vor dem Ziel geschah dann die Katastrophe: Ich stolperte und fiel hin. Wir waren der Ziellinie so nah, mein Partner hätte mich leicht hinüberzerren und gewinnen können. Er hätte es tun können, aber er tat es nicht. Stattdessen blieb er stehen, reichte mir die Hand und half mir auf – als das andere Pärchen die Ziellinie überquerte. Wir bekamen ein rotes Bändchen für den zweiten Platz.

Ich erinnere mich gut an diesen Augenblick, und das kleine rote Bändchen habe ich immer noch. Als wir dreizehn Jahre später unseren Schulabschluss feierten, stand ich auf der Bühne und hielt die Abschiedsrede vor ebenjener Gruppe von Schülern, von denen sich keiner mehr an diesen Augenblick erinnerte. Ich erzählte ihnen von dem kleinen Jungen, der im Bruchteil einer Sekunde eine Entscheidung getroffen und beschlossen hatte, dass es wichtiger war, einer Freundin auf die Füße zu helfen, als ein blaues Band zu gewinnen. Ich sagte: »Einer der jungen Männer hier auf der Bühne ist dieser kleine Junge – aber ich werde Ihnen nicht verraten, wer.« Ich wollte es nicht verraten, denn im Grunde war jeder von ihnen irgendwann einmal dieser kleine Junge gewesen und hatte mir aufgeholfen, als ich gefallen war; hatte eine kurze Pause bei der Jagd nach den eigenen Zielen eingelegt, um einem Mitmenschen in Not zu helfen.

Und ich sagte ihnen, weshalb ich das Bändchen aufgehoben hatte: »Dieses Bändchen erinnert mich daran, dass man kein Sieger in den Augen der Welt sein muss, um für die Menschen, die einem am nächsten stehen, ein Volltreffer zu sein. Die Welt mag einen Menschen als Sieger oder Versager beurteilen, aber die Menschen, die ihm am nächsten stehen, kennen die Wahrheit. Das sollten wir auf unserem Lebensweg nie vergessen.«

Sie haben vielleicht kein rotes Bändchen, um es beweisen zu können, aber ich hoffe aufrichtig, dass es zumindest ein paar Freunde in Ihrem Leben gibt, die sich auf ihrer Jagd nach den blauen Bändern dieser Welt eine kleine Auszeit nahmen, um Ihnen zu helfen. Ich denke, das sind die Freunde, die wirklich zählen – ich weiß, ein solcher Freund bedeutete mir am meisten.

Staci Stallings

Alex und seine Magie

Ich bin mir sicher, dass allen Dingen ein Zauber innewohnt.
Wir wissen nur nicht, wie wir ihn zu fassen kriegen und ihn uns
zunutze machen können, damit er etwas für uns tut.

FRANCES HODGSON BURNETT

»Willie! Warte auf mich!«, rief der fünfjährige Alex, als er mit dem Rad eine stark befahrene Straße in Anchorage, Alaska, überquerte und versuchte, den Anschluss an seinen Bruder nicht zu verlieren. Den Wagen bemerkte er erst, als es zu spät war. Bei dem Aufprall wurde sein Rad durch die Luft geschleudert, und Augenblicke später brachte der Rettungswagen Alex mit Blaulicht ins Krankenhaus.

In den nächsten dreißig Tagen wich seine Familie nicht von seiner Seite, während die Ärzte das Ausmaß seiner Verletzungen feststellten und seine Schmerzen linderten. Es sah schlecht aus: Alex würde für immer vom Hals abwärts gelähmt bleiben – es war dieselbe Verletzung, die ein paar Monate später auch der Schauspieler Christopher Reeve erleiden sollte. Alex würde sein Leben lang Rund-um-die-Uhr-Pflege sowie ein Beatmungsgerät brauchen. Darüber hinaus würde er sich komplizierten Operationen unterziehen müssen und einen Schlauch in die Luftröhre bekommen. Alex wurde in ein

Krankenhaus in Seattle geflogen, das auf traumatische Verletzungen bei Kindern spezialisiert war.

Er war seit zehn Tagen dort, als einer der Ärzte mich — die Geschichtenerzählerin der Klinik — fragte, ob ich mit ihm arbeiten würde. Er warnte mich, dass Alex seinen Körper nicht bewegen konnte, es ihm kaum gelänge, mit dem Kopf zu nicken oder ihn zu schütteln, und er nur ein oder zwei Worte flüstern konnte. Sein Gesicht spiegelte keinerlei Gefühlsregungen, aber offenbar zeigten seine Augen eine Reaktion.

Vor dem Unfall war er ein lebhaftes, gesprächiges Kind. Er hatte sechs Geschwister und war jederzeit bereit gewesen, zu allem seinen Kommentar auf Englisch oder in seiner Muttersprache Spanisch abzugeben. Doch nun... kam fast keine Reaktion. Alex' Mutter brachte mich zu ihm. Ein wunderschönes Kind mit rabenschwarzem Haar und durchdringenden, von dunklen Wimpern gesäumten schwarzen Augen sah zu mir auf. Im Zimmer war nur das laute Geräusch des Beatmungsgeräts zu hören, das ihm beim Luftholen half.

»Alex«, sagte ich leise. »Soll ich dir eine Geschichte erzählen?«

Er schwieg, nickte aber schwach.

»Das ist eine sehr, sehr alte Geschichte von einem Mann, der Hüte verkaufte. Sie heißt ›Hüte zu verkaufen‹ und geht so...«

Ich erzählte ihm die Geschichte von einem fahrenden Händler, der mit all seinen Hüten auf dem Kopf unter einem Baum einschlief. Als er erwachte, waren die Hüte fort. Die Affen, die in den Ästen über ihm saßen, hatten sie aufgesetzt. Die Geschichte lebt von den Lauten der Affen und den sich ständig wiederholenden Rufen des Händlers wie: »Ihr Affen, ihr! Gebt mir meine Hüte zurück!« Um die Story anschaulicher zu machen, spielte ich die Handlung nach – vom Händler, der seine Hüte auf dem Kopf stapelte, bis dahin, dass er mit den Füßen aufstampfte und den frechen Affen mit den Fäusten drohte.

Ich beobachtete, wie Alex mit den Augen meinem Finger folgte, wenn ich zu den fiktiven Affen im fiktiven Baum hinaufzeigte. Zweimal sah ich, dass er versuchte, den Mund zu bewegen, als wollte er etwas sagen. Ich fragte ihn, ob er noch eine Geschichte hören wollte, und er nickte schwach.

»Ich glaube, Alex, diese Geschichte kennst du schon. Sie heißt ›Die drei Bären‹. Kennst du sie?« Er nickte.

Als ich zu der Stelle kam: »Eines Tages kochte Mama-Bär einen…« und bevor ich »Haferbrei« sagen konnte, hielt ich inne, denn er öffnete den Mund und flüsterte nahezu unhörbar: »Suppe.«

Ich ließ mich von ihm inspirieren und sagte: »Das stimmt, Alex. Suppe.« Ich fuhr fort: »Aber diese Suppe war zu…«, und wartete. Und tatsächlich hauchte er: »Heiß!« Die Geschichte hatte ihn in ihren Bann gezogen, und er war bereit, die Kontrolle zu übernehmen. Mithilfe des Schlauchs in seiner Luftröhre fing er an, seine Lungen mit Sauerstoff zu füllen, um sagen zu können, was er nun sagen wollte. Langsam formte er mit den Lippen jedes Wort, als er sagte: »Paaapa-Bär (Atemzug) und Maaama-Bär (Atemzug) und Baaaby-Bär (Atemzug) gingen im Waaald (Atemzug) spazieren.«

Wir wurden Zeugen eines Wunders: des ersten Satzes, den er seit dem Unfall vor über einem Monat gesprochen hatte! Tränen strömten seiner Mutter und mir übers Gesicht, als Alex die Geschichte zu Ende erzählte.

Von nun an besuchte ich ihn jeden Tag und erzählte ihm Sagen, Märchen und Kunstmärchen, die er dann zur großen Freude aller weitererzählte. Die Krankenhausangestellten durften ihn erst kneifen, piksen oder einen Verband wechseln, wenn sie sich eine Geschichte angehört hatten, und sie beklagten sich nie darüber, wie lange es dauerte. Wenn er sie verzauberte, wurden sie wieder zu Kindern. Außerdem bestand er darauf, dass sie die Geschichten weitererzählten.

Eine der Geschichten war »Die alte Dame, die sich vor rein gar nichts fürchtete«, was bei ihm zu »Ich fürchte mich vor rein gar nichts« wurde. Jedes Mal, wenn er im Laufe seiner Genesung vor einer neuen Herausforderung stand, wiederholte er diesen Satz.

Eines Tages, ich wollte gerade sein Zimmer verlassen, sagte er aufgeregt: »Michale, ich möchte dir eine Geschichte erzählen!«

»Tatsächlich?«

»Ja«, sagte er und strahlte mich an. »Aus meinem Kopf.« Und er begann in der altehrwürdigen Tradition der Geschichtenerzähler: »Es war einmal ...« Plötzlich hörte ich die Worte in meinem Kopf: *Schreib sie auf.* Ich unterbrach ihn, lief aus dem Zimmer, schnappte mir einen Notizblock aus dem Schwesternzimmer, lud die Schwestern, einen Arzt und Therapeuten ein, und bald standen neun Leute um Alex' Bett und entlockten ihm durch ihre begeisterte Zuhörerschaft seine Geschichte. Ich schrieb jedes einzelne Wort nieder. Es war ihm gelungen, uns an einen Ort zu versetzen, an dem die Zeit stillstand und Wunder geschahen. Als er geendet hatte, brachen wir in donnernden Applaus aus. Alex genoss unsere Bewunderung sichtlich.

Ich zeigte ihm den Notizblock und blätterte die Seiten um. »Das sind deine eigenen Worte, Alex. *Du bist ein Schriftsteller! Ein Geschichtenerzähler!*«

»Tatsächlich?« Ein breites Grinsen huschte über sein Gesicht.

»Tatsächlich. Und ich werde deine Geschichte in den Computer tippen und ausdrucken, dann hast du dein erstes eigenes Buch. Von nun an sollst du Alex Guerrero heißen, Schriftsteller und Geschichtenerzähler!«

»Wirklich?« Er musste die Worte »Schriftsteller« und »Geschichtenerzähler« laut wiederholen, damit er sie glauben konnte.

»Alex ...«, sagte ich und beugte mich vor, damit es so aussah, als blickte ich in seinen Kopf hinein.

»Was ist, Michale?«

»Alex ... da sind noch Hunderte von Geschichten in deinem Kopf.« Er rollte die Augen nach oben, als wollte er sehen, was ich sah.

»Bist du *sicher*?«

»Ich bin sicher, mein Schatz. *Ganz* sicher.«

Von nun an sagte Alex, wenn jemand sein Zimmer betrat: »Ich werde dir eine Geschichte aus meinem Kopf erzählen. Schreib sie auf.« Bald waren die Wände seines Zimmers mit seinen Geschichten voll gepflastert. Es gefiel ihm, wenn ich sie nachspielte, wenn ich herumgaloppierte und wieherte wie ein Pferd oder grunzte wie ein Schwein. Er liebte es, in dieser sterilen Umgebung, in der sich so viel seiner Kontrolle entzog, die Kontrolle über einen anderen Menschen zu haben.

Die Macht der Geschichten half ihm auch allmählich,

einen Sinn in seinem Unfall zu sehen. Eines Tages fragte er seine Mutter: »Mama, als ich vor langer Zeit in deinem Bauch war, da war ich glücklich. Warum wurde ich geboren?«

Die Antwort auf diese Frage ist tief in seinem Inneren verborgen. Wenn es an der Zeit ist, wird er sie in Metaphern und Geschichten erzählen.

Zwei Monate später wurde Alex aus der Kinderklinik entlassen. Geschickt steuerte er den elektrischen Rollstuhl mit seinem Kopf. Zu Dutzenden stand das Krankenhauspersonal in den Fluren und jubelte ihm zu und verlieh so der Liebe und dem Engagement für seine weitere Genesung Ausdruck.

Im Laufe seiner Rekonvaleszenz hatte Alex eine magische Entdeckung gemacht: dass er nicht an den Körper gebunden war, der ihn gefangen hielt. Mithilfe seiner Phantasie, seiner Liebe und der Macht der Geschichten konnte er durch das ganze Universum reisen – und wieder zurück. Genau wie wir.

Michale Gabriel

Pop Pops Versprechen

Glück liegt nur in dem Bewusstsein, das wir von ihm haben.
GEORGE SAND

Als ich ein kleines Mädchen war, pflegte mein Großvater – Pop Pop – mir zu versprechen, dass alles im Leben auch seine gute Seite habe. Er sagte, wenn ich daran glaubte, gelänge es mir früher oder später, selbst den schwierigsten Situationen etwas Gutes abzugewinnen. Als ich klein war, fiel es mir leicht, den Worten meines Großvaters Glauben zu schenken. Ganz besonders dann, wenn wir beide etwas Zeit auf seiner Farm im Tal des Shenandoah River in Virginia verbrachten. Die sanfte Begrüßung einer Milchkuh, der Duft frisch umgestochener Gartenerde und die unverdorbene Süße eines neugeborenen Katzenbabys lehrten mich, dass die Worte meines Großvaters wahr waren.

Dennoch, ich war ein Kind, das mit einer spastischen Lähmung zur Welt gekommen war, und glaubte daher, einen Bereich entdeckt zu haben, auf den Pop Pops Versprechen nicht zutraf. Er hatte gesagt: »Im Leben hat *alles* auch seine gute Seite.«

Seine Worte klangen vernünftig, wenn es sich um neugeborene Katzenbabys und frische Gaben aus dem Garten handelte, nicht aber angesichts einer spastischen Lähmung. Ich konnte nichts Gutes an meiner Behinderung finden. Für mich bedeutete sie körperliche Schmerzen, ängstigende Operationen, eine schwierige Therapie und die frustrierende Erkenntnis, dass es Dinge gab, die ich einfach *nicht* tun konnte, wie sehr ich mich auch bemühte. Früher sah ich die anderen Kinder geschmeidig durchs Zimmer laufen, doch wenn ich es versuchte, versagten mir meine Muskeln den Dienst. Mein Körper war wie ein kompliziertes Spielzeug, das nie so funktionierte, wie ich es gern gehabt hätte. Meine erste Operation hatte ich mit nicht einmal zwei Jahren. Bis zu meinem sechzehnten Lebensjahr war ich ein Dutzend Mal an Füßen, Knöcheln, Oberschenkeln, Waden und sogar den Augen operiert worden. Die chirurgischen Eingriffe, Therapien oder stützenden Schienen brachten die Lähmung ebenso wenig zum Verschwinden wie all die Gebete, die ich an jeden Stern am Himmel gerichtet hatte.

Das Gehen war eine überwältigende Aufgabe. Es erforderte Entschlossenheit, Konzentration und Glück. Wenn all diese Faktoren zusammenkamen, gelang es mir für gewöhnlich, ein Zimmer zu durchqueren, ohne irgendwo anzustoßen. Für mich war das Anmut. Allzu oft ließ mich aber das Gleichgewicht mittendrin im Stich, und ich fiel zu Boden wie ein ermatteter, vom Wind gebeutelter Schmetterling.

Mit der Zeit und mit viel Übung lernte ich, einigermaßen zurechtzukommen. Am schlimmsten aber war, dass die spastische Lähmung mein Herz fest im Griff hatte. Ich versuchte, so zu tun, als wäre ich glücklich und fühlte mich sicher; doch hinter meinem Lächeln verbargen sich Schuldgefühle und Angst. Schon die Worte »spastische Lähmung« ließen mich vor Scham erröten. Ich glaubte, mein Wert als Mensch hinge davon ab, wie ich ging, nicht davon, wie ich lebte. Ich hatte Angst, andere könnten meinen behinderten Körper sehen und zu dem Schluss kommen, dass dieser Mensch nicht genug Liebenswertes an sich hätte. Diese Angst umgab mich wie eine riesige Mauer aus Stein, und ich konnte mich anderen gegenüber nicht öffnen. Ich konnte nicht an den Menschen glauben, als der ich erschaffen war – ich konnte mich nur hinter dieser Mauer aus Angst verstecken.

Ja, mein Großvater hatte gesagt, im Leben habe alles auch seine gute Seite, und ich wollte ihm gern glauben. Doch obwohl ich viele Jahre lang danach gesucht hatte, konnte ich nichts Gutes daran finden, in meinem Körper leben zu müssen. Dann, ich war dreiundzwanzig, fand etwas Gutes *mich*.

Slugger war ein springlebendiger junger Labrador, eine Hand voll flaumiger Sonnenschein. Unentwegt blubberte freudiges Entzücken in ihm hoch und brach sich in unablässigem welpischem Schwanzwedeln Bahn. Als Sylvia Fisher von Caring Canine Companions (Liebevolle Hundebegleiter) Slugger sah, wusste sie, dass es ihm bestimmt war, eine wichtige Rolle zu spielen. Sylvia sicherte sich die Unterstützung von Vicky Polk und vielen anderen freiwilligen Helfern von Caring Canine Companions. Das unermüdliche Engagement dieser Menschen verwandelte den Welpen mit den strahlenden Augen in einen kompetenten Behindertenhund.

Ich werde den Augenblick, in dem ich Slugger zum ersten Mal sah, nie vergessen. Sein Schwanz wedelte entspannt zur Begrüßung, und in seinen braunen Augen funkelte freundliche Neugier. In diesem Augenblick verliebte ich mich in ihn. Er war das unglaublichste Tier, das ich mir vorstellen konnte; aber ich sollte bald feststellen, dass noch viel mehr in ihm steckte, als ich mir je hätte träumen lassen. Sehr viel mehr! Als geprüfter Behindertenhund hatte Slugger das übliche Gehorsamkeitstraining hinter sich. Er konnte Dinge apportieren, die hinuntergefallen waren, Türen öffnen und auf Kommando bellen. Er konnte mich mithilfe des Führgeschirrs sogar stützen, wenn ich Treppen stieg und bergaufwärts ging.

Zwei Jahre dauerte es, bis Slugger diese für einen Behindertenhund unentbehrlichen Fertigkeiten entwickelt hatte. Es dauerte mehrere Monate, bis wir beide die Geheimnisse einer erfolgreichen Zusammenarbeit ergründet hatten. 1993 legten wir unsere Prüfung ab; und obwohl wir noch sehr viel voneinander zu lernen hatten, wusste ich, dass dieser Hund mein Leben verändern würde. Damals hatte ich keine Ahnung, wie groß diese Veränderung sein sollte.

Die Partnerschaft mit Slugger schenkte mir eine völlig neue Freiheit. Zu Beginn unserer Karriere als Führgespann machte ich gerade meinen Magister an der James-Madison-Universität. Mit Slugger an meiner Seite wurden Aufgaben wie das Tragen schwerer Lehrbücher und das Überqueren des überfüllten Campus einfacher, als ich mir das je hätte träumen lassen. Ich musste mich nicht mehr darauf verlassen, dass mir jemand zu Hilfe kam, sobald es bergauf ging. Wenn ich in einem meiner Kurse den Bleistift fallen ließ, hob Slugger ihn schnell wieder für mich auf. Oft konnte er sogar verhindern, dass ich auf vereisten Stufen oder regennassen Gehsteigen hinfiel.

Mein Behindertenhund schenkte mir körperliche Freiheit. Noch wertvoller aber war das Geschenk, das er meinem Herzen machte. Slugger schenkte mir seine außerordentliche Liebe – eine Liebe, die Schritt hielt, wenn mein Herz tanzte, und unerschütterlich zu mir stand, wenn ich stolperte. Auf ihre innige, wortlose Art linderte diese Liebe den Schmerz in meinem Herzen; und Sluggers treue Ergebenheit lehrte mich, an den Menschen zu glauben, als der ich erschaffen war. Ich lernte, mich nicht über die Probleme zu definieren, die ich überwinden musste, sondern über das, was zu werden ich den Mut hatte.

Seit neun Jahren leben und arbeiten Slugger und ich nun zusammen. Auf seine sanfte Art lässt mich mein Behindertenhund noch immer an seiner Labrador-Weisheit teilhaben, und das hat mich zu einem klügeren Menschen gemacht. Ihm habe ich die Erkenntnis zu verdanken, dass helle Hundehaare auf einem dunklen Rock ein wundervolles Fashion-Statement sind. Mir ist klar geworden, dass jede gute Partnerschaft auf Geben und Nehmen beruht. Ich habe gelernt, dass die Geschenke am schönsten sind, an denen man sich zusammen erfreuen kann. Und endlich verstehe ich auch, was mein Großvater meinte, als er sagte, im Leben habe *alles* auch seine gute Seite.

Leigh B. Singh

Alles hat zwei Seiten

Nach dem Tod meiner Mutter bemühte sich mein Vater noch mehr darum, gesund und aktiv zu bleiben. Jeden Morgen schwamm er in dem türkisfarbenen Becken seiner Wohnanlage, bis es zu kalt zum Schwimmen war. Unabhängig davon, wie er sich fühlte, schwamm er jeden Tag eine Bahn mehr als am Tag davor, nur um zu beweisen, dass man sich immer noch weiter steigern konnte. Alle paar Tage informierte er mich über die Anzahl der zurückgelegten Bahnen, und Stolz schwang in seiner Stimme mit. Dann erwiderte ich wahrheitsgemäß: »Donnerwetter, Papa, ich weiß nicht, ob ich noch so viele Bahnen schwimmen könnte!«

Als er auf die achtzig zuging, büßte mein Vater trotz des Schwimmens, und obwohl er sechs Tage die Woche arbeitete, an Kraft und Energie ein. Mit einundachtzig war er gesundheitlich angeschlagen und musste sich zur Ruhe setzen. Wenn wir langsam nebeneinander hergingen, tat er so, als müsse er sich nicht allzu sehr auf mich stützen; und ich tat so, als merkte ich es nicht. Er war klar im Kopf, aber von einer chronischen Herzinsuffizienz und einer schweren Arthritis zermürbt.

Eines Tages sagte er: »Wenn mal etwas passiert, möchte ich nicht künstlich am Leben gehalten werden. Ich habe ein offizielles Dokument dahin gehend unterzeichnet.« Er grinste sein wunderbares, breites Grinsen und fügte hinzu: »Ich hatte das Glück, deine Mutter zur Frau und dich als mein einziges Kind zu haben; und ich bin bereit, zu gehen.«

Knapp einen Monat später erlitt er einen Herzinfarkt. In der Notaufnahme erinnerte er seinen Arzt und mich noch einmal an seinen Wunsch, aber trotz dieser jüngsten Krise konnte ich mir nicht vorstellen, dass er nicht für immer und alle Zeit bei mir sein und sagen würde: »Hab ich dir heute schon gesagt, dass ich dich liebe?«

Auf der Intensivstation ging es ihm schlecht. Aus allen Körperöffnungen schienen Schläuche zu ragen. Seinen Sinn für Humor aber hatte mein Vater noch nicht verloren, denn er fragte: »Soll das heißen, dass unsere Verabredung zum Mittagessen morgen ausfällt?« Seine Stimme brach.

»Ich komme her und hole dich ab, und dann unternehmen wir etwas ganz Besonderes«, antwortete ich mit einem Kloß im Hals.

Zum ersten Mal in meinem Leben weigerte sich mein Vater, mir in die Augen zu sehen, und drehte sich zu der leeren grünen Wand neben seinem Krankenbett. Schmerzliches Schweigen breitete sich zwischen uns aus.

Er sagte: »Ich möchte nicht, dass du mich so in Erinnerung behältst. Versprich mir, mein Liebling, dass du mich nicht so in Erinnerung behalten wirst! Und bitte geh jetzt – ich fühle mich so elend.«

Als ich am Abend mit meinem Mann ins Krankenhaus zurückkehrte, wollten uns die Pfleger nicht zu ihm lassen. »Es gibt gerade ein kleines Problem«, sagte einer von ihnen. »Bitte warten Sie im Besucherzimmer. Wir werden Sie so bald wie möglich rufen.«

Ich wartete zehn Minuten und hielt die Hand meines Mannes. Plötzlich durchfuhr mich ein Ruck, und ich hatte das Gefühl, als würde mein Herz aufhören zu schlagen. »O mein Schatz«, sagte ich. »Papa ist gerade gestorben. Ich habe es gespürt!« Ich sprang auf, lief den Gang zur Intensivstation entlang und klopfte an die Tür. »Lasst mich rein, lasst mich zu ihm«, bat ich.

»Er ist gerade gestorben«, antwortete eine der Schwestern. »Bitte gehen Sie ins Besucherzimmer zurück. Wir werden Sie in ein paar Minuten holen.« Sie blockierten die Tür, damit ich nicht hindurchschlüpfen konnte.

Ich hatte geglaubt, dass dieser wundervolle Mensch niemals sterben würde. Er hatte einen so festen, liebevollen Platz in meinem Leben. Die Worte der Schwester hatte ich zwar gehört, aber mein Herz wollte nicht glauben, dass er so plötzlich gestorben war. Innerlich tobte ich. Ich glaubte, meinen Vater im Stich gelassen zu haben, weil ich in der Stunde seines Todes nicht bei ihm gewesen war, seine Hand gehalten und ihm gesagt hatte, wie sehr ich ihn liebte. »So hätte es sich gehört«, rügte mein innerer Kritiker. »Du hättest ihm sagen sollen, wie sehr du ihn liebst, so wie er es dir immer gesagt hat. Du hättest für ihn da sein müssen. Es hätte ihm sehr viel bedeutet. So hättest du es machen müssen!« Und ich spürte die unerbittliche Last einer Mischung aus Trauer und Schuld.

Die Monate und Jahre vergingen, aber zu wissen, dass ich eine fürsorgliche und liebevolle Tochter gewesen war, genügte mir nicht. Nichts konnte meiner sturen Überzeugung etwas anhaben, dass ich nicht da gewesen war, als er mich am meisten brauchte.

Nun hat mich ein Traum davon erlöst.

Nach einem Dutzend Jahren besuchte mein Vater mich im Traum, um mir die Geschichte aus seiner Sicht zu erzählen:

Du weißt, ich habe bis weit ins Rentenalter hinein gearbeitet, und als meine Knie mich nicht mehr tragen konnten, fühlte ich mich so schwach und habe mich so geschämt. Vor allem aber wollte ich nie, dass du mich als hilflosen alten Mann in einem Krankenhausbett sterben siehst. Es hätte zu wehgetan, dich bei mir zu haben. Deshalb, meine geliebte Tochter, sage ich dir jetzt die Wahrheit: Ich weiß, dass du mich ebenso sehr geliebt hast, wie ich dich liebte. Und ich wollte dich nicht bei mir haben, und ich wollte nicht, dass du meine Hand hieltest, als ich starb. Das hast du dir gewünscht, nicht ich. Mein Tod war perfekt, so wie er war. Alles hat zwei Seiten – sogar der Tod.

Bobbie Probstein

Dankbarkeit

Ich erklimme einen Berg, will die Luft atmen dort,
Und mit jedem Schritt weiter bleibt eine Sorge mehr fort.
Die Sonne rollt wie Lachen übers weite Meer.
Ich lächle einer Blume zu – und sie zu mir her.
Der Wind hebt einen Duft aus der Wiese im Tal,
Und erinnert mich an die Erste, die ich küsste, einmal.
Ich knie im Heidekraut, spüre, wie mein Geist sich weitet.
Ein leuchtender Schmetterling ruht, auf meine Hand gebreitet.
Die Wolken, allgegenwärtig, doch keine zwei gleich,

Spielen Menschen mit blühender Phantasie einen Streich.
»Schau! Ein Segelboot! Ein Hase! Ein Engel! Ein Schwan!«
Und das Beste daran? Dass keiner falsch liegen kann!

Jeder soll ein Geheimnis wie meinen Hügel besitzen,
Wo Gedanken frei ziehen, und um ruhig dort zu sitzen,
Fernab vom Verkehr, wo es laut ist und staubt,
In der kristallklaren Sonne der Welt, der er traut.
Neige dein Herz der Schönheit zu. Sie umgibt dich, und
sie ist in dir.
Gehe achtsam, mit Liebe, dann umhüllt sie dich schier.
Je weiter du gehst, desto mehr wirst du sehen,
Und vergiss nicht, wer wächst, kann dem Schmerz nicht
entgehen.
Trotz all seiner Trauer, dem Herzschmerz und Streben,
Mit all seinem Kummer, ist's ein herrliches Leben.
Ja, mit all seinem Kummer, ist's ein herrliches Leben.

Mark Rickerby

Dankbares Leben, freudiger Übergang

Warum genießt du das Leben nicht? Es findet hier und jetzt statt.
Die Geburt ist nicht der Anfang, der Tod nicht das Ende.

LAMA THUBTEN YESHE

Vor fünfunddreißig Jahren, es war Winter in Michigan, schoss
ich zwei Hasen im Wald nicht weit von unserem Haus. Als ich
das zweite Tier aufbrach, erfüllte Verwesungsgeruch das Zimmer. Ich machte buchstäblich einen Satz nach hinten und ritz-

te mich dabei mit meinem Jagdmesser. Der kleine Schnitt an meiner Hand genügte, um mich mit einer Krankheit zu infizieren, die von den Ärzten als »Hasenpest« diagnostiziert wurde. Innerhalb von wenigen Tagen hatten sich meine »Erkältungssymptome« in vierzig Komma fünf Grad Fieber verwandelt. Ich wurde eilends ins Krankenhaus gebracht und in einen mit Eis gefüllten Sack gelegt.

Ich fiel trotzdem ins Koma. In diesem Augenblick geschah etwas sehr Merkwürdiges: Ich spürte deutlich, wie ich meinen Organismus verließ. Ich betrachtete das Leiden meines Körpers mit göttlicher Distanz und nahm es in keiner Weise ernst. Ich konnte mich frei bewegen, aber es fühlte sich so an, als sei ein Teil von mir wie mit einem unsichtbaren Faden an meinen Körper gebunden. Mit einem Mal starrte ich in einen gleißend hellen Tunnel aus Licht – den gleichen Tunnel, den viele Menschen nach einem solchen Erlebnis beschrieben haben.

Mit stillem Hochgefühl näherte ich mich dem Tunnel und sah, dass er in den endlosen Raum führte. Dann hielt ich inne, drehte mich um und sah meinen in Eis gepackten Körper. Ich bemerkte meinen Vater, der weinend auf einem Stuhl neben dem Bett saß. Ich hatte meinen Vater nie zuvor weinen sehen, und es beunruhigte mich. Ich weiß noch, dass ich versuchte, mit ihm zu kommunizieren, ihn zu trösten. Dabei wusste ich anfangs gar nicht so recht, was ihn so mitnahm. Dann wurde mir klar, dass mein Körper starb, meine Seele Abschied nahm. Von meiner privilegierten Warte aus gesehen, schien mir Trauer sinnlos. Alles schien völlig natürlich, einfach und normal.

Der ausgemergelte Körper auf dem Bett atmete flach, und

ich erkannte, dass es mein eigener war. Mir wurde klar, dass ich mich entscheiden musste – ob ich leben oder sterben wollte. Damals kam mir diese Entscheidung ganz und gar willkürlich vor. Ich fühlte mich von dem strahlenden Licht angezogen, doch das Mitleid mit meinem Vater hielt mich teilweise zurück. Ich war damals sechzehn Jahre alt, und so beschloss ich, noch ein wenig dazubleiben und herauszufinden, was es mit dem Leben auf sich hatte.

Mit diesem Beschluss begann eine Reise, die ich vielleicht nicht angetreten hätte, wenn ich gewusst hätte, worauf ich mich da einließ. Bei der Rückkehr in meinen Körper stellte ich fest, dass ich härter als je zuvor würde arbeiten müssen. Die Krankheit hatte meinen Körper schwer geschädigt: Die Haare waren mir ausgefallen. Ich sah aus wie ein Skelett. Ich war blind, und meine Sinne waren völlig durcheinander. Manchmal manifestierten sich Laute in meinem Gehirn als Bilder, nahm ich Licht als körperliche Empfindungen wahr.

Damals ergab die materielle Welt für mich nur wenig Sinn.

Die Monate vergingen, mein Sehvermögen kehrte zurück, und meine Sinne klärten sich. Der »Rache des Hasen« – wie ich jetzt dazu sage – habe ich allerdings zu verdanken, dass ich das Leben nie mehr mit den gleichen Augen sah.

Zwölf Jahre später hatte ich einen Motorradunfall und eine weitere Nahtoderfahrung. Erst zehn Jahre nach diesem beängstigenden Vorfall stellte ich mir ernsthaft die Frage, weshalb mir derartige Erfahrungen zuteil geworden waren. Damals arbeitete ich für einen Verleger, der mich fragte, ob ich ein Manuskript für ihn lektorieren würde. Wie sich herausstellte, war es ein Buch über das Sterben und den Tod, und es sollte zum Katalysator für die Auseinandersetzung mit meinen eigenen Nahtoderfahrungen werden.

Mit der Zeit fing ich an, im Geiste Unterhaltungen mit einer, wie ich dachte, Ausgeburt meiner Fantasie zu führen, die sich mir als »Alex« vorgestellt hatte. Inzwischen war ich Schriftsteller (ich hatte *Das Körperbuch* mit Mike Samuels geschrieben) und einen Doktortitel erworben. Ich war ein in jeder Hinsicht rational denkendes menschliches Wesen und betrachtete Alex als eine Art Muse oder einen Spiegel, mit dem ich mich unterhalten und grübeln konnte. Dann fing Alex an, eigene Vorschläge zu machen. Er sagte etwa: »Hör auf zu arbeiten und fahr zu Ann. Es geht ihr nicht gut.«

Diese kuriose Botschaft amüsierte mich, also fuhr ich bei ihr vorbei. Ann öffnete beinah umgehend die Tür und starrte mich ungläubig an. »Gerade habe ich an dich gedacht«, sagte sie. »Ich wollte dich eben anrufen.« Ann erzählte mir, vor ein paar Tagen sei ein gemeinsamer Freund bei einem schrecklichen Autounfall ums Leben gekommen. »Seit seinem Tod«, sagte Ann, »habe ich immerzu das Gefühl, er wäre hier und setzte mir zu. Ich weiß nicht, was ich tun soll.«

Alex gab mir ganz genaue Anweisungen: »Wenn der tote Freund Ann das nächste Mal piesackt, soll sie sich ein ruhiges Plätzchen suchen, sich hinsetzen und ihm einfach Gesellschaft leisten – sie soll mit ihm reden, als sei er körperlich anwesend. Sie soll ihm die Erlaubnis geben, dieses Leben zu verlassen, und ihn fragen, ob es noch unerledigte Angelegenheiten gibt, die sie für ihn zu Ende bringen soll.«

Ann rief eine Woche später an, um mir zu sagen, dass es funktioniert hatte. Ich kann nicht mit Bestimmtheit sagen, ob mein (Alex') Rat nun der Weisheit meines Unbewussten entsprungen war und Ann geholfen hatte, Ruhe zu finden, oder ob die Seele unseres Freundes endlich loslassen und gehen konnte. Meiner Erfahrung nach sind diese Erklärungen ebenso glaubhaft wie alle anderen.

Es folgten viele Abenteuer mit Lebenden und Sterbenden. Ein ganz besonderes möchte ich mit Ihnen teilen: An dem Abend, an dem meine Mutter starb, hielt ich ihre Hand. Die Augen fielen ihr zu, und ich beschloss, ebenfalls die Augen zu schließen. Ein Gefühl gewaltigen Friedens überkam mich. In Gedanken sagte ich zu meiner Mutter: »Ich denke, es wird Zeit für dich, zu gehen.« Dann öffnete ich die Augen. Meine Mutter starrte mit einem wachen, glücklichen Ausdruck in den Augen durch mich hindurch.

»In Ordnung«, sagte sie und antwortete damit auf einen Satz, den ich lediglich in Gedanken ausgesprochen hatte. Zufall?

»Geh zum Licht«, sagte ich.

Sie drehte den Kopf ein wenig nach rechts und sah nach oben. Ihr Gesicht leuchtete auf. Ich hatte den Eindruck, als begrüße sie jemanden, über den sie sich sehr freute. Leise und ruhig wiederholte ich die Worte: »Geh leicht, ganz leicht, ganz leicht.«

Ich spürte ihre Hand in meiner, aber sie selbst entglitt mir wie ein Flugzeug, das allmählich verschwindet, das immer kleiner wird, bis es schließlich nur noch ein kleiner Punkt, ein verschwommener Fleck ist. Dann war sie fort. Ihre Seele hatte ihren Körper verlassen – da war ich mir ganz sicher. Und doch strahlte sie vor Glück.

Ich sprach ein kurzes Gebet, die genauen Worte weiß ich nicht mehr.

Der Grabstein meiner Mutter trägt folgende Inschrift: »Ein dankbares Leben, ein freudiger Übergang.« Diese Worte erzählen ihre Geschichte gut.

Und so beschließe ich diese wie alle anderen Geschichten auch mit einem Gruß und der Erinnerung: »Geh zum Licht. Geh leicht, ganz leicht, ganz leicht.«

Dr. Hal Zina Bennett

Sag ja zum Leben!

Ich lebe nach dem Motto: »Aufwachen und einen guten Tag haben; Spaß haben, auch wenn mal etwas schief geht, und etwas Gutes daraus machen. Und den Tag mit einem Lächeln und in dem Gefühl beenden, dass man Spaß hatte.«

MAGIC JOHNSON

Meine Brustkrebserkrankung war eine wunderbare Chance, Neues zu entdecken. Im Grunde kann ich sogar so weit gehen, zu sagen, dass meine Brustkrebserkrankung eine der bereicherndsten Erfahrungen meines Lebens war. Halten Sie mich nun bitte nicht für verrückt. Lassen Sie es mich erklären.

Vor meiner Erkrankung lehrte ich meine Schüler viele Jahre lang, wie man ja zum Leben sagte – wie man ja zu allem sagte, was das Leben einem bescherte, und wie man das Gute in jeder Situation entdeckte, wie schwierig sie auch sein mochte. Diese Lebensphilosophie hatte ich mir dadurch angeeignet, dass ich Viktor Frankls Buch *Trotzdem ja zum Leben sagen* immer und immer wieder las. Er beschreibt darin seine Erfahrungen in einem Konzentrationslager während des Zweiten Weltkriegs. Frankl hatte das Schlimmste gesehen und erlebt, was das Leben zu bieten hatte, und daraus gelernt, dass niemand beeinflussen konnte, wie er auf das reagierte, was das Dasein ihm bescherte. Und er hatte sich dafür entschieden, mit diesen schrecklichen Erlebnissen in einer Weise umzugehen, die eine große Bereicherung für sein Leben und für die Welt war.

Als ich dieses inspirierende Buch zum ersten Mal las, sagte ich mir: »Wenn er zu so etwas Schrecklichem wie einem Konzentrationslager und der schlimmsten Behandlung, die man sich nur vorstellen kann, sowie dem Verlust geliebter Menschen ja sagen kann, dann kann auch ich zu allem ja sagen.« Seither versuche ich, mein Leben mit einem nachdrücklichen »Ja!« im Herzen zu leben.

Da lag ich also vor vielen Jahren in meinem Krankenbett und sagte zu mir: »Nun gut, Susan. Du hast die Wahl. Du kannst dich als Opfer betrachten oder ja sagen und dich auf die Suche nach dem Guten machen, das in einer so beängstigenden Sache wie dem Brustkrebs steckt.« Dank meiner »Ja!«-Philosophie entschied ich mich für Letzteres. Glauben Sie mir, wenn ich Ihnen sage, dass mir nicht auf den ersten Blick klar war, welche guten Seiten Brustkrebs haben konnte; doch als ich mich bemühte, die guten und nicht die schlechten Seiten zu sehen, entdeckte ich sehr viel Positives – und ich habe immer noch nicht alles gefunden.

Ein paar der guten Seiten werde ich Ihnen verraten.

Damals ging ich mit meinem jetzigen Mann Mark aus. Ich war mir nicht ganz sicher, wo diese Beziehung hinführen sollte. Ich war »die Frau ohne Bedürfnisse«. Ich war unglaublich unabhängig. Er war ein Workaholic. Die Arbeit ging ihm über alles. Als man Brustkrebs bei mir feststellte, ließ er alles liegen und stehen, um bei mir sein zu können. Ich konnte die unglaubliche Fürsorglichkeit sehen, die aus den Tiefen seiner Seele emporstieg; und ich gestattete mir, all die Liebe und Fürsorge zu akzeptieren, die er mir schenkte. Diese Erfahrung war für uns beide von so großer Bedeutung, dass wir beschlossen, den Rest unseres Lebens gemeinsam zu verbringen. Also heirateten wir. Noch jetzt, viele Jahre später, empfinde ich es als eine Ehe, die im Himmel geschlossen wurde.

Was ich noch gelernt habe? Ich habe gelernt, dass Sexualität nichts mit einer Brust zu tun hat. Nach meiner Amputation hatte ich keine wiederherstellenden Operationen, weil ich nicht wollte, dass mein Körper noch weiter traumatisiert wurde. Wenn ich in den Spiegel sehe, habe ich nicht das Gefühl, verstümmelt zu sein – wie die Artikel in so mancher Zeitschrift behaupten. Ich sehe mir vielmehr die Narbe an und atme erleichtert und dankbar auf, weil ich weiß, dass ich die Krankheit besiegt habe. Ich feiere meine Gesundheit. Und ich fühle mich noch ebenso sehr als sexuelles Wesen wie vor der Brustamputation. Ich habe gelernt, dass Sexualität eine innere Haltung ist, eine Art zu leben. Dass sie nichts mit einer Brust zu tun hat. Mark sagt sogar, ich sehe aus wie eine sexy Piratin!

Und noch eine positive Seite: Als Mark beruflich viel unterwegs war, legte ich oft zum Spaß eine meiner Ersatzprothesen mit einem kurzen Liebesbriefchen in seinen Koffer. Er prahlte oft damit, seines Wissens sei er der einzige Mann, der die Brust seiner Frau mit auf Reisen nehmen könne!

Und wage ich es zu sagen? Ja. Er nennt mich sein »tittenloses Wunder«! Und ich werde des Entzückens über meinen Titel nie müde. Er gibt mir das Gefühl, etwas ganz Besonderes zu sein.

Nachdem ich die Diagnose gehört hatte, fragte ich mich auch, ob ich noch an irgendwelchen negativen Gefühlen festhielt, die meinen Körper krank machten. Als ich darüber nachdachte, konnte ich nicht umhin, festzustellen, dass noch sehr viel Wut in mir war. Ich war gern wütend – Wut ist ein sehr mächtiges Gefühl! –, kam aber zu dem Schluss, dass es an der Zeit sei, die Wut loszulassen und mich mit der Angst und dem Schmerz auseinander zu setzen, die sich dahinter verbargen. Ich fand heraus, dass Wut ein Ablenkungsmanöver sein kann, um nicht die Verantwortung für das eigene Handeln und die eigenen Reaktionen übernehmen zu müssen. Ich hörte auf, anderen die Schuld zu geben. Ich nahm mein Leben selbst in die Hand. Ich lernte, zu schätzen, wer ich war, und lernte, mein Herz zu öffnen. Unglaublich! Was für einen Unterschied ein offenes Herz im Leben macht! Es lässt Sonne herein statt Dunkelheit. Als ich mich von meiner Wut löste, gab das auch den Anstoß zu meinem zweiten Buch: *…aber lieb sind sie doch: Die notwendige Demontage des Feindbildes Mann.*

Dann war es Zeit für eine Mammographie. Als es ans Bezahlen ging, sagte die Dame an der Kasse, das mache hundertzwanzig Dollar. Dann warf sie noch einen Blick in ihre Unterlagen und sagte: »Einen Augenblick! Das war ja nur die eine Seite. Dann sind es nur sechzig Dollar.«

Und ich rief: »Ja! Und Geld spare ich auch noch!«

Und dann wäre da noch meine Lehrtätigkeit. Wenn ich darüber spreche, das Leben zu bejahen, kommt oft der Einwand: »Ja, wenn es nur um Kleinigkeiten geht, ist das ganz leicht. Aber was ist mit den richtig großen Problemen, zum Beispiel Krebs?« Dann erzähle ich meine Geschichte.

Oder die Sache mit dem Älterwerden. Kürzlich fragte mich irgendjemand, ob ich mich vor dem Älterwerden fürchtete. Ich sagte: »Machen Sie Witze? Wenn man Krebs gehabt hat, feiert man jeden einzelnen Geburtstag sehr viel überschwänglicher als zuvor. Genau wie die Menschen, die einen lieben.«

In mancherlei Hinsicht ist Krebs ein Warnsignal. Er erinnert uns daran, dass niemand weiß, wie viel Zeit ihm noch bleibt. Also sollten wir aufhören, uns so sehr auf die Zukunft zu konzentrieren, und den einfachen Freuden des Alltags mehr Aufmerksamkeit schenken. Das habe ich gelernt: die erste Tasse Kaffee am Morgen – »Ja!« Das warme Wasser, das mir beim Duschen über den Rücken rinnt – »Ja!« Das Brummen des Motors, wenn ich den Zündschlüssel meines Wagens umdrehe – »Ja!« Die strahlende Sonne, die mich bis in die tiefsten Tiefen meines Wesens wärmt – himmlisch!

Mir ist klar geworden, dass nicht die großen Geniestreiche, sondern die einfachen Freuden des Augenblicks ein Leben schön machen. Der Krebs hat mir in der Tat eine wertvolle Lektion erteilt, und diese Erkenntnis hat mich letztendlich dazu veranlasst, mein Buch *End the Struggle and Dance with Life* zu schreiben.

Ich weiß, es ist leicht, ja zum Leben zu sagen, wenn alles wie am Schnürchen läuft. Aber der Trick ist, dass man lernt, auch dann ja zu sagen, wenn es so aussieht, als ginge alles schief. Das gelingt uns nur, wenn wir erkennen, dass alles auch seine guten Seiten hat und dass es unsere Aufgabe ist, diese guten Seiten zu finden. Eine bejahende Haltung macht den Unterschied zwischen einem Leben voller Elend und Mangel und einem Leben voller Freude und Überfluss. Ich werde ewig dankbar für diese Erkenntnis sein: Ich habe eine Wahl. Wir alle haben diese Wahl.

Dr. Susan Jeffers

Der Geist von Körper und Seele

Nicht die Kritiker zählen.
Nicht jene, die aufzeigen,
Wo die Starken stolperten
Oder die Tatkräftigen
Es hätten besser machen können.
Die Ehre gebührt jenen,
Die in der Arena stehen –
Die tapfer kämpfen,
Die scheitern und ihr Ziel verfehlen –
Immer und immer wieder;
Die große Begeisterung
Und große Hingabe kennen;
Die sich für einen würdigen Zweck verschwenden
Und bestenfalls
Am Ende triumphieren,
Weil sie Großes geleistet haben,
Und schlimmstenfalls,
Wenn sie scheitern, so doch,
Weil sie Großes gewagt haben,
Sodass ihr Platz nicht
Bei den furchtsamen Seelen ist,
Die weder Sieg noch Niederlage kennen.

Theodore Roosevelt

Dank

Die Arbeit an diesem Buch wurde uns von den vielen »Gefährten«, die uns auf unserem Weg begleiteten, verschönt. Unser aufrichtiger Dank gilt:

unseren Familien, die Hühnersuppe für unsere Seelen sind!

Inga, Christopher, Oran und Kyle Canfield sowie Riley und Travis Mahoney für ihre Liebe und ihre Unterstützung.

Patty, Elisabeth und Melanie Hansen, die uns wieder einmal bei der Kreation eines Buches liebevoll zur Seite standen und uns unterstützten.

Ted Wentworth, Lexi und Dave Bursin, Kathy und Court Purdy sowie Christy und Jeff Coyne − dem stetig wachsenden Kreis innig geliebter Mitglieder der Familie von Diana von Welanetz Wentworth.

Joy, Sierra und China Millman für ihre Unterstützung und ihre kreativen Anregungen.

Damit alles reibungslos klappt, braucht jedes Team einen Manager und gehört in jedes Haus eine Mutter (oder Mutterfigur), die Herz und Seele des Haushalts ist. Bei unserem Projekt *Hühnersuppe für Körper & Seele* erfüllt Mitherausgeberin Bobbie Probstein seit vielen Jahren diese Funktion. Darüber hinaus fungierte sie als Lektorin, Verrechnungsstelle, Organisatorin und Buchführerin − und war Kompass, Ballast und Steuerruder zugleich, als unser robustes kleines Boot die Stromschnellen der letzten Wochen zu überwinden hatte. Ihr gebührt unser zutiefst empfundener Dank. Bobbie, ohne dich hätten wir es nicht geschafft!

Unserem Verleger Peter Vegso für seinen Weitblick und das enorme Engagement, mit dem er *Hühnersuppe für die Seele* in die Welt hinausträgt.

Patty Aubery, die uns den ganzen weiten Weg mit Liebe, Lachen und unendlich viel Kreativität begleitete.

Heather McNamara, Tasha Boucher und D'ette Corona, die mit großer Leichtigkeit, Können und Sorgfalt die Endfassung des Manuskripts erstellten. Danke, dass die letzten Produktionsschritte mit euch ein solcher Spaziergang waren!

Leslie Riskin, die mit großer Sorgfalt und Ausdauer die Genehmigungen einholte und alles genau richtig machte.

Nancy Autio und Barbara LoMonaco, die uns mit wahrhaft wunderbaren Geschichten und Zeichnungen bei Laune hielten.

Dana Drobny und Kathy Brennan-Thompson, die zuhörten und stets humorvoll und charmant für uns da waren.

Maria Nickless, die uns in Sachen Marketing und Öffentlichkeitsarbeit begeistert unterstützte und ein überragendes Gespür für die richtige Richtung hat.

Patty Hansen, in deren zuverlässigen und kompetenten Händen der rechtliche Bereich und die Lizenzen der *Hühnersuppen*-Bücher liegen. Du bist der Herausforderung wunderbar gewachsen!

Laurie Hartman, die mit Argusaugen über die Marke *Hühnersuppe für die Seele* wacht.

Veronica Romero, Teresa Esparza, Jesse Ianniello, Russ Kamalski, Robin Yerian, Stephanie Thatcher, Jody Emme, Trudy Marschall, Michelle Adams, Dee Dee Romanello, Shanna

Vieyra, Lisa Williams, Gina Romanello, Brittany Shaw, Dena Jacobson, Tanya Jones, Mary McKay und David Coleman, die sich liebevoll und gekonnt um Jacks und Marks Geschäfte kümmern.

Bret Witter, Lisa Drucker, Susan Heim, Allison Janse und Kathy Grant, dem Lektorat von Health Communications, Inc., für die das Beste gerade gut genug ist.

Terry Burke, Tom Galvin, Lori Golden, Kelly Johnson Maragni, Randee Feldman, Patricia McConnell, Elisabeth Rinaldi, Kim Weiss, Paola Fernandez-Rana und Teri Peluso aus den Abteilungen Marketing, Verkauf, Verwaltung und Öffentlichkeitsarbeit bei Health Commmunications, Inc., die so unglaublich viel für unsere Bücher tun.

Tom Sand, Claude Choquette und Luc Jutras, denen es Jahr für Jahr wieder gelingt, dass unsere Bücher in insgesamt neununddreißig Sprachen übersetzt werden.

Der Designabteilung von Health Communications, Inc. für ihr Talent, ihre Kreativität und ihre unendliche Geduld bei der Gestaltung von Einbänden, die den Kern der *Hühnersuppen*-Bücher treffen: Larissa Hise Henoch, Lawna Patterson Oldfield, Andrea Perrine Brower, Lisa Camp, Anthony Clausi und Dawn Von Strolley Grove.

All unseren Koautoren, dank deren es eine so große Freude ist, zur *Hühnersuppen*-Familie zu gehören: Raymond Aaron, Matthew E. Adams, Patty und Jeff Aubery, Kirk Autio, Nancy Mitchell Autio, Marty Becker, John Boal, Cynthia Brian, Cindy Buck, Ron Camacho, Barbara Russell Chesser, Dan Clark, Tim Clauss, Barbara De Angelis, Don Dible, Mark und Chrissy Donnelly, Irene Dunlap, Rabbi Dov Peretz Elkins, Dorothy Firman, Frances Firman Salorio, Julie Firman, Bud

Gardner, Patty Hansen, Jennifer Read Hawthorne, Kimberly Kirberger, Carol Kline, Tom und Laura Lagana, Tommy Lasorda, Sharon Linnea, Dr. Fabrizio Mancini, Janet Matthews, Hanoch und Meladee McCarty, Heather McNamara, Katy McNamara, John McPherson, Paul J. Meyer, Arline Oberst, Marion Owen, Maida Rogerson, Martin Rutte, Amy Seeger, Marci Shimoff, Sidney Slagter, Barry Spilchuk, Robin Stephens, Pat Stone, Carol Sturgulewski, Jim Tunney, LeAnn Thieman, Diana von Welanetz Wentworth und Sharon Wohlmuth.

Unseren wunderbaren Testlesern, die uns bei der Endauswahl halfen und unschätzbare Tipps gaben, wie wir das Buch noch besser machen konnten:

Kathy Brennan-Thompson, Fred Angelis, Stefanie Barenblat, Matisun Barton, Sarah Bates, Liam Bauer, Joe Davis, Holly Deme, Bobby, Daisy und Aaron Eisenberg, Gloria Eisenberg, Barry Elkin, Tanya Everett, Alyssa Factor, Kathy Freudenstein, Harold und Wilma Frey, Debbie und Mike Gold, Kathryn Hall, Charley Heavenrich, Leigh Hennessy, Patricia Highland, Rebecca Law, Barbara LoMonaco, Jennifer Martin, Ron und Bonnie Murdock, Carol Parker, Elizabeth Roberts, Joanne Reid Rodrigues, Chuck und Sharon Root, Harry Strunk, Madeline Westbrook und Beth Wilson.

Vor allem gilt unser Dank den Menschen, die uns ihre von Herzen kommenden Geschichten, Gedichte, Zitate und Zeichnungen zur Auswahl für dieses Buch geschickt haben.

Wir konnten leider nicht alle Einsendungen berücksichtigen, wissen jedoch, dass jedes Wort einer kreativen Quelle tief in eurer Seele entspringt.

Wegen des enormen Umfangs dieses Projektes ist es möglich, dass wir den einen oder anderen vergessen haben. Sollte das der Fall sein, tut uns das sehr Leid. Wir möchten euch wissen lassen, dass wir euch sehr schätzen.

Wir sind aufrichtig dankbar und lieben euch sehr.

Mehr Hühnersuppe?

Viele Geschichten und Gedichte in diesem Buch wurden von Lesern wie Ihnen eingereicht, die vorangegangene Ausgaben von *Hühnersuppe für die Seele* gelesen haben. Wir veröffentlichen mindestens fünf bis sechs Ausgaben von *Hühnersuppe für die Seele* im Jahr und möchten Sie auffordern, Geschichten zu einem dieser künftigen Bände beizusteuern.

Die Geschichten sollten maximal zwölfhundert Wörter haben und müssen erbauen oder inspirieren. Sie können eine eigene Geschichte einreichen, etwas, was Sie gelesen haben, oder das Lieblingszitat, das an Ihrer Kühlschranktür hängt.

Bitte senden Sie Ihre Beiträge an:

Chicken Soup for the Soul
P.O. Box 30880, Santa Barbara, CA 93130
Fax: 001-805-563-2945
www.chickensoup.com

Wir werden dafür sorgen, dass sowohl Sie als auch der Autor des Beitrags genannt werden.

Anderen helfen

Getreu unserem Wunsch, anderen zu helfen, werden wir einen Teil des Erlöses aus *Hühnersuppe für Körper & Seele* an Special Olympics International spenden.

Die Special Olympics bieten geistig Behinderten das ganze Jahr über Gelegenheit, zu trainieren und an Wettkämpfen teilzunehmen. Für Teilnehmer über acht Jahren ist das Mitmachen kostenlos. Weltweit beteiligen sich über eine Million Sportler an den Programmen der Special Olympics.

Die Special Olympics helfen geistig behinderten Menschen, ihren Platz im Kreislauf des Lebens zu finden und auszufüllen. Die Special Olympics respektieren den einzigartigen Beitrag, den jeder Mensch leistet. Derartige Veranstaltungen ermöglichen es diesen Sportlern, ihre Talente und Fähigkeiten zu entwickeln, damit auch ihnen die alltäglichen Freuden zuteil werden, die für viele Menschen selbstverständlich sind.

Special Olympics, Inc.
1325 G. Street, NW, Suite 500
Washington, D. C. 20005
Telefon: 001–202–628–3630
Fax: 001–202–824–0200
www.specialolympics.org

Special Olympics Deutschland e.V.
c/o Institut für Sportwissenschaften
der Universität Würzburg
Judenbühlweg 11
97082 Würzburg
Telefon: 0931 86010
Fax: 0931 84390
E-Mail: info@specialolympics.de
www.specialolympics.de

Wer ist Jack Canfield?

Jack Canfield ist einer der führenden amerikanischen Experten im Bereich der Persönlichkeitsentwicklung. Er hält dynamische, unterhaltsame Vorträge und ist als Trainer heiß begehrt. Jack hat die wunderbare Fähigkeit, sein Publikum über die Möglichkeiten einer Steigerung des Selbstwertgefühls sowie der persönlichen Bestleistung zu informieren und zu inspirieren.

Er schrieb und sprach diverse Hörbuch- und Videobestseller, unter anderem *Self-Esteem and Peak Performance*, *How to Build High Self-Esteem*, *Self-Esteem in the Classroom* und *Chicken Soup for the Soul – Live*. Er erscheint regelmäßig in Fernsehsendungen wie *Good Morning America*, *20/20* und *NBC Nightly News*. Jack ist Koautor zahlreicher Bücher, unter anderem der Ausgaben von *Hühnersuppe für die Seele*, *Dare to Win* und *Der Aladin-Faktor* (alle in Zusammenarbeit mit Mark Victor Hansen), *100 Ways to Build Self-Concept in the Classroom* (in Zusammenarbeit mit Harold C. Wells), *Geben wir der Arbeit Herz und Seele zurück* (in Zusammenarbeit mit Jacqueline Miller) sowie *The Power of Focus* (in Zusammenarbeit mit Les Hewitt und Mark Victor Hansen).

Jack hält regelmäßig Vorträge vor Berufsverbänden, Schulbehörden, Behörden, Kirchen, Krankenhäusern, Vertriebsorganisationen und Unternehmen. Zu seinen Kunden zählen die American Dental Association, die American Management

Association, AT&T, Campbell's Soup, Clairol, Domino's Pizza, GE, ITT, Hartford Insurance, Johnson & Johnson, der Million Dollar Roundtable, NCR, New England Telephone, Re/Max, Scott Paper, TRW und Virgin Records. Jack ist zudem Mitglied des Lehrerkollegiums von Income Builders International, einer Schule für Unternehmer.

Jedes Jahr veranstaltet Jack ein einwöchiges Seminar für Ausbilder, das sich mit den Themen Selbstwertgefühl und Bestleistungen beschäftigt. An diesen Seminaren nehmen Pädagogen, Berater, Erziehungsberater, Personalberater, professionelle Redner, Geistliche und andere Menschen teil, die ihre rhetorischen Fähigkeiten sowie ihr Können im Bereich der Seminarleitung verbessern möchten.

Wenn Sie sich umfassender über Jacks Bücher, Kassetten und Seminare informieren oder ihn für eine Veranstaltung buchen möchten, wenden Sie sich an:

Self-Esteem Seminars
P.O. Box 30880
Santa Barbara, CA 93130
Telefon: 001-805-563-2935
Fax: 001-805-563-2945
www.chickensoup.com

Wer ist Mark Victor Hansen?

Niemand genießt im Bereich der Persönlichkeitsentwicklung mehr Ansehen und Respekt als Mark Victor Hansen. Seit über dreißig Jahren konzentriert sich Mark ausschließlich darauf, Menschen aller Gesellschaftsschichten dabei zu helfen, ihre persönliche Vision dessen, was möglich ist, zu verändern. Seine kraftvolle Botschaft von Machbarkeit, dem Nutzen guter Gelegenheiten und richtigem Handeln trägt zu verblüffenden und umwälzenden Veränderungen in vielen tausend Organisationen und bei Millionen von Einzelpersonen weltweit bei.

Er ist ein beliebter Referent, Bestsellerautor und Marketingexperte. Für ihn sprechen sein lebenslanger unternehmerischer Erfolg sowie sein solider akademischer Hintergrund. Er ist ein viel beschäftigter Autor und schrieb zahlreiche Bestseller wie *The One Minute Millionaire*, *The Power of Focus*, *Der Aladin-Faktor* sowie *Dare to Win*, und er ist Koautor der Reihe *Hühnersuppe für die Seele*. Sein umfangreiches Angebot an Hörbüchern, Videokassetten und inspirierenden Artikeln zu Themen wie »Großdenken«, Verkauf, Schaffen von Wohlstand, erfolgreiche Veröffentlichung und persönliche sowie berufliche Entwicklung machen Mark zu einem einflussreichen Berater.

Darüber hinaus gründete Mark die MEGA Books Marketing University und das Building Your MEGA Speaking

Empire. In beiden Fällen handelt es sich um Konferenzen, die einmal im Jahr stattfinden und in deren Rahmen Mark neuen, aufstrebenden Autoren, Referenten und Experten Tipps und Hilfestellungen zum Aufbau einer einträglichen Karriere als Autor oder Referent gibt.

Seine Energie und seine überschäumende Lebensfreude verbreitet er auch durch Medien wie das Fernsehen (»Oprah«, CNN und »The Today Show«) und die Presse (*Time, U.S. News & World Report, USA Today, New York Times* und *Entrepreneur*) sowie in unzähligen Radio- und Zeitungsinterviews, in denen er den Bewohnern unseres Planeten versichert: »Du kannst mühelos das Leben erschaffen, das du verdienst.«

Dem Menschenfreund aus Leidenschaft wurden zahlreiche Preise verliehen, die seinen unternehmerischen Geist, sein philanthropisches Herz und seinen Geschäftssinn ehren – unter anderem der renommierte Horatio-Alger-Preis für sein außergewöhnliches Lebenswerk, das ein gutes Beispiel dafür ist, dass die freie Marktwirtschaft den Menschen noch immer gute Chancen bietet.

Mark Victor Hansen kämpft begeistert für das Machbare und wird von dem Wunsch getrieben, die Welt zu verbessern.

Mark Victor Hansen & Associates, Inc.
P.O. Box 7665
Newport Beach, CA 92658
Telefon: 001-949-764-2640
Fax: 001-949-722-6912
www.markvictorhansen.com

Wer ist Dan Millman?

Bestsellerautor Dan Millman verfasste unter anderem die Bücher *Der Pfad des friedvollen Kriegers*, *Die Rückkehr des friedvollen Kriegers*, *Die goldenen Regeln des friedvollen Kriegers: Ein praktisches Handbuch*, *Die Lebenszahl als Lebensweg*, *Die universellen Lebensgesetze des friedvollen Kriegers: Machtvolle Wahrheiten zur Meisterung des Lebensweges*, *Erleuchteter Alltag* und *Spirituelle Lebensqualität: Ziele finden, die unser Leben wert sind.* Seine Bücher wurden in achtundzwanzig Sprachen übersetzt und haben Millionen von Lesern.

Dan machte sein Examen an der Universität von Kalifornien in Berkeley, wo er Psychologie studierte und sich besonders im Sport hervortat (der Exweltmeister im Trampolinspringen wurde sogar in die Ruhmeshalle der amerikanischen Kunstturner aufgenommen). Später trainierte er die Turner der Universität Stanford, danach arbeitete er als Professor am Oberlin College.

Dan hat die Welt bereist und bei vielen ungewöhnlichen Lehrern die verschiedensten Formen von Yoga, diverse Kampfsportarten und andere Praktiken erlernt. Allmählich fing er an, Vorträge zu halten und darüber zu schreiben, wie man mit friedvollem Herzen und dem Geist eines Kriegers lebt und die Herausforderungen des Alltags zum Zwecke der persönlichen Entwicklung und des weltweiten Wandels nutzt.

Dans Vorträge und Seminare werden von führenden Persönlichkeiten aus den Bereichen Wirtschaft, Gesundheit, Psychologie, Bildung, Politik, Sport und Kunst besucht. Seine Art, mit dem Leben umzugehen, hilft zahllosen Männern und Frauen, Klarheit und Energie in ihr Berufs- und Privatleben zu bringen.

Dan spricht auf einer Fülle von unterschiedlichen Veranstaltungen sowohl in den Vereinigten Staaten als auch weltweit, etwa an der Apple University, der United Bank of Switzerland (UBS), dem Center for Professional Development und auf der International Conference on Business and Consciousness. Er hält unter anderem an der Luton-Universität in England und der Universität von Kalifornien in Berkeley Vorlesungen.

Als treuer Ehemann, Vater, Großvater, Autor und Referent verbindet Dan auch weiterhin die Generationen, um Erfolg neu zu definieren und zu zeigen, wie man in unserer materiellen Welt ein spirituelleres Leben führen kann.

Falls Sie weitere Informationen über Dans Bücher und Seminare wünschen oder ihn als Referenten engagieren möchten, wenden Sie sich bitte an:

Peaceful Warrior Seminars
Telefon: 001-415-491-0301
Fax: 001-415-491-0856
E-Mail: wpw@danmillman.com
www.peacefulwarrior.com

Wer ist Diana von Welanetz Wentworth?

Diana von Welanetz Wentworth schrieb zahlreiche preisgekrönte Bücher, ist eine beliebte Referentin und Fernsehmoderatorin.

In Zusammenarbeit mit Jack Canfield und Mark Victor Hansen verfasste sie unter anderem den Bestseller *Chicken Soup for the Soul Cookbook*. Gemeinsam mit ihrem verstorbenen Mann Paul von Welanetz schrieb und veröffentlichte sie sechs Kochbücher, darunter *The Pleasure of Your Company*, das mit dem French Tastemaker Cookbook of the Year Award ausgezeichnet wurde, und *The Von Welanetz Guide to Ethnic Ingredients*, das klassische Nachschlagewerk für internationale Zutaten. Ferner sind erschienen: *With Love from Your Kitchen, The Art of Buffet Entertaining, L.A. Cuisine* und *Celebrations*.

Lange Zeit moderierten Diana und Paul die tägliche Kochsendung »The New Way Gourmet«, die von Cabel Health and Lifetime Networks international ausgestrahlt wurde und Millionen von Zuschauern hatte.

Zusammen mit Paul gründete Diana die Inside Edge, ein visionäres Unternehmen, das die Karrieren vieler inzwischen weltbekannter Autoren und Referenten wie Jack Canfield, Mark Victor Hansen, Louise Hay, Susan Jeffers und Barbara DeAngelis ins Rollen brachte. (Informationen über die *Inside Edge Foundation for Education* in Irvine, Kalifornien, finden Sie im Internet unter www.insideedge.org, wo auch Auszüge aus Vorträgen berühmter Referenten zu hören sind.)

Über Dianas romantische Memoiren *Liebe – Vom Himmel geschickt* wurde sowohl im amerikanischen Fernsehen als auch von der Zeitschrift *People* berichtet.

Diana lebt in Südkalifornien und ist mit Ted Wentworth verheiratet. Beide sind im *Who's Who in America* verzeichnet.

Diana ist eine dynamische und einfühlsame Referentin mit einer Gabe fürs Geschichtenerzählen. Sie spricht besonders gern vor Frauenverbänden. Wenn Sie Diana für einen Vortrag gewinnen möchten, wenden sie sich bitte an:

The Wentworth Group
P.O. Box 5758
Balboa Island, CA 92662
Telefon: 001-949-720-9355
Fax: 001-949-720-9356
www.sendmesomeone.com

Über die Autorinnen und Autoren

Einige der in diesem Buch veröffentlichten Geschichten wurden bereits zuvor in Büchern, Zeitschriften und Zeitungen abgedruckt. Die Quellenangaben finden Sie im Verzeichnis der Abdruckgenehmigungen. Wenn Sie sich für die weitere Arbeit einer Autorin oder eines Autors interessieren, sie für einen Vortrag engagieren oder Kontakt aufnehmen möchten, beachten Sie bitte die den Biographien beigefügten Informationen.

Die übrigen Geschichten wurden von Lesern vorangegangener *Hühnersuppe-für-die-Seele*-Bücher eingereicht, die damit unserer Bitte um weitere Erzählungen nachkamen. Auch über sie haben wir Informationen beigefügt.

Vater, Ehemann, Bruder, Freund, Surfer, Seemann, Reisefotograf, Dokumentarfilmer – und Organspender. Aus all diesen Begriffen setzt sich **Erik Arnesens** berufliches und privates Profil zusammen. Er ist in seinem Studio in Venice, Kalifornien, oder im Internet unter *www.arnfoto.com* anzutreffen.

Sheila Ascroft arbeitet als freie Journalistin und Redakteurin in Ottawa, Ontario. Davor war sie Zeitungsreporterin, arbeitete als Redakteurin bei Parks Canada und ist derzeit Mitherausgeberin einer Zeitschrift für Denkmalschutz. Sie sucht noch immer die radfahrerische Herausforderung und ist unter *sheilaascroft@rogers.com* oder *http://members.rogers.com/sheilaascroft* zu erreichen.

Lane Baldwin ist professioneller Musiker, Autor, Referent und Unternehmensberater. Zusammen mit seiner Frau Eva widmet er sich der Verbreitung von Spiritualität, dienendem Führen und dem harmonischen Zusammenleben mit anderen. Die beiden haben zwei Hunde und eine verrückte Katze. Mehr über ihre Pläne erfahren Sie auf den Internet-Seiten *www.lanebaldwin.com* und *www.2baldwins.com*.

Donna Beales hat viele Gesichter – sie ist Ehefrau, Mutter und Mitglied der Episkopalkirche; sie ist Künstlerin, Autorin, Juwelierin und Amateurzauberer. Aber in erster Linie ist sie ein ganz normaler Mensch, der versucht, den Sinn dieser wunderbaren Reise zu finden, die wir Leben nennen. Darüber hinaus arbeitet sie als Bibliothekarin im Krankenhaus von Lowell, wo sie anderen Menschen bei ihrer Genesung hilft. Sie lebt in Lowell, Massachusetts.

Dr. Hal Zina Bennett hat über dreißig erfolgreiche Bücher veröffentlicht, unter anderem *Write From the Heart: Unleashing the Power of Your Creativity*. Er ist einer der begehrtesten Dozenten für angehende Autoren in den Vereinigten Staaten, und seine Schützlinge haben über zweihundert erfolgreiche Bücher veröffentlicht. Informationen über seine Arbeit finden Sie auf seiner Internet-Seite *www.halzinabennett.com*.

Robert Bishop ist seit zwanzig Jahren aktiver Kampfsportler. Zeit seines (Erwachsenen)lebens zeigt er sehr großes Interesse am Thema Persönlichkeitsentwicklung. Zusammen mit Matt Thomas verfasste er das Buch *Protecting Children from Danger: Building Self-Reliance and Emergency Skills Without Fear.*

Sheri Borax studierte an der Tufts University und unterrichtete zehn Jahre lang Vorschulkinder und Erstklässler. Sie ist seit achtunddreißig Jahren glücklich verheiratet und hat zwei erwachsene Kinder, die sie abgöttisch liebt. Sie ist unter anderem aktives Mitglied der International Dyslexia Association (Internationaler Legasthenieverband).

Patricia Bragg schreibt inspirierende Bücher von internationalem Ruf zum Thema Gesundheit. Sie ist die Tochter des weltbekannten Langlebigkeitsexperten und Reformhauserfinders Paul C. Bragg. Gemeinsam verfassten sie die Bragg-Gesundheitsbücher, Geschenke des Lebens mit dem Ziel, Informationen über Gesundheit und Langlebigkeit zu verbreiten. Das gesunde Leben der Braggs diente Millionen von Menschen, unter anderem dem alterslosen Jack LaLanne, Clint Eastwood und den Beach Boys, als Inspiration. Mithilfe von Bragg Health Crusades, Radiosendungen und ihren erfolgreichen Büchern verbreitet Patricia weltweit die frohe Botschaft guter Gesundheit. Informieren Sie sich im Internet unter *www.bragg.com*. Patricia ist unter *patricia@bragg.com* oder per Fax unter 001-805-968-1001 zu erreichen.

Janet Buck wurde bereits sechsmal für den Pushcart Award nominiert. Ihre Gedichte und Essays erscheinen in den Zeitschriften *Pedestal, Red River Review, American Muse* und vielen hundert anderen Magazinen weltweit. Im September 2003 hat der Verlag Gival Press Janets zweite Gedichtsammlung *Tickets to a Closing Play* veröffentlicht. Schreiben Sie an: *jbuck 22874@aol.com*.

Kathe Campbell lebt mit ihrem Mann Ken auf einem über zweitausend Meter hohen Berg in der Nähe von Butte, Montana, wo sie preisgekrönte gescheckte Esel züchten. Die Campbells haben drei erwachsene Kinder und elf Enkel. Kate schreibt in US-Zeitungen und Zeitschriften über das Thema Alzheimer. Sie ist eine äußerst produktive linkshändige Autorin des Monats von *www.2theheart.com*, *www.heartwarmers.com*, *www.petwarmers.com*, *www.sevenseasmagazine.com* und vielen anderen Internet-Magazinen. Ihre Geschichten sind in *Chickensoup for the Grandparent's Soul* zu finden, und ihre Illustrationen von Montana schmücken Briefpapier, das bei *www.outlookstationery.com* und *www.thundercloud.net/stationery* erhältlich ist.

Martha Campbell studierte an der Washington University sowie der St. Louis School of Fine Arts und arbeitete früher als Designerin und Texterin für Hallmark-Karten. Seit 1973 ist sie freiberuflich als Cartoonistin und Buchillustratorin tätig. Sie ist unter P. O. Box 2538, Harrison AR 72602 oder *marthaf@alltel.net* zu erreichen.

Dave Carpenter lebt seit 1981 von seiner Arbeit als Cartoonist. Seine Comics erscheinen in Zeitschriften wie dem *Harvard Business Review, Barron's, The Wall Street Journal, Reader's Digest, Good Housekeeping* und *Better Homes and Gardens*.

Dave ist per E-Mail unter der Adresse *davecarp@ncn.net* oder über seine Internet-Seite *www.carptoons.com* zu erreichen.

Shawn Childress lebt als Fotograf in Austin, Texas. Die Bandbreite seiner Arbeit reicht von der Hochzeits- bis hin zur Architekturfotografie. Für Hochzeitsaufnahmen ist er schon bis nach Schweden, Italien und New York City gereist. Weitere Informationen über seine Arbeit sowie Kontaktinformationen liefert seine Internet-Seite *www.shawnchildress.com*.

Im Laufe von fünfundachtzig lebenslustigen Jahren schloss **Emily Coleman** das Studium an der Universität von Kalifornien in Los Angeles mit Auszeichnung ab, zog zwei Jungen groß, vollendete eine Ehe, gab überall auf der Welt Seminare für Singles, hatte zahlreiche Liebesaffären und schrieb drei Bücher. Heute unterweist sie gelegentlich Frauen in ihrer Lebensmitte darin, wie man würdelos alt wird. *Growing Old Disgracefully* lautet auch der Titel ihrer Memoiren.

K. C. Compton ist Autorin und Redakteurin und hat über zwanzig Jahre Erfahrung im Tageszeitungsgeschäft. Die ehemalige Chefredakteurin der Zeitschrift *Mother Earth News* arbeitet nun als Chefredakteurin der Zeitschriften *The Herb Companion* und *Herbs for Health*. Ihre E-Mail-Adresse lautet *kc@kccompton.com*.

Donna St. Jean Conti erwarb 1988 ihren Bakkalaureus in Kommunikationswissenschaften mit besonderer Auszeichnung an der California State University, Fullerton. Donna arbeitet im Bereich Kommunikation/Marketing/Public Relations und genießt es, Zeit mit ihrer Familie zu verbringen, Kurzgeschichten zu schreiben, zum Spazieren und Wandern zu gehen, zu lesen und im Garten zu arbeiten. Bitte schreiben Sie an *stconti@cox.net*.

George Crenshaw ist ein alter Hase und hat bereits eine lange, erfolgreiche Karriere hinter sich. Er arbeitete als Trickfilmzeichner bei Walt Disney, und die Veröffentlichung seiner Cartoons in Zeitschriften ermöglicht ihm seit drei Jahrzehnten ein einträgliches Dasein. Er schuf NUBBIN für King Features, GUMDROP für United Features, MUFFINS für Columbia Features, BELVEDERE für Post Dispatch Features und ist Vorstandsvorsitzender von Post Dispatch Features, Masters Agency, Inc.

Mit einundfünfzig Jahren kehrte **Jean Deeds** einer erfolgreichen beruflichen Karriere den Rücken, um sechs Monate lang auf dem Appalachian Trail zu wandern. Im Anschluss daran schrieb sie das Buch *There Are Mountains to Climb*, war Gegenstand einer Fernsehdokumentation und hielt Hunderte von Vorträgen über ihr Abenteuer. Ihre E-Mail-Adresse lautet *jeandeeds@hotmail.com*.

Roberta R. Deen wurde in eine Soldatenfamilie hineingeboren. Sie ist weit gereist und studierte an der Universität von Kalifornien in Los Angeles. Dreizehn Jahre lang unterrichtete sie Vorschulkinder und Erstklässler, bis sie als Köchin zu Premier Caterer in Los Angeles wechselte. Inzwischen hat sie ihren eigenen Partyservice: Capers Catering. Sie schreibt, wenn die Muse sie küsst, und frönt der Schwarzweißfotografie. Man erreicht sie unter *capers@pacbell.net*.

Mary Desaulniers, eine pensionierte Realschullehrerin, vertreibt die Produkte von Herbalife. Sie kann es sich erlauben, ihre Proteindrinks, das Laufen und das Essen zu genießen, weil ihr Gewicht kein Thema mehr für sie ist. Sie ist unter der E-Mail-Adresse *mdesaulniers@yahoo.com* zu erreichen.

Sanford Drucker gründete das Chicago Four-Year City College Committee. Er wurde 1941 zum Militär eingezogen, leistete drei Jahre aktiven Kriegsdienst auf den Aleuten, ohne auch nur einen einzigen Tag freizuhaben, kehrte aus dem Krieg zurück, schloss sein Studium an der Universität Stanford ab und wurde Investmentbanker. Als er sich 1970 aus dem Beruf zurückzog, gründete er *www.livingtreasures.org* und war Mitbegründer von *www.vivometrics.com* sowie *www.veteranstories.org*.

Riane Eisler ist wohl vor allem für ihren Bestseller *Kelch und Schwert* bekannt, der in neunzehn Sprachen übersetzt wurde. Zudem schrieb sie die Bücher *Tomorrow's Children*, *Sacred Pleasures* und *The Power of Partnership*, ihr Programm für persönlichen, kulturellen und politischen Wandel, das ihr große Anerkennung verschaffte. Sie spricht auf Tagungen weltweit und leitet das Center for Partnership Studies. Kontaktinformationen finden Sie auf der Internet-Seite *www.partnershipway.org*.

1990 erwarb **Gail Eynon** ihren Bakkalaureus in Psychologie an der Universität von Hawaii in Hilo. Dort arbeitet sie mit todkranken Menschen aller Altersstufen. Sie liebt das Schreiben und spielt gern mit ihren beiden Enkelsöhnen. Derzeit arbeitet sie an ihren ersten beiden Sachbüchern.

Lynne D. Finney ist eine erfolgreiche Autorin, Anwältin, Therapeutin und Motivationstrainerin, die den Menschen hilft, mehr Erfüllung im Leben zu finden. Sie leitet Seminare in ganz Amerika und trat bislang in über zweihundert Radio- oder Fernsehsendungen auf. Lynne schrieb unter anderem die Ratgeber- und Inspirationsbücher *Windows to the Light* und *Reach for the Rainbow*. Auch eine CD ist erschienen: *Connecting with the Universe*. Besuchen Sie ihre Homepage *www.lynnefinney.com*.

Don Flynn lebt mit seiner Frau Susan und seinen Söhnen Kyle und Shaun in Connecticut. Die Internet-Seite *www.mpip.org* bietet Lesern umfangreiche Informationen und sehr viel Unterstützung zum Thema Melanome.

Über hundertfünfzig Artikel und Gedichte von **Toni Fulco** sind in US-Zeitschriften und Anthologien erschienen. Sie züchtet Nymphensittiche und wird wegen ihrer liebevollen, gesprächigen und von Hand gefütterten Babys vor Ort »die Vogeldame« genannt. Toni erholt sich gerade von einem Schlaganfall.

Michale Gabriel ist eine preisgekrönte Geschichtenerzählerin, Referentin, Sprecherin und Unternehmensberaterin. Sie rief das Austauschprogramm Young Storytellers for Peace U.S./USSR sowie das Storytelling Residency Program an der

Kinderklinik von Seattle ins Leben. Ihren Klienten, die für verschiedene Unternehmen tätig sind – sie arbeitet unter anderem mit führenden Angestellten der Boeing Company –, erklärt sie, wie man mit Geschichten effektiv kommuniziert. Ihre Kontaktadresse lautet *michalegabriel@bigplanet.com.*

Mike Gold befindet sich in leitender Position in einem Softwareunternehmen in Austin, Texas, wo er mit seiner wundervollen Frau und seiner Familie lebt. Er schreibt gerade ein Buch über seine Erlebnisse und hält gern inspirierende Vorträge und Seminare darüber, wie man seine innere Stärke und seinen Mut entwickelt. Er ist unter *mgold@austin.rr.com* zu erreichen.

Luisa Gray lernte mit zwei Jahren das Lesen – und hat seither nicht mehr damit aufgehört. Sie reiste viele Jahre lang durch Europa, Südamerika und den Nahen Osten, bevor sie sich in den Vereinigten Staaten niederließ. Sie sammelt ungewöhnliche Kochrezepte (zum Beispiel Heuschreckentacos) und liebt die Gartenarbeit – Spezialgebiet: Fleisch fressende Pflanzen.

Mark Grevelding arbeitet als Fitnesstrainer und freier Autor in Rochester, New York. Seine Artikel erscheinen in diversen Fitnesszeitschriften, zum Beispiel *American Fitness* und AWKA, sowie auf vielen Internet-Seiten – und natürlich auch auf seiner eigenen: *www.fitmotivation.com.*

Dee Hakala erwarb vier Diplome als Fitness- und Privattrainerin, unter anderem vom American College of Sports

Medicine (US-Akademie für Sportmedizin) und dem American Council on Exercise (Amerikanischer Sportrat). Sie lebt in Chicago und verbreitet auf ausgedehnten Reisen als Referentin und Beraterin ihre Botschaft: »Fitness für alle!« Dee ist über ihre Webseite *www.newfaceoffitness.com* oder unter der E-Mail-Adresse *deenfof@comcast.net* zu erreichen.

Kathleen Halloran lebt in Nordkalifornien und ist eine äußerst aktive Großmutter. Darüber hinaus unterstützt Kathleen ihre Schwester Grace bei ihrer Arbeit mit Menschen, die schwere Augenprobleme haben. Sie ist die Autorin des Buches *Amazing Grace – Autobiography of a Survivor*. Weitere Informationen und Kontaktmöglichkeiten finden Sie auf der Internet-Seite *www.visualhealing.com*.

Nancy Harless bringt ihre Lebensfreude in den Wechseljahren auf Reisen und bei ehrenamtlichen Tätigkeiten zum Ausdruck. Anschließend schreibt sie über ihre Erfahrungen und Abenteuer. Ihre Schreibarbeit erledigt sie meist in einem großen Ahornbaum, den ihr Mann Norm extra zu diesem Zweck mit einem Baumhaus versehen hat. Im Augenblick schreibt sie an einem Buch über die starken und schönen Frauen, die sie auf ihrer Reise kennen gelernt hat. Ihre E-Mail-Adresse lautet: *nancyharless@hotmail.com*.

Karen Hayse hat einen Magistertitel in Pädagogik und unterrichtet seit fünfzehn Jahren in Shawnee Mission, Kansas. Sie steht auch in schweren Zeiten zu ihrer Tochter und dankt ihrem Mann, ihrer Familie, ihren Freunden und vor allem Gott dafür, dass sie ihr Leben möglich machen: *klvs2write@aol.com*.

Ruth Heidrich erwarb ihren Bakkalaureus, ihren Magister in Psychologie sowie einen Doktortitel in Gesundheitswesen an der Universität von Kalifornien in Los Angeles. Sie nahm sechsmal erfolgreich an Ironman-Wettbewerben teil und hat über neunhundert Pokale in Triathlon-, Marathon- und anderen Wettkämpfen gewonnen. Sie berät in Gesundheits- und Fitnessfragen und nimmt noch selbst an Wettkämpfen teil. Sie ist über ihre Internet-Seite *www.ruthheidrich.com* zu erreichen.

Leigh Hennessy ist in Lafayette, Louisiana, aufgewachsen. Sie hat einen Magister in Kommunikationswissenschaften und gewann diverse US- und Weltmeistertitel im Trampolinspringen. Derzeit lebt sie in Los Angeles und arbeitet als Stuntfrau beim Film. Sie wirkte an über sechzig Spielfilmen, Fernsehsendungen und Werbespots mit.

Dierdre W. Honnold ist Lehrerin, Schriftstellerin, Künstlerin, Musikerin, Dirigentin und Reiseleiterin – am meisten aber liebt sie das Schreiben und ihre Aufgabe als Mutter. Auf vier Kontinenten sind über hundert Artikel, Geschichten und Essays von ihr erschienen (unter anderem *Chicken Soup for the Writer's Soul*). Ihre Bücher – Romane wie Sachbücher – wurden mit zahlreichen Preisen ausgezeichnet. Sie freut sich über E-Mails an *worldintl@cwnet.com*.

Dr. Susan Jeffers ist eine internationale Bestsellerautorin und Referentin. Sie hat zahlreiche Bücher verfasst, unter anderem *Selbstvertrauen gewinnen: Die Angst vor der Angst verlieren* (das über fünf Millionen Mal verkauft wurde), das preisgekrönte *Embracing Uncertainty*, *Feel the Fear and Beyond*, *End the*

Struggle and Dance with Life, …aber lieb sind sie doch: Die notwendige Demontage des Feindbildes Mann und *Dare to Connect.* Weitere Informationen finden Sie unter: *www.susanjeffers.com.*

Bil Keane begann im Jahr 1960 mit der Comicreihe *The Family Circus,* zu der ihn meist seine eigene Familie inspirierte, die aus seiner Frau Thel und den fünf gemeinsamen Kindern besteht. Inzwischen dienen neun Enkelkinder als Inspirationsquelle für die mittlerweile von rund 188 Millionen Menschen gelesenen und mit zahlreichen Preisen ausgezeichneten Beiträge. Internet-Seite: *www.familycircus.com.*

Cheryl M. Kremer lebt mit ihrem Mann Jack, ihrer Tochter Nikki und ihrem Sohn Cobi in Lancaster, Pennsylvania. Nachdem sie zwanzig Jahre lang ganztags zur Arbeit gegangen war, ist sie nun Hausfrau und Mutter. Sie verbringt ihre Zeit mit Handarbeiten, Schreiben und damit, eine Fußball-Mama zu sein. Darüber hinaus engagiert sie sich ehrenamtlich in der Säuglings- und Kleinkinderbetreuung ihrer Kirche.

Wayne Allen Levine ist Schriftsteller, Dichter und Referent. Sein erstes Buch *Forgiveness for Forgotten Dreams*, eine Gedichtsammlung, ist im Verlag The Center Press erschienen. Er lebt mit seiner Frau und seinen beiden Söhnen in Südkalifornien und ist unter der E-Mail-Adresse *poeticsun@earthlink.net* zu erreichen.

Patricia Lorenz hält Körper und Seele zusammen, indem sie mit Begeisterung Rad fährt, schwimmt, schreibt und Vorträge hält. Außerdem arbeitet sie an der Verwirklichung ihrer

Träume, solange sie das noch kann. Patricia ist eine der wichtigsten Autorinnen der *Hühnersuppe-für-die-Seele*-Bücher. Sie hat über vierhundert Artikel geschrieben, Beiträge für fünfzehn *Daily-Guidebook*-Bücher verfasst und wurde für ihre Kolumnen in zwei Tageszeitungen ausgezeichnet. Ihre beiden jüngsten Bücher *Life's Too Short to Fold Your Underwear* und *Grab the Extinguisher, My Birthday Cake's on Fire* können über die Internet-Seite von Guidepost Books *(www.dailyguideposts. com/store)* bezogen werden. Wer mit Patricia Kontakt aufnehmen möchte, um sie für einen Vortrag zu engagieren, kann das unter der E-Mail-Adresse *patricialorenz@juno.com* tun.

In den Jahren 2000 und 2001 war **Nichole Marcillac** in der Disziplin Mountainbike Gesamtsiegerin im Hochschulsport ihres US-Bundesstaates. Darüber hinaus kam sie 2001 bei den US-Hochschulmeisterschaften in Plattekill, New York, auf den zweiten Platz. Seither belegte sie zahlreiche Spitzenränge bei US-Wettkämpfen. Sie ist zu der Erkenntnis gelangt, dass sich die Prinzipien »entspannen, atmen und fließen« auch auf alle anderen Lebensbereiche übertragen lassen – sogar auf das Studium. Sie erwarb ihren Bakkalaureus in Tierwissenschaften am Cal Poly, San Louis Obispo, und studiert derzeit an der Universität von Kalifornien in Davis, wo sie ihren Doktor macht. Ihre E-Mail-Adresse lautet: *nmarcillac@ucdavis.edu*.

Joy Margrave ist freie Autorin und Projektmanagerin. Ihr Spezialgebiet sind Sachtexte, sie hat aber auch schon einen Roman verfasst und arbeitet derzeit an einem zweiten. Für ihre Schriftstellerkollegen engagiert sie sich aktiv als Vorsitzende des Aufsichtsrates der Tennessee Mountain Writers, Inc. Sie hat einen Magister, vermittelt Arbeitsuchende erneut in Arbeit und gibt Managementkurse. Joy lebt mit ihrem Mann Gary in East Tennessee.

Genvièv Martin leitet die Marketingabteilung von Mototek, Inc. *(www.mototek.com)* und ist eine freie Autorin, deren Arbeiten regelmäßig in der US-Presse erscheinen. Genvièv erwarb einen Doktortitel im Studiengang Internationaler Handel und Fremdsprachen, den sie summa cum laude an der Sorbonne abschloss. Genvièv ist unter der E-Mail-Adresse *mototekimports@aol.com* zu erreichen.

JoAnn Milivojevic ist freie Autorin, lebt in Chicago und liebt das Reisen, den Sport und das Essen! Ihre Geschichten über Essen, Fitness und Reisen sind in vielen amerikanischen Zeitschriften zu lesen. Sie glaubt, sie habe ihrem Hund Tolstoi viel zu verdanken: Er lehrte sie, dass das Herumstreifen in der Natur für ihre Karriere als Autorin ebenso wichtig ist, wie auf eine Tastatur einzuhacken. Ihre E-Mail-Adresse lautet: *joann-mil@aol.com.*

Joy Millman hat am Oberlin College studiert. Sie lebt mit ihrem Mann in Kalifornien und hat zwei erwachsene Töchter. Sie führt ein betriebsames und produktives Leben und arbeitet im Augenblick als Bibliothekarin mit Grundschulkindern.

Die Psychotherapeutin, Pädagogin und Autorin **Dr. Catherine Monserrat** beschäftigt sich bereits seit dem Beginn ihrer beruflichen Karriere damit, wie man den Genesungsprozess fördern kann. Sie war sowohl im Lokal- als auch im amerikanischen Fernsehen zu sehen und ist eine beliebte Referentin. Ihr Buch *Cara's Journey Home: A Parable for Today's Woman* untersucht die psychologische und spirituelle Entwicklung der Frau. Sie ist unter folgender E-Mail-Adresse zu erreichen: *drcmons@aol.com*.

Mary Marcia Lee Norwood spricht und schreibt über ihr Leben als Frau, Mutter, Großmutter – und darüber, wie es ist, mit fünfzig noch einmal Mutter zu werden! Gottes Gegenwart in ihrem Leben verwandelte völlig normale Ereignisse in außerordentliche Abenteuer auf der ganzen Welt. Ihre Arbeiten wurden in Zeitungen, Zeitschriften und Büchern veröffentlicht. Wenn Sie Marcia für einen Vortrag engagieren möchten, schicken Sie eine E-Mail an *marcianorwood@mindspring.com*.

Früher arbeitete **Marcia Horn Noyes** als Fernsehreporterin und Zeitungsjournalistin. Inzwischen schreibt sie zu Hause in Golden, Colorado, inspirierende Artikel für zahlreiche Publikationen. Sie lief bereits fünf Marathons und hofft im Augenblick darauf, sich für den Boston Marathon qualifizieren zu können – auch das ist ein Traum, den sie schon ihr Leben lang hegt. Ihre E-Mail-Adresse lautet: *wingspire@aol.com*.

Adoley Odunton arbeitet als Referentin, Trainerin und Autorin daran, es ihren Klienten zu ermöglichen, Erfolg, Gleichgewicht und Erfüllung zu finden. Die Exschauspielerin und Produzentin lebt mit ihrem Mann Jim in Los Angeles. Sie liebt es, Yogakurse zu geben, zu reisen und zu tanzen, und hat bereits einen Triathlon erfolgreich hinter sich gebracht. Sie ist unter der E-Mail-Adresse *adoley@adoley.com* zu erreichen.

Perry P. Perkins wurde im Nordwesten Amerikas geboren und wuchs dort auch auf. 1992 erhielt er sein Zertifikat als Seelsorger und gründete eine Wandertheatergruppe, wo er seine Frau Victoria kennen lernte. Seine Arbeiten erscheinen in Zeitschriften für Outdoor-Sport sowie in religiösen Blättern, und Perry nimmt Aufträge als freiberuflicher Autor an. Er ist unter der E-Mail-Adresse *perk@perrysmail.com* zu erreichen.

Bobbie Probstein ist Mitherausgeberin dieses Buches. Sie schrieb die Bücher *Healing Now: A Personal Guide Through Challenging Times* und *Return to Center: The Flowering of Self-Trust*, die beide mit ihren Fotoaufnahmen illustriert sind. Darüber hinaus wurden ihre Arbeiten in vielen Sammelausgaben veröffentlicht. Sie lebt mit ihrem Mann Larry in Südkalifornien und ist unter der E-Mail-Adresse *yesbobbie@aol.com* zu erreichen.

Mit siebzehn saß **Cory Richardson** in der Bibliothek seiner Highschool und litt unter akutem ADD (Adventure Deficiency Disorder – akutem Mangel an Abenteuern). Damals beschloss er, den amerikanischen Kontinent mit dem Kajak zu umrunden. Er hatte zwar noch nie in einem Kajak gesessen, glaubte aber, dass man mit Entschlossenheit und festem Glauben alles schaffen kann, was man sich vornimmt. Um sich stets an seine Mission und den Menschen zu erinnern, der er sein wollte, nahm Cory die Persönlichkeit des Actionhelden MAX an – eine Abkürzung für Motivational Academic Xperience (motivierende Lernerfahrung). *MAX @ School – Living an Adventure Novel* inspiriert auch andere, ihre Träume zu verwirklichen, und erzählt von seiner lehrreichen Reise mithilfe von Multimediapräsentationen in Schulen, Gemeindezentren, Gefängnissen und auf der Internet-Seite *www.solomax.com*. MAX leitet The FAR OUT School, hilft anderen Menschen dabei, sich Ziele zu setzen, und schult ihr Umweltbewusstsein. Dadurch gibt er ihnen das Handwerkszeug für künstlerisches Arbeiten oder das Verwirklichen von Abenteuern an die Hand und bietet ihnen zugleich die Gelegenheit dazu. Er ist unter der E-Mail-Adresse *max@solomax.com* zu erreichen.

Mark Rickerby ist Autor und betreibt Internet-Marketing. Er lebt in Los Angeles, Kalifornien, geht gern auf Geschäftsreisen und zum Wandern. Im Augenblick arbeitet Mark zusammen mit seinem Vater an dessen Memoiren *The Other Belfast*. Informationen über das Arbeiten zu Hause bekommen Sie unter der E-Mail-Adresse *mrickerby@yahoo.com*.

Joanne Reid Rodrigues gründete *Slimming Together*, ein Unternehmen, das den Menschen zeigt, wie sie ihre Gewichtsprobleme überwinden können. Joanne wurde für ihre Arbeit als Referentin ausgezeichnet und ist eine in den Bereichen Ernährung und Persönlichkeitsentwicklung motivierende Kraft. Joannes Artikel erscheinen in Zeitschriften und Zeitungen überall in Großbritannien. Sie ist per E-Mail unter *joanne@slimmingtogether.com* zu erreichen.

Erica Ross-Krieger ist Lebensberaterin, Künstlerin und freiberufliche Autorin. Sie schreibt und hilft aus tiefstem Herzen und möchte ihre Klienten auf der ganzen Welt dazu auffordern, vollständiger zu leben. Ihr erstes Buch heißt *Seven Sacred Attitudes*; es ist eine Sammlung inspirierender Essays und provozierender Lebensfragen. Ihre E-Mail-Adresse lautet: *erica@newattitudes.org*.

Richard Rossiter diente von 1966 bis 1969 bei den berühmten Green Berets, machte 1977 seinen Magister Artium an der Western Washington University, bildete sich zum Privattrainer und Pilates-Lehrer weiter und ist der Eigentümer von Pilates of Boulder, Colorado. Er ist begeisterter Kletterer, Läufer, Rennradfahrer, Motorradfahrer und beschäftigt sich mit dem Thema Langlebigkeit. Er hat bereits neun Bücher veröffentlicht. Er ist über die Internet-Seite *www.boulderclimbs.com* zu erreichen.

George Salpietro arbeitet noch immer für die Fidelco Guide Dog Foundation, ist dort inzwischen geschäftsführender Direktor und damit der erste Blinde, der eine solche Position an einer Blindenführhundschule innehat. Er ist unter der E-Mail-Adresse *gjskarl@fidelco.org* zu erreichen. Weitere Informationen zur Fidelco Guide Dog Foundation finden Sie unter *www.fidelco.org*.

Rose Marie Sand arbeitet als freie Autorin und Produzentin für Shine Productions, LLC. Ihre Arbeit wurde bereits in *Chicken Soup for the Traveler's Soul* veröffentlicht. Rose möchte Don Millman danken, der ihr Führung und Inspiration im

Fluss ihres Lebens gab und am gleichen Tag Geburtstag hat wie ihre Tochter Gina Marie, das Engelchen im Himmel. Besuchen Sie ihre Internet-Seiten *www.sandenterprises.com* und *www.shinepresents.com* oder schreiben Sie an *rosesand@shinepresents.com*.

Harley Schwadrons Comics erscheinen in *Barron's*, dem *Wall Street Journal*, *Reader's Digest*, *Harvard Business Review*, *Good Housekeeping* und vielen anderen Zeitschriften. Er war als Zeitungsreporter, Redakteur von Ehemaligenmagazinen und in der universitären Öffentlichkeitsarbeit tätig, bevor er sich ganz und gar aufs Comiczeichnen verlegte. Fax: 001-734-426-8433, P.O. Box 1347, Ann Arbor, MI 48106.

Lori Shaw-Cohen arbeitet seit über fünfundzwanzig Jahren als Journalistin und Redakteurin. Ihre Arbeiten wurden sowohl in regionalen als auch in überregionalen Publikationen veröffentlicht. Die ehemalige Chefredakteurin der Zeitschrift *Teen* schreibt eine wöchentliche Kolumne zum Thema »Eltern sein dagegen sehr« in Nashville, wohin sie 1996 mit ihrem Mann und ihren drei Kindern umzog. Ihre E-Mail-Adresse lautet: *aloudvoice@aol.com*.

Kimberly Ann Shope erwarb zwei Magistertitel mit Auszeichnung an der Universität von Texas in Austin. 1990 erschien ihr Buch *A Bear Named Song* bei Standard Publishing.

Susan J. Siersma trug Geschichten zu zahlreichen Inspirationsbüchern bei. Mit ihrer Arbeit möchte sie anderen Menschen Mut machen. Ihre Familie ist ihr Leben, und ihre Geschichte in *Hühnersuppe für Körper & Seele* widmet sie dem Andenken an Mary Bennett. Susan freut sich über eine E-Mail an *ssiersma@msn.com*.

Leigh B. Singh ist Autorin und engagiert sich für Menschen mit Behinderungen. Ihre erste Arbeit veröffentlichte sie bereits mit fünfzehn Jahren, und ihre Artikel erscheinen in Zeitschriften und Rundbriefen überall in den Vereinigten Staaten. Leigh unternimmt gern Erkundungsstreifzüge in der Natur, liest und entspannt sich mit ihrem Labrador. Im Internet ist sie unter *www.leighsingh.com* zu finden.

Dane E. Smith praktiziert als Mund- und Kieferchirurg an der Südküste Oregons. Er interessiert sich für die Themen Persönlichkeitsbildung und Motivationstraining, und diese Interessen veranlassten ihn dazu, zu schreiben, andere Menschen zu fördern und ihnen zu dienen. Er ist unter folgender E-Mail-Adresse zu erreichen: *genesisgame@earthlink.net*.

Von der Autorin **Staci Stallings** wurden unzählige inspirierende Artikel und Liebesromane als Buch, E-Book, E-Zine und Fortsetzung im Internet veröffentlicht. Tag für Tag tummeln sich Besucher aus aller Welt auf ihrer Internet-Seite *www.stacistallings.com*. Monat für Monat spendet Stacis Newsletter *On Our Journey Home* einer großen Leserschaft Freude und Trost. Staci schreibt monatliche Kolumnen für Online-Publikationen wie das Magazin *The Christian* und ist dankbar für den Segen, Teil des Cyberspace sein zu dürfen, in dem nur die Phantasie uns Grenzen setzt. Staci lebt mit ihrem

Mann und drei wundervollen Kindern in Amarillo, Texas. Sie ist per E-Mail unter *info@stacistallings.com* zu erreichen.

Joyce Stark arbeitet als Sekretärin, aber in ihrer Freizeit schreibt sie, soviel sie kann. Sie liebt Menschen und die Geschichten, die sie ihr erzählen, und möchte ihr Geld so bald irgend möglich nur noch mit dem Schreiben verdienen.

Seine eigenen Untersuchungen und seine Genesung inspirierten **Leonard Stein** dazu, die Anwaltskarriere an den Nagel zu hängen und Chiropraktiker zu werden. Er arbeitet mit professionellen Sportlern und Tänzern und hat sich auf komplexe Verletzungen spezialisiert. Wie die Beispiele seiner Patienten zeigen, kann jeder Mensch rundum gesund sein und großartige sportliche Leistungen erbringen. Er hat eine Frau und zwei Kinder und läuft immer noch Langstrecken. Per E-Mail ist er unter der Adresse *ajasearch@aol.com* zu erreichen.

Kelly L. Stone ist professionelle Beraterin und Autorin und lebt mit vier Hunden und vier Katzen in Atlanta. Ihre Geschichten sind in *Chicken Soup for the Sister's Soul*, *Cup of Comfort for Mothers & Daughters* und *Cup of Comfort for Inspiration* erschienen. Sie schrieb auch einen Roman. Ihre Internet-Adresse lautet *www.kellylstone.com*.

Mark Stroder arbeitet als Reporter für die Zeitschrift *The Costco Connection*, die ihren Sitz in Issaquah, Washington, hat. Vier Jahre lang war er freier Mitarbeiter des Sportteils der *Los Angeles Times*. Er hat drei Söhne unter zehn Jahren und hofft, dass sie viele von Trainer Woodens Lebensprinzipien beherzigen werden.

Kimberly Thompsons Geschichte »Lachen und weinen« ist ihrem Buch *Eric's Gift* entnommen. Sie führt mit ihrem Mann ein Fotogeschäft in Florida und schrieb ihr zweites Buch *Unwrapping Eric's Gift*. Kim ist gern mit ihrer Familie in den Bergen und am Strand. Sie ist unter der E-Mail-Adresse *kimtfoto@tampabay.com* zu erreichen.

Christine Van Loo war siebenmal amerikanische Meisterin in der Disziplin Sportakrobatik und wurde als Olympionikin des Jahres sowie Sportlerin des Jahrzehnts ausgezeichnet. Derzeit arbeitet sie als freiberufliche Akrobatin und Seilartistin für Film, Fernsehen und Liveshows. Zudem produziert sie Lehrvideos mit dem Titel »Secrets of the Circus Acts Revealed«.

William Wagner schrieb ein Buch über seine Abenteuer als Vater. Er ist per E-Mail unter *wwagner289@aol.com* zu erreichen.

Bob Welch schreibt eine Kolumne für die Zeitung *The Register-Guard* in Eugene, Oregon, und wurde bereits dreimal von der National Society of Newspaper Columnists (Gesellschaft amerikanischer Zeitungskolumnisten) ausgezeichnet. Er schrieb sieben Bücher, die sich meist mit der Familie, der Vaterrolle und dem Glauben befassen. Besuchen Sie ihn im Internet unter *www.bobwelch.net* oder schreiben Sie an *bwelch23@earthlink.net*.

Woody Woodburn ist Sportkolumnist der Zeitung *Daily Breeze* in Torrance, Kalifornien. In den Vereinigten Staaten erhielt er zahlreiche Auszeichnungen und wurde unter anderem in den Jahren 2001 und 2002 von den Sportredakteuren der Associated Press unter die besten fünf Kolumnisten gewählt. Er wird auch in *The Best American Sports Writing 2001* erwähnt. Woodburn, dreiundvierzig, lebt mit seiner Frau und zwei halbwüchsigen Kindern in Ventura und ist per E-Mail unter der Adresse *woodycolum@aol.com* zu erreichen.

Abdruckgenehmigungen

Wir möchten den Verlagen, Herausgebern und Autoren für die Genehmigung zum Abdruck des genannten Materials danken. (Geschichten, deren Autor anonym ist, die urheberrechtsfrei sind oder von Jack Canfield, Mark Victor Hansen, Dan Millman oder Diana von Welanetz Wentworth verfasst wurden, bleiben unerwähnt.)

Joey's Gold Medal (Joeys Goldmedaille). Abdruck mit Genehmigung von Perry P. Perkins. © 2002 Perry P. Perkins.

The Home Stretch (Die Zielgerade). Abdruck mit Genehmigung von Karen Sue Hayse. © 2002 Karen Sue Hayse.

Racing for Life (Lauf um dein Leben). Abdruck mit Genehmigung von Dr. Ruth Heidrich. © 2001 Dr. Ruth Heidrich.

A Marathon of Dreams (Marathon der Träume). Abdruck mit Genehmigung von Marcia Horn Noyes. © 2001 Marcia Horn Noyes.

You Don't Have to Wear a Thong to Belong! (Es geht auch ohne String!) Abdruck mit Genehmigung von Dee D. Hakala. © 1997 Dee D. Hakala.

Soaring with Eagles (Flieg mit den Adlern). Abdruck mit Genehmigung von Toni Fulco. © 1999 Toni Fulco.

Guiding Me Home (…und bringt mich gut nach Haus). Abdruck mit Genehmigung von George J. Salpietro. © 1999 George J. Salpietro.

Learning to Love Golf (Wie ich lernte, Golf zu lieben). Abdruck mit Genehmigung von Patricia Lorenz. © 2003 Patricia Lorenz.

The Week I Got My Life Back (Die Woche, in der ich mir mein Leben zurückholte). Abdruck mit Genehmigung von Adoley Odunton. © 1998 Adoley Odunton.

Relax, Breathe and Flow (Entspannen, atmen und fließen). Abdruck mit Genehmigung von Nichole Marie Marcillac. © 2000 Nichole Marie Marcillac.

»Rags« to Riches (»Rags« schafft es) und *Open Eyes and the Human Spirit* (Offene Augen und der menschliche Geist). Abdruck mit Genehmigung von Woody Woodburn. © 2001 Woody Woodburn.

The Little White Shoes (Die weißen Schühchen). Abdruck mit Genehmigung von Dr. Catherine Monserrat. © 2001 Dr. Catherine Monserrat.

Mending the Body, Healing the Soul (Dem Körper helfen, die Seele heilen). Abdruck mit Genehmigung von Sanford Drucker. © 2000 Sanford Drucker.

My Favorite Injury (Meine Lieblingsverletzung). Abdruck mit Genehmigung von Leonard Stein. © 2000 Leonard Stein.

Angel to the Bone (Ein Engel bis ins Mark). Abdruck mit Genehmigung von Lori Shaw-Cohen. © 2000 Lori Shaw-Cohen.

Inner Windows (Fenster nach innen) und *Both Sides Now* (Alles hat zwei Seiten). Abdruck mit Genehmigung von Bobbie Probstein. © 1998, 1997 Bobbie Probstein.

The Last Attack (Der letzte Asthmaanfall). Abdruck mit Genehmigung von Wayne Allen Levine. © 1999 Wayne Allen Levine.

Maureen's Fears (Maureens Ängste). Abdruck mit Genehmigung von Joyce Stark. © 2002 Joyce Stark.

Input and Outcome (Wie man hineinruft …). Abdruck mit Genehmigung von Sheri Borax. © 2002 Sheri Borax.

Mountains to Climb (Berge zu erklimmen). Abdruck mit Genehmigung von Jean Deeds. © 1996 Jean Deeds.

Exploring Limits (An die Grenzen gehen). Abdruck mit Genehmigung von Sheila Ascroft. © 1998 Sheila Ascroft. Originaltitel: *The Longest Ride*, erschienen in der Zeitung *Ottawa Citizen*, 8. Juni 1999, S. B10/B11.

Living Life to the Fullest (Das Leben auskosten). Abdruck mit Genehmigung von Cory Richardson. © 1997 Cory Richardson.

A Fall from the Sky (Aus heiterem Himmel) und *Coming Back to Life* (Rückkehr ins Leben). Abdruck mit Genehmigung von Joanne Reid Rodrigues. © 2003, 2000 Joanne Reid Rodrigues.

Into the Unkown (Ins Ungewisse). Abdruck mit Genehmigung von Richard Rossiter. © 2001 Richard Rossiter.

Zen in the Art of Survival (Zen in der Kunst des Überlebens). Abdruck mit Genehmigung von Genvièv Martin. © 2002 Genvièv Martin.

Growing Old Disgracefully (Würdelos alt werden). Abdruck mit Genehmigung von Emily H. Coleman. © 1998 Emily H. Coleman.

Mirror, Mirror (Spieglein, Spieglein). Abdruck mit Genehmigung von Joy T. Margrave. © 1998 Joy T. Margrave.

My Candle Burns at Both Ends … (Meine Kerze brennt an beiden Enden …). In: *First Fig.* © 1922, 1950 Edna St. Vincent Millay.

Rite of Passage (Initiation). Abdruck mit Genehmigung von Robert Bishop. © 2002 Robert Bishop.

Of Needs and Wants (Vom Wollen und vom Brauchen). Abdruck mit Genehmigung von Bob Welch. © 1999 Bob Welch. In: *Where Roots Grow Deep.* Oregon: Harvest House of Eugene.

Tears and Laughter (Lachen und Weinen). Abdruck mit Genehmigung von Kimberly Thompson. © 2001 Kimberly Thompson.

Diary of a Yoga Retreat (Tagebuch eines Yoga-Seminars). Abdruck mit Genehmigung von JoAnn Milivojevic. © 2000 JoAnn Milivojevic.

A Matter of Weight (Eine gewichtige Frage). Abdruck mit Genehmigung von Mary Desaulniers. © 2002 Mary Desaulniers.

Granny's Last Cartwheel (Omas letztes Rad). Abdruck mit Genehmigung von Nancy Harless. © 2001 Nancy Harless.

One Price (Der Preis ist immer gleich). Abdruck mit Genehmigung von Roberta R. Deen. © 1995 Roberta R. Deen.

From Prison to Ph.D. (Doktortitel statt Gefängniskittel). Abdruck mit Genehmigung von Kathleen Halloran. © 2000 Kathleen Halloran.

Dusting Off (Steh auf, klopf dich ab...). Abdruck mit Genehmigung von Kimberly Ann Shope. © 1998 Kimberly Ann Shope.

Faster and Higher (Schneller und höher). Abdruck mit Genehmigung von Mark Richard Grevelding. © 2000 Mark Richard Grevelding.

Living His Dream (Den Traum leben). Abdruck mit Genehmigung von Susan J. Siersma. © 2002 Susan J. Siersma.

There's a Lot Going on up There (Im Oberstübchen ist einiges los). Abdruck mit Genehmigung von Cheryl M. Kremer. © 2000 Cheryl M. Kremer.

Phoenix Rising (Wie Phönix aus der Asche). Abdruck mit Genehmigung von Michael Warren Gold. © 2003 Michael Warren Gold.

A Matter of Perspective (Wie man's sieht). Abdruck mit Genehmigung von Donna L. Beales. © 2001 Donna L. Beales.

The Canyons of My Heart (Die Schluchten meines Herzens). Abdruck mit Genehmigung von Rose Marie Sand. © 2002 Rose Marie Sand.

Jessica's Story (Jessicas Geschichte) und *Alex and His Magic* (Alex und seine Magie). Abdruck mit Genehmigung von Michale Gabriel. © 1999 Michale Gabriel.

A Surprise Wedding (Eine Überraschungshochzeit). Abdruck mit Genehmigung von Donald K. Flynn. © 2001 Donald K. Flynn.

Life Lessons (Lektionen fürs Leben). Abdruck mit Genehmigung von *The Costco Connection*. In: *Life Coach* von Mark E. Stroder, März 2002, *The Costco Connection*.

The Beautiful Girl in the Mirror (Das schöne Mädchen im Spiegel). Abdruck mit Genehmigung von Mary Marcia Lee Norwood. © 2002 Mary Marcia Lee Norwood.

If You Think You Can, You Can (Wenn du denkst, du kannst es, kannst du es auch). Abdruck mit Genehmigung von Christine Van Loo. © 2003 Christine Van Loo.

Little Angel in *Heaven* (Engelchen im Himmel). Abdruck mit Genehmigung von Gail L. Eynon. © 2002 Gail L. Eynon.

On My Own (Auf mich gestellt). Abdruck mit Genehmigung von Leigh Hennessy. © 2000 Leigh Hennessy.

A Gift of Spirit (Eine Gabe des Großen Geistes). Abdruck mit Genehmigung von Lane Baldwin. © 1999 Lane Baldwin.

»Michigan, You Walk a Long Way« (»Michigan, du hast einen weiten Weg hinter dir«) Abdruck mit Genehmigung von Donna St. Jean Conti. © 2002 Donna St. Jean Conti.

A New Definition of Health (Gesundheit, neu definiert). Abdruck mit Genehmigung von Erica Ross-Krieger. © 2001 Erica Ross-Krieger.

My First Miracle (Mein erstes Wunder) und *Ready to Fly* (Startbereit). Abdruck mit Genehmigung von Dr. Dane E. Smith. © 2001 Dr. Dane E. Smith.

The Fawn (Das Rehkitz). Abdruck mit Genehmigung von Kathe Campbell. © 2002 Kathe Campbell.

Mountain Fever (Höhenkoller). Abdruck mit Genehmigung von Janet Buck. © 2002 Janet Buck.

The Miracle of Dr. Steiner (Das Wunder Dr. Steiners). Abdruck mit Genehmigung von Joy Millman. © 2000 Joy Millman.

Choosing Life (Entscheidung fürs Leben). Abdruck mit Genehmigung von William J. Wagner. © 2002 William J. Wagner.

Message in a Body (Botschaft des Körpers). Abdruck mit Genehmigung von Kelly L. Stone. © 2002 Kelly L. Stone.

A Cheerleader for Fitness (Der Fitnesspropagandist). Abdruck mit Genehmigung von Patricia Bragg. © 2003 Patricia Bragg.

Lady Godiva and the Bee (Lady Godiva und die Biene). Abdruck mit Genehmigung von Lynne D. Finney. © 2002 Lynne D. Finney.

It Happened One Autumn (Im Herbst). Abdruck mit Genehmigung von K. C. Compton. © 2000 K. C. Compton.

Back from the Heights (Zurück vom Gipfel). Abdruck mit

Genehmigung von Dierdre W. Honnold. © 2002 Dierdre W. Honnold.

The Only Way to Begin Is to Begin (Wenn du anfangen willst, fang einfach an). Abdruck mit Genehmigung von Luisa Gray. © 1998 Luisa Gray.

My Visions with Soup (Meine Visionen mit Suppe). Abdruck mit Genehmigung von Riane Eisler. © 1999 Riane Eisler.

The Red Ribbon (Das rote Band). Abdruck mit Genehmigung von Staci Stallings. © 2003 Staci Stallings.

Pop Pop's Promise (Pop Pops Versprechen). Abdruck mit Genehmigung von Leigh B. Singh. © 2003 Leigh B. Singh.

Gratitude (Dankbarkeit). Abdruck mit Genehmigung von Mark John Rickerby. © 2002 Mark John Rickerby.

Grateful Life, Joyous Passage (Dankbares Leben, freudiger Übergang). Abdruck mit Genehmigung von Dr. Hal Zina Bennett. © 1999 Dr. Hal Zina Bennett.

Say Yes! To Life! (Sag ja zum Leben!). Abdruck mit Genehmigung von Dr. Susan Jeffers. © 1997 Dr. Susan Jeffers. In: *Feel the Fear ... and Beyond*. © 1997 Dr. Susan Jeffers.

ARKANA
GOLDMANN

Geschichten, die das Herz erwärmen

Canfield/Hansen,
Hühnersuppe für die Seele   13209

Canfield/Hansen, Noch mehr
Hühnersuppe für die Seele   13239

Canfield/Hansen, Hühnersuppe
für die Seele – Für Frauen   21546

Canfield/Hansen, Hühnersuppe
für die Seele – Für Partner   21565

Goldmann • Der Taschenbuch-Verlag

ARKANA
GOLDMANN

Hühnersuppe für ganz besondere Seelen

Canfield/Hansen, Mehr Hühnersuppe für die Seele   21588

Canfield/Hansen, Hühnersuppe für
die Seele - Für Mütter   21564

Canfield/Hansen, Hühnersuppe für
die Seele – Für Kinder   21589

Canfield/Hansen, Hühnersuppe für
die Seele - Für Jugendliche   21590

Goldmann • Der Taschenbuch-Verlag

ARKANA GOLDMANN

Worum es im Leben geht

Marc Gafni
Seelenmuster 21606

Dietmar Bittrich/Christian Salvesen
Die Erleuchteten kommen 21612

Klaus Füsser/Inga Hölzer
Das schlaue Buch 21614

Sabrina Fox, Auf der Suche nach
Wahrheit 21616

Goldmann • Der Taschenbuch-Verlag

The Work,
der geniale Schlüssel zu Selbsterkenntnis und Wahrheit

Byron Katie
mit Stephen Mitchell
Lieben was ist
ISBN 3-442-33650-3

Byron Katie berichtet, wie ihr Leben im Alter von 44 Jahren auf der Kippe stand und welche Erkenntnisse sie aus einem Erleuchtungserlebnis gewann, das ihr zuteil wurde.
Hier stellt sie erstmals ihr gleichermaßen einfaches wie effektives Selbstfindungssystem dar. Ein grundlegendes Buch für alle, frei sein wollen.